Alchemy of the Mystical Mind Art Therapy

신비로운 마음의 연금술 미술치료

김선명 저

계축문화사

저자소개

김선명

안양대학교 아리교양대학 교수
안양대학교 캠퍼스디자인위원장
안양대학교 RISE 위원, 취업률 향상대책위원
단국대학교 정보문화기술연구원 문화예술메타버스 센터장
단국대학교 정보문화기술연구원 운영 및 컨설팅 위원
단국대학교 죽전 문화예술대학원 문화예술경영학과 예술치료 전공 주임교수
한양대학교 대학원 보건학 박사
건국대학교 미술교육학 석사
단국대학교 정보융합기술 · 창업대학원 석사
단국대학교 미술학 학사, 사회과학사
(재)광화의료법인 러스크병원, 꾸러기소아재활센터장 및 자문교수
(재)이젠의료법인 예술치료 센터장 및 자문교수
(사)경기정보산업협회, 문화예술융합 부회장, 문화예술 · 정보융합교육원장, 문화예술미디어위원장
(재)용인시축구센터 유소년축구선수 예술치료사, 미술치료사, 자문교수
(재)대전시티즌 프로축구선수 미술치료사 자문교수
(사)한국디지털콘텐츠학회, 이사, 심사위원, 산학협동위원회 부위원장
(사)한국예술치료사협회, 부회장, 수퍼바이져
(사)한국미술심리상담협회, 부회장, 슈퍼바이져
김선명심리상담연구소 소장, 아동미술치료 수련감독자, 미술심리치료, 수련감독자, 예술심리치료 수련감독자
회화, 조형, 디자인, 보건, 디지털 콘텐츠, 문화예술 메타버스 외 평가 및 심사위원 다수
용인특례시의회의원공무국외출장심사위원장
보정동지역사회보장협의체 운영위원 외 다수

저서

신비로운 마음의 연금술 미술치료
(Alchemy of the Mystical mind Art therapy)
창조적인 미술치료 · 사진 예술치료
(Creative Art Therapy · Photo Arts Therapy)
예술치료의 이론과 실제(개정판)
(The Theory and Practice of Arts Therapy) Revison
신비로운 마음의 연금술 미술치료 무용치료
(Alchemy of the Mystical mind Art therapy dance therapy)
예술치료의 이론과 실제
(The Theory and Practice of Arts Therapy)

논문 및 학술지

대학 운동선수의 스트레스 및 우울 수준에 따른 '빗속의 사람(PITR)'그림 반응특성 연구
회상요법을 적용한 집단미술치료가 치매노인의 인지기능, 우울 및 자기표현 능력에 미치는 효과
집단미술치료가 대학 운동선수의 스트레스, 우울 및 자아존중감에 미치는 영향
집단미술치료가 대학 운동선수의 우울감 및 스트레스에 미치는 효과
집단미술치료가 대학 운동선수의 정서적 요인에 미치는 효과
막스 에른스트 작품의 정신적 배경과 양식구조 연구
모래 놀이치료에서 나타난 뇌성마비 아동의 비언어적 의사소통
홀로렌즈 활용 BIM 데이터 기반 MR BAS 렌더링 기술 구현
BEMS 빅데이터를 활용한 홀로렌즈 혼합현실 SCADA 기술 기반의 BAS 구현에 관한 연구
AGV 로봇의 내부 배터리 병렬운전 기반의 전압 가변형 충전기 구현에 관한 연구
전통 한복의 3D데이터 구축 방안과 활용에 관한 연구.
전통 한복의 인공지능 3D데이터 모델 구축과 활용 방안에 관한 연구 외 다수

책 표지 작품

구스타프 클림트(Gustav Klimt, 1862~1918)

1. 구스타프 클림트(키스, 1907~1908), 캔버스에 유채 및 금박, 180×180cm,
   오스트리아 빈 벨베데레 궁전미술관 소장.

2. 구스타프 클림트(성취, 1910~1911), 템페라와 수채, 194.5×120.3cm,
   오스트리아 응용미술관 소장.

머리말

오늘날 현대사회는 기술 만능의 복잡한 사회 환경 속에서 그 어느때 보다도 인간 정신의 다양한 문제점들이 극명하게 드러나고 있는 시대입니다.

어떻게 보면 개인의 삶과 사회 집단에 있어서도 이러한 문제는 수많은 갈등을 야기하고 있습니다.

이러한 상황 속에서 미술치료는 제 갈등 문제를 해결해 줄 수 있는 좋은 계기를 준다는 점에서 매우 중요한 분야라고 생각합니다.

미술치료는 과거에 연금술이 금을 만들기 위해 다양한 재료를 화학적으로 결합시켜 끊임없이 연구했듯이 마음의 여러 문제점을 잘 조화시켜 이상적인 상태를 추구한다는 점에서 연금술과 유사하다고 말할 수 있습니다. 물론 과거의 연금술이 그 목적인 금을 만들지는 못했으나 그로 인해 무수한 새로운 화학적 발견을 가능하게 한 것처럼 미술치료도 끊임없이 인격의 가장 바람직한 상태를 추구하면서 인간 삶의 이상적인 조화를 모색해 오고 있는 것입니다.

기본적으로 미술치료는 시각예술로서 언어적으로 접근할 수 없는 무의식의 감정 표출을 용이하게 하여 더 나아가서 창조적인 창작활동을 통해 자신의 내면을 통찰함과 동시에 자신의 삶에 긍정적인 영향을 미치게 합니다. 즉, 미술 작품을 만드는 활동을 통하여 얻어지는 창조적 과정이 인간의 내적 성장과 외적 발달의 통합과 균형에 도움을 주어 발달을 촉진하고 정서적 안정과 내적인 문제에 대한 성찰을 촉구하여 자존감과 대인관계를 향상시켜주는 역할을 하고 있습니다.

따라서 미술치료는 인간의 잠재력 개발 및 자아 본성의 회복 등을 통하여 이러한 사회적 문제에 대한 해결 수단의 하나로서 그 필요성이 더욱 증대되고 있습니다.

이와 같이 미술치료의 무한한 가능성과 치유의 힘을 터득하여 우리가 예술로부터 받은 혜택을 주변과 나누고 소통하여 삶의 질이 건강하게 향상되기를 기대하는 마음으로 이 책을 출간하게 되었습니다. 출판을 승낙해주신 계축문화사 주영일 대표님과 편집을 위해 수고해주신 편집부에 감사드립니다.

2022년 8월 단국대학교 죽전에서

김선명

차 례

제10장 투사적 그림검사 K-HTP

제11장 투사적 그림검사 KFD

제12장 투사적 그림검사 DAS

제13장 정신분석적 미술치료

제14장 색채 심리

제15장 빗속의 사람(PITR)

제16장 풍경구성법(LMT)

제17장 만다라(Mandara)

제18장 미술치료와 상징

제19장 대상관계와 미술치료

제25장 가족미술치료

제26장 물고기 가족화

제1장

미술치료

제1장

미술치료

1. 미술치료의 개념

예술의 의미를 언어사적으로 접근해 보면 라틴어의 아르스(ars), 기술, 재주, 직종에서 유래를 찾을 수 있다. 더 소급해 올라가면 고대 그리스의 테크네(techne)에서 유래된 말로 오늘날의 예술만을 의미하는 용어가 아니라 그 활동 형식에 비추어 보면 기술 영역에 속하는 것으로서 예술을 포함하여 수공업적 제작기술 전체를 뜻하는 말이다.

플라톤은 예술이 자연의 모방이라고 보았으며 아리스토텔레스는 "모방은 단순한 모방이 아니라 사물이 원래 그렇게 되어야 할 상태의 모방인 것이다."라고 하였다. 18세기 낭만주의 보알로는 예술을 내면적 감정의 표현으로 규정하였다.

또한, 쇼펜하우어(Schopenhauer)는 예술의 치유 효과를 역설한 철학자였는데 그는 예술이 인간을 해탈로 이끈다고 보았다.

미술치료(art therapy)라는 용어는 미술(art)과 치료(therapy)라는 두 가지 영역이 융합되어 탄생된 개념으로서 여기서 말하는 미술의 범위에는 단지 그림만을 의미하는 것이 아니라 공예, 디자인, 조소, 서예 등 미술의 전 영역이 포함된다. 또한 치료(therapy)는 그리스어 테라페이아(therapeia)에서 유래된 말로서 배려와 보살핌을 의미한다. 그러나 여기서 말하는 치료란 의사가 행하는 의술(medical treatment)이 아닌 치료의 개념이며, 사전적인 의미로는 약물이나 수술의 처치가 아닌 정신적, 신체적 질병의 치료를 뜻하며 내담자의 건강 상태가 부조화에서 조화와 균형 상태로 이동하는 것을 의미한다. 19세기 초, 예술과 의학의 결합으로 1803년부터 1813년 사이에 프랑스 의사 사드(Sade)는 정신질환자를 위한 하나의 치료 방법으로 춤추기, 음악 듣기, 오페라, 무용 공연, 긴장 완화를 위한 목욕하기 등의 내용으로 치료를 위한 예술 활동의 병행을 시작하였다. 19세기 말부터는 환자들과 작가들이 매주 정기적으로 문예 토론을 하면서 예술 활동이 치료에 통합되기 시작하였다. 예술이 치료적 도구로 쓰일 수 있었던 것은 첫째, 내담자의 자발적인 표현 수단으로서 예술 활동 자체가 인간의 가시 세계를 의식 속에 불러일으킨다는 것과 둘째, 정서적 교감을 나누며, 매체와 상호작용을 하면서 감정을 느끼고, 자신에 대한 자각이 일어나 심리적, 신체적 역동성을 가지고 자신을 표현할 수 있도록 돕기 때문이라 할 수 있었다. 예술치료란 예술작업을 통하여 내담자의 갈등이나 정신적 장애를 진단하고, 예술 활동을 통해 심리적 증상을 완화 또는 치유하여 심리적인 안정을 찾는 과정을 말한다. 이러한 과정에서 무의식을 탐색하고, 그 속에 감춰있는 내면세계를 표출함으로써 카타르시스를 경험하고 마음의 안정을 찾게 된다. 또한 예술치료에서는 예술작품이 외부적인 상황의 묘사보다는 인간의 내면세계의 부정적인 감정을 음악, 미술, 무용, 연극, 사진, 영화, 문학 등과 같은 예술 활동을 통해서 상담이나 치료, 또는 정신건강 증진을 위해 활용되고 있다.

미술치료는 미술, 정신의학, 심리학, 대체의학 등의 다양한 학문과 유기적인 관련을 맺고 있으며 치료의 대상과 목표가 특정 질병의 유무가 아니라 인간의 행동과 심리상태가 조화롭고 건강한 상태로의 변화에 초점을 두고 있다.

미술치료라는 용어는 1961년에 「Bulletin of Art Therapy」의 창간호에서 울먼(Ulman)이 처음으로 사용하였는데, 이 논문에서 울먼은 "미술치료는 교육, 재활, 정신치료 등 다양한 분야에서 널리 사용되고 있으며, 어떤 영역에 사용되고 있든지 간에 공통된 의미는 시각예술이라는 수단을 이용하여 인격의 통합을 돕기 위한 시도이다"라고 제시하였다(Ulman, 1961).

먼저 미술과 치료가 지니는 각각의 의미를 살펴볼 필요가 있다. 미술치료에서 '미술'은 작품의 외적인 묘사가 아니고, 한 개인의 내면세계를 표현한 창작과정의 소산물이라는 점에 중점을 둔다. 따라서 예술성보다는 창작과정을 통해 작품에 내포된 심리상태와 상징성을 더 중요시 한다. 한편 미술치료에서 '치료'는 창작활동을 통해 그 증상이 경감되도록 지원하는 목표를 가지고 있다. 치료 방법으로는 내담자들의 호소내용을 경청하는 것, 내담자에게 맞는 치료를 적용하는 것, 증상이 경감이 되도록 도와주는 것, 자기 탐색과 인식, 자아 성장이 촉진되게 도와주는 것, 공감 능력이 증진되도록 도와주는 것 등이 포함된다.

한국미술치료학회(2000)는 "미술치료란 치료적 틀 안에서 비언어적 시각예술인 미술을 매개로 심신의 어려움을 겪고 있는 사람을 대상으로 그들의 미술작품을 통하여 심리를 진단 · 치료하기 위한 것이다"라고 정의하고 있다. 또한 이은진과 장선철(2008)은 "미술활동은 내담자의 무의식을 의식화하는데 매우 유용한 장르이며 음악, 레크리에이션, 무용, 문학 등과 같은 다양한 예술 분야 중에서 미술이라는 기법을 통해서 내담자를 이해하고 문제를 해결해 가는 심리치료 기법 중 하나이다."라고 정의하였다.

따라서 육체적, 정신적, 심리적, 사회적, 영적인 상태를 포괄적으로 평가하고 건강한 상태로 이끌어주는 효율적인 치료법 중의 하나로서 대체의학 발전에 중요한 역할을 할 잠재력을 지니고 있다(김선현, 전세일, 2006). 또한 미술이 '인간을 위한 예술'로서 치유적 역할을 할 수 있다는 관점을 갖게 되면서 미술치료는 인간의 병에만 초점을 두는 것이 아니라, 인간의 잠재력, 성장 가능성을 개발하는 자기 경험과 자기 본성을 회복할 기회, 즉 인간의 건강한 힘을 재발견하고 병을 예방하는 차원에서도 치료의 의의를 찾고 있다(정여주, 2003).

1) 미술치료와 미술교육

예술학의 미술과 인문 · 사회과학 분야에서의 치료 또는 심리치료라는 용어의 합성어인 미술치료(Rubin, 1999)는 두 가지 학문 분야가 통합되어 기존에 없던 새로운 전공이 만들어진 것으로서 미술은 명사로 또는 형용사로 사용되기도 한다. 미술치료는 "증거기반의 연구 결과를 토대로 미술이란 매체를 통해 심리치료를 하는 학문"으로서 미술치료의 정체성을 치료에 두고 있는 것으로 미술치료는 사회과학적 성격의 학문이다(장연집, 2002). 미술교육 또한 미술의 본질적인 측면에서 치유적 속성을 가졌다고 하더라도 미술치료에서의 속성과 다르다고 할 수 있다. 미술치료에서는 미술 활동과 작품 그 자체를 목적으로 하지 않으며 미술과 관련된 활동이 내담자의 심리치료를 목적으로 활용되는 도구가 된다. 그래서 미술치료에서의 미술은 내담자의 미술작품을 지칭하기도 하지만 그 작품을 창작하는 과정과 미술치료사와 함께 소통하는 과정을 모두 포함하여 지칭한다.

또한, 미술치료에서의 치료 미술은 내담자가 혼자서 하는 미술작업을 통하여 치유가 되는 것을 뜻하는 것이 아니라 미술치료사와 함께 소통하는 관계 속에서의 미술 활동을 말한다.

무엇보다 미술 활동은 치료적 도움을 주고 있으며 미술교육이 미술치료와 일치하는 것은 아니지만, 미술치료에서 미술교육자의 이론과 연구를 도입하는 등 미술교육 방법은 미술치료 프로그램의 기초가 되었다.

2) 미술치료와 미술교육의 공통점과 차이점

(1) 미술치료와 미술교육의 공통점

① 미술교육과 미술치료는 개인의 삶과 자아의식을 풍요롭게 만들어 개인의 성장을 도와주는 역할을 한다.
② 자신의 생각과 감정을 표현하는 시각적 이미지를 중시한다.
③ 적절한 자극을 통하여 아동의 성장발달에 효과적인 역할을 한다.
④ 사람들의 정서발달에 중요한 의미를 부여한다는 측면이 있다.
⑤ 미술을 통하여 내면의 문제나 희망, 창의적인 생각을 안전하고 자유롭게 표현할 수 있어서 다른 접근방법에 비해 효과성이 높다.

(2) 미술치료와 미술교육의 차이점

① 미술치료

㉠ 내담자에게 맞는 미술치료 프로그램과 매체를 적용한다.
㉡ 미술 매체와 환경은 내담자의 정서적 환경과 심리적 상황에 따라 결정된다.
㉢ 치료과정에서 내담자의 창조적, 주관적인 경험을 중요시 한다.
㉣ 내담자의 내적 갈등을 해결하기 위해 갈등 상황의 감정을 표출하게 하여 심리증상을 완화하거나 치유하는 치료적 목적을 가지고 있다는 것이 미술교육과 다른 점이라고 할 수 있다.

② 미술교육

㉠ 교육적 목적을 뚜렷하게 가지고 있다.

㉡ 아동의 일반적인 발달에 따른 목표 단계화가 가능하다.

㉢ 교사의 계획된 주도하에 실행되며 결과를 중시한다.

㉣ 타인과의 작품 비교 및 객관적 평가를 받는다.

㉤ 미술교육의 목표에 따른 재료와 환경을 결정한다.

㉥ 창의성과 인지적 능력의 성장을 촉진시킨다.

㉦ 자아표현과 심리적인 표출의 한 측면으로 의미 있는 활동이다.

미술치료와 미술교육 이 두분야의 차이점을 굳이 구분한다면, 미술교육은 심미교육에 목적을 두는 것이고, 미술치료는 치료라는 목적이 있다.

3) 미술치료의 두 차원

(1) 치료적 차원

치료적 차원이란 정신적 문제가 있는 환자를 대상으로 그 증상을 완화, 치료하려는 목적으로 미술치료를 적용하는 방법이다. 치료적 차원의 증세로는 불안증, 정신지체, 우울증, 심각한 자살충동, 히스테리, 강박관념, 정신분열증, 유아기 장애, 대인기피증, 애착 증세, 노인병(우울증, 중풍 등), 중독증(약물, 알코올) 등이 있다. 그 외에도 출소자들과 같이 사회에 적응해야 하는 사람들, 안정과 요양이 필요한 사람들과 재활적 의미에서의 장애인들(신체장애와 정신지체)이 치료적 차원에서의 미술치료의 대상이 될 수 있다.

(2) 예방적 차원

예방적 차원에서의 접근은 일반적인 사람을 대상으로 현재의 갈등적인 요소들 감소시키며, 더욱 긍정적인 자아상을 발전시킬 수 있도록 미술 활동을 적용한다. 즉 치료적 차원의 접근은 드러난 문제를 최대한 줄이려는 것이라 한다면, 예방적인 차원의 접근은 문제를 발생하게 하는 원인을 줄이려 하는 것이며 나아가서 긍정적인 요소를 더욱 발전시키려는 것이다. 치료적 차원에서는 발생한 문제를 해결하려는 것이 초점이라면, 예방적 차원에서는 문제 자체의 발생을 예방하기 위하여 현재는 문제가 없지만, 차후 문제가 될 가능성이 있는 원인을 감소하게 하여 문제의 발생을 예방하려는 것에 초점을 두고 있다. 실제로 그림 그리기는 그 자체로서도 중요한 의미를 부여할 수 있는데, 사람들은 무의식의 그림을 그림으로써 자율적 표현의 출구를 경험하고, 그림을 그리는 과정은 치료 영역이 아니라도 예방적 차원에서 억압, 불안을 감소시키며 더 나아가 자아 성숙의 기회를 제공해 준다. 또한 그림을 그림으로써 내적 심상들과 접촉하여 자연스러운 개성화 과정이 진행된다. 그러므로 예방적 차원의 미술치료는 치료대상을 환자에게 국한하지 않고 어린이부터 노인에 이르는 다양한 연령층을 대상으로 한다.

2. 미술치료의 발달

1) 미술치료의 기원과 역사

인류가 지구상에 처음 출현한 시기는 지금으로부터 600여만 년 전으로 추정되며 아프리카 케냐 지방에서 출현한 오스트랄로피테쿠스가 최초의 인류였다. 이들은 도구를 사용할 줄 알았으나 그림을 그리지는 못했던 것으로 보인다. 인류가 최초로 그림을 그렸던 시기는 호모 에렉투스 때였던 것으로 생각된다. 그렇다고 해서 이들이 그림을 남긴 것은 아니다. 다만 이들이 거주했던 것으로 보이는 약 40만년 전의 프랑스 니스에 있는 구릉 유적지 테라아마타에서 물감의 원료가 되는 노간주와 주황색 물감 덩어리 등이 발견되어 그림을 그렸다고 짐작할 뿐이다. 이후, 호모 사피엔스 사피엔스에 이르러 비로소 본격적인 회화가 등장한다(임두빈, 원시미술의 세계, 2001).

이들이 그린 첫 그림은 후기 구석기 시대인 3만5천년 전에서 부터 1만년 전 사이에 그려진 프랑스와 스페인에 산재한 동굴벽화들이다. 쇼베(Chauvet), 쿠냑(Cougnac), 페쉬메를(Pech Merle), 니오(Niaux), 에카인(Ekain), 알타미라(Altamira), 라스코(Lascaux) 동굴벽화 등이 인류가 최초로 그린 회화작품들인데 그 수준 높은 예술성으로 인하여 오늘날까지 많은 화가들을 감탄케 하고 있다. 연구결과 이들은 그림을 생명을 잡아 가두는 주술로 생각하여 사냥에서의 다수확을 기원하는 목적으로 그림을 그렸던 것으로 판단된다(임두빈, 2001).

이 당시 후기 구석기 시대의 원시 인류는 그들이 생존하는데 필요한 식량을 구하기 위한 절실한 목적에서 동굴벽화를 그렸던 것임을 알 수가 있다. 미술의 이러한 역할은 시대가 바뀌면서 점차 변화되어 인간 삶의 다양한 필요에 따라 그 영향을 넓혀 온 것을 볼 수가 있다.

알타미라 동굴벽화 (스페인 북부 칸타브리아)
후기 구석기 시대

라스코 동굴벽화 (프랑스 도르도뉴)
후기 구석기 시대

미술은 인간 삶의 총체성이 예술로서 그 시대의 역사적, 문화적, 정신적 상황을 반영하는 중요한 정신문화의 하나이다. 미술 활동은 원시시대의 동굴벽화에서부터 오늘날의 미술교육과 미술치료에까지 적용되고 있으며 모든 인간은 창조적인 미술 활동을 통하여 심리적, 미적 카타르시스를 경험하게 된다. 앞에서도 언급되었듯이 선사시대의 미술은 삶과 생존을 위한 주술적 역할을 가지고 있었으며, 20세기 초에 이르면서 표현주의 화가들은 미술을 자신의 내적 욕구와 감정을 표현하는 예술로 보았고, 이후 초현실주의 화가들은 신비와 무의식의 세계에 대해 주목하기 시작하면서 가시적인 세계보다 눈에 보이지 않는 세계의 불가사의를 표현하기 위해 자동기술법과 우연의 방법을 이용한 다양한 접근을 시도한 바 있다.

그러나 미술을 통해 인간의 내면을 응시하면서 미술의 치료적인 힘을 연구하는 학문적 역사는 그리 오래되지 않았다.

미술을 심리치료의 도구로 이용한 시도는 각 나라마다 다르나, 1886년 이탈리아 미술교육학자 리치(Ricci)의 '어린이의 예술'에 대한 저서 출간, 1892년 프랑스의 정신과 의사 트라디유(Tradieu)의 정신병 환자의 그림을 소개하는 저서 및 미국의 미술교육학자 바네스(Barnes)의 '어린이 그림 연구' 출간 등 1901년 프랑스 정신과 의사 레자

(Leja)의 정신병자 미술의 세가지 유형 제시 등 아동과 정신병 환자들의 그림 분석을 시작으로 미술치료가 시작되었다. 미술치료는 19세기 초반, 독일의 정신과 의사들이 미술 활동을 작업치료라는 포괄적인 한 부분으로 환자의 치료에 미치는 예술적, 정서적 효과로 받아들이면서부터 시작되었다. 19세기 후반 유럽에서는 산업화의 발전으로 노동과 생산 형태가 급변하면서 환경에 적응하는데 어려움을 겪게 되었고, 사회에서 개인의 존재는 점차 수단화되고 소외되어가는 상황에 직면하게 되었다. 따라서, 인간성의 변질, 정신병리적 현상이 증가하면서 미술치료의 필요성이 증대되었고, 정신병원에 입원해 있는 환자들의 그림 분석을 통해서 미술 활동이 환자들의 심리를 파악하는 중요한 단서를 제공하고 있음을 발견하게 되었다.

또한, 그 시기에 심리학, 미술, 문학 분야에서는 무의식에 대한 관심이 높아지면서 예술적 표현을 통하여 인간의 내적 세계를 이해하고 분석하는 시도가 활발해졌다. 독일의 정신과 의사 프리츠혼(Prinzhorn), 정신분석가 로샤(Rorschach) 안나 프로이트(Anna Freud)도 환자들의 그림을 연구하였다. 융(Jung) 또한 그의 분석심리학에서 환자의 그림을 분석하여 치료에 적용하였고, 이러한 시도들은 미술치료의 학문적 기초가 되었다.

미국에서의 미술치료는 1907년 정신과 병동에서 환자들이 미술가의 지도아래 미술 활동이 시도된 것을 시작으로 미술치료의 출발점으로 보고 있으나, 심리치료적 관점의 연계는 1940년대 초반으로 미국에서 유럽의 정신과 의사들이 미술표현에 대한 정신병리학적 작업이 활발하게 소개되었다.

미술치료는 미술, 심리학, 정신의학이 융합되어 성장하고 탄생하게 되었는데, 미술치료의 태동에 영향을 준 시대적 사조와 변화의 물결은 18세기 이후로 볼 수 있다. 이처럼 직접적인 영향을 준 미술사조는 낭만주의, 표현주의, 초현실주의 및 아웃사이더 아트라고 할 수 있다.

(1) 낭만주의(Romanticism)

18세기에서 19세기 중엽까지 유럽의 예술 운동으로 객관적인 묘사보다 주관적인 표현을 중시하였고, 이성보다 감정에 우위를 두었으며 매우 다채로운 정신세계를 표현한다는 점에서 미술치료에 상당한 영향을 미치고 있는 유파라고 할 수 있다.

William Turner,
전함 테메레르(1838)

Eugene Delacroix,
민중을 이끄는 자유의 여신(1830)

(2) 표현주의(Expression)

20세기 초기에 독일을 중심으로 일어난 예술 운동으로 문학상의 자연주의나 예술상의 인상주의에 대한 반동으로 일어났으며, 작가의 내면적, 주관적인 감정표현에 중점을 두었다. 또한, 시대적인 암울한 상황과 맞물려서 불안하고 우울한 인간의 내면이 표현되었다.

Edvard Munch,
마돈나(1894-1895)

Paul Klee,
피쉬 매직(1925)

(3) 초현실주의(Surrealism)

1920년대 초 프랑스를 중심으로 전 세계에 퍼진 예술사조로 1924년 앙드레 브르통의 '초현실주의 선언'으로 시작되었다. 정신의학을 전공했던 앙드레 브르통은 프로이트의 정신분석학에 깊은 관심을 가지고 있었는데, 그가 초현실주의 혁명을 위한 하나의 해결책으로 '무의식의 탐험'을 제시했던 것은 프로이트의 학문적 배경에서 영향을 받은 것이기도 하다(김선명, 1995). 제1차 세계대전 후, 다다이즘의 예술 형식 파괴 운동을 수정, 발전시키고 비합리적인 잠재의식과 꿈의 세계를 탐구하여 표현의 혁신을 꾀한 예술 운동이다. 이를 중점적으로 초현실주의는 인간의 무의식, 꿈과 같은 세계를 연구하고 다양한 표현기법을 구현하게 된다. 이성의 속박을 벗어나서 비합리적인 것이나 의식 속에 숨어 있는 비현실의 세계를 즐겨 표현하였고, 제1차 세계대전 이후, 다다이즘(dadaism)에 이어서 일어난 회화, 시 등의 예술혁신 운동으로 무의식의 세계를 그대로 기록하는 자동기술법을 중요한 기법으로 삼았다. 당시 프로이트는 무의식이야말로 자유롭게 하는 힘의 보고라고 여겼고, 에술의 원천이라고 믿었다. 프로이트의 자유연상기법을 차용하여 원시적인 날 것의 상태에 도달하기 위해서 떠오르는데로 즉각적으로 그리는 오토마티즘(outomatism)기법이 창안되었다. 문학에서는 브르통, 아폴리네르, 엘뤼아르, 미술에서는 달리, 마그리트, 에른스트, 탕기, 마송, 도밍게즈 등이 있다.

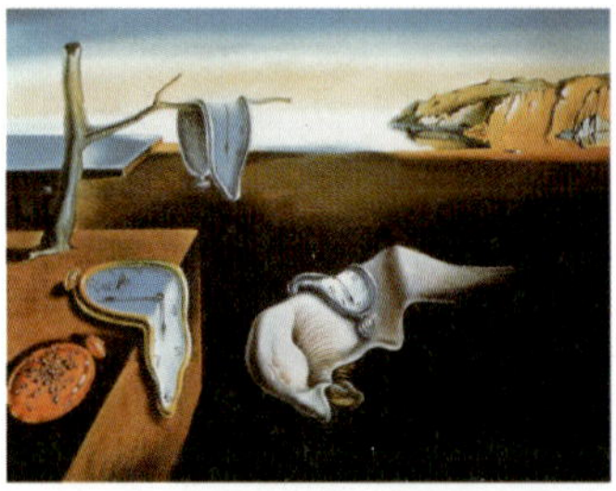

Salvador Dali,
기억의 집념(1931)

Rene Magritte,
인간의 조건(1933)

(4) 아웃사이더 아트(Outsider Art)

아르브뤼(Art Brut) 가공되지 않은, 순수 그대로의 예술, 1945년 정신질환 환자들의 창작 작품을 조사하던 장 뒤 뷔페가 이들의 작품을 지칭한 것으로, 미술교육을 받지 않은 이들이 미술 제도권 밖에서 창작활동을 하는 아마추어 작가를 이르는 말이다.

Henry Joseph Darger

Jean Dubuffet, 스마일 얼굴(1948)

3. 정신분석적 미술치료

1) 프로이트(S. Freud)

정신분석적 미술치료는 정신분석학을 창시한 프로이트(1856~1939)를 중심으로 한 정신분석가들이 사용하는 자유연상법이나 꿈의 해석, 성 본능의 이론 등 주로 무의식 세계의 탐구 등을 기법으로 사용하는 것으로서 미술을 통하여 심리적 갈등을 표출하고 해결하는 데 있다.

1870년 후반, 프로이트는 요제프 부로이어(Josef Breuer)와 환자 안나 오의 히스테리를 치료하기 위해 대화 치료(talking cure)와 최면술을 사용하였는데, 연구를 통하여 잊어버렸던 기억을 되살리는데 기억이 영화필름이나 그림책을 보듯이 나타난다는 것을 발견하게 되었다. 프로이트와 브로이어는 1895년 안나 오의 사례를 바탕으로 『히스테리 연구』를 저술하였다. 두 정신분석 학자는 그녀를 치료하는 과정에서 완전히 무의식적으로 진행되었지만, 정신병을 일으킬 수 있는 원인이 있고, 무의식 깊은 곳의 원인을 환자 스스로 인식하게 하면 병증이 완화되거나 해소된다는 것을 알게 되었다. 또한 1885년 파리의 살페트리에르 정신병원에서 프랑스 신경과학자 쟝 마르탱 샤르코(Jean martin charcot), 베른하임(Pierre bernheim)에게 최면 및 암시에 관한 연구를 하였는데, 특히 베른하임의 '후(後) 최면암시' 이론에 영향을 받는다. 거기서 그는 환자의 의식 밑에 갇혀 있는 아픈 경험의 상처를 최면으로 끌어올려지는 것을 확인하였고, 인간에게는 의식에 나타나지 않는 심적 과정이 있다는 사실을 깨닫게 되었다. 이 방법을 '정화' 또는 '이야기 치료법'이라고 하였다(김선명, 1995). 그는 샤르코와의 공연과 브로이어의 협업에서 직접 임상을 관찰한 결과, 억압을 발견하게 되어 이것이 훗날 정신분석의 초석이 되었다.

이러한 관점에서 초기의 프로이트 학파 치료자들의 치료 방법은 억압되어있던 마음의 상처나 무의식의 내용을 의식화하는 것이 신경쇠약 등의 증상으로부터 회복될 수 있는 길이라고 하였다. 그 이유는 자유연상을 통해서 무의식의 세계를 그림으로 표현하는 것이 효과적이고 그림을 심리분석 도구로서 사용하였으며 아동의 경우에도 자유연상이 원활하지 않으므로 그림을 이용한 의사소통이 언어보다 용이하였다. 환자가 표출한 원인의 본질과 무관하게 그 소재를 중심으로 치료자는 분석작업을 하고 환자가 가능한 자유롭게 자신을 표현하게 한다. 그럼으로써 환자의 기능을 방해하는 것과 내면의 갈등을 파악한다. 이러한 치료에서는 전이가 중요한 도구이다. 전이는 환자가 치료자에 대하여 지각하고 반응하는 상징적인 방법으로 환자와 치료자가 함께 과거의 미해결된 갈등에 근거한 왜곡된 지각의 정체를 밝혀내는 것을 도와준다.

프로이트는 최면술 사용을 그만둔 후에도 그의 환자들에게 내면세계의 표현을 영상이나 그림(visual image)을 통하여 표현하게 함으로써 환자의 내적 상태를 정확히 파악하여 치료하고자 했다.

2) 융(C. G. Jung)

분석심리학의 창시자인 칼 구스타프 융(1875~1961)은 프로이트의 제자이자 프로이트의 이론을 자신의 이론에 접목시켜 분석심리학을 발전시켰다. 융 학파의 치료자들은 내담자들에게 꿈이나 환상을 시각적으로 표상하도록 하였다. 특히 자신의 개인적 위기를 그림이나 조소활동을 통해 생동감 있는 통찰을 얻었으며 융은 무의식으로부터 나온 심상을 그려내고 채색하는 것이 중요한 역할을 했던 능동적 심상화 기법에 대해서 많이 논의하고 있으며, 내담자의 그림은 종합적으로 해석되어야 한다고 하였고, 그림을 지적, 감정적으로 이해해야 한다고 하였다. 그의 분석적 미술치료는 프로이트와 달리 인간의 심상을 임상적 자료로 사용하기보다는 내담자의 개인적 요소와 원형적 요소를 종합하는 방식으로 내담자와 치료자의 상호통찰과 이해의 자료로서 사용하였다.

융의 미술치료 이론의 특징은 '상상 과정'과 '상징화 과정'을 중요시하며 동시에 무의식에 그려진 그림을 의식에 연결시켜주는 '대화 과정'과 '해석 과정'을 강조하는데 있다.

융의 분석심리학에 근거한 미술치료의 치료 효과는 형상화, 상징화, 대화, 관계라는 네 가지 과정의 상호작용과 영향에 있다. 각 과정에 대한 내용과 효과 요인은 다음과 같다.

첫째, '관계의 과정'에서 중요한 것은 치료적 신뢰 관계를 조성하는 것으로 치료자와 내담자 사이의 긍정적 모성 영역을 이룰 수 있는 분위기를 만들어야 한다. 이것은 그림을 그리는 사람이 치료자의 긍정적 힘에 관여하면서 자신을 자기 그림에 대한 능동적 조형자이자 자기 운명임을 경험함으로써 그림에 몰두할 수 있게 하는 수용적 분위기이다.

둘째, '대화 과정'에서 중요한 것은 공감적 대화 분위기를 통해 의식과 무의식의 내용을 연결하는 그림에서 이미 조형화된 메시지를 재차 의식하는 것이다.

그것은 형상화된 과정을 정신적 과정으로 투시할 수 있도록 대화를 발전시킬 수 있는가 하는 문제에 달려있다.

셋째, '상징화 과정'에서 중요한 것은 그림을 그리는 사람이 그림을 그리기 전과 그리는 동안에 일어나는 자신의 심상을 통해 무의식의 소재와 다양한 경험, 그리고 그 안에 작용하는 힘과 위력을 접하게 하는 것이다.

넷째, '형상화 과정'에서 중요한 것은 빈 화면의 구성에 색과 형태로 상징을 만드는 작업이다. 이는 길들여진 모형으로부터의 탈 구조화 과정이 포함된다. 전이된 의미에서 포괄적 자기 표현으로서, 개인의 외적이며 내적인 영역을 조직하는 것이다.

4. 미술치료를 정립한 학자들

미술을 심리치료적 관점과 연계하여 인식하게 된 것은 1940년대 나움버그(Naumburg)와 1950년대 크레이머(Kramer)에 의해서 미술치료가 새로운 영역으로 발전되었다.

1) 나움버그(Naumburg) : 심리치료 안에서의 미술치료(Art in Therapy)

나움버그는 뉴욕의 독일계 유태인의 집안에서 1890년에 태어나 뉴욕에서 성장하였다. 초기에는 미술교육자로서 활동하면서 심리학, 특히 그 당시만 해도 희귀했던 정신분석을 공부하여 프로이트와 융 그리고 설리반(Sullivan)의 영향을 많이 받았다. 나움버그는 초기에 융의 이론에 영향을 받았고, 후에 프로이트의 정신분석 지향적 미술치료에 착수하게 되어, 1914년 뉴욕의 월든학교(Walden school)를 창립하였다. 그녀는 학교를 정신분석학의 원칙 아래 운영하면서 학교의 모든 교사들에게 교육 분석을 받게 했고, 프로이트의 이드(id) 심리학을 기초로 하여 그림을 통하여 무의식을 의식화하는 것을 중심사상으로 하여 어린이들이 그림 표현을 자유롭게 할 수 있도록 하였으며, 미술교육의 한 방식으로서 자발적인 그림(spontaneous art) 그리기를 시도한 후 그것을 '역동적 접근의 미술치료'로 개발하였다. 또한, 뉴욕 정신분석학교에서 행동장애 아동의 미술치료를 시행하면서 임상경험을 넓혔고, 후에 성인 미술치료에서도 이러한 기법을 적용하여 1941년에는 신경증 및 정신증이 있는 클라이언트들에게 정신역동적 접근의 심리치료 모델을 정립하였다. 그녀는 1950년 뉴욕대학교와 사회연구를 위한 뉴스쿨에서 미술치료를 가르치다가 1983년 사망하였다.

나움버그는 치료자와 내담자 사이의 치료적 관계 형성과 전이와 역전이의 해결, 자유연상, 자발적 그림표현과 그 해석, 그림의 상징성 등을 중시하였다. 학자들은 나움버그의 미술심리치료(Art psychotherapy) 이론을 심리치료 과정 과정 중에서 그림을 매개체로서 이용하는 방법의 '심리치료 안에서의 미술'(Art in therapy)로 구분하기도 하였다.

나움버그의 정신분석 지향적 미술심리치료에서의 미술의 장점은 첫째, 말보다는 그림으로써 자신에게 일어나는 내적 욕망이나 꿈, 환상을 직접적으로 표현하도록 한다. 둘째, 무의식을 그림으로 투사하면 언어적 표현보다는 검열 기능을 약화시키기 때문에 치료과정이 촉진된다. 셋째, 그림으로 나타난 것은 영속성이 있어서 내용 자체가 망각에 의해 지워지지 않으며 그 내용을 부정하기 힘들다. 넷째, 전이 문제가 더 쉽게 해결된다. 즉, 내담자의 자율성은 자신의 그림을 해석할 수 있는 능력에 의해 고무된다.

2) 크레이머(Kramer) : 심리치료로서의 미술(Art as Therapy)

크레이머는 나움버그보다 25년 이후 1916년 8월 29일 오스트리아 비엔나에서 태어났으며 비교적 자유분방한 예술적 가족 분위기에서 1931년 화가 디커 브랜다이즈(Dicker Blendise)에게 회화 수업을 받으며 자기 비판적 훈련과 창의성과 감각을 활성화하는 방법을 배웠고 정신분석가들과 친숙하게 지냈다.

유태인이였던 그녀는 1차 세계대전에서 모든 가족을 나치 캠프에서 잃고 1938년 미국으로 이주하여 파란만장한 삶을 살았다. 뉴욕에 정착하여 살아가면서 미술가로서의 자신의 특기를 살려 어린이집 등에서 미술을 가르치다가 월트윅(Waltwick) 학교에서 미술치료사로 일하게 되었다. 이 학교에서 8~13세 비행 남학생들을 만나서 특별히 아동의 미술표현이 가지는 심리적인 측면에 관심을 갖게 되었던 것이 미술치료사가 된 동기라고 알려져 있다. 크레이머는 자아심리학의 영향을 받았고 아동미술치료에 많은 연구를 했고, 미술교육학자로서 미술치료를 미술 교육적 관점으로 중요시하였다. 1950년대 미술 활동의 창조적인 행위에 치료적 가치를 두고 프로이트의 승화이론을 바탕으로 미술치료사는 내담자가 만든 작품을 해석하는 것이 아니라 그의 무의식 세계를 표출하도록 도와주는 것이 목적이며, 내담자는 미술의 창조적인 과정을 통해 자기표현과 승화, 자아성숙의 통합과정을 돕는 것으로서 '심리치료로서의 미술(Art as Therapy)'의 창조적인 측면을 강조하였다. 즉, 미술작업과정에서 자신의 원시적 충동이나 환상에 접근하면서 갈등을 재경험하고 자기 훈련과 인내를 배우는 과정 속에서 갈등을 해결하고 통합한다는 것이다(한국미술치료학회, 1997). 이러한 생각은 전술한 바와 같이 자아 심리학의 통찰을 사용함으로써 프로이트의 견해를 뛰어넘고 있다. 그러나 창의적 과정에 존재하는 치료적 과정을 이해하는 데는 프로이트의 성격이론에 근거하고 있다. 크레이머는 초기에 미술치료를 다음과 같이 정의하였다. 미술은 인간 경험과 동일한 것을 창조함으로써 인간 경험의 영역을 확장시키는 수단이며 예술가는 자신이 경험하고자 하는 것을 선택, 반복할 수 있다. 긴 역사를 통해서 미술은 인간의 본능적인 충동과 사회적 요구 간의 갈등을 해소하도록 도움을 주었다. 그러나 슈퍼에고와 이드의 상반된 욕구는 영원히 해결하기 어려운 것이었다. 미술치료자들은 성격이 혼란된 사람들에게 유용한 창조적 경험을 가능하게 하였다. 요컨대, 크레이머의 견해는 미술 그 자체로 심리치료에서 미술치료자가 공헌하고 있다고 설명하였다. 크레이머는 알버트 아인슈타인 의과대학의 정신의학 분야의 예술치료 자문위원, 조지 워싱턴대학의 강의 교수를 역임한 바 있으며 뉴욕대학교의 예술치료 대학원 과정을 설립하여 부교수로 재직하다가 2014년 2월 22일 사망하였다.

3) 울먼(Ulman) : 통합적 입장

미술작가로서 활동해 온 울먼은 1950년대 초반에 정신병원에서 일을 시작했을 때, 미술치료사로서가 아니라 미술 교사의 자세로 일했다고 술회하고 있다. 특히 크레이머가 지은 어린이 커뮤니티의 미술치료 『Art therapy in a children's community』라는 책을 읽고, 울먼은 정신분석과 미술적 통찰 사이의 미묘한 관계를 실감하였으며 정신분석적 방법으로 내담자들을 치료할 때, 대다수 내담자들은 그림에 내포된 상징적 내용을 말로써 표현하려 하지 않는 것에서 발견하였다. 즉, 그림에서 그들의 작업으로부터 가치 있는 것을 얻을 수 있다고 생각을 하였다.

울먼은 나움버그의 '심리치료 안에서의 미술'(Art in Therapy)과 크레이머의 '치료로서의 미술'이란 용어를 포함하는 정의를 내리기 위해서 노력해 왔고, 미술 과정은 일반적인 성숙 과정에서처럼 충동과 통제, 공격과 사랑, 환상과 실제, 무의식과 의식 사이에서 필연적으로 갈등하는 요소들을 통합하는데 일반적인 위협은 미술의 통합적인 특징을 인정하는 것이었다. 즉, 성격 내에서 반대하는 힘을 단합시키거나 개인의 욕구와 외부 세계의 욕구를 화해시키는 힘이라고 하였다. 미술치료의 실행에 있어서는 두 측면의 적용 타당성을 인정하였다. 임상가로서의 자신의 생활에서 울먼은 치료로서의 미술을 사용하는 경우에는 미술심리치료를 사용했고, 미술심리치료가 통하는 곳에서는 치료로서의 미술을 사용하여 이 둘 간에 서로 융통성 있는 선택을 했다. 즉, 그녀는 나움버그와 크레이머의 정신역동 지향적 미술치료를 통합하면서 쟁점 부분에 관해서는 융통성을 부여하고 있다고 볼 수 있다.

울먼은 내담자의 작품이 예술이냐 아니냐를 논하는 것보다는 대상에 따라서 상동적인 표현이나 강박적 표현도 허용되어야 한다고 했다. 말하자면, 때로는 예술적 성취감을 중시해야 하고, 나움버그의 미술작품이 치료에 관련이 있다는 '치료적 측면'과 크레이머의 미술활동이 치유의 과정이 될 수 있다는 '창조적 측면' 모두를 포함하여 미술치료를 독립된 분야로 발달시켰다. 또한, 1962년에는 최초로 '미술치료 학술지' 「Bulletin of Art Therapy」를 출간하였으며 1969년에는 미국미술치료협회(AATA: American Art Therapy Association) 설립에 큰 기여를 하였다(한국미술치료학회, 1997).

4) 정신분석학과 미술치료를 통합한 루빈(Judith A. Rubin)

루빈은 나움버그의 후예임을 자칭하는 정신분석학적 미술치료의 지도자로서 미국 공인 정신분석학자이자 미술치료사이다. 1970년대부터 미국미술치료 협회장을 역임하고, 피츠버그 의과대학 교수 및 관련 단체 대표를 지내면서 지칠 줄 모르는 애정으로 평생동안 미술치료의 발전을 위해 헌신적으로 일한 현존하는 정신분석학적 미술치료의 대표자이다.

루빈(1987)은 나움버그가 내담자의 예술을 "상징적 언어"의 형태로 본다는 것에서 그녀의 역할이 아직도 언어적 모델의 정신분석학적인 관점에 머물고 있다고 지적하면서, 정신분석 또는 정신분석적 치료에서 내담자는 가능한 한 자유롭게 자신을 표현하고 나서 치료자와 내담자는 더 효율적으로 기능하는 것을 방해하는 것, 즉, 내재화된 갈등을 이해하기 위한 작업이 병행되어야 함을 강조한다. 크레이머와 윌슨(Wilson)이 특정한 정신분석학자들의 개념이나 이론을 미술치료 상황에서 나타나는 내담자들의 작품을 해석하는 것을 중심으로 이끌어 나갔다면, 루빈은 현대 정신분석학적 심리치료 개념에 입각한 치료 과정 위주로 이끌어 나갔다는 것에서 임상가들에게 실제적인 도움이 된다고 볼 수 있다.

루빈은 정신분석에서 미술 매체가 가지는 치료성에 대해, 첫째, 자유연상의 효율적인 기법, 둘째, 효율적인 저항 극복, 셋째, 전이 · 역전이의 창조적인 대면 등 세 가지로 집약하였다. 루빈은 대상관계 심리학이라는 후기 정신분석학적 미술치료의 선구자로서 아직도 활발하게 활동하고 있다. 그는 생의 초기발달 단계에서 어머니를 위시한 주위의 대상들과의 관계에서 성격이 형성된다는 대상관계 이론에서 보는 인간의 심리적인 문제를 미술치료가 적절하게 다룰 수 있다고 보는데, 그 이유는 생의 초기의 대상관계는 언어 차원의 것이 아니고 비언어적인 차원이라는 것, 그리고 적절하지 못했던 모-자 관계 및 기타 대상관계를 예술작업을 통하여 회복할 수 있다는 것이다. 따라서 대상관계 심리학에서 미술이나 미술작업은 상실된 초기 대상 및 대상관계를 대처한다고 보고 있다.

5) 미국 독일 영국의 미술치료

그밖에도 미국에서는 미술가이며 심리학자인 레비(levy), 미술치료를 대학 과정에 도입한 레빅(levick)과 로빈슨(robbins), 랜드가튼(landgarten) 등이 1950년대와 60년대를 거쳐서 미술치료 발전에 기여하였다. 미국의 경우는 각 예술치료가 독립적인 노선을 지키다가 1985년부터 미술, 무용, 음악, 연극 등의 예술치료협의회가 만들어졌다. 반면, 독일은 2차 세계대전 중 히틀러의 예술과 정신분석의 탄압으로 인해 향정신약이 정신과 치료에 주도적인 역할을 하면서 미술치료는 정체되었고, 60년대에 들어서면서 미술치료에 대한 재고가 이루어지게 되었다. 인지학의 창시자인 슈타이너(steiner)사상에 영향을 받은 퓌츠(putz)는 1964년 예술을 치료적 도구로 사용하여 인간의 교육에 기여한다는 미술치료라는 개념을 처음 사용하였다. 독일은 1980년대에서야 미술치료사가 직업으로 인정받게 되었고, 미술치료적 개념은 미술교육적 개념에서 유래되었다고 할 수 있다. 그 이후 독일은 게슈탈트 치료적 관점, 인지학적 관점, 정신분석적 관점을 지닌 학자들에 의해 다양한 미술치료의 노선을 걷고 있다.

영국의 미술치료 발전에 기여한 미술치료가 힐(hill)은 2차 세계대전 중 군요양소에 내담자로 있으면서 스트레스를 극복하기 위해 그림을 그리기 시작하였다. 힐은 미술활동을 통한 치유적 체험을 함으로써 미술의 치료적 역할을 사회에 알리는데 헌신하여 1946년 영국의 국립정신과 병원에서 최초 미술치료사로 인정받게 되었으며 그 이후 미술치료사의 배출이 이루어졌다. 영국 또한 미술치료사의 교육제도가 없었기 때문에 1970년대에 들어와서 미술교육과 미술치료가 분리되었다. 그럼에도 불구하고 영국의 보건복지부에서는 1980년까지 공식적으로 미술치료를 작업치료에 편입하였다가 1997년에서야 미술치료를 독립된 직업으로 인정하였다.

6) 우리나라의 미술치료

우리나라에서는 1960년대부터 정신건강 전문가들과 예술인들에 의해 예술치료를 시행해 오고 있다가, 1982년 11월 15일 한국임상예술치료학회가 창설되었다.

한국임상예술학회를 시작으로 한국에 예술심리치료가 처음 도입될 당시만 하더라도 '예술심리치료'는 임상심리와 정신의학 분야에 관심이 있던 몇 몇 인사들이 임상 현장에 국소적으로 활용하던 수준에 머물렀다. 한국임상예술학회는 처음부터 예술 분야를 총망라하여 그 정의를 "그림, 조형, 공예, 음악, 무용, 사이코드라마, 인형극, 시, 독서 및 기타 여러 가지 창조적 행위와 표현활동을 통한 예술요법의 각 분야를 위시하여 예술표현 정신병리학 및 병적학 분야의 많은 종류와 여러 차원에 걸친 각종 활동을 포함한다."고 학회보 제1권(1983)에서 밝히고 있다. 1990년대 초 심리학과 특수교육 분야에서 미술치료에 대한 연구가 시작되었으며, 1992년 한국미술치료학회가 창립되면서 본격적인 연구가 시작되었고, 한국미술치료학회를 기점으로 한국음악치료협회 등 관련 기관 및 학회들이 발족되면서 각기 다른 독립적 행보를 이어갔다. 1990년대 후반에 이르러서야 미술치료 분야가 점차 심리치료의 일환으로 확산되기 시작하였고, 2000년대에 들어서 대학에 학부와 석 · 박사 과정이 개설되면서 대학과 연구소에서 전문 미술치료사를 배출하기 시작하였다. 이후 20년 이상의 시간이 지나는 동안 미술

심리치료 관련 협회나 학회 역시 양적인 팽창과 더불어 질적인 성장을 이루며 안정적인 자리매김을 하였다.

미술치료 도입 초기에는 주로 정신병원의 환자들이나 발달장애 아동을 대상으로 심리치료가 실시되었으나 최근에는 아동부터 노인에 이르기까지 다양한 대상에게 미술치료가 실시되면서 대체의학의 한 분야로 자리매김을 하였다. 병원에서 뿐만 아니라 재활, 상담, 특수교육, 노인시설, 사회교육 및 자기성장 프로그램 등에서도 널리 적용되어 발전되고 있는 것은 미술이 '인간을 위한 예술'로서 치료적 역할을 할 수 있다는 관점을 갖게 된 것이라 할 수 있다.

5. 미술치료의 치료적 특성

미술치료는 미술 매체를 통해 자신의 무의식을 자연스럽게 표출할 수 있도록 도와주는 등 많은 특성이 있으므로 치료의 효과도 다양하게 입증되었다. 즉, 로살(Rosal, 1996)은 미술치료는 미술 매체를 통해 자신의 내면과 외면의 모습을 묘사할 수 있고, 내면의 생각과 느낌을 알 수 있으며, 개인적인 상황과 사회적인 상황을 그림으로 표현함으로써 문제해결 능력을 증가시킨다고 하였다. 모든 미술 활동이 그렇지만, 미술작업을 통해 집중력이 높아지고 기억력과 정서적인 안정을 찾을 수 있으며, 창조적인 작업 속에서 알파파의 패턴이 높아지게 된다. 또한, 미술 활동은 뇌 혈류를 원활하게 증가시켜 우울한 감정을 감소시키며 스트레스 호르몬인 코티졸을 낮추고 세로토닌을 증가시킨다(조정옥, 2019). 미술치료는 미술 매체를 통하여 내면의 무의식을 표현하기 때문에 방어가 적고, 긴장과 불안을 완화시켜 준다. 또한, 조형 활동을 통해서 개인의 갈등을 해소하고 동시에 개인의 내적 세계와 외적 세계 간의 부조화를 조화롭게 통합시켜준다. 아울러 미술치료는 심상 표현과 창조적 활동을 통하여 스트레스를 감소시키고 의식적, 무의식적인 메시지를 전달하여 갈등적 요소를 치유하는데 매우 효과적이라고 할 수 있다(김선명, 2021).

1) 미술치료의 장점

Naumburg(1958)는 정신분석 지향적 미술치료에 있어서 네 가지 장점을 언급하였다. 미술의 장점은 첫째, 말보다는 그림으로써 자신에게 일어나는 내적 욕망이나 꿈, 환상을 직접적으로 표현하도록 한다. 이런 표현들이 상징적으로 해석될 경우, 나도 모르게라는 말을 사용하게 되는데 이는 무의식의 반영이라고 할 수 있다.

둘째, 무의식을 그림으로 투사하면 언어적 표현보다는 검열 기능이 약화되기 때문에 치료 과정이 촉진된다. 즉, 작업 활동 후 작품에 대한 제목을 기록함으로써 자신의 내적 욕구가 무엇인지 과거의 기억을 탐색하며 자신을 객관화하여 치료의 촉진을 돕는다.

셋째, 그림으로 나타난 것은 영속성이 있어서 내용 자체가 망각에 의해 지워지지 않으며 그 내용을 부정하기 힘들다. 따라서 과거의 모습을 받아들이고 수용하게 된다.

넷째, 전이 문제가 더 쉽게 해결된다. 즉, 내담자의 자율성은 자신의 그림을 해석할 수 있는 능력에 의해 고무된다(한국미술치료학회, 1997).

특히, 미술치료는 자신을 표현하는데 어려움을 가진 내담자가 자신의 무의식 감정 표출을 용이하게 하여 미술 활동을 통해 자신의 내면을 통찰함과 동시에 자신의 삶에 긍정적인 영향을 미치게 하였다.

웨드슨(Wadeson, 1980)은 미술치료의 장점을 다음과 같이 제시하였다.

첫째, 미술은 심상의 표현이다.

둘째, 미술은 방어가 감소된다.

셋째, 미술은 구체적 유형물의 대상을 즉시 얻을 수 있다.

넷째, 미술은 자료의 영속성이 있어서 자신을 회상할 수 있다.

다섯째, 미술은 공간성을 지닌다.

여섯째, 미술은 창조성과 신체적 에너지를 유발한다.

이상과 같은 장점을 지닌 미술치료는 언어로 표현하기 힘든 내담자의 갈등이나 감정을 안전하고 은유적으로 표현할 수 있도록 도와준다. 따라서 미술을 통한 상징적인 표현은 누구에게도 심리적, 정서적인 피해를 주지 않는 안전한 방법으로 내면을 표현할 수 있다(김선명, 2015).

6. 집단미술치료의 효과

정신의학자 얄롬(Yalom, 2005)은 집단미술치료에서의 집단은 개인들의 단순한 집합체가 아닌 상호작용을 통해 변화를 추구하는 역동적인 집단으로 개인치료에서는 기대할 수 없었던 새로운 잠재적 치료효과를 거둘 수가 있다고 하였다.

얄롬은 집단에서만 발견되는 치료적 요소를 다음과 같이 정의하였다.

첫째, 희망의 주입이다.

둘째, 상호작용이다.

셋째, 보편성이다.

넷째, 카타르시스이다.

다섯째, 이타심이다.

특히, 집단미술활동에서의 집단은 일반적인 개인들의 단순한 집합체가 아니라 상호작용을 통해 변화를 추구하는 역동적인 집단으로서 공동 작업을 하는 과정에서 자신의 감정을 조절하고 타인을 배려할 수 있는 기회를 제공하며, 서로의 관계를 긍정적으로 나아갈 수 있도록 도와줄 수 있다(Wadeson, 1980). 또한 집단미술치료는 집단 내 상호작용으로 긍정적 모방행동이 촉진되고, 동일한 주제를 가지고 협동 작업을 하는 동안 공동체 의식을 갖게 되며 자신의 왜곡된 감정과 사고를 버리고 보다 나은 긍정적인 삶의 자세를 갖게 하는 잠재적 치료효과를 거둘 수 있다(김갑숙, 정미숙, 1999).

위와 같은 의견을 종합해 보면 집단미술치료는 첫째, 개인의 사회적 통합에 필요한 태도와 자기 관리능력의 습득을 통해서 문제해결 능력을 제고시켜주고, 둘째, 신체, 생리적 전반적인 기능을 향상시켜 스트레스, 불안, 긴장 등과 같은 부적 정서를 해소 내지 완화시켜주며, 셋째, 미적 감각 및 집중력이 향상되고, 넷째, 협동심 및 공동체 의식의 제고를 통해 대인관계기술을 향상시키고, 다섯째, 미술작품을 통해 의사소통의 도구로도 이용될 수 있다. 또한 새로운 표현방법과 새로운 생각을 탐구할 수 있도록 도와준다(김선명, 2015).

제2장

미술치료의 계획과 진행

제2장

미술치료의 계획과 진행

1. 미술치료의 적용대상

미술치료는 생리적 · 심리적 발달의 원인으로 인하여 언어를 통한 의사소통이 어려운 내담자를 위해 시작되었다. 보편적으로 미술치료에 대한 거부반응이 없으나 미술에 대한 흥미가 없거나 방어가 심한 내담자는 적합하지 않을 수 있으며 심리진단, 사회 부적응자, 발달장애 아동을 상담하거나 치료할 경우는 매우 유용하다.

더욱이 창의력이나 상상력, 내면의 표현 및 구체화 등이 또한 치료적 효과가 있음이 증명되어 인격의 성숙, 자아성찰, 사고 또는 행동양식의 변화 등을 필요로 하는 사람들이 미술치료를 통해 도움을 받고 있다. 유사 자폐, 정서장애, 학대, 자폐성향이 없는 발달장애의 경우 미술치료를 통해 큰 효과를 기대할 수 있으며 자폐증이나 ADHD 등 환경적 요인보다는 생물학적 요인이 많이 작용하는 장애의 경우는 미술치료가 조기교육이나 약물치료 등과 함께 적용될 경우 효과가 좋다.

또한, 미술치료는 발달장애 아동뿐 아니라 삶에 지친 성인, 청소년 등 장애 유무와 상관 없이 다양한 연령과 계층, 성별과 관계 없이 도움이 필요한 모든 대상이 받을 수 있다.

선행연구나 연구자의 임상 경험 등을 종합하여 적용대상의 예는 다음과 같다.

정신질환자[정신분열증(조현병), 우울증, 공황장애, 강박장애 등], 심신장애인(시각장애, 청각장애, 지체부자유, 정신지체, 정서장애 및 행동장애, 학습장애, 중복장애,

언어장애 등), 비행청소년(폭력, 절도), 이혼(별거)부부, 가족관계 개선, 근친상간, 성폭행, 섭식장애(대식증, 신경성 식욕부진 등), 약물이나 알콜 중독, 학업부진, 입시 및 시험불안, 교유관계 및 인간관계 개선, 자아성장 프로그램, 산업상담, 주의력결핍장애, 집단따돌림, 학교 거부아동, 노인치매, 노인상담, 신체질병자의 심리안정 등

1) 치료의 물리적 환경

치료실은 안정적이고 내담자의 감정을 자유롭게 표현할 수 있는 공간이어야 한다. 그래서 적절한 공간과 충분한 채광, 다양한 미술 도구가 준비되어야 하며 미술 활동은 책상뿐만 아니라 바닥이나 벽에서도 활동할 수 있기 때문에 바닥과 벽은 청소하기 쉬워야 하며 물은 쉽게 사용할 수 있는 공간이어야 한다. 교구장은 내용물이 보일 수 있는 것으로 준비해 내담자가 아동인 경우 스스로 재료를 선택하게끔 한다. 하지만 산만한 아동이나 발달이 늦은 아동은 재료를 대상자에게 맞게 계획하고 적용해야 한다.

또한, 개인치료실과 집단치료실의 구분과 작품을 보관할 수 있는 보관시설 및 전시장이 마련되어 내담자의 작품을 잘 보여지는 전시회로 활용할 수 있어도 좋다. 이는 내담자에 대한 존중감을 표현하는 것으로서 내담자의 작품 초기부터의 변화과정을 쉽게 알 수 있기 때문이다.

2) 미술치료의 시간 구성

치료 목표나 대상, 방법에 따라 다양하게 결정되는데 보편적으로는 주 1~2회 정도 실시하며 상황에 따른 융통성이 있어야 한다. 아동의 경우는 1회 50분에서 60분 정도이고, 성인의 경우는 60분에서 90분 정도로 실시된다. 총 회기는 내담자의 상황과 환경에 따라서 달라지는데 평균적 12회에서 길게는 6개월, 1년 기간으로 치료 프로그램을 시행하기도 한다. 그러나 시간은 내담자의 집중력이나 성향, 그날의 상황에 따라서 조절될 수 있으며 성격적으로 경직되고 강박적인 내담자의 경우는 특별히 시간제한을 두지 않고 작품의 완성 시간을 기준으로 할 수도 있다. 이들의 경우에 시간에 대한 강박적 생각이 미술 활동에 방해가 될 수 있기 때문이다. 반면 충동적이고 무절제한 내담자의 경우는 시간제한과 자기 통제가 가능한 재료를 사용하도록 한다. 치료자는 내담자를 치료하

면서 시간이 종결되기 전 미리 "앞으로 10분 정도 남았습니다. 지금부터 작품을 마무리 하세요." 라고 전달하여야 한다. 이러한 언급은 내담자들로 하여금 시간을 조절해 갈 수 있는 능력을 제공하고, 당황하거나 불안하지 않도록 도와주는 작용을 한다.

2. 내담자의 저항

1) 내담자가 과도한 언어화를 나타내는 경우

내담자의 과도한 언어화는 위협적인 재료, 특히 심상적인 형태로서의 자료에 대한 억압을 암시할 수 있다. 오른쪽 뇌의 기능을 자극하는 감각적 구성요소와의 결합이 필요하다.

2) 내담자가 언어화의 결핍이 심할 경우

내담자가 떠오른 심상을 하나 선택한 후 하나의 단어적 연상을 글로 적는다.

내담자가 떠오르는 심상에 대한 명확한 명칭을 모르는 경우도 있고, 언어화의 결핍은 저항일 수 있다.

3) 내담자가 과도한 운동적 요소를 보일 경우

만약 과도한 운동적 요소가 나타날 경우에는 바로 시각적 표현을 하지 말아야 하는 단서를 제공한다. 일반적으로, 시각적 표현은 과도한 정서적 또는 운동적 활동이 나타날 경우에는 금해야 한다. 때로는 과도한 정보의 흐름을 통제하기 위하여 나무, 플라스틱과 같은 매우 저항적인 재료를 사용할 수 있다. 덜 극단적으로 나타날 경우에는 회기마다 구조적인 미술치료를 통하여 저항을 감소할 수 있다.

4) 저항이 일어나는 경우들

(1) 치료사가 미술 활동을 불편해하거나 미술 매체가 부실할 때

(2) 치료사가 열중하지 않거나 치료에 미술을 사용하는데 기술이 부족할 때
(3) 개인적인 이유, 걱정, 불신, 억압 등으로 거부할 때
(4) 내담자가 너무 방어적이거나 공포감이 높을 때
(5) 큰 종이와 많은 재료가 부담되거나 자신감을 갖지 못할 때
(6) 신뢰감과 안전감을 느끼도록 시간이 충분히 주어지지 않았을 때

5) 대처 방법

(1) 구체적으로 지시한다.
(2) 다른 그림이나 이미지를 보여주어 동기부여를 제공한다.
(3) 간단하고 쉬운 것부터 실시할 수 있도록 환경을 조성한다.
(4) 손도장 찍기 등 간단하고 쉬운 것을 다른 표현을 덧붙여 간다.
(5) 치료자가 시범적으로 서툰 그림을 그려서 아동의 그리기 욕구를 향상시킨다.

3. 미술치료의 유형

내담자의 흥미, 태도, 특성, 문제 등을 잘 파악하여 미술치료의 기법을 적절히 적용시켜야 하며 단위프로그램은 대상자의 수에 따라 개인 미술치료와 집단 미술치료로 구분할 수 있다.

1) 개인미술치료

어떤 심리치료의 이론(정신분석적 모형, 융 학파의 분석적 모형, 현상학적 모형, 게슈탈트(Gestalt) 모형, 인간중심 모형, 행동적, 인지적, 발달적 미술치료 모형)을 기본 관점으로 하느냐에 따라 그 진행 절차에 차이가 있으며, 치료자의 역할에 따라 비지시적 형태, 지시적 형태, 혼합 형태가 있을 수 있다. 대체로 주 1회 내지 2회가 적당하고 치료시간은 45분에서 50분이 적당하며 더불어 지속적인 개별 부모상담과 소그룹 부모교육을 실시해야 한다. 치료 중도에 작품을 끝내지 못하는 것은 좋지 않고 시간이 끝나기 몇 분전에 작품을 정리할 시간을 인식시켜 주는 것이 필요하다.

2) 집단미술치료

집단심리치료에 미술을 도입한 것이다. 여기서의 목적은 집단의 한 일원으로서의 개인적인 책임이며, 치료자와 내담자, 집단 상호간의 교류 가운데서의 통찰이고, 나 자신의 이미지를 시각화한다는 회화적 특수성에 의해서 내담자와 치료자는 내담자의 정신세계를 정확하게 파악할 수 있다.

4. 미술치료의 구성 방법

미술치료의 구성은 내담자가 주제와 재료를 자유롭게 선택하는 비지시적 방법과 치료자가 주제와 재료를 제공하는 지시적 방법이 있다. 이 방법들은 집단의 크기, 치료시간, 내담자의 성향, 치료의 진행단계 등에 따라 다르게 적용되는데 대체로 치료 기간이 장기적이고 내담자의 자아능력이 신뢰성이 있을 때 비지시적 방법이 적합하다.

반면 지시적 방법은 치료 기간이 단기적이거나 내담자의 자아능력이 미성숙할 때, 또 치료 초기에 시작의 어려움이 있거나 미술에 대한 고정 관념(훌륭한 미술결과물에 대한 집착)이 강할 때 매우 유용하다. 그러나 지시적 방법은 내담자 수준에 적합하지 않은 프로그램 선택에 대한 치료자의 책임이 무겁다. 이것은 발달 수준의 경우뿐 아니라 내담자의 현 심리적 단계에 맞지 않은 프로그램의 경우를 말한다.

일반적으로 미술치료에서는 어느 한 가지 방법만으로 구성하기보다 지시적 방법과 비지시적 방법을 함께 구성하는 경우가 많다.

1) 미술치료의 진행순서

미술치료는 먼저 아동을 진단(평가)하고 치료 목표를 세워서 치료 시간을 갖게 되는 것으로 이루어지는데, 미술치료의 진행순서는 도입 · 활동 · 토론의 순서대로 진행된다.

도입 부분에서는 서로 친밀해가면서 편안한 분위기가 조성되도록 한다. 여기에서는 긴장 이완을 위해 호흡법이나 음악을 사용하기도 한다. 전반적 설명이나 규칙에 대한 오리엔테이션도 이 때 이루어져야 할 일 중의 하나이다.

활동 부분에서 알맞은 재료의 선택이 중요한데, 시간이나 아동의 성향에 따라 다르게 적용될 수 있다. 주어진 시간에 완성할 수 있는 재료가 제공되어야 성취감을 느끼게 된다. 또 아동의 성격이 경직되었다면 이완을 촉진할 수 있는 물감, 핑거페인팅, 물기가 많은 점토가 효과적이고, 충동적이고 공격적인 아동이라면 행동의 통제가 용이한 색연필, 사인펜 같은 딱딱한 재료가 좋다. 이것은 내담자의 성격과 반대되는 재료를 제공하여 그의 내면세계에 억압되어진 부분을 재통합하는 기회를 주기 때문이다. 그리고 한 가지 재료에만 너무 고착되어 있는 아동에겐 좋아하는 재료부터 시작하여 조금씩 첨가되고 확산되어 갈 수 있도록 하는 것이 바람직하다. 또한, 자아 기능이 미성숙한 경우에는 동시에 너무 많은 재료를 제공하여 혼란을 초래하지 않도록 해야 한다. 다양한 재료를 사용하고 미술 활동을 하는 것이 좋을 것이라는 치료자의 욕심은 아동에게 도움이 되지 않는 경우가 있다.

활동 부분에서 치료자가 주의해야 할 일은 너무 많은 질문을 하여 내담자가 미술 활동 자체에 몰두하는 것을 방해하지 않도록 하는 일이다. 미술 활동은 무의식과 의식을 오가면서 자연스럽게 이루어지는 것이기 때문에, 잦은 질문이나 치료자의 개입은 그 흐름을 끊을 수 있다.

토론 부분은 내담자와의 대화를 말하는 것인데, 아동이 느낌을 표현할 수 있는 시간이다. 기분이나 마음 상태를 말로 표현할 수 있는 것이 이때 이루어지게 되고, 작품 내용을 매개체로 은유적인 대화가 되기도 한다. 아동에게 직접적으로 자신이 마음을 표현해 보라고 요구하는 것은 어렵지만 아동이 자신의 그림을 이야기하는 것은 훨씬 쉽고 편안하게 할 수 있기 때문이다. 대체로 이 시간에 이루어지는 토론 내용은 다음과 같다.

첫째, 작품을 시작할 때와 만들 때 그리고 끝날 때의 느낌은 어떠한가?
둘째, 어떤 부분이 마음에 드는가, 어떤 이유인가?
(내담자의 자아존중감을 높이고 긍정적인 부분과 태도를 연결시켜 볼 수 있다)
셋째, 마음에 안 드는 부분이 있는가? 수정해 본다면 어떻게 수정하겠는가?
(만족 못하는 부분을 언어적으로라도 정리하여 그 실패감을 어느 정도 정리시킬 수 있고, 실제 생활과도 연관되어 생각해 볼 수도 있다)
넷째, 그림 요소 간에 상관관계는 어떠한가?
(내담자의 내면 세계의 통찰을 도울 수 있고, 집단미술치료에서는 집단원간의 상호

관계를 생각할 수도 있다)

다섯째, 그림에 나타난 소재나 상의 느낌이 어떠한가?

(예를 들어, 아동이 사자를 그렸다면 그 사자의 성격이나 말, 느낌에 대해 이야기하는 방법도 있다)

이 시간은 아동 스스로 자신의 작품을 다시 살펴보면서 자신을 느끼는 시간이 되며, 치료자가 작품 안에서 아동에 대한 더 많은 정보와 느낌을 얻는 시간이 된다. 미술은 언어보다 검열이 작기 때문에 갈등을 표면화 시키지 않고도 은유적으로 대화를 할 수 있다. 그래서 자기표현에 대한 위협을 느끼지 않고 안정적으로 대화를 할 수 있도록 도울 수 있다. 또한 방어가 너무 심한 아동이나 자아가 약한 아동은 지나친 평가나 진단이 부담스러울 수 있으므로 주의해야 한다. 이것은 아동의 자유로운 표현을 방해한다.

5. 미술치료의 접근법

미술치료는 진단만 내리는 것이 아니라 치료 과정도 포함된 영역이다. 따라서 미술치료의 프로그램을 크게 진단 프로그램과 치료 프로그램으로 나누어 보면 다음과 같다.

1) 진단적 접근

아동은 그림을 통해 자신을 표현하고 자신에 대해 말할 수 있다. 아동들의 본래의 마음은 그림을 통해 자연스럽게 나타나는데, 자신이 느끼지 못한 성격과 고민도 그대로 옮겨질 때가 많다. 즉 마음이 슬프면 얼굴에 그늘이 드리우는 것처럼 현재의 갈등이나 고민이 반영된 그림은 바로 마음의 얼굴이 된다. 미술치료사는 이것을 아동이 보내는 신호로 받아들이고 아동과 같이 비밀을 하나하나 풀어나가는 자세로 진단해 나간다면 치료에 도움이 될 것이다. 미술치료는 모든 사람을 대상으로 한다. 어린이든 직장인이든 장애인이든 누구나 미술치료의 대상이 된다. 그렇다면 이런 다양한 사람들을 한 가지 기준으로 설명하거나 단정 짓는다는 것은 매우 위험한 일이다. 미술 결과물 하나만을 가지고 일대일 대응법으로 '이런 양식의 그림은 이런 아동이다.'라고 절대적으로 단정 지을 수 없다는 의미이다. 그래서 진단을 할 때는 그 대상의 연령, 상황, 특성을 고려해야 하며, 언어화시키는 작업이 반드시 필요하다. 이것이 밑바탕이 되어 있을 때 미술치료가 진단을 위해 쓰이게 되는데, 그 방법에는 지시적 방법인 투사검사와 일반적인 미술 검사, 자유화법 등이 있다.

(1) 투사 검사

① HTP (집, 나무, 사람 검사)

집, 나무, 사람 검사는 1948년 벅(Buck)이 프로이드의 정신분석학을 바탕으로 만든 검사인데 나중에 헤머(Hammer)와 코피츠(Koppize)에 의해 더욱 발전되어 아동의 심리검사에 유용하게 활용되어 오고 있다. 이 검사는 A4용지 4장과 연필, 지우개 등을 사용하여 일정한 검사 방법에 의해 실시되는데 그림만 그리는 것이 아니라 각각 그림에 대한 20가지 질문을 하여 그림에 보충된 자료를 얻는다. 이 검사에서 집 그림은 대체로 가정생활과 가족 관계에 대한 것을 반영할 수도 있지만 집 자체가 자아상의 상징이 될 수 있다. 나무는 개인 성장의 변화 과정을 사람 그림은 자아상에 대한 것을 더욱 잘 반영한다.

② K-HTP (동적 집, 나무, 사람 검사)

한 장의 종이에 집, 나무, 사람을 다 같이 그리는 것으로 요소간의 역동성을 잘 알 수 있다. 클라이언트에게 "집, 나무, 그리고 어떤 행동을 하는 사람의 전체 모습을 그리시오. 사람의 전체 모습을 그릴 때 만화나 혹은 막대기 모양의 사람은 그리지 마시오."라고 말한다.

③ KFD (동적 가족화)

동적 가족화는 가족이 무언가 하고 있는 그림을 그려 보는 것인데, 가족의 역동성 및 아동이 가지는 가족에 대한 감정을 반영해 준다. 동적 가족화는 기존의 가족화 검사에 움직임을 첨가하여 번스(Burns)와 카프먼(Kaufman)에 의해 정신분석학과 융 이론을 바탕으로 발전된 검사인데 가족의 역동성을 파악하기가 더욱 용이하다. 이 검사도 A4용지 1장과 연필, 지우개 등을 사용하여 일정한 검사 방법으로 실시한다. 변형된 형태로는 동적 사업화, 동적 종교화, 학교 생활화 등이 있다. FDT(가족화 검사)

현재 가족을 나타내는 것으로 가족 구성원을 그린 순서, 화지에서의 크기, 위치, 분포, 상태, 가족 구성원의 생략과 과장 등의 특징에서 부모나 구성원 간의 관계를 파악하는 것이 목적이다.

④ LMT (풍경 구성법)

처음엔 정신분열증 클라이언트에 모래상자 놀이치료의 적용이 가능한 예비 검사로 사용되었으며 진단 및 치료 과정에 도움을 준다(테두리를 사용하였는데 이것은 클라이언트에게 줄 수 있고 저항을 줄일 수 있다는 장점이 있다.). A4크기의 종이에 강, 산, 밭, 길, 집, 나무, 사람, 꽃, 동물, 돌 등 10가지를 차례로 그리게 한다. 마지막으로 아동 자신이 그리고 싶은 것을 그리게 한 후 색칠을 하게 한다.

(2) 그림 진단

그림으로 진단할 때 중요하게 관찰하여야 할 부분은 결과와 더불어 활동 과정이다. 그림 분석은 크게 전체적인 평가와 형태적 분석, 내용적 분석, 태도적 분석이 있다. 먼저 전체적인 평가에서는 그림의 첫인상을 중요시하고, 그림이 얼마나 조화롭고 짜임새가 있는가, 구조는 잘 되어 있는가? 이상한 것은 없는가에 주목한다. 다음 형태적인 분석에서는 그리는 시간, 순서, 크기, 위치, 필압, 스트로크, 대칭성, 방향, 상세함, 음영, 생략과 왜곡, 투명성 등이 있다. 예를 들면 그림 그리기를 시작함에 있어서 시간이 오래 걸리는지, 바로 들어가는지를 본다거나, 무엇부터 그리는가? 무엇을 그릴 때 가장 어려워하는가? 그렸다 지우기를 반복하는가? (자신감 저하, 양가감정을 가진 대상이 있을 경우에 해당이 되는 경우가 많다) 등을 본다.

그림을 다 그린 후에는 전체적으로 그림의 크기와 필압, 그림의 위치, 선의 특징을 관찰해야 한다. 작은 그림은 에너지가 작고 환경에 대한 부적응을 필압이 약하면 억제가 높은 아동이라고 본다. 그리고 세부 묘사에 집착하는 부분은 없는지, 대칭적으로 그리지는 않는지를 봐야 한다. 과도한 상세함은 외부와 적절히 통합이 되지 않는다고 보며 생략과 왜곡은 그 부분의 갈등을, 투명성은 인격 통합의 상실과 현실 검증력의 상실로 본다. 보통 화면 구성의 경우는 그림이 위에 치우쳐져 있으면 공상적이고 이상적이라고 진단하며 불안정하거나 우울한 경우 하단에 치우치고, 위축되고 과거 지향적이면 좌측면, 미래지향적이며 성공 지향적일 때 우측면에 그림이 그려져 있다고 볼 수 있다. 다음, 내용적 분석에서는 특히 강조된 것이 없는지, 전경과 배경이 공간성이 어떠한지, 그림 요소들과 상관관계, 색채, 상징을 다룬다. 태도적 분석에서는 어떤 재료를 선택하는가? 활동하는데 어려워한다거나 시작하기 어려워하는가 등을 본다. 이 모든 것은 아동 개인에 따라 각기 다르게 해석될 수 있어 그림의 진단은 아동의 개인성을 고려하지 않고 일률적으로 해석되어서는 안 된다.

따라서 가장 중요한 것은 아이의 설명과 의도, 느낌을 충분히 듣고 위의 모든 것을 종합적으로 해석해야 하는 것이다. 예를 들어, 똑같은 빨강을 사용하더라도 조화롭게 칠해졌을 때와 이중적으로 칠해졌을 때, 거칠게 표현되었을 때가 모두 해석이 달리 되며, 빨강에 대해 아동이 어떻게 느끼는지에 따라서 해석이 달라지기 때문이다. 이와 같이 활동 과정과 아동의 설명이 가장 중요한 진단의 근거라고 볼 수 있다.

2) 치료적 접근

많은 사람들이 미술치료의 영역 중에서도 특히 미술치료의 프로그램이나 기법에 대해 궁금해한다. 그리고 그 프로그램을 사용하면 정말 아동이 변화가 있는가를 알고 싶어 한다. 실제로 미술치료에는 다양한 프로그램이 있는 것은 사실이지만 아동의 변화를 위해서 '어떤 프로그램을 적용했는가?' 프로그램을 적용한 이유가 중요하다.

종이서부터 연필, 나무, 꽃잎, 각종 폐 활용품 외, 이 세상의 모든 재료가 미술 매체로 활용될 수 있다. 즉, 미술치료의 재료는 무궁무진하며 유에서 무를 창조할 수 있는 융통성과 독창적이고 창의적인 분야이기 때문이다. 그러기 때문에 미술치료 프로그램은 매우 광범위하고 다양해질 수 있다. 그래서 미술치료의 기법을 알기 전에 클라이언트에게 적용되어야만 하는 분명한 목적이 있어야 하며 때에 따라서 순발력 있게 미술치료 프로그램을 제시할 수 있어야 한다.

예를 들어, 점토 활동은 다양한 신체 활동으로부터 모양 만들기, 사람 만들기에 이르는 과정까지 활용되는데, 같은 점토를 가지고도 발달 단계에 따라 아동 성향에 따라 다르게 적용되며, 얼마든지 응용, 변형되어 시행될 수 있다. 따라서 치료 방향이 분명히 제시되어야 그 목적 아래에서 가장 적절한 프로그램을 적용할 수 있게 될 것이다.

미술치료 프로그램을 시기별, 발달단계별로 나누어 일반적인 몇 가지를 살펴보면 다음과 같다.

(1) 시기별 프로그램

① 초기

초기에는 관계 형성단계이기 때문에 치료사와 아동이 친밀감을 형성할 수 있는 프로그램들이 제시되어야 한다. 또 미술에 대한 흥미 유발과 재료에 대한 감각을 키워주어야 한다. 놀이나 게임을 적용하고 자연스런 신체 접촉이 일어날 수 있도록 하는 것이 필요하다.

애칭을 표현하는 작업은 자신이 갖고 싶은 이름이나 듣고 싶은 이름을 정하고 소개하는 시간을 가진 후에 그 애칭을 그림으로 표현하는 기법이다.

테두리 기법은 용지에 테두리를 그어서 주는 방법이다. 내담자에게 공포나 부담을 줄일 수 있어 많이 사용하는 방법이다.

스타터 시트(starter sheet)는 그림 그리는데 저항이 있거나 공포를 줄여서 그림 그리기를 자극하는데 사용한다. 종이에 치료자가 직접 잡지에서 얼굴 사진을 오려 붙여 주거나 부분 사진을 주기도 한다. 무의식과 유희시기 그리고 상징 직관적인 형상화 시기인 6세 이전에 나타나는 난화이야기법은 게임을 하며 난화를 그려나간 후 이야기를 만드는 것인데 친밀감 형성에도 크게 도움이 된다. 눈을 감고 낙서하듯 난화를 그리다가 형상을 찾아내어 이야기를 만드는 방법도 있다.

그림으로 대화하기는 치료자와 내담자가 한 가지 색을 선택하여 말이 없이 그림으로만 대화를 주고받는 방법이다. 친밀감 형성과 상대방의 감정을 이해하는데 도움이 된다.

점토 활용은 긴장의 이완에 도움이 되고, 음악을 들으며 점토를 자유롭게 뭉치고 두드리며 만들기, 눈감고 촉감의 느낌을 살려 만들기, 릴레이식으로 점토 돌려가며 만들기, 칵테일 파티(둘 이상의 집단에서 각자 만들고 싶은 것을 만들어 종이 위에 구성한 다음, 말없이 조형물을 움직여 가며 자신과 상대방의 감정을 이해하는 일) 등 여러 가지 방법으로 활용된다.

풀 그림은 정서의 안정과 이완 등에 효과가 있다. 거부나 저항이 심한 아동에게나 퇴행이 필요한 성인에게도 유용하다. 작업의 촉진과 스트레스 감소에도 쓰인다.

자신의 장점 표현하기는 자신의 장점을 손 본뜨기나 상자를 이용하여 표현하는 것인데 자신에 대한 긍정적인 부분을 발견하고, 집단 미술치료에서는 상호 간의 이해에도 도움이 된다. 이외에도 자유화법이나 갈겨 그리기, 그림 완성하기 등 다양한 프로그램이 있다.

② 중기

이 시기는 표출 단계이기 때문에 자아 개념과 표현력을 향상시킬 수 있는 프로그램이 제시되는데, 발산이 충분히 이루어질 수 있도록 해야 한다.

자화상은 충분한 시간을 주고 그릴 수도 있고, 자신의 특정적인 모습을 중심으로 재빨리 그릴 수도 있다.

거울은 자신의 얼굴을 거울에 비추어 보면서, 다양한 표정을 지어 보고 그려 보는 것이다. 상징은 나를 상징할 수 있는 것을 그려보거나 만들고, 대화하는 방법이다.

은유화법은 자신을 나무, 동물, 냄새, 꽃 등 다른 것으로 표현해보고, 의인화시켜 이야기해 보는 방법이다. 아동들의 경우는 '내가 만일 변신한다면?' 혹은 '다시 태어난다면 무엇으로 변해 있을까?' 등으로 접근할 수도 있다. 내가 아는 나와 다른 사람이 아는 나는 자신의 외면과 내면을 통찰하여 자신을 새롭게 정립하고 인식하기 위한 프로그램이다.

나의 과거, 현재, 미래는 자신의 모습을 다시 한번 돌이켜 보고 자기 인식 및 개념을 형성한다. 콜라주로 표현하는 방법도 가능하다.

광고는 나 자신을 광고하는 광고지를 만드는 것이다. 정서는 하나의 그림 안에 반대되는 정서를 표현해 보는 것이다. 상황 설명이 주어지기도 한다.

인물 콜라주는 다양한 정서를 표현하고 있는 인물 사진을 붙여 보고 그 인물이 하는 말을 상상하여 이야기해 보는 방법이다. 내가 되고 싶은 얼굴과 버리고 싶은 얼굴은 가면으로도 표현할 수 있고 그림으로도 가능한 방법인데, 자기 욕구를 인식하고 내면 안에 수용되지 못하는 부분을 통합하는 기회로도 와줄 수 있다.

인생 곡선그리기는 자신이 살아온 인생을 돌아보면서 시기별로 감정이나 만족도를 표현해 보는 방법이다. 그래프도 가능하고 콜라주나 그리기 등으로도 응용할 수 있다.

신체 본뜨기는 큰 화지에 몸의 외곽선을 따라 그리고 그 몸을 꾸며 보는 것인데, 좋아하는 것과 싫어하는 것을 덧붙인다거나 필요한 것을 덧붙이는 식으로 응용될 수 있다.

③ 말기

말기에는 자발적이고 적극적인 표현을 유발시키고 현실 의식을 높일 수 있는 프로그램이 제시된다. 또한 상호작용을 활발하게 하는 활동이 요구된다. 종결기는 변화를 관찰할 수 있는 기법을 사용하기도 한다. 전시회를 열어 그동안 진행되어 온 과정을 정리해 보는 시간을 가져 보는 것 또한 의미 있을 것이다.

내가 나에게 바라는 것 · 남이 나에게 바라는 것은 현실상에서의 나를 인식하고 외부 세계와의 연결점을 찾아준다. 나의 미래를 표현하기보다 미래지향적으로 긍정적인 삶을 생각해 볼 수 있도록 돕는다.

색 물총놀이는 색의 혼합을 통해 참여자의 응집력과 상호작용을 자극시키고 발산에도 도움이 된다. 이것은 초기나 중기에 써도 좋다.

돌려 그리기는 내가 그린 그림 위에 다른 사람의 그림이 덧붙여 그려지도록 하는 게임이다. 초기에도 효과적인 프로그램이고 상호이해와 사회성에 좋다.

말과 그림은 각자 한 장의 그림을 그린 후, 차례대로 한 사람씩 자기의 그림을 보지 않고 언어만을 사용하여 설명하고 다른 집단원이 그 설명을 듣고 그림으로 그리는 것이다. 다 그린 후 얼마나 비슷하게 그려졌는지 알아본다.

만화 이어 그리기는 초기에도 좋은 프로그램으로 만화를 한 칸씩 차례대로 그려나가는 것이다. 그 그림과 내용이 어떻게 이어져 갈지 모르기 때문에 흥미롭고 상대방의 의도와 감정을 이해하는데 도움이 된다.

선물 주고받기는 상대방에게 필요한 것들을 그려주거나 잡지에서 오려 붙여 주는 것인데, 집단 안에서의 나를 존재감을 인식하고 친밀감을 형성하는 데도 좋다.

종결기에 사용하기 좋은 프로그램이다.

전지그림은 참여자들이 다 같이 한꺼번에 전지에 그리는 것인데, 집단의 역동성과 사회성에도 도움을 준다.

나에게 상장주기는 프로그램을 종결하면서 자신에게 좋았던 점이나 잘해 준 것에 대해 상장을 만들어 주는 것이다. 성취감이나 자아존중감, 자기 정리에 도움이 된다.

(2) 발달 단계별 접근

아동을 대상으로 하는 미술치료에서 발달단계는 매우 중요하다. 아동의 현재 발달수준에 맞는 프로그램을 제시함으로써 아동의 인지 및 정서의 발달을 도울 수 있다.

0세에서 2세 수준의 영아기에는 신체 경험을 통해 다양한 근육 지각과 감각 수용의 변별을 할 수 있게 할 뿐 아니라 자신에 대한 기본적 의식이 생길 수 있는 프로그램이 제공되어야 한다. 저항이 적은 재료부터 출발하여 자연스럽게 확대되어야 하며 자신의 움직임과 흔을 가질 수 있도록 하여 마음 놓고 탐색할 수 있게 하는 것이 중요하다. 이 시기는 물과 흙 곡식 등 전 미술 재료를 가지고 할 수 있는 놀이가 좋고 점토 활동 및 풀 놀이도 유용하다. 크레용이나 컬러 펜을 이용한 선 놀이도 중요한 프로그램 중의 하나가 된다.

2세에서 6세 수준의 유아는 자신과 사물의 변별, 상징화 능력의 발달, 자율성의 발달 등을 목표하는 시기이다. 명확한 개념을 심어주기 위해 모방 놀이와 연상 놀이를 적용해야 할 시기인 것이다. 이 시기의 유아는 정서의 기복이 심하고 조절력이 약하다. 자신과 주변에 대한 인식을 가지는 신체의식 프로그램과 주변 탐색 프로그램이 적용된다. 그래서 이때는 사물 찍기나 콜라주 기법과 같은 활동이 유용하다.

7세에서 12세에 해당하는 아동기는 집단의식을 발달시키는 것이 가장 중요한 과제이다. 다른 사람의 감정에 관심을 가지며 자기 통제력을 발달시키고, 선택하고 결합할 수 있는 능력을 길러야 하는 시기인 것이다. 이들에게는 집단 미술치료의 프로그램이 유용하게 쓰일 수 있다. 집단 프로그램에는 공동 화지에 다 같이 협동화 그리기, 색물총놀이, 돌려 그리기, 얼굴 그림 그려주기, 데칼코마니 합쳐 구성하기 등 다양한 프로그램이 해당된다.

6. 미술치료사의 역할과 윤리

1) 미술치료사의 역할

미술치료사는 미술 매체를 잘 다루고 동시에 내담자가 미술 활동에 흥미를 가질 수 있도록 돕는 자이다. 미술치료사의 역할은 내담자의 성향, 치료 목표, 치료 기간에 따라 다르지만 크게 정서적 지지자와 기술적 보조자의 역할로 나누어 볼 수 있다.

정서적 지지자란 내담자의 마음의 흐름에 치료자가 맞추어 나가는 것을 뜻한다. 즉 작품의 내용을 수용하면서 아동의 마음을 느껴야 하는 것이다. 이와 같이 무엇보다 중요한건 아동과 치료사 사이에 공유된 감정이 바로 '공감'이다. 또한 '수용'은 내담자의 감정이나 행동을 받아 주는 것을 말하는데 만약 그림을 통해서 한다면 시각적 표현을 언어적 표현으로 바꾸어 주는 것도 한 방법이다. 공감과 수용의 태도는 내담자로 하여금 자신이 어떤 표현을 해도 치료자가 관심을 가지고 받아 주리라는 확신을 갖게 한다. 이러한 확신은 편안한 마음으로 새로운 표현을 시도할 수 있게 도와줄 수 있다. 다시 말하면 정서적 지지자로서의 미술치료사는 내담자에게 실제 생활에서도 새로운 시도를 해 볼 수 있도록 도움을 준다는 말이다.

또한 기술적 보조자는 내담자가 미술 매체를 사용할 때 기술적으로 좌절하지 않도록 도와주는 역할이다. 이때 치료자는 내담자가 기술적으로 능력이 부족한 상황인지, 아니면 치료자에게 습관적으로 의존하는 상태인지를 잘 관찰해야 한다. 그리고 치료자는 내담자가 거부하면 기다려 주는 자세를 가져야 한다. 이같이 치료자는 의도적으로 내담자가 스스로 선택하고 표현할 수 있게끔 해야 하는데, 특히 부모의 간섭이 심한 아동은 거짓 자아(예를 들어 남에게 맞추어 주는 자아)가 발달되었기 때문에 더욱 그러하다.

미술치료는 내담자로 하여금 자기 자신의 내면에서 일어나고 있는 것을 관찰하고 알아차리는 자의식의 깨달음을 갖게 한다. 미술치료를 통하여 치료자가 내담자의 자의식을 갖도록 돕는 것은 기다림이 요구되는 인내의 작업이며 끊임없이 자의식을 가지고 자기 안의 문제를 객관화시키는 힘을 키울 수 있도록 도와주는 역할을 하는 것이다.

2) 미술치료사와 내담자와의 관계

(1) 미술치료사와 내담자는 전문적인 관계를 형성
(2) 미술치료사는 내담자의 내적 세계와 접촉을 시도
(3) 미술심리치료사와 내담자는 두 사람만의 독점적인 관계를 유지
(4) 미술심리치료사와 내담자는 충고나 제안이나 압력이나 강요 등이 없는 자유로운 관계를 형성

3) 미술심리치료사와 내담자의 관계형성 과정

(1) 1 단계 : 시험하기 단계

(2) 2 단계 : 신뢰하기 단계
(3) 3 단계 : 노출하기

4) 미술심리치료사가 갖추어야 할 인성적 자질

(1) 민감성을 갖추어야 한다.
(2) 미술심리치료사는 항상 허용적이어야 한다.
(3) 미술심리치료사는 의사소통 능력을 지녀야 한다.
(4) 미술심리치료사는 인내심이 필요하다.
(5) 미술심리치료사는 양가감정에 응할 수 있어야 한다.

5) 미술심리치료사에게 요구되는 전문적 자질

(1) 수용하는 자세가 필요하다.
(2) 미술심리치료사는 내담자의 감정을 잘 반영하는 능력이 있어야 한다.
(3) 미술심리치료사는 내담자에 대해서 공감하는 자질이 필요하다.
(4) 미술심리치료사는 내담자의 직면하기 능력을 키워줄 수 있어야 한다.
(5) 미술심리치료사는 통찰하는 능력이 있어야 한다.

6) 통찰을 위한 전문적인 태도

(1) 우선 치료사는 자기를 최대한 억제해야 한다.
(2) 통찰은 일정한 조건에서 해석을 해야 한다.
(3) 마지막으로 통찰은 내담자가 수용하는 것이 중요하다.

7) 좋은 치료사가 되기 위한 다섯 가지 방법

(1) 슈퍼비전을 받아야 한다.

미국의 유명한 정신과 의사 얄롬은 그의 책 집단정신치료의 이론과 실제에서 슈퍼비전 없이 계속해서 경험만 쌓는 것은 오히려 그 치료사에게 좋지 못한 습관이 굳어지게끔 할 수 있기 때문에 효과적이지 않다고 했다. 슈퍼비전을 받지 않고 2년간 경험을 쌓는 것보다는 슈퍼비전을 받으면서 6개월간 경험을 쌓는 것이 훨씬 더 역량 있는 치료사를 만든다고 주장했다.

(2) 자신의 치료회기를 녹음하고 축어록을 풀어야 한다.

대개 슈퍼비전을 받으면 자신의 치료 회기를 녹음하고 녹음내용을 글로 풀어오라고 한다. 자신이 어떤 말을 하고 어떻게 개입했는지 녹음하지 않고 그저 설명하듯이 말로만 이야기하는 것은 별로 도움이 되지 않음을 뜻한다. 알게 모르게 자신을 방어하면서 이야기하기 때문이다. 그래서 실제로 어떠한 말들이 오갔으며 어떻게 반응했는지, 녹음해서 축어록을 풀어야 한다. 목소리만 녹음하는 것도 도움이 되고 비디오로 찍어서 자신의 치료회기를 보는 것도 매우 도움이 된다(녹음된 내용의 비밀보장은 기본이다).

(3) 역할 연기를 통해 부단히 연습해야 한다.

실제 상황이 아니라 하더라도 공부하는 사람들끼리 짝을 이루어서 치료사-내담자 역할을 해보면 매우 도움이 된다. 내담자가 되어 보는 것도 의미 있는 경험이고 치료사가 되어 보는 것도 그러하다.

(4) 실제로 자신이 치료에 참여한다.

치료는 제대로 이해하기 위한 조건이기도 하다. 먼저 자신이 치료받는 것은 더할 나위 없이 소중한 일이다. 실제로 환자를 치료하는 것은 천천히 해도 된다. 그러면 나 자신을 먼저 치료하는 것이 좋다.

(5) 치료에 관한 책과 논문을 읽고 생각한다.

사람들의 심리적 문제를 파악하고 해결하기 위해서는 선임 치료사들이 어떠한 방식으로 어떠한 효과를 보았는지에 대해 많은 책과 논문을 읽어 보는 것이 도움이 된다. 책에서 깨달음을 얻을 수 있을 것이다.

제3장

미술치료의 매체

제3장

미술치료의 매체

1. 미술치료 매체의 이해

매체(medium)라는 용어의 범위는 미술에서 회화, 조각 등 예술표현의 수단 혹은 수단에 쓰이는 재료를 통틀어 지칭하는 것이다. 미술치료에 있어서 미술 재료의 역할은 매우 크다. 내담자 중 아동의 미술 활동에 있어서 재료는 더욱 중요시된다. 아동은 끊임없이 새로운 작품을 표현해내어 사물의 본질로 차츰 접근해 나가는데, 이는 매체의 지각과 그 처리하는 특성에서 기인함을 알 수 있다. 찰흙으로 재현된 나무가 연필 드로잉으로 재현된 나무보다 더 다양한 표정을 지니고 있는 이유는 매체와 그의 사용 방법에 있는 것이다. 각각의 매체는 그 고유성과 공통성을 동시에 지니고 있어 대상을 표현하는 재료로서뿐만 아니라 그 자체의 물성을 그대로 나타낸다. 이러한 물성의 탐구는 미술의 역사에서 재료의 혁명으로 불리는 오브제(Object)의 등장에서 처음 시도되는데, 이는 기성품이나 폐품으로까지 확대된 표현양식을 보였다. 그후 오브제 콜라주를 자주 사용한 초현실주의는 인간의 무의식을 작품 속에서 보여주었다.

미술을 통한 전달력은 이용 가능한 매체에서는 물론 그 표현기법에 따라서도 모양이 갖추어진다. 내담자가 어떤 재료를 선택하고 선호하는가에 대한 문제는 미술치료를 하는데 있어 중요한 단서가 된다. 따라서 미술치료사가 미술 활동을 적용하고 이해하려면 매체의 특성과 사용법, 매체의 장단점 등에 관한 풍부한 지식과 경험이 필요하다.

미술치료사들은 다양한 미술 활동 매체들을 심리치료에 적용하며 이러한 미술재료는 치료 시간, 공간, 내담자의 성향 등에 따라서 융통성 있게 적용한다. 특히 미술치료사는 내담자가 작품이 완성되지 못하였을 때 느끼는 미해결된 느낌이 없도록 주어진 시간에 완성될 수 있는 재료를 선별하여 제공하여야 하는 것을 잊지 말아야 한다.

일반적으로 미술치료사는 구조화된 매체보다는 덜 구조화된 매체를 그리고 복잡한 매체보다는 단순한 매체를 선호하는 경향이 있다. 그 이유는 단순하고 덜 구조화된 매체일수록 내담자의 심리적인 투사에 용이하며 내담자의 감각을 자극시키기 때문이다. 단순한 매체는 스스로 작품을 완성할 수 있는 가능성을 더 높여주고 내담자가 작품 활동을 하면서 자신감과 성취감을 느낄 수 있게 해주어야 하기 때문이다.

1) 미술치료 매체의 중요성

① 미술 매체는 심상을 시각적으로 이미지화하는 중요한 도구이다.
② 내담자는 복잡한 매체보다 단순한 매체를 더 선호하는 편이다.
③ 치료사는 좋은 품질의 매체를 선정해야 한다.
④ 치료사는 재료의 특성과 효율성을 알아야 한다.

2) 미술치료 매체의 역할

① 내면의 사고와 정서를 형태화하여 표현하는 도구이다.

일반적으로 감정과 사고를 전달하기 위해 음성 언어를 사용하지만 미술치료에서는 매체와 기법이 소통의 역할을 한다.

② 매체는 내담자의 성격 특성 및 현재의 심리상태를 반영한다.

내담자가 가진 감정과 욕구, 사고가 눈에 보이는 현실, 즉 하고 싶은 작품으로 형태화되면 내담자는 여기에 담긴 자신을 바라보게 되고 정리하게 된다. 여기에서 치료자가 내담자의 매체를 이해하고 반응해주며, 확장, 촉진해 갈 때 치료적 효과가 나타난다.

③ 미술 매체는 내담자에게 다양한 감각을 경험하게 한다.

다양한 감각 체험은 내담자의 자기감정을 경험하게 하고 현실적 감각을 느끼게 한다.

이것은 자신에게 맞는 감각과 특성을 발견하고 자기다움으로 이끌어진다.

매체는 촉진과 통제를 가능케 한다.

④ 충분한 공간, 다양한 색상과 충분한 크기의 종이와 점토를 제공함으로서 내담자의 자발성을 촉진할 수도 있고 물감, 핑거페인팅, 찰흙 등을 통해 퇴행을 촉진시킬 수도 있다.

반대로 내담자가 통제가 필요한 경우는 색연필, 사인펜과 같은 재료를 통한 작업을 통해 충동성을 통제하기도 한다.

3) 매체 선택의 일반적 사항

① 폭넓은 정서 표현이 가능한 매체
② 창조적 표현을 촉진시키는 매체
③ 내담자의 특성에 맞는 매체
④ 다양하게 표현하는 것이 가능한 매체
⑤ 정돈과 보관이 용이한 매체
⑥ 치료사가 잘 다룰 수 있는 매체
⑦ 실용적인 매체

4) 치료를 위한 표현 목적별 매체

① 내담자가 쉽게 접하는 재료로서 비교적 거부반응 없이 사용 가능한 매체
② 세부적인 선적 묘사가 가능하고 생각을 구체적으로 표현할 수 있는 매체
③ 전신을 움직이는 역동적인 활동을 유발하고 내담자의 내적 욕구가 발산되는 매체
④ 내담자들이 동적 활동을 통해 흥미가 향상되며 자유롭고 대담한 표현이 되는 매체
⑤ 새로운 물질과 표현 결과에 의한 호기심과 탐구심이 제고되어 미술 활동에 적극적으로 참여하게 하는 매체

⑥ 오감의 감각을 느끼고 인식하게 하는 매체
⑦ 재료의 형태, 색깔, 느낌 등을 통해 내담자의 내면을 자유롭게 표출하는 매체
⑧ 재료를 사용하며 느끼는 성취감으로 활동에 독창적 표현을 증대시키는 매체
⑨ 장식적 활용성의 우수함과 내면의 욕구를 자유롭게 표출할 수 있는 매체

5) 미술매체 창작과정에 대한 이해

창작과정 자체는 미술치료의 본질적인 요소이지만 치료자의 특별한 이론적 방침과는 상관없다. 미술치료사가 창작과정의 유기적인 발전을 방해하지 않기 위해서 내담자(환자)의 창의적인 과정에 대해 충분히 고려해야 한다는 것은 중요하다. 내담자들을 제대로 돕기 위해 작업 과정을 관찰하는 방법과 작업 과정의 완성을 촉진하기 위한 개입 방법도 배워야 한다.

(1) 유창성(fluency)

한 문제와 관련하여 많은 생각들을 창출해 낼 수 있는 능력으로 미술작품에서 모양, 색 혹은 상징적 개념들을 종합하여 환자의 상황과 결합할 수 있는 능력을 말한다.

(2) 융통성(flexibility)

다양한 방법으로 동일한 사건(사물)을 인식하는 능력을 말하며 최소한의 좌절감을 경험하며 예기치 않은 사건들을 다루는 능력으로 융통성은 정신건강과 관련된 개념과 밀접한 관련이 있는데 정신건강에서 경직과 유동 양극단에 있다는 것은 바로 질병의 조짐을 보여주는 것이다.

(3) 정교성(elaboration)

미술치료에서의 주된 목적인 정신건강과는 가장 관련이 적고 격려와 보상에는 관련이 있다. 유창하고 정교할 수 있는 능력은 아름다운 예술작품을 만들어 낼 뿐만 아니라 삶의 도전들에 대하여 좀 더 적응력을 지닌 반응을 보이게 한다.

(4) 독창성(originality)

대부분의 사람들이 흔히 생각하는 창의적인 특성을 말하며 미술치료에서 가장 중요한 부분은 내담자가 선호하는 매체, 스타일, 주제를 발견하고 개선시켜 자신의 '진정한 자아'를 찾도록 해주는 것이다.

2. 미술치료 매체의 심리 촉진과 통제

통제를 기준으로 한 미술 매체의 특성(Landgarten, 1987)

미술 매체의 선택에서 두 가지 중요하게 고려할 점은 심리 촉진과 통제다. 내담자의 자발성을 촉진하기 위해서는 충분한 작업공간과 아울러 친밀감을 줄 수 있는 다양한 재료가 준비되어야 한다. 특히 내담자의 성격은 재료를 선택할 때 주의 깊게 고려해야 할 부분이다. 미술 매체 중 물감, 핑거페인팅 그림물감, 물기가 많은 점토는 감정이완과 퇴행을 촉진시키는 매체의 특성으로 경직되고 저항적인 내담자에게 주로 적용하며 충동적이고 자아경계가 불분명한 내담자에게는 충동적 성향을 더욱 심화시킬 수 있어 적용을 자제한다.

반면 연필, 색연필, 사인펜과 같은 딱딱한 재료는 긴장감과 충동적 성향을 통제하기 위한 재료로 쓰인다. 이처럼 내담자의 성격과 반대 성향의 재료를 제공하는 것은 그의 내면세계에 억압된 부분을 재통합하는 기회를 줄 수 있기 때문이다.

통제의 정도가 낮은 매체는 임상치료 초기에 감정을 이완하고 친밀감을 조성하며 라포를 형성하는데 용이하며 통제의 정도가 높은 매체는 세밀하고 정교한 작업과 집중도를 요하므로 임상치료시 초기에 사용하기 보다는 어느 정도 회기가 진행된 이후에 사용하는 것이 바람직하다.

또한, 너무 많은 양의 재료나 도구는 내담자를 질리게 할 수 있다. 이 점에서는 내담자에 따라 서로 다르므로 치료사는 개인의 욕구에 민감하게 반응할 줄 알아야 한다. 특히 쉽게 찢어지는 종이나 잘 부서지는 분필과 같은 심리적 좌절감을 유발시키는 재료는 사용을 자제해야 한다. 일반적으로 내담자는 다른 도구가 필요한 매체보다는 낱개로 된 소묘 매체를 더 쉽게 다루는 경향이 있다. 즉, 연필은 쉽게 조작하지만, 물감 등의 채색 재료는 기법적인 어려움을 겪는다. 물감을 마구 칠하는 것과 같은 행동은 심하게 억압되어 있는 내담자에게 활기를 불어넣을 수도 있을 것이고, 아니면 물감의 번짐이나 흐름 때문에 아주 겁에 질리게 할 수도 있다. 때때로 미술 매체를 바꿔 주는 것은 환기성을 주어 타성에 빠져있는 내담자를 촉진시켜 줄 수 있다. 미술 매체의 특성에 따라 어떤 효과를 낼 수 있느냐를 고려하여 선택해야 한다. 미술치료사는 내담자의 특성에 따라서 친밀감을 형성하고 흥미를 부여할 수 있는 재료, 욕구 표출이 용이한 재료, 정서적 안정감을 주는 재료, 자발성 향상에 도움을 주는 재료가 무엇인지 연구해야 한다.

미술치료는 치료사와 내담자 그리고 미술작업이라는 세 가지 요소로 이루어진다. 즉 미술 매체를 통해서 미술작품을 만들어가는 과정으로 이루어진다.

미술치료에서 매체는 작품을 구성하고 표현하는데 필수적인 도구로 치료사는 매체를 통해 내담자와 만나고 심리적, 신체적, 사회적 안녕에 긍정적인 변화를 제공한다. 내담자는 매체를 통해 자신을 표현하고, 인식하고, 통찰해 나아가며 카타르시스를 느낀다. 그러기에 미술치료사는 치료에 앞서 다양한 매체의 특성과 도구 사용에 대한 지식과 작업 과정에 충분한 경험을 하여야 한다. 왜냐하면 내담자의 증상 및 상태에 따라 매체의 선정이 다르고 상황에 따라 기술적인 문제를 도와줄 수 있어야 하는데, 치료사는 자신이 능숙하고 자신 있는 간단한 매체를 선호하는 경향이 있기 때문이다. 내담자 스스로가 선호하고 수용한 매체일수록 내담자의 참여도와 집중력을 높일 수 있다. 집중이 이루어졌다면 치료는 성공한 것이 되는 것이다. 치료사는 내담자의 지각운동능력과 미술 매체의 난이도를 인식하고 있어야 한다.

3. 미술치료 매체의 종류와 특징

1) 평면(건식)매체

평면매체는 '그리기'를 포함하는 평면 활동을 표현하며 회화, 찍기, 염색 등을 할 수 있는 미술재료를 말하며, 건식매체와 습식매체로 나눌 수 있다.

평면(건식)매체는 콩테, 연필, 목탄, 색연필, 사인펜, 마커펜 등이 있다.

평면(건식)매체는 구하기 쉽고 더불어 친숙함이 있다.

(1) 연필

매체로서 연필의 장점은 남녀노소를 불문하고 가장 친숙하고 쉽게 구할 수 있는 재료이다. 그림의 밑그림이나, 크로키, 드로잉, 소묘 등 다양하게 쓰이며 독립적인 작품을 연출할 수 있다. 반면에 가장 흔한 재료이기 때문에 호감이나 흥미를 느끼는 매체는 아니다. 그러나 연필은 다른 어떤 매체보다 가장 기본적이고 중요한 매체이다.

발달적, 감각적인 측면에서 손과 눈의 협응력과 집중력을 향상시키는데 탁월하다.

연필의 필압은 내담자의 성격이나 특성 등을 파악할 수가 있어 진단검사에 사용된다.

통제성이 가장 강한 재료로서 정서적 충격을 경험하였거나 과잉행동을 하는 아동에게 에너지 수준을 낮추고 분노를 감소시키는 경험을 제공할 수 있다.

(2) 목탄

목탄은 부드러운 매체로 명암 표현이 용이하며 연필보다 강한 효과를 나타낸다. 반면 연필보다 세밀한 표현에 어려움이 있다. 손으로 문질러 번짐 효과를 낼 수 있고 식빵이나 헝겊으로 지울 수 있다. 명암이나 재질감을 나타낼 수 있어서 감정적인 표현이 가능하다. 작품을 완성 후 보관시 정착액을 뿌려준다.

(3) 색연필

매체로서 색연필의 장점은 쉽게 구할 수 있고 휴대가 간편하며, 연필처럼 누구에게나 친숙한 매체이다. 색연필에는 유성색연필과 수성색연필이 있다. 유성색연필은 선묘를 하기에 부드럽고 채색에 사용한다. 수성색연필은 물을 묻혀 문지르면 수채화 효과를 낼 수 있다. 크레파스보다 덜 번지면서 더 무르기 때문에 섬세하고 정교한 표현이 가능하지만 강한 색 표현은 어렵다.

색연필은 인지적인 기능, 자기조절 능력, 섬세한 운동감각과 정서적인 경험을 강조하는, 구조적이며 통제적인 매체이다.

(4) 파스텔

파스텔은 소묘와 회화의 성질을 함께 갖고 있는 독특한 매체로, 손의 감각을 직접적으로 전달해주는 채색 도구이다. 파스텔의 색채는 부드럽고 포근하며 화려하고 매력적인 느낌을 주며 색채 질감을 표현하기에 좋으며, 화지 위에 그린 그 순간 효과가 바로 나타난다. 풍부한 색채는 내담자의 감성을 자극하여 심리적 감정 상태를 자연스럽게 표현하도록 유도한다.

파스텔은 쥐는 힘의 정도에 따라 색의 농도를 조절할 수 있어 내담자/환자의 통제력을 미세한 부분까지 관찰할 수 있다. 손에 잘 묻기 때문에 이를 꺼려하는 내담자/환자들에게는 주의하여 사용하여야 한다. 부주의 시 잘 부러지기 때문에 매체에 대한 실패감을 맛볼 수 있다.

부드러운 매체인 파스텔은 내담자의 긴장을 이완시키는 효과가 있다. 파스텔은 접착력이 없기 때문에 내구력이 떨어지며 정착제로 정착시켜 주어야 한다. 색을 혼합하기 어렵고 지나치게 덧칠하면 탁하고 어두운색이 나타난다. 세밀하고 정확한 표현에는 어려움이 있다. 파스텔 그림 위에 수체화물감을 사용하여 파스텔화를 표현할 수도 있다.

(5) 크레용/크레파스

크레용과 크레파스는 매끄럽고 부드러우며 사용이 용이하고, 채색과 그리기를 동시에 표현할 수 있는 매체이다. 크레용은 크레파스와는 달리 뭉개짐이 적어 선의 표현이 정교하고 세밀한 표현이 가능하다. 반면 크레파스보다 채색의 분위기가 선명하지 않아 내담자의 만족도가 떨어진다. 크레파스는 크레용보다 부드럽고 진하며 착색이 잘되고 혼색을 만들기도 용이하다. 긁어내기, 문지르기, 겹침, 열 가하기 등 다양한 효과를 낸다. 그러나 크레파스는 손에 잘 묻어나고 부스러기가 생기며, 잘 부러지는 단점이 있다.

(6) 싸인펜/마커펜

싸인펜/마커펜 촉감이 부드럽고 색상이 선명하며, 통제가 용이해서 자아기능이 약한 사람에게 잘 어울리는 매체이다.

색채에서 수성싸인펜이 더 선명하며 유성싸인펜은 색이 가라앉는 듯한 느낌을 준다. 싸인펜은 가볍게 미끄러지듯 그려지는 매체의 특성으로 인해 그리기 활동에 많이 사용되며, 그릴 때는 아트지처럼 표면이 매끈한 화지가 좋다. 싸인펜은 끝이 뾰족하기 때문에 정밀한 표현에 좋으며 세밀하게 그릴 수 있는 반면 명암 표현에는 어려움이 있다.

마커는 원래의 색이 겹치면 진해져서 명암을 낼 수 있는 장점이 있다. 반면 마커로 그린 그림은 쉽게 탈색하는 경향이 있고, 칠하는 즉시 건조되지만 수정이 불가능하다.

싸인펜/마커는 그리기와 꾸미기 재료로 다양하게 사용되며, 때로는 면봉과 만나 밑그림 재료가 되고 때로는 꼴라주의 재료도 되며, 때로는 크레파스와 만나 스케치재료가 된다.

2) 평면(습식)매체

평면(습식)매체에는 수채화 물감, 아크릴 물감, 먹물 등이 있으며, 습기가 있는 평면 작업이 가능한 도구를 의미한다.

(1) 수채화 물감

색조를 물의 양으로 조절할 수 있으며, 겹치기, 뿌리기, 번지기 등 다양한 기법을 구사할 수 있다. 건조가 빠르고 유동성을 지니고 있기 때문에 순간적인 감정을 표현하고 발산하는데 효과적이다. 투명함을 가지고 있으며, 그림을 그리고 건조된 후에 색이 더 밝아지는 특성이 있다. 미술치료에서 밀가루 풀, 면도크림, 비눗물 등 다양한 재료에 결합하여 작업이 가능하고 바탕 채색 및 석고, 점토 작품의 채색에도 사용된다.

(2) 아크릴 물감

아크릴 물감은 수채화 물감과 유화 물감의 장점을 동시에 가지고 있으며 속성 건조하는 수용성 물감이다. 접착성이 강해 캔버스 외에도 어느 정도 흡수성이 있는 재료라면 어디든지 잘 부착된다. 내수성을 지니고 있어서 건조 후에 물감을 덧칠해도 아래의 색이 녹지 않는다.

아크릴 물감의 속건성의 특징은 작업을 하는 동안 생각이나 감정을 재빨리 표현해야 하므로 집중력을 요하는 매체이며, 아이디어와 감정이 그대로 살아 있을 때 작품제작을 마무리 할 수 있다. 작업을 하는 중에 실수를 하였더라도 덧칠하여 수정이 가능하기 때문에 실패에 대한 부담감을 줄여주고 상실감을 감소시켜 준다.

(3) 먹물

동양인에게 있어서 먹은 단순히 검은색의 차원을 넘어 그 이상의 가치로 보았으며 자연이 지닌 만물의 색상을 암시하였다. 수묵화는 자연을 정신적으로 바라보고 색을 느끼고자 하였다. 이러한 먹물의 속성은 그 향을 통해 억압된 기억들을 떠올리게 해주며 내면의 심리를 표현할 수 있게 하는 미술치료 매체로서 화지에 스며드는 자연스러움을 통해 작업에 집중하게 해준다. 또한 면의 여백에서 느껴지는 농담을 통해 감정의 이완을 경험하게 한다.

3) 입체(건식)매체

입체(건식)매체는 우드락/폼보드, 나무, 비누, 꾸미기 재료 등이 있으며 주로 조형물을 만드는데 사용한다.

(1) 우드락/폼보드는 입체 작품을 만드는데 주로 사용되며, 크기와 모양 색 등을 원하는 대로 선택할 수 있는 장점이 있다. 우드락은 쉽게 자를 수 있으며 문양을 표현하여 판화로도 활용할 수 있다. 폼보드는 단단하고 잘 부러지지 않는 특성이 있다.

(2) 자연소재인 나무는 친밀감을 주는 메체로서 자유롭게 조형할 수가 있고, 나무 재질을 살려 공작할 수 있고 촉감을 느낄 수 있다.

(3) 비누는 재질이 부드러워 조각칼을 이용해 입체 조영물을 만들 수 있다.

4) 입체(습식)매체

입체(습식)매체에는 점토, 대용점토, 석고붕대 등이 있다.

(1) 점토

점토는 다른 어떤 재료보다 친근하며 매력적인 매체이다. 점토작업은 원초적이고 감각적인 성질이 강한 매체로 내담자에게 자연스럽게 퇴행을 촉발하게 한다. 점토는 손으로 직접 만지고 주무르며 자신의 생각과 느낌을 다양한 형태로 구체화 시킬 수가 있어 내담자에게 만족감과 더불어 삶의 활력을 느끼게 할 수 있다. 점토의 점성과 가소성의 성질의 특성으로 인해 내담자의 감정과 경험을 재구성할 수 있으며 수용하고 통합이 가능하게 한다. 뿐만 아니라 점토는 유아의 소 근육 발달, 의사소통 능력의 신장, 정서적인 긴장해소, 집단 활동에의 참여, 창의성 발달에 효과가 있다.

유사 점토는 지점토, 밀가루 점토, 컬러점토, 클레이, 델타 샌드 등이 있다.

점토는 유연하므로 어떠한 형태든 자유자재로 조형할 수 있으며 부착과 제거가 용이하다. 특별한 시설이나 기술을 요하지 않으며, 재료를 반복하여 사용할 수 있고 이차원적인 활동에서 삼차원적인 소조활동까지 할 수 있다. 힘껏 쥐고, 두드리고, 굴리며 형태를 만들려는 충동에 의해 인간의식의 깊이를 끌어내게 한다. 또한 점토를 통한 미술치료 과정은 그들의 치료적이고 창조적인 필요에 의존하는 촉각과 시각 기능 모두를 끌어낸다.

(2) 대용점토

① 지점토

지점토는 형태를 만들어 건조 후 수채물감이나 포스터 컬러 등으로 색채 표현이 가능하다. 물에 쉽게 풀어지기 때문에 점토에 비해 접착성이 강하고, 건조가 빠르며, 마르면 가벼워지는 장점이 있다.

② 유성점토

상온에서 늘 부드러우면서도 일정한 크기를 유지하는 인공 점토를 일컫는다.

다양한 색이 있고 굳지 않기 때문에 여러 번 사용할 수 있다. 그러나 가격이 비싸서 충분한 양으로 작업하기 힘들고 낮은 기온에서는 딱딱해지는 단점이 있다. 유성점토는 무엇에 사용하든 무엇을 하건 매력적으로 보이며, 아름다운 색상을 가지고 있는 다루기 쉬운 매체이기 때문에 성공적인 결과를 촉진시킨다.

③ 밀가루 반죽

밀가루 반죽은 아동과 함께 다양한 색과 향을 만들 수 있는 재료이다. 밀가루에 식용유와 소금, 물을 적당량 넣고 반죽을 한다. 식용유는 작업을 할 때 손에 묻지 않기 위해서 소량을 넣는 것인데 너무 많이 넣으면 손이나 지지대가 되는 바탕에 묻어나온다. 소금은 조형 작업을 하고 난 후 건조시킬 때나 밀가루 반죽을 보관할 때 부패되지 않게 하기 위해 넣는다. 밀가루 반죽은 비닐봉지에 넣어 냉장고에 보관하면 여러 번 사용할 수도 있다. 촉감이 부드럽기 때문에 조작하기 쉬워 나이 어린 아동에게 적합하다.

(3) 석고 붕대

석고 붕대는 손 본뜨기나 가면 만들기 등 인체의 본을 뜨는 조형제작에 활용하기 좋은 매체이다. 제작하기 쉽고 건조가 빠르며 건조 후에는 재질이 단단하게 변한다. 그러나 치료사가 먼저 사전에 충분히 작업을 숙련하지 않으면 실패(신체 부위의 조형)감을 맛볼 수 있다.

5) 비정형매체 및 기타매체

(1) 자연물

주변의 자연에서 쉽게 구할 수 있는 매체로 나무류와 곡물류 등이 있다. 자연물 매체는 내담자의 생각을 자유롭게 표현하고 감수성을 풍부하게 하고, 호기심과 창의성을 유발하게 하며 자연과의 일체감을 느끼게 한다.

(2) 밀가루 풀/면도크림/생크림

밀가루 풀을 영 · 유아들에게 사용하는 경우는 치료사가 직접 만들어 쓰는 것이 좋다. 영 · 유아들에 특성상 호기심으로 입에 넣을 수도 있기 때문이다. 같은 이유로 색을 섞어 활동하고자 할 때는 물감보다 식용색소를 이용하는 것이 좋다. 면도크림의 경우는 영 · 유아에게는 부적합하므로 생크림으로 대용하여 작업을 하여도 좋다. 또한 색이 손에 착색될 우려가 있어 핸드크림을 바르고 작업 응하게 하는 것도 고려해 볼 사항이다. 손에 묻히기를 싫어하거나, 옷에 묻을까봐 걱정하는 경우도 있으므로 비닐장갑이나 앞치마를 이용하는 것도 고려할 수 있다. 통제력이 낮으므로 누구나 사용하기 용이하며 흥미를 유발하는 매체이다. 밀가루 풀보다 면도크림이나 생크림이 부드러운 느낌이 더 강하다. 농도의 가감에 따라서 치밀한 착화도 가능하다.

풀이 마르면 종이가 변형되므로 작품을 보관하고자 할 때에는 두꺼운 종이나 우드락을 사용하는 것이 좋다. 래포(rapport)형성 및 심리적인 긴장이완에 좋고, 정서적 안정과 스트레스 해소, 작업의 촉진 효과가 좋다.

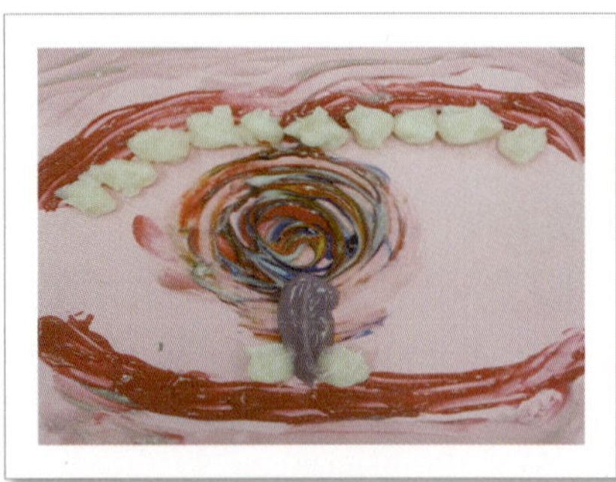

(3) 한지

조각보 만들기

한지는 한국인 정서가 담긴 전통매체로 다른 매체에 비해 쉽게 자를 수 있고 찢기, 뭉치기, 접기, 꼬기, 덧붙이기, 번지기 등의 다양한 효과를 나타낼 수 있고 편안함을 줄 수가 있어 긴장과 저항의 이완 효과와 심리적 안정감을 느낄 수 있다. 아동에게는 흥미와 창조감을, 노인에게는 향수와 친근감을 주는 매체이다.

(4) 박스

박스는 오늘날 중요하게 다루어지는 매체 기법 중 하나이다. 박스의 치료적 기능은 고유의 상징적 잠재력을 지니고 있으며, 공간을 조각해내도록 돕는 하나의 틀로서 내용물들의 보호, 내담자를 보호하는 비밀의 저장, 각양각색이면서 모순된 적대적인 것들의 통합, 정서적으로 다양한 물건들의 보호, 외부와는 구별되는 내부공간의 창조, 성격의 양극성을 하나로 통합하도록 기회를 제공한다.

(5) 인형

인형 매체는 정신신체장애와 사회부적응 내담자들에게 고통의 경감과 재활을 위한 치료로 서구에서 널리 사용되고 있다. 인형을 만드는 작업을 통해 언어적 자극 놀이와 창의적 활동, 자신의 감정과 생각을 표현하는 자극과 동기를 유발한다. 인형은 현실과 환상 사이의 가교역할을 하며 둘 사이를 안전하게 왕래하도록 도와준다. 유아들은 상징적인 인형 놀이를 통해 자신의 사고, 감정, 환경과 경험 등을 투사적으로 표현한다.

4. 미술치료를 위한 매체의 활용

1) 종이류

① 잘게 찢어진다.
② 평평하게 접는다.
③ 둥글게 구부리고 만다.
④ 겹쳐서 붙인다.
⑤ 날카로운 도구로 표면을 긁는다.
⑥ 뭉치거나 구긴다.

2) 물감류

① 붓이나 나이프 등 도구로 칠한다.
② 손가락으로 칠한다.
③ 발바닥으로 찍는다.
④ 크레파스와 함께 사용하여 물과 기름의 반발성을 이용한다.
⑤ 풀과 섞어 붓 손가락 등으로 그리거나 칠한다.

3) 점토류

① 쥔다. 뭉친다. 짓누른다.
② 굴리거나 비빈다. 두들긴다.
③ 만다. 접는다. 비튼다.
④ 떠낸다. 붙인다. 뭉쳐서 던진다.
⑤ 빚는다. 뜯어낸다. 긁어낸다.
⑥ 선으로 그려 새긴다.

4) 헝겊, 끈 종류

① 다른 물체를 묶거나 매단다.
② 묶어서 이어가거나 짠다.
③ 손으로 찢는다.
④ 꿰맨다.
⑤ 접거나 포갠다.

5) 철사(금속)류

① 구부린다.
② 자른다.
③ 다른 물체를 지지한다.
④ 물체와 물체를 연결한다.
⑤ 구멍을 뚫는 도구로 사용한다.
⑥ 뭉쳐서 입체를 만든다.

6) 목재류

① 조각을 조립한다.
② 도구를 이용하여 조각한다.
③ 염료를 이용해 칠한다.

④ 그리기 등의 바탕재료로 사용한다.
⑤ 두드려서 소리를 낸다.
⑥ 그을린다.

7) 대나무

① 길게 쪼개거나 얇게 벗긴다.
② 불에 그을리거나 착색한다.
③ 입체물의 지지대로 사용한다.
④ 구멍을 뚫는다.

8) 유리

① 그리기 칠하기
② 바탕 재료로 사용한다.
③ 투명성을 이용한다.
④ 입체물의 지지대로 사용한다.

5. 미술치료를 위한 매체 활용의 유의점

1) 재료 활용을 계획 함에 있어 내담자가 용도, 특성, 사용법 등을 이미 알고 있는 기본적인 재료부터 사용하도록 한다.
2) 치료 진행 과정에서 적절하게 새로운 재료를 소개함으로써 내담자의 재료 활용 범위를 넓혀가야 한다.
3) 종이, 크레파스, 색연필, 물감 등 비교적 안전하고 기본적인 재료는 내담자가 자발적으로 사용할 수 있도록 쉽게 손닿을 수 있는 곳에 위치시킨다.
4) 내담자의 상황에 따라 작품 결과에 가변성이 크기 때문에 내담자의 장애 유형 및 정도, 치료목표 및 진행 상황 등에 따라 재료선택에 세심한 주의를 기울여야 한다.
5) 회기별 사용 재료의 수는 내담자의 수용 능력을 고려하여 결정해야 한다.

6) 내담자의 생활 주변에서 쉽게 발견할 수 있는 친근한 재료를 활용하여 두려움이 나 거부감이 없는 자신의 감정을 표출할 수 있도록 해야 한다.
7) 질이 좋은 재료를 활용해야 한다.
8) 표현재료에 변화를 주어야 한다.
9) 위생성과 안정성이 보장되는 재료를 활용해야 한다.

6. 매체에 대한 미술치료사의 태도

내담자의 완성된 작품은 정성스럽게 다루어져야 하는데 이는 치료사뿐만 아니라 내담자에게도 그렇게 인식되어야 하는 부분이다. 작품뿐만 아니라 재료까지도 잘 보관하는 것은 한정된 재료를 유용하게 쓰기 위함일 수도 있겠지만 내담자에게 재료의 가치를 전달해주는 또 다른 이유가 있다.

미술의 매체나 도구는 작업 과정에 필수요소이기 때문에 매체의 비중이 가볍지 않다. 치료사는 내담자에게 가장 만족스러운 표현활동이 될 수 있도록 도와주기 위해서 매체를 다루는 방법을 알고 있어야 한다. 매체에 대한 일반적인 지식이 없이는 내담자의 미술작업 과정을 제대로 도와줄 수 없기 때문이다.

미술 매체는 활동 과정에서 내담자에게 탐구와 발견의 경험을 제시할 수 있는 긍정적인 측면이 있다. 그러기 위해서 미술치료사는 내담자가 치료적 장면에서 미술 매체를 탐구할 때 심리적으로 안정되어야 한다. 미술 매체를 다루는 기술적인 요소가 부족하여 작품이 완성되지 않을 시 내담자가 계획한 목표를 달성하지 못하고 혼란을 경험할 때도 치료사는 안정감을 유지하여야 한다. 인간에게는 조화로운 방법으로 자신의 경험을 체계화시키는 일반적인 욕구가 있으므로 매체를 탐색하는 어느 순간에 창조할 욕구가 발현하게 될 것이다.

또한 미술치료 과정에서 새로운 미술 매체를 접할 때 내담자에게서 자주 일어나는 '장난' 과 같은 놀이적인 요소에 대해서도 하나의 탐색 과정으로 본다. 예술의 본질 속에는 유희적인 요소가 내포되어 있고 정신역동적 치료에서는 무의식적인 심리상태를 평가하는 데 하나의 단서가 될 수 있다.

미술 매체를 수단으로 작업 과정이 이루어질 때 미술치료사가 중요시하는 두 가지 측면을 생각해 볼 수 있다. 먼저 미술 매체는 여러 가지로 촉발될 수 있는 내재된 에너지가 있으며 미술작업 과정의 유연성 있는 미술 매체는 작업 활동에 활력소가 될 수 있다. 작업 중에는 항상 유발될 수 있는 여러 가지 가능성이 있다는 것을 인식하는 것도 미술치료사에게는 유용한 가치가 된다. 목탄 소묘를 할 때 손바닥으로 문질러 번지는 효과를 주듯이 유화 물감이나 아크릴 물감에 대해서도 손을 이용한 자발적이고 충동적 행동을 보일 수 있을 것이고, 이는 치료에 도움을 줄 수 있는 유용한 태도로 볼 수 있을 것이다. 다음으로 미술치료사가 고려해야 할 것은 미술 매체를 적절하게 사용하는지 하지 않는지에 대해 주의를 기울이는 일이다. 미술작업 과정에 나타나는 얼굴 표정이나 재료를 다루는 신체적 움직임, 적극성과 신중함, 개방감 등은 행동적 특징을 매체와 연관 지어 생각해 볼 수 있고, 이는 미술매체를 통한 행동과 연합되어 나타나는 현상으로 볼 수 있다.

다음과 같은 측면에서 미술 매체를 다루는 내담자의 반응을 살펴볼 수 있다.

- 매체에 대한 접근을 두려워하는가?
- 매체에에 대한 저항을 하는가?
- 매체를 바로 접근을 하는가?
- 매체 선택에 곤란을 겪는가?
- 매체를 쉽게 다루는가?
- 매체를 다룸에 있어서 파괴적인가?
- 매체를 자주 바꾸는가?
- 매체를 다룸에 있어서 신체적 문제점은 있는가?
  (예; 정확하게 보지 못함, 떨리는 현상, 틱 증상 등)

제4장

난화(亂畵)에 의한 미술치료

난화(亂畵)에 의한 미술치료

1. 난화(亂畵 : 낙서화)의 심리적 의미

인간은 삶의 초기에 무슨 형태로든지 그려보려는 행동을 하는 단계를 거치게 되며 성인이 되어서도 우리는 낙서 그림을 종종 그리게 된다. 그것은 초조감을 느끼는 경우이거나 자기 혼자만의 자유로운 세계를 가지게 되었을 때 남들이 알아볼 수 없다는 심리적 안정감에서 심리적인 욕구나 갈등을 해소하는 하나의 방법이다. 이런 연유로 치료 현장에서 난화는 내담자의 무의식을 저항감 없이 표출시키고 내적인 욕구나 갈등을 해소하며 심리적 안정감에 도움을 주는 유용한 방법으로 사용할 수 있다.

난화(Scribble)란 '휘갈겨그리기, 극적거리기'라는 낙서화의 의미를 가지고 있으며, 생애 초기 미분화 내지 유아기에 보이는 그림 형태로서, 미술치료 초기에 내담자의 저항이나 불안을 감소시키고 치료에 대한 흥미와 친밀감을 형성하는 치료적 활동과 진단적 도구로 사용되는 정신분석적 미술치료 기법으로 '낙서' 또는 '낙서 그림'을 말한다.

이 시기에는 유아의 운동신경 조절에 대한 욕구의 표출이라는 점에서 초기의 난화는 목적의식이 없는 놀이가 되는 동시에 곧 그들의 정서나 희열을 나타내는 것으로 볼 수 있다. 예컨대 외견상으로는 아무렇게 목적 없이 마구 선을 그리게 된다. 이때는 종이에만 그리는 것이 아니고, 담, 벽, 방바닥, 유리창, 책상, 책 등 닥치는 대로 그리는데, 이러한 특징을 심리학에서는 기능적 쾌락이라고 부른다. 즉, 무언가 목적으로 그리는 것이 아니라 그리고 싶은 욕구, 그 자체의 표현이고 즐거움이다. 이런 현상에 대해 정신분석학자들은 무의식적인 표출인 난화는 부모의 관심을 끌려는 욕구가 작용한다고 하였다. 아무렇게나 그은 선에는 아동이 '엄마' '아빠'라는 의미를 부여하게 되고, 이 시기에는 언어와 부합된 심상이 실마리가 되어 표현활동의 세계가 전개되기 때문이다.

이와 같은 유희 본능은 곧 그들이 성장함에 따라서 창작 표현의 기제로 이행되며 그것이 예술성이나 인격 형성에 수반될 승화, 조절, 투사, 상징화, 퇴행, 도피의 작용에 의해 마침내 완전히 향할 수 있는 기조를 이루게 된다. 그러므로 난화를 그리는 내적 세계를 억압하거나 지나치게 성인들의 요구를 강요해서는 안 된다.

그것은 정신적으로나 신체적으로 운동신경의 조절을 불가능하게 하므로, 정서적으로 운필의 조절 욕구를 상실하게 하고, 심리적으로는 표현력의 결여, 신체적으로는 운동신경을 지배할 수 있는 능력이 저해되므로 결과적으로 미술을 통한 성장과 표현의 정상 단계를 이룩할 수 없게 되는 것이다(김동연, 1990).

나움버그(Naumburg, 1966) 스크래블(Scribble)과 위니캇(Winnicott, 1971)의 스퀘글(Squiggle) 모두 치료사와 내담자의 라포 형성에 유용한 방법으로서 회기의 초기에 사용하기에 좋은 기법이다. 낙서를 한다는 가벼운 마음에 심리적 저항감을 줄여줄 수 있고, 게임 하듯이 작업을 하면서 내담자 스스로가 어느 한 시점에서 자신의 문제를 인식하게 해준다. 난화를 시행할 경우, 매체의 제한은 없으나, A4용지나 8절 도화지 그리고 색연필이나 싸인펜이 적당하다. 화지에는 직선이나 곡선을 자유롭게 그리며 내담자가 어려워하면 치료사가 먼저 시범을 보여주는 것도 좋다. 선이 그려진 화지를 이리저리 돌려 보면서 떠오르는 이미지를 찾아본다. 찾은 이미지에 색칠을 하여 구체화시킨다(선이나 그림을 추가할 수 있다). 반복하여 여러 개(2개 이상)의 이미지를 완성한 후, 그 이미지에 대한 이야기를 나눈다. 이미지들을 연결하여 하나의 이야기를 나눈다.

종이에 테두리를 그리고 2명(치료사, 내담자)이 서로 번갈아 가면서 같은 색으로 선을 그리고 한 명씩 숨은 그림을 찾아서(치료사가 먼저) 이야기를 나누는 방법이 있다.

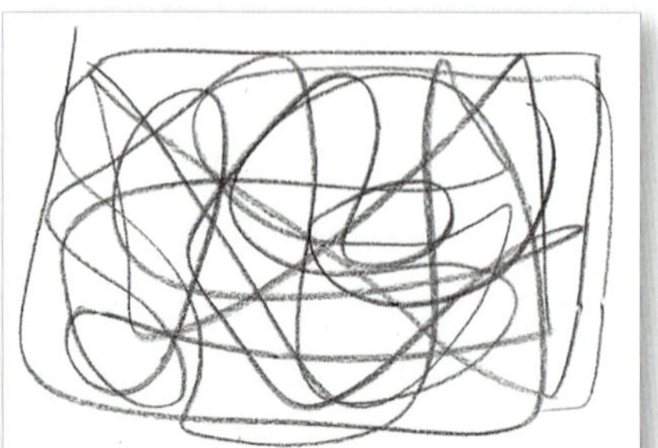

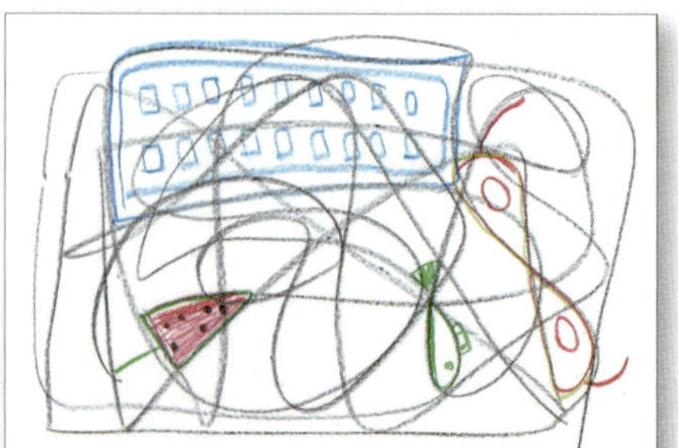

2. 난화 치료의 연구동향

1) 난화를 통한 미술치료의 발전

연상을 통하여 개인이 상동적 형태의 표현에서 벗어나 개인적으로 중요한 의미를 지닌 주제를 찾는 데 도움을 주는 방법의 모색이 필요하다.

난화는 심리치료의 한 방법으로 고착된 사고방식과 상동적 표현을 변화시키는데 사용되어 왔으며 이 방법은 자신의 신체를 이용하여 부드럽고 크게 움직여서 허공에 그림을 “그리는 것”으로써 움직임을 그리게 된다. 그다음 눈을 뜨고 그림이 어떤 형태를 연상시키는지 그림을 완성한다. 이러한 그림은 아동의 초기 난화와는 조금 다르다고 할 수 있다.

이 방법은 몇 개의 조직된 활동을 기초로 하고 있는데, 우선 최초의 움직임에서 부드러운 표현을 통해 상동적 형태의 그림 그리기의 습관을 제거한다. 그런 다음 아동은 금지된 표현, 아동다운 표현을 하는 용기를 가지면서 자유로운 형태나 일시적인 기분을 표현하거나 특정 대상을 묘사하지는 않는 단계를 거치게 된다. 다음 단계는 난화 중 이미지를 발견하는 것은 아니지만, 아무렇게나 그린 형태나 구체화된 이미지는 반드시 잠재적, 공상적인 이미지에 부합된다는 사실을 알게 된다.

주제는 극히 개인적인 것이 많고, 최초의 단계는 이미지의 완성이나 생각의 추적이지만 그것이 창조적 작품 그 자체를 완성하게 된다. 즉, 놀이와 투사에 의해 생긴 자료가 미술적 커뮤니케이션으로 전환하게 된다. 이와 같은 방법은 자유롭게 그린 형태가 잠재적인 투사를 거쳐서 의식적인 노력의 그림으로 바뀌기 때문에 일반적으로 그린 작품에서 결여되어 있는 독창성과 생명력을 지니고 있는 경우가 많다(김동연, 1990).

Auerbach(1959)는 정신분석 침상에서 환자에게 난화를 그리게 하였고, Stern(1952)는 환자에게 집에서 자유롭게 연상되는 그림을 그려서 분석 시간에 가져오게 하였다. 이것은 치료자가 정신분석적 고찰을 토대로 난화를 그리도록 한 것으로서 난화는 환자 자신이 비구조화된 자극에 상상을 투사할 수 있는 여지를 제공하기 때문이다.

2) 난화 상호이야기 기법의 발전

- 케인(Cane, 1954) ; 난화를 통한 상동적 표현의 치료법
- 위니캇(Winnicott, 1966) ; 스퀴글 게임(Squiggle Game)
- 나움버그(Naumburg, 1969) ; 스크래블(Scribble)
- 가드너(Gardner, 1971, 1975)와 크리츠버그(Kritzberg, 1975) ; 이야기법(Story Telling)
- 클라만(Claman, 1980) ; 스퀴글 게임(SDG: Squiggle Drawing Game)
- 나까이(中井久夫, 1982) ; 한계음미 난화법
- 야마나까(山中康裕, 1984) ; MSSM(Mutual Scribble Story Making : 난화상호 이야기법)
- 야마나까(山中康裕, 1991) ; MSSMC(Mutual Scribble Story Making Collage : 난화상호이야기법에 꼴라주 첨가)

(1) 위니캇(Winnicott, 1966)의 스퀴글 게임(Squiggle Game)

영국의 소아과 의사인 위니캇은 아동환자들이 그림을 그리고 그들의 꿈을 이야기하도록 스퀴글 게임(Squiggle Game)을 만들었다. 이 게임은 아동 환자가 은유적으로 의사소통을 할 수 있는 기법으로, 단기(Short-term) 상담으로 이용하였다. 이 기법은 종이에 치료사와 내담자가 차례로 선을 그리고, 이미지를 형상화 시켜 이야기를 만들고 이야기를 나누는 기법이다. 먼저 치료사가 종이 위에 먼저 구불 구불한 선(Squiggle)을 그린 후, 아동은 그 선에 무엇인가 첨가하며 그림을 완성시킨 후, 아동에게 자신이 만들어 낸 이미지에 대하여 이야기를 하도록 하는 것이다. 그 다음은 반대로 아동이 두 번째 구불 구불한 선을 먼저 그리고, 치료사가 이미지를 만들어내서 서로 대화하는 기법이다. 이 기법의 목적은 난화의 선을 탐색하여 아동 내면의 생각과 감정을 알기 위해 사용되었고, 의사소통을 위한 촉매제로 그림의 역할을 강조한 것이다. 이 게임은 아동과 라포가 형성되거나 아동의 방어가 완화되었을 경우에 유용하며 첫 대면시 사용하면 효과성이 좋다(한국미술치료학회, 1997).

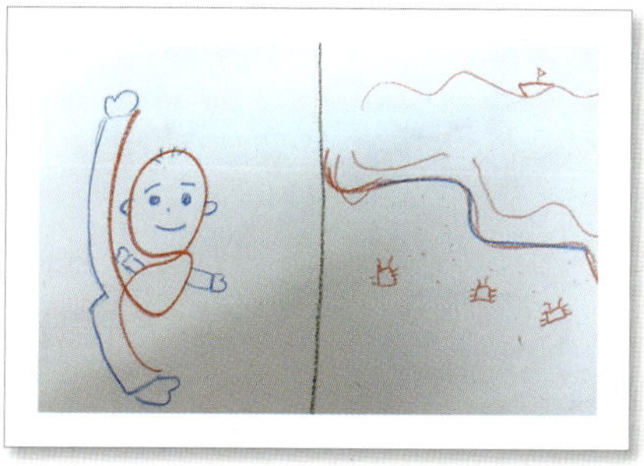

(2) 나움버그(Naumburg, 1969)의 난화법

위니캇이 개발한 스퀴글 게임(Squiggle Game)과는 다른 '휘갈겨그리기' 보다는 '빙빙돌며그리기', '아무렇게나 그리기'가 더 좋은 표현일 듯하다. 이것은 그림을 그리는 사람의 무의식적 상상을 표출시키는데 도움을 줄 수 있는 아동 분석의 방법 내지는 미술치료의 수단으로 사용되고 있다.

(3) 가드너(Gardner, 1971, 1975)와 Kritzberg(1975)의 이야기법(Story Telling)

심리치료에서 아동을 위한 은유적인 방법으로 치료적 의사소통을 위해 보다 체계적인 의사소통 방법인 '상호 이야기법'을 발전시켰다. 또한 가드너는 아이들은 이야기하고 듣는 것을 즐기므로 이런 방법은 '가치와 통찰 등을 나누고 전달하기' 위해 사용되어질 수 있다고 하였다.

3. 난화 치료의 사용 목적

1) 내담자의 "그림 그리기"에 대한 거부반응 감소시킬 때
2) 자존감이 낮고 행동이 굳어 있으며 "그림 그리기 불안"을 경험한 내담자(상담 시에 언어로 통제할 필요가 있는 내담자)
3) 치료사가 언어와 그리기 방법을 결정하고자 할 때
4) 상동적 표현이 심한 내담자의 창조적 표현을 유도하기 위하여(Cane, 1954)
5) 상징적 언어표현을 위하여 추상적 시각적 자극이 필요할 때(심상의 상징적 언어 생산)
6) 언어능력이 제한된 아동이나 성인 내담자의 정서 문제를 치유하고자 할 때 (Winnicot, 1966)의 Squiggle Game

7) 정서 표현과 관련된 언어표현을 유도할 때(예: 우울증 환자)
8) 진단적 평가, 매체 선정의 예언을 위해

4. 난화 치료의 실제

1) 목적 : 상동적 표현을 제거하기 위해

(1) 자신의 신체를 부드럽게 움직여 허공에 그림을 그린다.
(2) 눈을 감고 큰 종이에 그림을 그리게 한다.
(3) 눈을 뜨고 (2)번의 그림이 어떤 형태를 연상시키는지 생각해 보게 한다.
(4) 자신의 생각에 맞는다고 생각되는 선을 그대로 살리고 다른 선은 지워버리는 작업을 하며 그림을 완성시킨다.

2) 목적 : 연상, 비구조화된 자극에 그 다음의 심상을 투사하기 위해

(1) 난화를 그려보세요.
(2) 당신의 그림에서 어떤 물체나 심상을 찾아 채색해보시오.
(3) 당신의 그림 제목을 말로하고 기록해 보세요.

3) 목적 : 은유적 의사소통을 위해

(1) 치료자와 아동이 함께 하는 활동
(2) 각자 난화를 그리고 심상화를 하기
(3) "서로 무엇과 같이 보이냐?" 고 질문하고 답을 한다.
(내담자의 내적 변화, 내적 사고와 감정에 대한 의사소통 확립)

4) 목적 : 의사소통 기법을 위한 난화 게임

위니캇의 난화(Squiggle)기법과 가드너의 이야기(Storry-Telling)기법을 응용하여 난화게임(SDG: Squiggle Drawing Game)을 만든 클라만(Claman, 1980)은 어떤 자극, 원인이 나타나기까지의 잠복기 아동의 문제와 감정을 직접적으로 언급하는 것은 종종 저항이 나타나는 경향이 있기 때문에 그들의 문제나 관심사들을 알아내는데 유용한 난화 게임의 그림과 이야기를 통하여 은유적으로 대화를 하는 것을 정신치료에 사용하였다.

(1) 난화를 그려준다(치료사) → 아동이 완성하게 한다. → 서로 바꿔서 실시하고 나서 질문하고 그린 것에 대해서 이야기를 나눈다. → 이렇게 난화를 주고 받으며 완성하고, 대화를 나누는 난화 게임은 어떤 의미에서는 기법이라기보다 놀이요소가 가미된 그림 놀이이다.

(2) **평가** : 작품의 질, 외형, 주제, 태도 → 그림과 이야기 분석(과장, 인물, 대인관계, 정서, 독창성, 줄거리 등)

5) 목적 : 치료자가 내담자의 내면세계를 함께 공유
한계음미 난화법(나까이; 中井久夫, 1982)

(1) 내담자가 난화를 그린다.

(2) 치료자가 그 속에서 발견한 것을 구체적인 말로 몇 가지 제시한다.

(3) 내담자가 그 가운데서 하나를 선택한다.

(4) 치료자가 내담자가 선택한 것을 그려서 되돌려 준다. → 이 경우 큰 종이 한 장을 두 사람이 함께 공유하고 그를 필요 이외의 침해로부터 지키는 형태를 취하기 때문에 보다 치료적이 되는 것이라고 하였다.

6) 목적 : 의사소통, 심리치료
야마나까(山中康裕, 1984) 난화 상호이야기법
(MSSM : Mutual Scribble Story Making)

야마나까는 난화에 中井久夫(1982)이 만든 '테두리기법'을 첨가하여 난화상호이야기법을 만들었다. A4용지를 치료사와 내담자가 한 장씩 나누어 갖고, 테두리선(⊟, ⊞)을 그리고, 직선이나 곡선으로 난화를 그린다. 용지를 서로 바꾸어 치료사가 그린 난화는 내담자가 형상을 완성하고, 반대로 내담자의 난화는 치료사가 형상을 완성한다. 자신이 완성한 난화를 이야기로 만들어 서로 이야기에 관해 대화한다.

난화기법은 무의식을 의식화하며 자신의 문제를 인식하게 해주는 효과가 있어 널리 이용되고 있는 기법이다. 특히 방어적인 내담자에게 유용하고 언어적으로 표현하기 어려워하는(선택적 함묵증 포함) 내담자/환자에게 유용하다.

(1) 종이 2장 사용

① 각자가 그린 난화가 무엇인지 얘기하고 두 장으로 얘기를 꾸며나간다.

② 내담자와 치료자의 상호작용

이것은 야마나까 (中井)가 만든 '테두리법'을 첨가하여 만들었는데, B4크기의 종이 한 장씩에 치료자와 내담자가 나눠 갖고 치료자와 환자가 서로 테두리 선을 그어서 교환한 뒤 난화를 만들고 치료자가 만든 난화에 내담자가 심상을 투영하여 형상을 완성하고, 반대로 내담자가 만든 난화에 치료자가 심상을 투영하여 형상을 찾아 완성하는 것이다.

(2) 종이를 4등분 사용

① 환자가 난화를 그리고 치료자가 이미지화해서 그림을 그린다.

② 서로 바꾸어 실시하여 반복해 나간다.

③ 4 칸이 다 차게 되면 서로 이야기를 꾸며나간다.

7) 목적 : 무의식과 의식의 교류 - MSSM + C(山中, 1991)

(1) 난화를 그려서 완성한다.

(2) 꼴라주(Collage)를 추가한다(신문, 잡지, 사진 등을 오려 붙이는 기법).

(3) 치료자와 환자가 서로 이야기한다.

이것은 놀이의 요소에 미적인 요소를 가미한 것으로 마치 놀이상자와 꿈해석을 엮어 맞추어 놓은 것 같이 무의식과 의식이 적당히 교합된 치료 방법이다.

8) 목적 : 그림에 대한 불안감, 상동적 표현 감소(상징으로서의 난화)

준비물 – A4용지, 음악, 연필, 색연필, 크레파스

(1) 음악을 듣는다.

(2) 눈을 감는다.

(3) 음악을 들으며 종이 위에 크레파스로 추상적인 선이나 곡선을 차례로 그린다.

(4) 눈을 뜨고 자기의 난화를 본다(이 때 복사를 몇 장 해 둔다.).

(5) 그려진 선에서 형태나 "상징"을 발견하도록 시도한다.

(6) 색연필이나 크레파스로 "상징"안에 채색을 한다.

(7) 채색하고 상징에 이름을 붙인다.

(8) (4) 번에서 복사한 것을 가지고 여러 다른 새로운 상징을 찾아본다.

(9) 이러한 상징이 나의 창조적 과정과 조화를 이루는지 서로 얘기해 본다.

9) 먹물 난화

난화를 치료 현장에서 적용하는데 아동과, 청소년, 성인의 연령 제한은 없다.

난화기법의 '먹물 난화' 순서는 다음과 같다.

A4용지 여러 장을 준비한다. 먹물을 작은 종이 접시에 따라주고, 신문지를 준다. 신문지를 붓으로 대용해 그리기, 찍기, 뿌리기 등 다양한 방법으로 종이에 낙서하듯이 표현한다. 먹물이 마르면 색연필을 이용하여 채색을 하고, 채색이 끝나면 각 장마다 주제를 뒷장에 적은 뒤 완성된 먹물화를 모두 펼쳐 놓고 스토리의 순서를 정한다. 난화의 스토리를 결정한 이후, 자신의 그림과 스토리를 구성원들과 공유하며 소감을 나눈다. 이야기를 마친 이후, 치료사는 완성된 작품을 보관한다.

단 난화 – (구긴 장지1장, 먹, 붓, 크레파스)

단 난화 – (사포12장, 크레파스)

5. 난화 치료의 분석기준과 방법

1. 미술 작품 평가를 위한 점검표	
작품의 질	1. 작품이 없음 : 위축 2. 원초적이고 무책임한 작품: 혼란함, 공격성 3. 외형적으로 표현이 시도된 작품: 성공적(뭔가를 불러일으키는 힘을 가진 작품), 거의 성공적, 실패
외형적인 특성	1. 비어 있음 2. 가득참 3. 활기가 없음 4. 독창적임 5. 분산되어 있음 6. 통합적임 7. 정적임 8. 기술이나 재능의 징조가 보임
주제	주제가 무엇인가?
아동의 태도	1. 일반적인 태도 : 협동적, 위축됨, 완고함, 의심스러움, 양가감정, 의존성, 호감을 줌, 매력적임, 괴로워함, 불안함, 긴장함 등 회기 중에 일어나는 태도 변화 2. 작품에 대한 태도 : 아주 진지함, 무관심, 자신감, 모욕적임, 파괴적임 3. 미술재료에 대한 태도 : 수용, 불평
2. 그림과 이야기에 대한 분석 항목	
확장	그림과 이야기에서 언급한 가장 큰 확장의 범위 : 우주, 동물원, 숲 등과 같이 장소에 대해 구체적으로 언급된 곳
주요 인물	1. 주요 인물은 누구인가? 2. 이야기는 주로 누구에 관한 것인가?
대인관계의 특성	1. 주요 인물 주위의 인물들은 누구인가? 2. 주위 인물들과의 관계는 어떠한가?
정서	그림과 이야기에 나타난 정서의 양, 종류, 속성은?
난화와의 관계	난화에 대한 인지와 사용방법
독창성의 정도	고정관념 대 독창성
줄거리	이야기의 과거 배경으로부터 미래 해결책까지 가는 능력과 사고 과정의 일관성

제5장

아동미술 발달의 이해

제5장

아동미술 발달의 이해

1. 아동미술의 이해

1) 아동미술의 발달단계

아동에게 있어 미술 활동이란 즐거운 놀이이며, 아동의 경험과 위기에 대한 의사소통의 수단이다. 아동의 미술작품은 발달과 성격, 정서, 대인관계 그리고 문화 사회적 영향들을 드러내 보여준다. 말로는 표현하기 어려운 것, 표현할 수 없는 것에 대하여 미술작업을 진행하며 무의식적으로 표현하게 된다. 크레이머는 '치료에서의 미술'의 창조적 미술작업 과정에서 존재하는 미술치료의 치유 잠재력을 믿었다. 미술이 단지 시각적인 상징적 의사소통이 아니라, 아동과 함께하는 미술작업 과정의 유용성을 중요하게 생각하였다.

미술치료사의 입장에서는 아동의 미술활동을 언어가 아닌 아동 스스로 습득한 또 다른 언어로 자신을 표현하기 위한 활동으로 볼 수 있다. 또한 그러한 그림이 자신을 드러낼 수 있는 유일한 출구가 되기도 한다. 다시 말해서 아동은 언어보다는 미술을 통해서 자신의 내면세계와 관련된 욕구, 상상, 즐거움 등을 좀 더 자유롭게 표현할 수 있는 것이다. 그러므로 단일성과 독특성을 가지고 자율적으로 표현된 아동화를 대할 때는 아동의 눈높이에 맞춘 아동의 시각으로 이해하여야 한다.

아동미술은 아동발달과 밀접한 관련성을 가진다. 왜냐하면 아동은 자신의 연령과 성숙도 그리고 환경에 따라 그림의 내용과 모델이 변하기 때문이다. 특히 미술치료사는 아동의 미술활동을 통해 개인차와 관심의 정도를 이해하고 정상아동뿐만 아니라 장애아동의 발달지체의 정도를 그림을 보고 인식할 수 있어야 한다. 그러기 위해서는 아동 미술에 대한 이론적 지식은 물론 실질적인 경험을 갖출 필요가 있다.

로웬펠드(Lowenfeld)는 아동미술의 발달단계를 다음과 같이 제시하였다.

(1) 난화기(The Scribbling Stage, 2~4세)

이 시기 미술발달단계와 유사한 인지발달 시기는 감각운동기 후반과 전조작기 초반이다. 처음으로 눈으로 보았던 것, 생각했던 것, 내면의 세계를 긁적거리며 표현하는 형태이다. 손으로 매체를 잡거나, 힘을 주어서 도화지에 표현하는 활동으로 주로 형태가 명확하지 않는 그리기의 표현이다. 난화기에는 선과 형태의 창조 기회를 주고, 근육운동과 협응력을 발달시키며, 색을 통해 시각적으로 즐거움을 주고, 처음으로 환경과 그림의 상호작용을 만들어가는 시기이다. 또한 난화를 표현하며 즐거움을 갖고, 근육 운동 지각적 사고를 상상력이 풍부한 사고로 변화시키고, 신체적, 지적, 정서적 발달과 자신감을 갖기 시작하는 시기이다.

분류	내용	
특징	• 무질서한 낙서(disordered scribbling) : 생후 20개월 부터 시작. 매체를 잡는 연습, 손과 몸에 힘과 균형을 잡고 표현하는 것을 배움. 손과 몸의 근육운동의 즐거움을 경험하는 시기	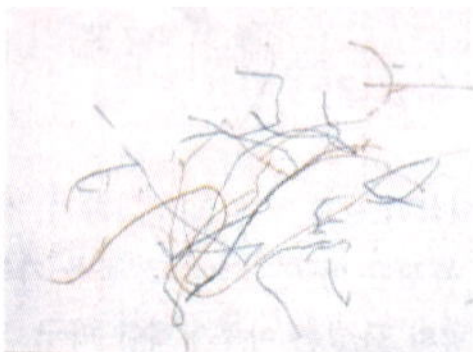
	• 조절된 낙서(controlled scribbling) : 난화 시작 후 6개월부터 시작. 근육운동으로 경험하는 것을 시각적으로 경험하게 되는 시기. 협응력이 향상되고, 난화의 형태가 수평, 수직, 원 등으로 조금씩 변화되는 것을 보며 즐거워하는 시기	
	• 명명된 낙서(naming of scribbling) : 4세 이전까지 조절된 난화를 표현하고 이름을 붙여서 설명하는 시기. 상상력이 풍부해지는 사고로 변하는 시기	

색 채	• 강한 대비를 이루는 표현매체 사용 • 손이 가는데로 기계적으로 색을 선택함
공 간	• 손이 움직이는데로 표현함
형 태	• 손이 움직이는데로 긁적거리는 형태 • 수평, 수직, 원 등의 형태 • 수평, 수직, 원 등의 형태에서 변형된 형태로 의미를 부여함
치료 방법	• 아동이 그린 난화에 대한 설명, 해석, 시각적으로 보이는 사실대로의 명명함과 제목을 붙이라고 강요하면 안 된다. • 아동이 표현한 난화에 대해 용기와 자신감을 갖도록 지지해 준다.

(2) 전도식기(The Preschematic Stage, 4~7세)

인지발달에 있어서 이 시기 동안에 아동은 자아 중심적이며 원인과 결과에 대한 주관적 인식을 갖게 되고 언어가 발달하고 상징적 사고가 나타나며 아동은 형태, 색, 크기로써 그들의 세상을 분류할 수 있다. 또한 무의식적 표현과정에서 의식적인 표현과정으로 옮겨가는 표상시도의 첫 단계이다. 전도식기는 난화기의 근육운동 지각적 활동을 넘어 상징적 표현을 하면서 큰 만족감을 느끼는 시기로 첫 상징적인 표현인 머리-다리 표현(head-feet representation, 두족화)이 시작된다. 또한 끊임없이 새로운 개념과 상징을 만들고, 그림과의 의사소통이 시작되며, 그림과 환경에 대한 융통성, 공간개념, 지각적 성장 발달, 창의적 독창성, 상상력, 사고의 유창성, 대처능력, 정서적 감정표현, 지적, 사회적, 미적 영역이 발달하는 시기이다.

분 류	내 용	
특 징	• 무의식적 표현과정에서 의식적인 표현과정으로 옮겨가는 시기 • 머리-다리 표현이 시작되고, 사실적 표현의 첫 시작 시기 • 경험했던 것을 형태나 상징으로 표현하고 의미를 부여해서 해석함	
색 채	• 형태나 환경에 맞는 색이 아닌, 흥미와 좋아하는 색을 선택함	
공 간	• 공간 인식이 시작된다. • 그림 형태를 도화지에 위, 아래, 옆 등으로 나열하면서 표현한다.	
형 태	• 동그라미에 손, 발이 길게 선으로 표현되어진 형태 • 세모, 네모, 원을 이용한 알아 볼 수 있을 정도의 변형된 형태	

치료 방법	• 공간 개념을 가르치지 않는다. • 자신의 생각, 느낌, 지각 등에 미적 경험을 느끼게 해주며 정서교감할 수 있도록 지지해준다. • 사실적 표현을 위해 주제에 맞는 재료를 사용할 수 있도록 돕는다.

(3) 도식기(The Schematic Stage, 7~9세)

미술표현에 있어서 시각적 도식의 발달단계는 전조작기 후반과 조작기 아동의 인지적 능력을 반영한다. 피아제(Piget)에 따르면 이러한 발달 시기 동안 아동은 주변 환경에서 규칙을 발견하고 그들의 삶에서 행동과 구조의 규칙을 발달시킨다고 하였다. 이러한 행동도식의 발달은 아동이 그림이나 다른 창조적인 표현을 통해 자신을 표현하는 것에서 분명하게 나타난다.

도식(schema)이란 의도적인 경험 보다 지속적 반복으로 만들어진 아동의 개념이라 할 수 있다. 많은 아동의 도식은 동일할 수 없으며 개성적이라 할 수 있다. 개성적인 아동의 생각대로 표현되는 순수한 도식에서 출발하여 의도적인 표현이 변화되면서 내면의 역동성을 표현하게 된다. 형태의 적절한 표현과 공간성 표현 및 객관적 표현의 시작이며 인간과 환경에 대한 개념적 표현이 시작되는 시기이다.

분 류	내 용
특 징	• 사실적 경험 및 정서 경험으로 인한 자아표현의 수단으로 시작 • 인물도식(human schema)은 사실적 표현, 상징성, 섬세한 표현, 자신만의 발달, 관점, 감정이입과 개념으로 이루워진 형태 • 공간도식(space schema)은 기저선(base line) 표현, 이탈적 표현, 공간의 반복표현, 시공간 동시표현 형태 • 시각적 비시각적 경험 표현, 정서적 경험 표현, 2차원적 형태 표현, 기하학적 선의 표현. 주관적 생각의 표현, 과장과 생략 표현, 촉각적 경험, 신체적 느낌, 근육운동감 등의 표현, 투시법(X-ray) 표현
색 채	• 색채 도식(color schema)은 시각적, 정서적인 색채 개념에서 시작 • 도식을 구체화 하여 사실적으로 가깝게 명확한 색채 사용 시작
공 간	• 시각적 공간개념이 형성되기 시작함 • 기저선(base line) 및 투시법(X-ray) 표현이 시작됨 • 질서적, 대칭적 표현이 시작됨
형 태	• 주관적 경험의 표현이 시작되며 과장과 생략 및 변화의 표현 형태 • 시공간 활용하여 주관적 표현과 적절한 배치의 그림 형태
치료 방법	• 대인관계, 환경, 활동, 매체 등에 사실적인 경험 및 객관적인 생각에 대한 동기부여 • 창의성, 융통성, 객관성, 자유로움을 통한 활동 부여 • 감정표현 및 해소, 자신감 및 자존감 향상, 긍정적 사고를 위한 지지

(4) 또래집단기(The Gang Age, 9~11세)

미술발달에 있어서 이 시기 동안은 조작기가 계속되는 시기로 아동은 자아중심적인 사고에서 벗어나려고 하며 아동은 다른 사람에 대한 사고, 의견, 감정을 고려하기 시작한다. 아동의 상호관계, 원인과 결과, 상호의존에 대한 이해가 시작되고 집단에서 활동하는 능력의 토대를 이룬다. 스스로 집단의 일원임을 인식하고, 협동, 배려, 이해, 공유, 우정, 이성, 동성, 독립심 등 사회적 상호작용의 발달 단계로써 환경의 인식과 감수성, 사실적 표현의 개념이 발달한다.

분 류	내 용
특 징	• 객관적이고 사실적인 표현의 시작과 정교한 미적 표현의 증가 • 이성에 대한 표현, 기저선에서 사실적 표현 및 기저선 생략 표현 • 대상의 중첩 표현의 시작
색 채	• 환경, 유대관계, 활동 등의 경험을 통한 주관적이고 사실적인 색채 • 색채가 다양하고 섬세하게 다르다는 것을 경험
공 간	• 주관적 경험을 바탕으로 전반적인 그림 배치를 섬세하게 표현함 • 기저선이 사라지면서 중첩표현의 시작 • 원근감 표현이 시작
형 태	• 객관적 표현의 형태로 이성을 분리해서 표현함 • 이성, 얼굴, 손, 옷, 행동, 기물, 환경 등의 구성이 세부적 형태 표현
치료 방법	• 자아의 이해, 이성에 대한 이해, 환경에 대한 호기심, 집단활동, 성취감, 자신감, 사회적 독립심에 대한 이해를 돕기 • 주관적 협동방법과 객관적 협동방법의 경험을 격려하기 • 스스로 경험하고, 느끼고, 발견하는 감각을 길러주며, 자신과 세계와의 관계를 알아 갈 수 있도록 지지하기

(5) 의사실기(The Pseudo-Naturalistic Stage, 11~13세)

이 시기는 자아가 성숙되는 시기로 정신적, 육체적, 정서적, 사회적 영역에서 하나의 인격체로서 자신을 발견하고 문제에 직면하는 시기이다. 아동의 발달단계에서 논리의 시기로서 각자의 지성에 눈을 뜨고 넓은 세계와 미래에 관심을 확대해 간다. 표현과정보다 완성된 작품에 대한 중요도가 높아지며 청소년기로 접근하는 준비단계로서 어린이도 아니고 성인도 아닌 심리특성을 이해하고 자연스럽게 성인이 기대하는 표현으로 이행하도록 도와주는 것이 중요하다. 시각형(visually minded)과 비시각형[(nonvisually minded, 촉각형(haptic type)]의 표현이 시작되는 시기이다.

분 류	내 용
특 징	• 사실적 경험에 의한 표현, 정서적 표현, 성적 표현 등 시각적 표현 • 형태의 구성, 배경, 비례, 동작, 표정 등 원근법과 명암의 표현 시작 • 무의식적 표현이 나타나며, 표현에 대해 주관적 해석이 가능 • 분석적 태도와 인상주의적인 그림 표현 • 시각형과 비시각형의 표현방법과 해석이 조금씩 나타나기 시작함
색 채	• 시각형은 시각적 인상에 의한 색을 적용 • 비시각형은 자신의 정서적인 반응에 의존한 색을 적용 • 색에 대한 정서적 반응은 경험의 무의식적 표현 및 주관적 표현
공 간	• 시각적 공간개념은 원근감에 대한 인식, 3차원적 표현, 명암의 표현, 환경을 선호, 관람자처럼 표현, 형태의 간격에 섬세함 • 비시각적 공간개념은 의미부여의 기저선 사용, 정서와 자아의 표현, 자신에 관련된 표현을 주로 하며 환경은 정서적 의미부여만 표현, 자신의 신체와 정서를 통해 공간 관계 설정
형 태	• 환경, 집단, 이성, 동작, 기물, 관계 등의 표현이 섬세해지고, 정서적 감정 표현이 무의식적으로 나타남 • 원근감, 명암표현, 비례 및 그림표현의 구성이 적절히 배치됨 • 시각형은 시각적 형태, 모양의 변화에 관심을 보이고 전체에서 세부적으로 표현 • 비시각형은 자신의 주관적이고 정서적인 경험에 의한 표현으로 부분적 표현에서 시작하여 종합적으로 나타냄
치료 방법	• 작품표현을 위한 형태 분석 및 모델이 되어 보고 감정과 느낌을 경험 유도, 작품에 의미부여로 창조성을 향상시키고, 분석적 인식 단계로 발전할 수 있도록 동기부여 • 시각형에게 공간개념을, 비시각형에게는 정서적 유대를 경험하게 하고, 스스로 경험한 형태의 표현을 자유롭게 표현할 수 있도록 지지 • 색채의 의인화 표현으로 개성화와 자신감에 동기부여 • 우울, 불안, 주의산만, 공격성, 부적응, 자신감 저하 등의 문제들을 그림으로 표현하여 욕구표출 및 해소로 인해 정서적 안정감 부여

(6) 결정기(The Period of Decision, 14~17세)

창조적 표현이 없어지기 시작하고 많은 아동들이 그림에 흥미를 잃게 되는 청년기의 위기를 형성하는 단계로 신체적 정신적으로 새로운 상황에 적응해나가야 한다. 공간적 사실기라고도 하며 중학교 이상의 학생들이 해당된다. 이 시기는 아동도 아니고 성인도 아님을 발견하게 되고 자아인식능력과 환경에 대한 인식능력이 급격하게 발달된다.

미술표현에 있어서 형태에 대한 사실적인 표현뿐만 아니라 입체적 공간을 표현하려고 노력한다. 환경에 대한 인식능력이 발달함에 따라 공간에 대한 관심이 깊어져서 공간에서의 크기, 색채, 명암, 원근 등의 변화에 매우 민감하며 그런 인식들을 표현하려고 노력한다. 실제에 가까운 색을 사용하고 주관적이며 개성적인 표현을 하려고 애쓰며 각 요소와 부분과의 조화로운 표현을 하려 노력한다. 정열과 야망, 낭만적인 이상, 성적 자각 등을 가지고 있기 때문에 그런 특징들이 표현에 나타난다.

결정기에는 시각적, 공각적인 경험과 주관적인 느낌, 정서적 교감을 통해 상상력이 풍부해지는 시기로 세 개의 표현유형(시각형, 촉각형, 중간형)이 결정되는 시기이다.

표현유형	내용
시각형 (visual type)	• 자신의 환경에서 시작해서 자신을 관람자처럼 느끼며 경험에 대한 매개체가 주로 눈(eye)이다. • 시각적 경험에 의존하여 사물의 외형에서부터 접근하고, 처음에는 전체를 보고, 후에 부분적인 부분을 분석하고 최종적으로 종합하여 시각적 관찰을 한다. 즉 대상 자체의 모양과 구조의 특성을 분석하고, 명암, 색상, 톤, 원근에 따라 결정되는 형태와 구조의 변화하는 효과에 관심을 갖는다. • 근육운동지각과 촉각적인 경험을 시각적인 경험으로 전환시키려는 경향이 있다. • 외부 환경에 대한 시각적 접근방법은 모양과 형태의 변화하는 모습과 복잡함을 관찰하는 관람자의 분석적 접근방법이다.
촉각형 (haptic type)	• 자신의 신체감각과 정서적 느낌에 대한 주관적 경험으로 분석한다. • 촉각과 근육운동 지각적 경험에 의존하고, 촉감에 의한 인상, 외부환경에 대해 자신과 가치있는 관계를 맺고 있는 모든 경험들이다. • 형태의 형식적인 특성은 신체적, 정서적, 지적인 이해의 종합적 결과이고, 그림에는 자신의 자아가 그대로 투영되며 크기, 공간, 비례는 정서적 가치에 의해 결정된다. • 시각적인 경험을 촉각적인 경험으로 전환하지 않으며, 촉각적 경험 자체로 만족한다.
치료 방법	• 신체적, 정신적, 사회적 정서에 대해 욕구 표출 및 해소로 동기 부여 • 환경, 사회, 유대관계 등의 적응적 단계에서 창조성과 독창성을 위해 자유롭게 표현활동을 하도록 유도 • 자신감과 자존감 향상 및 긍정적 사고 및 개념으로 전환을 유도 • 사실적 묘사를 위해, 시각, 촉각 경험을 충분히 할 수 있도록 배려

2. 심리 사회적 자아발달 단계

에릭슨(Erikson)의 이론은 프로이트의 정신분석 이론에 바탕을 두고 있으며 프로이트처럼 인간의 행동이 생물학적 요인에 의해 동기화된다고 보지만 프로이트와 달리 성격이 일생을 통해 발달한다고 가정하며 자아의 발달에 영향을 미치는 사회적 요인과 현상을 고려한다는 점이다. 에릭슨의 이론은 최초로 전 생애발달과정의 단계를 설정한 대표적인 성인기 발달이론이라 할 수 있다.

1) 에릭슨의 심리 사회적 발달이론

(1) 제 1단계 : 기본적 신뢰와 불신

이 단계는 프로이트의 구강기에 해당되는 시기이다. 이 시기 동안에 유아가 맺게 되는 사회적 관계는 주로 돌보아주는 사람인 어머니와의 관계이다. 유아가 생의 초기에 처음으로 맺게 되는 사회관계에서 어머니가 유아의 신체적, 심리적 욕구와 필요를 적절히 충족시켜 주면서 그를 일관성 있게 돌보아주면, 유아는 어머니 또는 돌보아주는 사람을 신뢰하게 된다.

에릭슨은 이 시기를 인생에서 가장 중요한 시기로 보았는데, 그 이유는 이 시기에 신뢰감을 형성하게 되는 것이 생의 후기에 맺게 되는 모든 사회관계에서의 성공적인 적응과 밀접한 관련이 있기 때문이다.

(2) 제 2단계 : 자율과 수치심/ 의심

이 단계는 프로이트의 항문기에 해당되는 시기이다. 이 시기는 자주성(antonomy)을 발달시키는 시기이다. 자기통제의 과제나 외부세계에 대처하는 능력을 기르지 못한 유아는 자신의 능력에 대해 수치(shame)와 회의(doubt)의 감정을 발달시킨다. 유아에게 지나치게 간섭하는 부모는 유아의 독립성을 해친다. 의존상태에 있도록 격려받는 유아는 자신이 이 세상에 대해 성공적으로 대처할 수 있을지 회의하게 된다.

(3) 제 3단계 : 주도성 대 죄책감

성인의 활동에 열정을 보이고 성인의 일에서 자기의 능력을 평가해 보려는 시기이다. 그의 행동은 목표지향적이 되고 경쟁적으로 되는데, 이때 어린이의 행동에는 상상적인 측면도 포함된다. 이 시기에 어린이는 자신의 큰 계획과 희망들이 결국에는 실패할 수밖에 없다는 사실을 깨닫게 되는 자신의 계획이나 희망이 사회의 금기를 범하는 결과를 가져오게 된다는 사실을 알게 되면서 죄의식을 느끼게 되어, 그러한 충동이나 환상을 억제한다고 한다.

(4) 제 4단계 : 근면성 대 열등감

이 단계는 6세부터 11세까지를 말하며, 프로이트의 이론으로는 잠복기에 해당된다. 에릭슨은 이 단계를 자아성장의 결정적인 시기라고 보았다. 이 시기의 어린이는 기초적인 인지적 기술과 사회적 기술을 습득하게 되면서부터, 가족의 범주를 벗어나 더 넓은 사회에서 통용되고 유용한 기술들을 열심히 배우고자 하며 이를 숙달하고자 한다. 예를 들어, 미개사회에서는 사냥이나 농업기술을 배우게 되며, 현대 사회와 같은 문명이 고도화된 사회에서는 읽기, 쓰기, 셈하기 등의 인지적 기술을 획득하기 위해서 학교에 들어가게 된다. 또, 이 시기의 어린이들은 또래와 같이 놀고 일하는 것을 배우게 된다.

만일, 이 시기에 순조롭게 근면성이 발달하지 못하고 실수나 실패를 거듭하게 되면, 어린이는 부적절감과 열등감을 갖게 된다. 이러한 열등감은 전 단계에서 성공적으로 갈등을 극복하지 못했을 때나, 혹은 학교나 사회가 어린이에 대한 편견적 태도를 취할 때 발달되기 쉽다.

(5) 제 5단계 : 정체감 대 정체감 혼란

다섯째 단계인 청년기에는, 급격한 신체적 변화와 더불어 새로운 사회적 압력과 요구에 부딪치게 된다. 그러므로 이 시기의 청년은 이러한 새로운 상황에 어떻게 대응해 나가야 할지 몰라서 당황하게 된다. 그리하여 이전 단계까지는 회의 없이 받아들였던 자기존재에 대해 새로운 경험과 탐색이 시작된다.

여기서, 에릭슨은 청년기의 중심과제를 자아정체감의 확립이라고 했다. 자아정체감이란 자기 동일성에 대한 자각인 동시에, 자기의 위치, 능력, 역할 및 책임에 대한 분명한 인식이다. 이 시기의 청년들은 자기 자신의 의문에 대한 해답을 찾으려고 애쓰지만, 그 해답은 쉽사리 얻어지지 않기 때문에 고민하고 방황한다. 이 고민과 방황이 길어질 때 정체감의 혼미가 온다고 에릭슨은 말한다. 이와 같이, 자아정체감을 쉽게 획득하기가 어려우므로, 청년들은 동료집단에서 동일시대상을 찾거나 혹은 존경하는 위인이나 영웅에게서 동일시의 대상을 찾으려 애쓴다. 그리고, 자신을 시험해 보기 위해 여러 클럽에 가입해 보기도 하고, 다양한 활동에 참여해 보기도 한다.

에릭슨은, 이 시기를 기본신뢰감이 형성되는 시기인 제 1단계에 못지않을 만큼 중요한 시기라고 주장하고 있다. 그 이유는, 이 시기에 긍정적인 자아정체감을 확립하면 이후의 단계에서 부딪치는 심리적 위기를 무난히 넘길 수 있게 되지만, 그렇지 못하면 다음 단계에서도 방황이 계속되고, 때로는 부정적인 정체감을 형성하게 되기 때문이다.

(6) 제 6단계 : 친밀성 대 고립감

청년기에는 주로 관심의 대상이 자기 자신이었으나, 성인기에 이르게 되면 직업을 선택해야 하고 배우자를 찾아야 하므로, 이 시기의 사람들은 배우자인 상대방 속에서 공유적 정체감을 찾으려 든다. 따라서, 이 시기에는 타인과의 관계에서 친밀성을 이룩하는 일이 중요 과업으로 된다. 에릭슨에 의하면, 청년기에 긍정적인 정체감을 확립한 사람만이 진정한 친밀성을 이룰 수 있다고 한다. 정체감을 확립하지 못한 사람은 자기 자신에 대하여 자신감을 가지지 못하므로, 타인과의 관계에서 친밀성을 형성하지 못하고 고립하여 자기 자신에게만 몰두하게 된다.

(7) 제 7단계 : 생산성 대 침체감

일단 두 사람간의 친밀성이 확립되고 나면, 그들의 관심은 두 사람만의 관계를 넘어서 그 밖의 사람으로 확대되기 시작한다. 가정적으로는 자녀를 낳아 키우고 교육하게 되며, 사회적으로는 다음 세대를 양성하는 데에 관심과 노력을 기울이게 된다. 또 직업적인 성취나 학문적, 예술적 업적을 통해서도 생산성이 발휘된다. 자신의 2세가 없는 경우에는 다음 세대들을 위한 사회적인 봉사 등을 통해서도 생산성을 발달시키게 된다.

만일 어떠한 이유로 해서, 생산성을 제대로 발휘하지 못하거나 안하게 되면 침체감이 형성된다. 이 경우에는 타인들에 대한 관심보다는 자신의 욕구에 더 치중하는 경향을 보이며, 남에게 대한 관대함이 결여된다.

(8) 제 8단계 : 통합성 대 절망감

마지막 단계인 노인기에는 신체적인 노쇠와 직업으로부터 은퇴, 친한 친구나 배우자의 죽음 등으로 인하여, 인생에 대한 무력감을 느끼게 되는 일이 많다. 이 시기의 성패는 신체적, 사회적, 퇴보를 어떻게 받아들이는가에 달려 있다고 에릭슨은 주장하고 있다.

대부분의 경우 노년기에 들어서면 자신이 지금까지 살아온 생애를 돌아보면서 자신의 생애가 가치있는 삶이었는지를 음미해 보게 된다. 이러한 과정에서, 자신의 삶이 무의미한 것이었다고 느끼게 되면 절망에 빠지게 된다. 그러나 이러한 절망 속에서도 자신은 그때 그럴 수밖에 없었다고 생각하면서 자기 나름대로 인생의 의미를 찾고 보람을 느끼게 되면 인생에 대한 참다운 지혜를 획득하게 된다. 이러한 지혜를 통하여 앞의 단계 동안 이룬 소산을 거두어들일 수 있게 되며, 드디어는 보다 더 차원이 높은 인생철학으로 통합을 이루어 나가게 된다.

단계	생활주기	연 령	심리 사회적 위기	주요관계 범위	기본적 강점	주요 병리	프로이트 심리성적 발달단계
1	신생아기	출생~2세	신뢰감 대 불신감	모성(母性) 인물	희망	철퇴	구강기 (oral-Sensory)
2	유아기	2~4세	자율감 대 수치심	부성(父性) 인물	의지	강박	항문기 (Muscular-Anal)
3	유아기	4~6세	주도성 대 죄책감	핵가족	목적	억제	남근기 (Locomotor)
4	아동기	6~12세	근면성 대 열등감	이웃, 학교	유능성	비활성	잠재기 (Latency)
5	청소년기	12~22세	자기정체감 대 정체 혼란감	또래집단	성실	거절	생식기 (Adolscence)
6	청년기	22~34세	친밀감 대 고립감	우정, 성, 경쟁	사랑	배타성	
7	중 · 장년기	34~60세	생산성 대 침체감	직장과 확대 가족	보호	거부	
8	노년기	60세~사망	자아통합 대 절망감	인류	지혜	경멸	

3. 아동 미술치료의 이해

1) 아동 미술에 대한 다양한 접근방법

아동화의 이해는 모든 치료사에게 치료로써 그림을 통합하여 아동과의 작업을 확대하고 강화하는 방법을 주지시켜준다. 그림은 아동의 감정과 사고를 의사소통하는 방법이며 아동미술 그 자체로서의 미술창작과정에 내포된 복잡한 메시지를 이해하는 방법을 치료사에게 제공한다. 따라서 그림은 아동을 둘러싼 세계에 대한 이해와 반영뿐만 아니라 아동의 생각, 감정, 환상, 갈등 그리고 걱정 등을 이해하는 도구이다. 아동에게 있어 미술표현은 말로 표현할 수 없거나 숨겨진 의미를 말로 못 할 때 개인적 손상, 위기, 그리고 정서적 지각변동에 대한 이해의 열쇠가 된다. 그림은 아동에게 있어서 발달, 성격, 정서, 대인관계, 그리고 문화와 사회적 영향 등 많은 것들을 대표한다. 아동의 그림을 통해서 그들의 가족관계나 성장배경, 현재의 심리상태를 파악할 수 있어 아동화를 정확히 이해하는 일은 전문가들에게 매우 중요한 작업이다. 다시 말하면 아동이 만들어낸 미술작품은 그 자신의 마음이요, 경험의 산물이다. 아동의 미술작품은 그들의 심층 심리를 알 수 있고 심리적 진단과 평가를 할 수 있는 유용한 자료이며 아동에 대한 많은 정보를 치료사에게 제공하고 있다. 아동의 그림을 이해하는 방법은 그들의 그림표현에 대해 여러 가지 다차원적으로 접근해야 한다.

(1) 의사소통, 표현, 그리고 문제해결

심리학자, 치료사, 상담자들은 아동을 자유롭게 관찰하고, 진단하고, 평가하기 위해서 아동과 의사소통을 하면서 그들의 감정과 경험을 나누기 위해 오랫동안 그림으로 소통해왔다. 그림은 언어 방식인 대화치료를 통해서 밝혀지지 않는 편안한 수준과 안정감을 가져다주고, 치료에서 아동과의 상호작용을 적절한 방법으로 제공한다.

미술치료의 핵심은 단지 아이들의 그림이 무엇을 의미하는가를 알아내는 것뿐만 아니라, 미술을 하는 작업 과정과 그들의 작품에 대한 이해가 중요하다. 아동으로부터 얻은 정보는 아동을 이해하는데 매우 중요한 단서가 되고, 아동의 미술표현은 모두가 그 나름대로 개인적인 의미를 가진다. 가장 중요한 점은 미술치료사는 비록 심상 그 자체에 관심이 있을지라도, 아동들이 자신의 그림에 대해서 자유롭게 이야기할 수 있도록 격려해주어야 한다.

Naumburg(1966)는 어린이 미술의 이해에 많은 기여를 했고 미술교육에서의 무의식의 중요성을 강조하였으며 형식적이고도 표준화된 교육과정보다 자발적인 미술표현을 통한 학습을 아동들에게 제공하려고 노력하였다. 정신분석학에 대한 관심과 어린이에게 미술을 가르친 경험의 결과로써 Naumburg(1966)는 상징의 언어의 한 형태로서 그림을 보고 자발적인 미술표현이 심리치료에서 유용하다고 결론지었다. Naumburg(1966)는 그녀의 작업 또는 작품에서 아이들과 어른들에게 있어서 미술의 의미와 가치에 대한 몇 가지 중요한 특징들을 찾았다. 첫째로 치료에서 미술표현을 내담자와 치료자 사이의 상징적인 의사소통의 한 형태로 보았다. 더욱 중요한 것은 형식적인 그림검사보다 무의식적으로 자유롭게 그려진 그림들의 가치가 더 중요하였다. 그녀는 또한 아이들과 성인들은 그들의 내면의 갈등을 시각적 형태로 표현한다고 믿었다.

Kramer(1993)는 창조적인 작업과정 그 자체에 미술치료의 치유 잠재력이 있으며 미술의 창조성을 강조하였으며 시각적인 상징적 의사소통뿐만 아니라 아동과 함께 하는 미술작업과정의 유용성을 강조하였다. Kramer(1993)의 철학은 외상을 입은 아이들의 미술표현을 통해서 그들 마음의 충동과 감정을 이미지로 바꾸는 활동이 승화의 한 형태라는 것을 알았다. 그 후에 그녀는 치료에서 나타난 어린이의 미술표현은 이미지에서의 감정, 변형된 생각의 행동, 승화의 형식이었던 것을 깨닫고 아이들의 미술표현을 통한 치료작업을 위해 기여해 왔다. 따라서 치료자가 적절한 기법을 가르치는 것을 통해 그리고 치료에 있어서 적극적이고 활동적으로 반응해주는 것을 통해, 그리고 때로는 "제3의 손"으로써 아이들의 창조적인 표현과정을 도움으로 아이들의 자기표현을 돕는 방법을 연구하였다.

(2) 그림, 놀이, 발달

놀이는 1920년대 이후, 아동과 관계를 형성하고 행동을 분석하고 정신적인 충격과 고통에 있는 아이들을 돕고, 성장과 변화를 돕기 위해 게임, 장난감 등 여러 가지 미술을 매개체로 아동을 치료하는데 사용하였다. 놀이치료사들은 아이들과 함께 그림을 그리고 하는 것을 놀이치료 활동에 부가적으로 사용해 왔다. 때때로 이런 미술활동을 사용하는 것은 아주 중요하다. 그것은 아이들이 선택한 그림을 그리도록 하고 구체적인 이미지를 만들어내도록 한다. 다른 치료자들은 아이들을 놀이활동과 미술작업으로 이동시키면서 좀 더 자발적인 방법을 사용하였다. 놀이치료자, 심리학자, 혹은 상담가는 일반적으로 어린이의 그림을 비언어적인 의사소통으로 보고, 자신의 문제에 대한 시각적인 표현으로서 놀이치료 과정을 더욱 향상시켜준다고 생각하였다.

미술치료자이고 심리학자인 루빈(Rubin)은 미술치료, 창의적인 놀이, 미술교육, 그리고 심리치료를 통합했다. 평범한 아동, 감정적 혼란을 겪는 아동, 특별한 도움이 필요한 아동, 장애아동을 위한 그녀의 작업은 아이들이 미술을 얼마나 많은 목적으로 사용할 수 있는지에 대한 광범위한 사례를 제공하였다. 미술을 통해 아동들의 자기표현, 감정적인 문제, 마음의 상처들을 치유하고 아이들이 타고난 재능을 성장시키는 것 이 두 가지를 강조하였으며 치료사는 바로 그러한 것을 도와주는 역할이라고 하였다.

(3) 아동 그림의 내용

아동들에게 있어서 미술활동은 무엇인가 새롭고 자기만의 것, 그리고 유일한 것을 창조하는 많은 경험들을 결합시켜주는 하나의 과정이다. 그림을 그리는 과정은 선, 모양, 색을 선택하고 변형하고 배열하기, 그림의 내용, 스타일, 형태와 구도 등의 다양한 구성요소들을 종합하여 아동으로 하여금 생각과 느낌, 사건 또는 관찰한 것을 전할 수 있게 한다.

아동들의 미술표현을 몇 가지 구성요소와 진단적 특징으로만 보는 것은 매우 위험하며 미술표현에 여러 가지 의미의 가능성이 그림 안에 있다는 것을 고려해야 한다. 아동들을 위한 미술활동의 과정은 생물 심리 사회적 요인뿐만 아니라 다양한 요인들에 의해 구체화된다. 아동들이 무엇을 그리고 무엇을 만드느냐에 따라 그들의 개인적 능력, 동기, 재능 또는 흥미를 그림과 미술작품으로 알 수 있다. 아동과 치료사의 관계는 아동과 성인과의 신뢰와 안정의 수준, 그림과정과 미술활동의 이해에 대한 치료사의 민감성과 함께 그림의 내용과 스타일에 영향을 미치게 된다.

4. 아동 미술치료와 아동 발달

1) 아동미술과 아동 발달

아동이 효과적인 미술 활동을 경험할 수 있도록 아동미술치료 프로그램을 계획하고 실시하기 위해서는 아동의 발달 특성과 발달 수준을 고려해야 한다. 아동의 발달은 각 발달영역이 서로 분리되어 발달하는 것이 아니라 상호 밀접한 관련성을 갖고 통합적으로 일어나는 것이다.

(1) 신체발달과 아동미술

아동미술 치료 활동은 아동에게 신체적으로 발달할 수 있는 기회를 제공한다. 대 ·

소근육을 사용하는 미술 활동을 통하여 근육감각 운동을 경험하고 대근육과 소근육의 조절 능력이 생겨 보다 더 정교하게 근육을 사용하게 되며 눈과 손의 협응 능력도 보다 더 정교하게 발달해나간다.

(2) 정서발달과 아동미술

아동은 미술치료 활동을 통하여 감정을 정화시키고 자신의 내면세계를 반영하며 성취감을 느끼고 많은 혼란스러운 감정을 사회에 용납하는 합리적인 방법으로 해결할 수 있는 전략을 습득하게 된다(Brittan, 1979). 또한 아동은 미술 활동을 통하여 즐거움과 만족감을 느끼며 자신이 창조한 것에 대해 자신감을 갖게 된다. 이러한 즐거움, 성취감, 만족감, 자신감은 아동의 긍정적인 자아개념 형성을 도와주며 이것들은 아동의 정서발달에 중요한 기초가 된다.

(3) 인지발달과 아동미술

아동미술 치료 활동은 다양한 직접적 경험을 제공해준다. 미술 활동 시 아동은 다양한 재료 중에서 무엇을 가지고 어떻게 표현할까? 하는 문제에 부딪치게 된다. 이때 아동은 주위환경에 대한 지각을 하게 되며 문제를 계획하고 조절하며 해결하는 능력을 기르게 된다. 또한 자신이 탐색하고 생각하고 알고 있는 것을 표현하는 가운데 개념발달과 사고표현이 다양해진다. 이러한 활동은 자신과 자신을 둘러싼 세계에 대하여 탐구적 태도를 갖게 하며 미술의 요소인 선, 색깔, 형태, 부피, 구성, 공간, 균형, 질감에 대해 이해를 통하여 논리적인 사고능력을 기르며 창조 활동을 통하여 사건의 계열성, 원인과 결과에 대한 이해, 다양한 문제해결 능력을 길러주는 중요한 활동이다.

(4) 사회성 발달과 아동미술

아동은 다양한 미술치료 활동을 통해 타인과 이야기를 나누고 기다리며 협동하고 재료를 나누어 쓰게 되고 작업 규칙을 지키며 정리 정돈하는 경험을 하게 된다. 이러한 경험을 통하여 타인과의 사회적 경험을 하게 되고 갈등을 해결하고 자아 인식을 통해 자아개념이 발달하며 나누는 경험과 협동심을 통하여 타인의 관점을 이해하게 되고 규칙 지키기를 통하여 자기 절제를 배우고 정리 정돈을 통하여 책임감을 기르게 된다.

(5) 언어발달과 아동미술

아동미술치료는 언어표현 능력이 부족한 아동에게 자신의 느낌과 생각을 표현할 수 있는 수단과 통로를 제시하며 자신의 작품에 의미를 부여하여 말로 다시 표현해 보고 써보고 치료사가 아동의 표현에 관심을 갖고 격려해주며 공감할 때 구두언어와 문자언어에 대한 기초발달을 이룰 수 있다. 다양한 재료의 사용과 창작활동의 과정에서 의사소통을 경험하며 다양한 어휘를 배울 수 있다. 또한 그리고 만드는 과정 속에서 이루어지는 눈과 손의 협응력, 대 · 소근육의 조절능력, 시각변별능력, 집중력 등의 향상은 읽기와 쓰기 활동에 기초능력을 길러준다.

(6) 창의성 발달과 아동미술

창의적 사고를 평가하는 요인으로 유창성(fluency), 융통성(flexibility), 독창성(originality), 정교성(elaboration)의 네 가지 요인을 제시하였다. 유창성은 다양한 가능성과 창출하는 것으로 가능한 한 서로 다른 풍부한 사고를 포함한다. 융통성은 방향전환과 다른 접근을 시도하는 것이다. 독창성은 타인이 생각하지 않는 독특한 방법으로 사고하는 것이고 정교성은 자세하고 치밀하게 생각하는 능력이다(Schirrmacher, 1988).

창의성이 왕성한 시기에 아동이 자발적으로 다양한 재료와 다양한 도구를 사용하여 자신의 생각, 느낌, 욕구, 상상력을 남과 다르게 표현해보고 실험해보는 미술치료 활동이야말로 창의성 계발에 가장 적합한 활동이라 하겠다.

제6장

모델링 재료에 의한 미술치료 꼴라주

모델링 재료에 의한 미술치료 꼴라주

1. 꼴라주(Collage)의 개념

꼴라주(Collage)는 말은 불어의 'Coller'(풀로 붙이다)에서 유래한 말로 일상의 비예술적인 소재, 즉 종이나 헝겊, 쇠붙이, 나무조각, 모래, 나뭇잎 등 여러 가지를 잘라내어 붙이는 회화기법, 또는 그러한 기법에 의해 제작되는 회화를 가리키며, 꼴라주 기법을 개인치료에 도입하여 계속적으로 작품을 만듦으로써 내담자의 불안이나 문제점을 작품을 통하여 이해하고 치료를 진행해 나가는 것이다. 콜라주는 잡지나 카탈로그, 신문, 전단지, 사진, 영화 포스터, 실, 낙엽, 한지 등 일상생활에서 쉽게 구할 수 있는 재료를 이용하여 찢거나 오려고 잘라서 조각을 화지에 구성하여 붙여서, 본래의 재료가 가지고 있는 의미가 아닌 전혀 다른 결과물과 의미를 만들어 내는 미술표현의 방법이다. 잡지나 합판, 천 등의 평면재가 미술표현의 재료로 도입되기 시작한 것은 초현실주의 대표적인 화가 막스에른스트와 입체파 화가 피카소였다.

현재의 미술치료 기법으로 널리 활용되고 있는 잡지 콜라주 기법은 1972년 벅(Buck)과 프로밴처(Provancher)에 의해 평가기법으로 소개되었고, 일본의 스기우라(1994)에 의해 치료기법으로 개발하여 상담 및 심리치료에서 많이 사용하게 되었다.

2. 꼴라주 제작 방법과 유형

1) 꼴라주 제작 방법

(1) "사람의 얼굴을 골라서 잘라주세요. 가능한 표정이 있는 얼굴로 골라서 화지에 붙이세요."

(2) 의사소통에 있어서 표정이 미치는 역할을 체험한다. 어떤 기분을 나타내고 있는지, 그 기분을 팬터마임으로 연기해서 보여주고 다른 사람에게 맞춰 보게 한다.

(3) 잡지에 있는 사진과 그림을 이용하여 꼴라주를 만든 후, 제목을 정한다.

(4) 제목에 맞는 꼴라주를 한다. 공동 작업에 의한 비언어적, 언어적 의사소통을 통해서 집단응집력을 높인다.

(5) "자신의 성격이나 라이프 스타일을 나타내는 포스터를 만들어 주세요." 당신의 태도와 관심, 좋아하는 것, 싫어하는 것, 특징, 가족, 친구, 포부, 일, 감정, 문제, 입원한 계절 등 당신의 모든 것을 표현하는 것이 곤란하다면 위에 제시한 것 중에서 20분 이내 선택하여 각자 꼴라주를 완성한다.

이 방법은 자기 인식을 깊게 하고 자기 표현력을 높이는 것을 목적으로 한다. 최근에 가장 많이 사용되는 미술치료 기법으로 잡지 속에서 마음에 드는 사진을 오려 붙이게 함으로써 거부의 감소, 분노의 노출, 희망에 대한 상징 등 다양하게 활용할 수 있다.

표현이 쉽고 그리는 것보다 정확하게 감정을 전달하나 선택할 수 있는 사진 매체가 많아야 한다. 자기감정을 나타내기, 가족이나 친구에게 말하고 싶은 것, 주고받고 싶은 선물, 타인에 대한 느낌 표현, 문제의 예방 및 대책 방법 등을 쉽게 표현할 수 있다.

주제를 주거나 자유화 형식으로 실시하는 등 다양한 방법들이 있으며 실시 방법에서 치료자가 도와주는 방법이 있고 대화 없이 실시하는 방법, 이야기하면서 실시하는 방법 등이 있다. 이 기법의 효과는 내담자가 작품을 제작하고 서명해 나가는 과정 자체에 있다. 치료자는 내담자의 작품에 나타난 그림 등의 내용, 화면의 색채 및 변화, 구도, 이야기 내용 등을 분석하고 치료해 나간다. 예를 들면 우울증 환자는 거꾸로 된 것이나 사물이 떨어지는 것을 붙이기도 한다.

사진을 붙인 것 위에 중복해서 붙이는 경우 그것을 뜯어보면 내담자의 무의식을 알 수 있다.

2) 꼴라주 제작유형

치료자가 독자적인 방법으로 실시하고 있으며 크게 나누어 잡지그림 꼴라주법과 꼴라주 박스법 두 종류가 있다.

(1) 잡지그림 꼴라주법

① 준비물

화지(4절지 또는 8절지), 가위, 풀, 잡지신문, 광고지, 카탈로그 등이 필요하다.

② 도입방법

주제를 주고, "자신의 마음에 드는 사진이나 그림을 자유롭게 자르거나 찢어서 붙입니다." 라고 이야기한다. 연령이나 심리적인, 정신적인 증상을 고려하여 실시한다.

③ 그림 완성 후의 절차

작품을 멀리 두고 서로 감상을 하지만 치료자는 해석적인 말을 하지 않는다. 모래상자치료의 작품과 동일하게 환자가 작품에 관한 이야기를 하며 서로 교류하고 특별하게 없는 경우에는 치료자가 작품에 대해 느낀 감상을 정리해서 말하고 종료한다.

④ 시간

꼴라주는 40분~1시간 소요 시간으로 전후, 10분씩 상담 시간을 갖는다.

⑤ 기타

가족 꼴라주법, 모자상호법, 합동법, 자택 제작법(숙제법), 뒷면 꼴라주법 등

(2) 꼴라주 박스법

사전에 잡지에서 다양한 사물을 오려서 상자 속에 넣어 둔다. "상자 속에 있는 그림을 선택해서 도화지에 부쳐주세요." 라고 지시한다.

필요하면 가위로 잘라도 되고, 완성된 작품을 근거로 연상되는 것을 질문하며 서로 이야기를 나눈다. 잡지그림 꼴라주법과 마찬가지로 작품을 멀리 두고 서로 감상을 하지만 치료자는 해석적인 말을 하지 않으며 이 방법은 간편하게 사용하는 것을 중요시한다.

3. 꼴라주 특성과 치료적 요인

1) 꼴라주 기법의 의미

꼴라주 기법은 내담자의 관심과 흥미를 유발하며 내담자가 선택한 사진이나 그림 이미지를 이용하는 것만으로도 자신의 감정을 쉽게 표현할 수 있는 장점이 있다. 또한 부적절한 감정이나 욕구불만 등의 내적 욕구 또는 퇴행의 표현에 있어서 효과적이다.

꼴라주 활동은 작업에 몰입하도록 하여 언어로 표현하기 힘든 감정을 이미지화 함으로써 카타르시스와 해방감을 느끼게 해주고 무의식의 자기 탐색이 용이하다.

(1) 치료 특성

① 직감이나 감각 등의 비합리적 기능 활용

② 자신을 개방하고 심상을 개발한다.

③ 자신의 심상을 발견하거나 흥미가 있는 대상을 분명히 해준다(집약적 표현).

④ 이상과 현실의 차이를 이해할 수 있다.

⑤ 무의식을 알 수 있고 현실 세계의 관심을 분명히 한다.

⑥ 문제에 대한 대처 능력의 훈련이 가능하다.
⑦ 자신의 감정을 쉽게 표현한다.
⑧ 부정적 감정(욕구불만 등)의 표현이 용이하다.
⑨ 퇴행의 표현이나 정신질환의 증상도 표현된다(다의적 해석 가능).
⑩ 그림의 내용, 화면의 색채, 구도 이야기 내용을 통해 환자를 이해하고 치료를 진행할 수 있다.

(2) 치료적 요인

꼴라주 미술 활동이 심리적 안정감을 주는 요인으로는 선택성과 회피성 두 가지 치료적 요인이 모두 높다는 데 기인한다. 재료의 형태는 자신이 원하는 이미지로 선택하고 잘라(전체 혹은 부분적으로)낼 수 있고, 또 자른 이후라도 마음에 들지 않는 자료는 사용하지 않아도 된다.

① 안정성과 회피성(선택성과 회피성)

꼴라주 치료는 할까 말까하는 도입의 시기에 내담자가 마음이 내키지 않는 경우는, 거부할 수 있는 여건의 분위기를 만들어 두는 것이 필요하다. 설령 시작했다고 하더라도 마음이 내키지 않는 경우도 있으므로, 매회 "오늘은 어떻게 할까요?"라고 질문한다.

도입과 계속 진행되는 경우에도, 안전성과 회피성이 보증되어 있다고 말할 수 있다.

② 분산과 통일

꼴라주에 관하여 인간의 사고와 감정과 의지 또는 행동이라고 하는 것은 하나로 모으려는 통일적 방향이 있고, 꼴라주에서는 이 통일과 흐트린다고 하는 분산적 방향성의 두 방향이 있고 이 통일과 분산과의 통합이 가능하게 된다.

③ 그 밖의 치료적 요인

㉠ 심리적 퇴행

동심으로 돌아간 것 같이 열중해서 시간이 금방 흘렀고 즐거웠다는 점. 그 사람의 신체적 · 정신적 상황에 따라서 나타낸 감상도 있었다.

일부는 자신의 생각에 꼭 알맞은 그림이 없어 그것을 찾으려다 지치는 경우도 있었는데 이런 내담자에게는 "지쳐있거나 하고 싶지 않다면 말을 하세요" 라고 말하는 것이 필요하고, 이와 같은 일련의 감상에서 상황에 따라서는 4절지와 8절지 등의 종이의 크기를 내담자의 상태와 희망에 따라 적절히 선택하여 실시하고 내용의 문제(도입, 판단), 실시 시간 등을 검토할 필요가 있다는 것을 시사한다.

종이라고 하는 정해진 틀에서 무엇을 표현해도 상관없는 자기표현, 자기분석, 카타르시스 등이 가능하고 무아지경에서 제작에 착수하여 끝났을 때는 상쾌한 해방감을 느끼고 편안함을 느낀다는 것이다.

ⓛ 내면의 의식화, 상호작용

진정한 자신을 드러낼 수 있으므로 그것을 봄으로써 자신도 모르는 자신의 본래 모습을 알 수 있고 내담자와 상담자 간에 작품에 대하여 이야기하면서 깊은 관계형성과 내면에의 통찰을 할 수 있었다.

ⓒ 자기표현과 미의식에 대한 만족

잡지의 사진은 그 자체로 완성되어 있는 것이므로 그것을 어떻게 해체하여 자신의 것으로 만들 것인가에 대한 어려움과 불만족감도 있을 수 있지만, 자신의 내면에 있는 것을 표현하는 기쁨과 균형잡힌 작품이 완성된 때의 기쁨은 자기표현과 미의식의 만족감이다.

ⓡ 언어의 보조적 요소

언어로써 감정의 표현이 어려운 세대와 증상을 가진 사람에게도 유효하며 자기 통찰이 어려울 때 도입하면 효과가 있을 듯한 언어의 보조적 요소로 사용되며 카운셀링의 비언어적 표현 수단으로서의 심리치료이다.

ⓜ 진단 자료

유용한 진단 자료로 활용되며 계속적으로 작성한 경우 그 사람의 심리변화를 알 수 있다.

ⓑ 라포형성에서의 의사소통의 매개

내담자와 치료사가 이것을 매개로 이야기하고 라포를 형성할 수 있으며 동시 제작법 및 모자 상호법 등이 원활한 의사 소통을 행할 수 있게 된다.

ⓢ 기타

의식적으로 현재의 심정에 맞지 않는 것을 작성함으로써 자기의 상태를 변화 시켜 갈 수 있으며 환상을 유연하게 하는 방법으로써 유효하고, 집중력, 기획, 창조력 등을 무리하지 않는 형태로 길러갈 수 있다.

2) 꼴라주 치료의 실제

(1) 개인치료와 집단치료에 활용
(2) 치료자가 옆에서 지시 또는 도와주는 방법
(3) 합동 제작을 해 나가는 방법(치료사 또는 소집단)
(4) 대화 없이 각자 실시하기
(5) 이야기를 하면서 각자 실시하기
(6) 꼴라주 치료: 설명과 대화

3) 꼴라주 치료의 사용

(1) 언어적 심리치료의 보조기법으로도 사용
(2) 회상요법으로서의 적용(호스피스 등)
(3) 언어적 표현의 대안적 방법으로서의 의사소통
(4) 미래의 인생 설계 표현
(5) 현재의 감정과 대처방법 표현
(6) 여러 가지 붙인 그림(사진)을 통한 이야기 만들기

4. 꼴라주 작품의 해석

1) **계열적 이해** : 작품의 영속성 중시, 한 장의 작품만을 무리하게 해석하지 않는다. 계속적으로 작성한 경우에는 그 흐름을 봐 나감으로써 내담자의 심리적 변화를 파악할 수 있다.
2) **통합성** : 작품의 전체적인 조화와 통합성을 관찰하며 분리, 조잡함, 빈곤성, 기계적 표현, 고정적인 요소가 적은 것을 확인한다.
3) **공간배치** : 그림의 구도에서 해석하는 기준을 활용하여 파악한다(DAP, HTP 참조)
4) **주제** : 작품을 처음 보았을 때 제목을 붙일 수 있는 작품인가, 또는 주제를 가지고 작성한 작품인가를 본다. 작품 속에 자기상이라고 생각되는 형상이 있는 경우, 작품 전체가 각자의 자기상이라고 할 수 있다. 표현중심의 변화(자기상)
5) **상징적 의미** : 붙인 그림의 의미를 생각하는 것으로서 융 심리학의 상징해석을 응용하고 있다.
6) **색채, 형태, 재료 등의 분석** : 발달 정도
7) **그림을 자른 방법** : 그림을 자르는 방법, 붙이는 방법, 색채, 첨가된 글을 통해서 내담자를 이해한다.

5. 꼴라주 해석을 위한 분석

1) 작품제작 시간은 어느 정도인가
2) 사용한 종이의 크기
3) 종이의 오려낸 모양과 수량, 돌출 유무
4) 끊어진 부위, 중첩 부위 유무
5) 여백의 유무와 정도
6) 문자의 유무
7) 주요 색채
8) 무채색과 유채색의 종류와 양
9) 색조는 어떤 색이 중심인가
10) 통합성(전체성)은 어떠한가

11) 중심성의 유무

12) 공간배치는 어떠한가

6. 꼴라주 기법의 실습 및 사례

1) 마음에 드는 것들

2) 나를 나타낼 수 있는 것들(자기광고, 이것이 나이다, 10년 후의 나의 모습)

2) 좋아하는 것과 싫어하는 것

4) 나의 과거, 현재, 미래

5) ① 나의 주의를 끄는 그림(3-4개, 어떤 면이 주의를 끌었는가)

② 4-5명이 있는 그림(3-4개, 그들이 무슨 말을 하고 있는가)

③ 1명이 있는 그림과 그 사람의 미래 모습(각각 1개, 어떻게 달라졌는가)

6) 슬펐던 경험, 행복했던 경험

7) 자신의 장점과 단점

8) 가족이나 친구에게 말하고 싶은 것

9) 타인에 대한 느낌 표현

10) 문제의 예방 및 대책 방법

11) 받고 싶은 선물과 주고 싶은 선물

제7장

모델링 재료에 의한 미술치료 박스

제7장

모델링 재료에 의한 미술치료 박스

1. 박스(BOX)의 미술치료적 역할

사전적 의미로서의 상자(箱子)는 나무나 판지(板紙) 따위로 만든 그릇으로써 주로 네모나게 만드는 것을 뜻하거나 물건을 상자에 담아 그 분량을 세는 단위로 해석된다. 내담자는 미술 활동을 통한 상자를 통해 추억을 회상하고 기억을 보존할 수 있다. 또한 상자의 열고 닫을 수 있는 기능을 통해 어떤 것을 공개하고 공유할 것인지를 조절할 수 있다. 박스는 오늘날 사용되고 있는 다양한 미술치료 기법 중 하나인데, 그 예로는 자기상자, 기억상자, 보물상자, 생존상자, 망각상자 등에 관한 연구들이 있다(Fryrear & Corbit, 1992). 또한 박스는 집짓기 과제, 주거 공간의 묘사(Baker, 1986) 등과 같은 미술활동에서 활용된다. 때때로 내담자들은 자신들의 그림 둘레에 자발적으로 상자를 두르거나, 캡슐을 만들어 내거나, 완성된 작품을 상자 안에 감추거나 한다(Cohen & Cos, 1995 ; Henes, 1997 ; Levick, 1986). 미술치료 기법으로서 박스가 널리 사용되고 있음에도 불구하고, 그 역사적 배경과 상징 그리고 문헌은 많지 않다.

2. 박스의 심리치료적 속성

1) 내용물의 제한

박스는 '내용물의 제한'으로서 표현되었고, 이러한 측면에서 본다면 박스는 미술의 대상이 존재하는 공간을 조각해내도록 돕는 하나의 틀로서 기능한다(Langer, as cited in Kaufman, 1996). 미술치료에서 '내용물의 제한'은 상자 내의 공간으로 한정하고 내담자를 위한 주제를 제공하며 문제를 더 다룰 수 있도록 만든다. 이러한 측면은 모래놀이치료의 연구에서 더 명확히 볼 수 있다.

2) 내용물의 밀봉

공간을 밀봉하는데 사용된 박스의 기능은 흔히 용기(그릇)로서의 역할을 이끌어 낸다. 보석상자, 귀중품상자, 궤 등은 귀중한 내용물을 보관하고 보호하기 위해 만들어진다. 고대 로마의 석관은 이러한 생생한 사례를 제공한다. 이 박스들은 물리적인 존재를 보호할 뿐만 아니라 신에게 바쳐진 공간 또는 보유 공간, 즉 그 속에서(또는 어디든) 고인이 소중해지는 공간의 창조를 가능하게 했다.

3) 적대적인 것들의 통합

박스의 구조 자체가 통합의 모델을 제공한다. 사실 박스는 그 분리된 4면을 통합하고 이러한 단면들의 병렬로부터 생기는 복잡한 상호관계를 수용(조정)할 수 있다. 또한 박스는 내면 대 외면의 강력한 변증법을 수용한다. 이러한 기본적인 구분은 다른 많은 비교들의 핵심이 된다. 그것은 우리에게 여기 대 저기, 이편과 반대편, 자신과 타인으로부터 오는 구조를 제공한다(Bachelard, 1964).

박스는 여러 다른 측면들을 통합하기도 한다. 이 점은 내면, 외면의 양극성과 함께 적대적인 것들을 은유적 · 시각적으로 통합하기 위하여 자주 상자를 사용토록 한다. 박스 기법은 각 면은 전체의 부분이지만 영구적으로 떨어진 것은 아니며 결국 보여질 수조차 없는 6개 면의 연결을 통하여 적대적인 것들을 통합한다.

미술치료에서 박스의 사용은 자신의 적대적(반대적)인 부분들을 통합하려는 내담자의 시도에 대한 시작적인 기록이며 동시에 일반적이고 중요한 치료적 목표를 창조해내는 유용한 방법이다(Jung, as cited in Kaufman, 1996 ; Keyes, 1983 ; Rubin, 1987). 이는 통합을 위해 자기 상자를 사용할 수 있는 내담자의 능력에서 근거한다. 자기상자로 성격의 여러 차원을 꾸밈으로써 내담자는 내부의 자기와 공공연한 가면(페르소나), 둘 다를 대신하고 이해하고 구별하기 위하여 외부–내부의 변증법을 사용한다.

박스기법은 개인들로 하여금 그들의 정체감을 탐색하게 할 뿐만 아니라 집단을 구성한 경우 그 집단과 서로에 대한 구성원들의 개인적인 동일시를 증가시킨다. 개인적인 정체감을 유지하고 있으나 아직은 집단에 소속되고자 하는 욕구는 상자들의 창조에 의하여 유형의 도식적인 형태를 표현한다.

박스의 치료적 기능을 정리하자면 다음과 같다.

① 고유의 상징적 잠재력

② 내용물의 보호

③ 비밀의 저장

④ 눈에 보이는 것으로부터 안전하게 함

⑤ 이전 기억 등 정서적으로 다양한 물건들을 수호

⑥ 외부와는 구별되는 별도의 내부공간을 창조

⑦ 적대적인 것들을 통합

⑧ 성격의 양극성을 통합하는 기회 제공

⑨ 갈등적인 욕구와 역설, 적대적인 것들, 의문과 답, 강점과 약점들을 표현하는데 사용

3. 박스를 이용한 미술치료 기법

기법	활동내용	기대효과
나 상자 (self box)	여러 가지 모양의 상자 중에서 마음에 드는 상자를 골라서 상자 안쪽에는 내가 보는 나를 상자 밖에는 남이 보는 나를 꾸민다.	내담자는 내면의 자기와 사회적인 가면(페르소나) 둘 다를 탐색하고 이해하며 통합한다.
생존상자	자신이 살아가는 데 필요한 것을 잡지에서 오려서 상자에 담는다.	자신이 가장 원하는 것이 무엇이며 현실적으로 필요한 것에 대해서 생각해 볼 수 있다.
추억상자 (기억상자)	여러 가지 그림이나 실제 사진들, 물건들로 기억에 남는 사건과 관련된 것들을 담는다.	독립된 나만의 공간을 만들어 기억을 되새겨 본다. 노인들을 대상으로 관심사가 무엇인지에 대한 이야기를 촉진할 때 사용하며 기억력을 향상시키는데 도움이 된다.
망각상자	가장 잊고 싶은 것들로 상자를 채운다.	아픈 기억들을 상자에 밀폐함으로써 현실로부터 분리해 낸다.

보물상자	나에게 소중한 것들을 상자에 채운다.	소중한 것들을 안전하게 보호한다.
염려상자	염려되는 일들로 상자를 채운다. 불안이 있거나 걱정이 많은 내담자에게 일주일 중 하루를 선택하여 염려상자에 걱정거리를 적어 넣으라고 한다.	자신의 걱정거리를 상자에 넣음으로써 심리적 거리를 둘 수 있다.
나의 문제상자	상자 안에는 내가 생각하는 해결책을 넣고, 밖에는 나의 문제를 표현한다.	문제점과 해결책을 통합할 수 있다.
집단상자	각 개인 상자를 모아서 구성원들이 집단상자를 함께 꾸민다. 예를 들어 탑을 만들어 본다.	구성원들과의 결속력, 동질감이 형성된다. 집단 내에서의 자신의 역할을 인식한다.
위안을 주는 상자	나에게 위안을 주는 것에 대해 그리거나 붙이거나 만들어서 상자에 넣고 꾸민다.	주로 외상 후 스트레스를 겪고 있는 내담자들에게 적용하며 감정적으로 힘들거나 고통을 겪을 때 희망과 위안을 받을 수 있도록 한다.

4. 박스를 이용한 미술치료 사례

제8장

모델링 재료에 의한 미술치료 소조

제8장

모델링 재료에 의한 미술치료 소조

1. 소조의 개념

소조란 가소성이 있는 재료 찰흙, 유토, 석고, 브론즈(청동), 테라코타, 지점토 등을 붙이거나 떼어가며 형태를 빚는 입체 조형을 말하며 자유롭게 부착하고 제거가 용이하다. 소(塑)는 점토라는 뜻으로 현재 소조라는 말은 점토라는 뜻을 떠나서 모델링(modeling)과 같은 뜻으로 쓰인다. 비교적 자유로운 재료를 붙여서 자유로운 형태를 만들어 내는 것이 모델링이라고 하며 이러한 기법을 소조라고 부른다. 또한 소조는 순수하게 모델링이라는 뜻으로 쓰이며 가소적인 재료로서 점토, 초, 석고, 칠 등이 있다.

2. 소조의 역사와 유래

소조의 역사와 우주의 역사를 동일시하는 신화와 종교가 많은데, 그 하나의 예가 아담을 흙으로 빚었다는 성경이야기와 바빌로니아의 신, 엔키(Enki)도 인간을 흙으로 빚어 창조했는 것이다. 무엇을 만들고자 하는 인간의 본능은 인간이 지닌 창조적인 본능이며 인류가 점토를 통해 조형물을 만들기 시작한 것은 2~3만 년 전부터로 추정된다.

3. 소조 활동의 장점과 심리적 의미

소조는 덧붙여가며 만드는 조형 활동으로 천연 점토, 지점토, 석고액, 왁스 등의 재료를 쓸 수 있으며 아동에서 노인까지 심리적 저항감 없이 변형이 가능한 특성을 지녔다.

작품 활동을 통한 자아의 내면세계와 구체적인 이미지를 형상화함으로써 자기 인식과 자기성찰을 이끌어준다. 이때 치료사는 내담자에 대한 이해 및 작품해석을 통해 초기 상실과 내담자의 갈등 문제를 인식하고 도움을 준다.

소조 활동은 마음속에 내재되어 있는 심리를 우회적으로 드러내고 창조적인 활동을 하므로서 자유로운 표현이 가능하다. 점토를 주무를 때의 촉감과 편안함은 심적 감정을 이완시켜 억압된 갈등을 해소시켜주며 근육운동과 조형감각 및 협응능력을 발달시켜 정신건강에 도움을 준다. 또한, 작업을 하며 자연스럽게 대화할 수 있는 기회를 마련하여 언어가 결핍된 내담자나 저항을 가진 사람에게 유용하다.

4. 소조의 재료 및 종류

1) 재료

점토, 진흙, 밀가루 반죽, 고무점토, 유토, 지점토, 종이죽, 시멘트, 석고액, 파라핀, 고형모래, 알지네이트, 브론즈 등

2) 소조의 종류

(1) 점토상(찰흙)

뼈대에 찰흙을 붙여 만들고 건조시킨다.

(2) 테라코타(terra-cotta)

구운 흙이라는 의미의 이탈리아어다. 구우면 단단해지고 치밀해지는 점토의 성질을 이용해서 만든 여러 가지 형상의 조각이나 건축 장식요 제품, 여러 색깔과 특성을 지닌 점토를 이용하거나 또는 화학 약품을 사용하거나 구워내기 방법 등을 이용해 다양

한 색채의 제품을 만들 수 있다.

(3) 브론즈(bronze)

브론즈는 7000년의 장구한 역사를 가지고 있으며 돌이나 동물의 뼈보다는 단단하여 전쟁무기 및 도구로 사용하며 소조의 영구 보존 재료로서 청동이 널리 쓰이는데 이는 성형과정에서 섬세한 디테일용 작품의 초기 형태를 그대로 보존할 수 있는 것이 특징

(4) 석고형 뜨기

① 부조 석고형 뜨기

② 환조형 뜨기

* 소석고 취급 요령

- 석고를 약 160-170℃로 가열하여 결정수를 없앤 흰색 가루. 물을 더하면 석고의 작은 결정으로 되돌아가 굳는다. 모형 · 분필 따위를 만드는 데 쓰이며 구운석고이다.
- 소석고는 물과 1 : 1 비율이 되게 섞는다.
- 소석고는 고무 그릇에 물을 먼저 붓고 소석고를 뿌리듯이 섞어 휘젓는다.
- 석고가 빨리 굳지 않을 경우는 소금물로 소석고를 개면 빨리 굳고, 늦게 굳게 하려면 아교물을 섞는다.
- 소석고는 습기가 있는데 두면 굳어지기 때문에 습기가 없는 곳에 잘 밀봉하여 두어야 한다.

5. 석고붕대를 이용한 미술치료

1) 석고 손 본뜨기 제작 과정

재료 : 석고붕대(폭 넓이 7.5㎝, 길이 270㎝ 2봉지), 미지근한 물, 프라스틱 그릇, 가위, 수건, 물티슈, 컵, 빈패트 병(물통으로 사용)

① 석고붕대는 3, 4센티미터로 하여 직사각형 모양으로 준비한다. 손을 붙일 때 편안하게끔 조금 더 길고 좁은 직사각형 모양으로 따로 준비하는 것이 좋고 물의 온도는 체온 정도가 적당하다.

② 잘라 놓은 석고붕대를 물에 담가 젖은 붕대를 차곡차곡 손에 얹어 가면의 틀을 만든다. 석고붕대의 두께는 0.5~1㎝ 정도의 두께로 만드는 것이 좋고 균일한 두께가 되도록 신경을 써야 한다.

③ 틀이 마른 것 같으면 살짝 떼어본다. 끝이 휘는 것 같으면 조금 더 건조시켜서 완전히 마르도록 한다.

④ 석고가 건조되는 사이 장식을 할 재료들을 준비한다. 잡지와 물감, 드로잉 재료, 다양한 재활용품, 천 조각, 색종이, 색 도화지 등 선택의 폭이 넓을수록 좋다.

⑤ 완성된 손 석고를 보며 나의 손이 잘할 수 있는 것, 미래의 다짐에 대한 이미지를 그리고 채색하여 마무리한다.

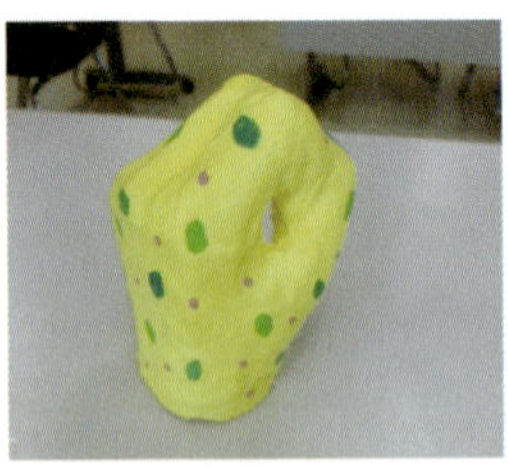
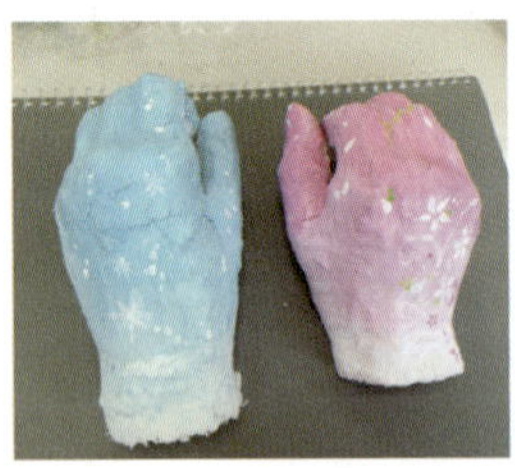

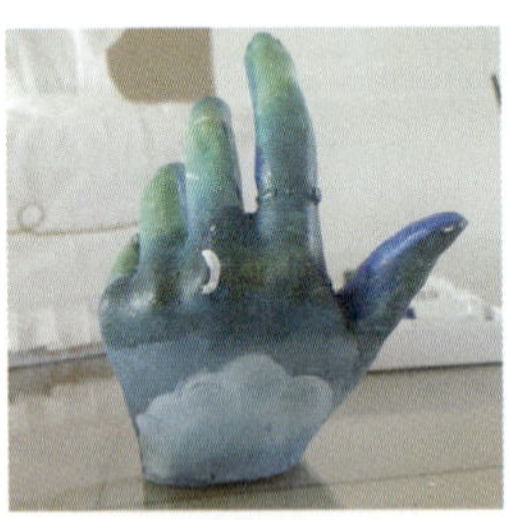
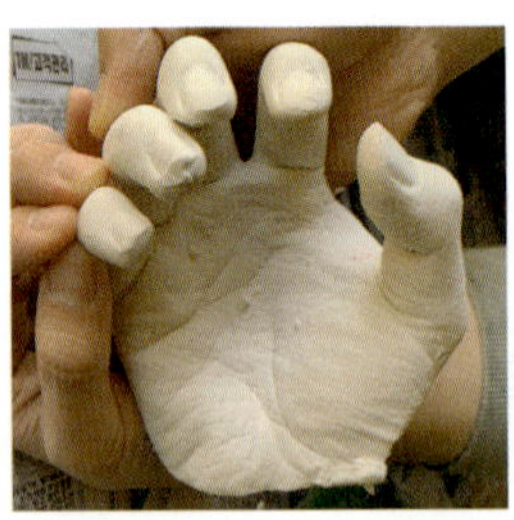

제9장

투사적 그림검사 HTP

제9장

투사적 그림검사 HTP

1. 투사적 그림검사(Projective Drawing Test)의 이해

머래이(Murray, 1938)는 검사 자극이 모호할수록 지각적 자극을 인지적으로 해석하는 과정에서 개인의 욕구와 관심과 심리적 구조의 영향을 더 강하게 받는다고 지적함으로써 개인의 인격 특성을 반영하는 투사적 그림검사의 유용성을 강조하였다.

투사적 그림검사는 심리적 현상에서의 개인차를 비교하고 개인의 전체적인 인지, 행동적 측면을 이해하기 위한 심리학적 측정 과정이다. 개인의 독특한 심리적 특성에 관심을 가지고 이러한 개인의 독특성을 측정하기 위한 비구조적 검사 과제를 제공하며, 무제한으로 개인들의 다양한 반응을 허용해주기 위해 검사지시 방법이 간단하고 일반적인 방식을 주어지는 한편, 검사 자극이 불분명하고 모호한 특징을 지니고 있다. 따라서 투사적 그림검사는 비구조적 검사(unstructured test)라고 불린다.

1) 투사적 그림검사의 장점

(1) 반응의 독특성
(2) 반응의 풍부함
(3) 방어의 어려움
(4) 무의식적 내용의 반응

2) 투사적 그림검사의 단점

(1) 검사의 신뢰도
(2) 검사의 타당도
(3) 반응에 대한 상황적 요인의 영향력

2. HTP 그림검사

19세기 말부터 그림은 인간의 심리를 이해하기 위한 수단으로 사용해왔다(한국미술치료학회, 1997). HTP 그림 검사는 자신의 성격과 행동양식 환경과 대인관계에 대한 심리적인 관점이 드러난다는 점에서 임상 현장에서 널리 활용되고 있다. 그러나 HTP는 정신병리학적 환자를 대상으로 표준화된 것으로서 일반 내담자에게 해석을 적용하기에는 한계점이 있다. 즉, 불 건강한 환자나 심각한 병리적 왜곡을 보일 경우 증상을 의심해 볼 필요가 있다. 따라서 그림 검사는 성인에게 병리적이라고 인식되는 반응들이 아동기의 발달적 측면에서는 매우 정상적이기도 하다.

개발자인 벅(Buck)이 HTP를 그림 검사로 선택한 이유는 집 · 나무 · 사람이 회화에서 가장 빈번하게 나오는 소재로 누구에게나 익숙하고 친밀감을 주는 주제이며 다른 주제들보다 자유롭게 감정을 표현할 수 있기 때문이다.

1) **개발자** : 정신분석가인 벅(Buck, 1948)에 의해 정신병리적 집단에서 프로이트의 정신분석적 이론을 기반으로 개발
2) **유용성** : HTP 주제의 친밀성, 모든 연령층에 적합, 솔직성, 언어표현 자극, 단일과제보다 성격을 이해하는데 용이
3) **단점** : 각각의 종이에 그린 HTP는 서로의 상호작용 표현 결여 및 역동성의 한계
4) **발전** : 한 장의 종이에 모두 그린 HTP, 채색화한 HTP, KHTP
5) **기타** : 개인검사, 집단검사, 만화형, 막대기 사람 검사의 재시도, 시간 측정, 평균 소요시간 40분 정도

3. HTP 그림검사 실시 방법

1) **준비물** : A4 용지(4장), 4B연필, 지우개
2) **순서** : 집(1번 종이) → 나무(2번) → 사람(3번) → 사람(4번)

종이에 ①부터 ④까지 번호를 적어둔다. 번호를 매기는 이유는 인물 그림에서 남녀의 어느 쪽을 먼저 그렸는지를 알기 위함이다.

그림 검사 준비가 되면 " 지금 그림을 그리는 것은 그림을 잘 그리고 못 그리고를 보는 것이 아닙니다. 마음이 가는 데로 편하게 그리시면 됩니다.

한 장의 종이에 하나씩에 그림을 그립니다."

①이라고 표기한 종이를 가로로 제시하고 "집을 그려주세요."라고 지시한다. 내담자의 질문에 대해서는 어떠한 단서가 될 말도 해선 안 되며 "생각나는데로 그리세요."라고만 답한다. 내담자가 집 그림을 마치면,

②번의 종이를 세로로 제시하며 "이번에는 나무를 한그루 그려 보세요." 라고 지시한다. 나무 그림을 마치면,

③번 종이를 세로로 제시하며 " 사람을 한 명 그려 주세요. 얼굴뿐만 아니라 전신을 그려주세요."라고 지시한다. ③번의 그림을 마치면,

④번의 종이를 세로로 제시하며 "이번에는 ③번 그림과 반대되는 성을 그려주세요.

③번 그림이 남성이었으면 여성을 그리고, 여성이었으면 남성을 그리시면 됩니다." 라고 지시한다.

4. HTP 그림검사 질문지

1) **그림 그린 후의 질문(PDI)** : 집(18개), 나무(20개), 사람(19개)

질문지는 HTP에서 표현한 의미와 문제를 파악하는데 중요한 역할을 한다.

검사자의 연령과 상황 그리고 필요에 따른 기본 질문은 다음과 같다.

(1) 집 그림

- 누구의 집인가요?

- 누가 살고 있나요?
- 이 집의 분위기는 어떠한가요?
- 무엇으로 만들어졌는가요?
- 나중에 집이 어떻게 될 것 같은가요?

(2) 나무 그림

- 어떤 종류의 나무인가요?
- 이 나무의 나이는 몇 살쯤 됐나요?
- 죽은 나무인가요?. 살아있는 나무인가요?
- 나무의 소원은 무엇인가요?
- 나중에 이 나무는 어떻게 될 것 같아요?
- 나무를 보면 생각나는 사람이 있나요?

(3) 사람 그림

- 누구인가요?
- 이 사람은 몇 살이에요?
- 무엇을 하고 있나요?
- 이 사람의 기분은 어떠한가요?
- 이 사람의 소원이 있다면 무엇일까요?
- 이 사람은 나중에 어떻게 될 것 같아요?

2) **기타** : 개인검사, 집단검사, 만화형 검사의 재시도, 시간 측정, 평균소요시간 40분

(1) 집 그림

질문 사항	피검자의 답변
(1) 이 집은 도심에 있는 집입니까? 교외에 있는 집입니까?	
(2) 이 집 가까이 다른 집이 있습니까?	

(3) 이 그림에서 날씨는 어떠합니까?	
(4) 이 집은 당신에게서 멀리 있는 집입니까? 가까이 있는 집입니까?	
(5) 이 집에 살고 있는 가족은 몇 사람이며, 어떤 사람들입니까?	
(6) 가정의 분위기는 어떠합니까?	
(7) 이 집을 보면 무엇이 생각납니까?	
(8) 이 집을 보면 누가 생각납니까?	
(9) 당신은 어떤 집에 살고 싶습니까?	
(10) 당신은 이 집의 어느 방에 살고 싶습니까?	
(11) 당신은 누구와 이 집에 살고 싶습니까?	
(12) 당신의 집은 이 집보다 큽니까? 작습니까?	
(13) 이 집을 그릴 때 누구의 집을 생각하고 그렸습니까?	
(14) 이것은 당신의 집을 그린 것입니까?	
(15) (특수한 집인 경우) 왜 이 집을 그렸습니까?	
(16) (그림에서 이해하기 곤란한 부분에 대하여) 이것은 무엇입니까? 왜 그렸습니까?	
(17) 이 그림에 첨가해서 더 그리고 싶은 것이 있습니까?	
(18) 당신이 그리려고 했던 대로 잘 그려졌습니까? 어떤 부분이 그리기 어려웠고 마음에 들지 않습니까?	

(2) 나무 그림

질문 사항	피검자의 답변
(1) 이 나무는 어떤 나무입니까? (불확실한 경우 상록수 혹은 낙엽수인지 질문한다)	
(2) 이 나무는 어디 있는 나무입니까?	
(3) 한 그루만이 있습니까? 숲 속에 있나요?	
(4) 이 그림의 날씨는 어떠합니까?	
(5) 바람이 불고 있습니까? 바람이 분다면 어떤 방향으로 불고 있습니까?	
(6) 이 나무는 몇 년쯤 된 나무입니까?	

(7) 이 나무는 살아 있나요? 말라죽었다면 언제쯤 어떻게 말라죽었습니까?	
(8) 이 나무는 강한 나무입니까? 약한 나무입니까?	
(9) 해가 떠 있습니까? 떠 있다면 어느 쪽에 떠 있습니까?	
(10) 이 나무는 당신에게 누구를 생각나게 합니까?	
(11) 이 나무는 남자와 여자 중 어느 쪽을 닮았다고 봅니까?	
(12) 이 나무는 당신에게 어떤 사람을 느끼게 합니까?	
(13) 이 나무는 당신으로부터 멀리 있는 나무입니까? 가까이 있는 나무입니까?	
(14) 이 나무에 필요한 것은 무엇입니까?	
(15) 이 나무는 당신보다 큽니까? 작습니까?	
(16) (상흔 등이 있다면) 이것은 무엇입니까? 어떻게 해서 생겼습니까?	
(17) (특수한 나무인 경우) 왜 이 나무를 그렸습니까?	
(18) 이 그림에 더 첨가해서 그리고 싶은 것이 있습니까?	
(19) (그림에서 이해하기 곤란한 부분에 대하여) 이것은 무엇이며 왜 그렸습니까?	
(20) 당신이 그리고자 한 만큼 잘 그렸습니까? 어떤 부분이 그리기 어려웠고, 마음에 들지 않나요?	

(3) 사람(남녀 각각의 인물화에 대하여)

질문 사항	피검자의 답변
(1) 이 사람의 나이는?	
(2) 결혼은 했습니까? 가족은 몇 명이며, 어떤 사람들입니까?	
(3) 이 사람의 직업은?	
(4) 이 사람은 지금 무엇을 하고 있습니까?	
(5) 지금 이 사람은 무슨 생각을 하며, 어떻게 느끼고 있습니까?	

(6) 이 사람의 신체는 건강한가요? 약한 편인가요?	
(7) 이 사람은 친구들이 많습니까? 어떤 친구들입니까?	
(8) 이 사람의 성질 어떻습니까? 장점과 단점은 무엇입니까?	
(9) 이 사람은 행복합니까? 불행합니까?	
(10) 이 사람에게서 무엇이 필요합니까?	
(11) 당신은 이 사람이 어떻습니까? 좋습니까? 싫습니까?	
(12) 당신은 이 사람처럼 되고 싶습니까?	
(13) 당신은 이 사람과 함께 생활하고 친구가 되고 싶습니까?	
(14) 이 사람을 그릴 때 누구를 생각하고 있었습니까?	
(15) 이 사람은 당신을 닮았습니까?	
(16) (특수한 인물인 경우) 왜 이 사람을 그렸습니까?	
(17) (그림에서 이해하기 곤란한 부분의 경우) 이것은 무엇인가요? 왜 그렸습니까?	
(18) 이 그림에 더 첨가해서 그리고 싶은 것이 있습니까?	
(19) 당신이 그리고자 한 만큼 잘 그려졌습니까? 어떤 부분이 그리기 어려웠고, 마음에 들지 않습니까?	

(4) 사람(남녀 각각의 인물화에 대하여)

질문 사항	피검자의 답변
(1) 이 사람의 나이는?	
(2) 결혼은 했습니까? 가족은 몇 명이며, 어떤 사람들입니까?	
(3) 이 사람의 직업은?	
(4) 이 사람은 지금 무엇을 하고 있습니까?	
(5) 지금 이 사람은 무슨 생각을 하며, 어떻게 느끼고 있습니까?	

(6) 이 사람의 신체는 건강한가요? 약한가요?	
(7) 이 사람은 친구들이 많습니까? 어떤 친구들입니까?	
(8) 이 사람의 성질 어떻습니까? 장점과 단점은 무엇입니까?	
(9) 이 사람은 행복합니까? 불행합니까?	
(10) 이 사람에게서 무엇이 필요합니까?	
(11) 당신은 이 사람이 어떻습니까? 좋습니까? 싫습니까?	
(12) 당신은 이 사람처럼 되고 싶습니까?	
(13) 당신은 이 사람과 함께 생활하고 친구가 되고 싶습니까?	
(14) 이 사람을 그릴 때 누구를 생각하고 있었습니까?	
(15) 이 사람은 당신을 닮았습니까?	
(16) (특수한 인물인 경우) 왜 이 사람을 그렸습니까?	
(17) (그림에서 이해하기 곤란한 부분의 경우) 이것은 무엇인가요? 왜 그렸습니까?	
(18) 이 그림에 더 첨가해서 그리고 싶은 것이 있습니까?	
(19) 당신이 그리고자 한 만큼 잘 그려졌습니까? 어떤 부분이 그리기 어려웠고, 마음에 들지 않습니까?	

5. HTP 그림검사 분석 방법

1) HTP에 나타난 그림의 발달과 개인의 성장
2) **HTP에 나타난 상징성** : 도식적 의사소통과 상징(위장된 표상)
3) **전체적인 평가** : 적응수준, 성숙도, 신체상의 혼란 정도, 자신과 외계에 대한 인지방법
4) **형식적 분석(공통적 요소)** : 각 4개의 그림에 대한 구조적 분석
5) **내용적 분석** : 그림을 그린 후의 질문 참조, 문화적 차이, 상징의 의미(보편성과 특수성) 고려
6) H와 T와 P의 상호관련성 고려

6. HTP 그림검사 형식적 분석

1) **검사 시의 태도와 소요시간** : 장시간 소요자는 강박경향과 완벽성 시사 등

2) **순서** : 경계선급의 정신질환자는 다음 그림으로 넘어갈 때마다 정동반응을 나타냄 등

3) **크기** : 내담자의 환경, 양친의 관계, 신체상, 자존심, 자기 확대의 욕구, 공상적인 자아

(1) 그림의 크기는 자기존중감, 자기 확대욕구, 공상적인 자아에 대한 단서를 제공한다.

(2) 비행 청소년의 그림은 환경에 대한 적의와 과잉행동으로 일반적으로 큰 그림을 그린다.

(3) 지나치게 작은 그림은 무력감, 열등감, 불안감, 자기억제, 낮은 자존감, 수줍음 등을 나타내며, 도화지 상단에 지나치게 작게 그려진 그림은 낮은 에너지 수준과 지나친 낙천주의를 나타낸다.

(4) 지나치게 큰 그림은 공격적, 부적절한 보상적 방어, 과잉행동, 조증상태 등을 나타낸다.

4) **위치와 절단** : 구도, 보통은 중앙에 위치

(1) 왼쪽에 치우침 – 강한 자의식, 내향적 성향, 과거로의 퇴행, 공상적 경향, 여성경향

(2) 오른쪽에 치우침 – 미래를 강조, 남성적 특징, 남성에 대한 지나친 동일시, 환경에 따라 방향 결정

(3) 왼쪽 귀퉁이 – 강한 불안, 과거로의 퇴행, 새로운 경험을 피함

(4) 아랫면에서 잘림 – 강한 충동성, 충동성을 강하게 억제하여 성격의 통합을 유지하고자 함, 환경의 방해

(5) 윗면에서 잘림 – 공상을 추구, 강한 지적 성취 욕구

(6) 왼쪽에서 잘림 – 미래를 두려워하며 과거에 고착, 충동성, 의존적

(7) 오른쪽에서 잘림 – 강한 지적통제, 감정의 솔직한 표현

(8) 상단에 위치 – 공상, 높은 수준의 열망, 부적합한 낙천주의

(9) 하단에 위치 – 불안정감, 위화감, 우울, 부적절한 감정

(10) 가장자리나 하단 – 의존성, 독립행동에 대한 두려움, 회피, 낮은 자존감, 불안감

5) **필압과 선의 농담** : 에너지 수준 등

6) **스트로크** : 긴 스트로크는 자신 통제 표시 등

7) **지우기** : 지나친 지움은 불안, 우유부단, 불확실성, 자신에 대한 불만 등

8) **대칭성** : 경직된 대칭성은 우울증 등

9) **방향** : 옆이나 뒷모습은 도피적인 경향 등

10) **상세한 그림** : 환경과의 통합부족 등

11) **생략한 왜곡** : 창문의 생략은 외계의 관심 부족 등

12) **절단** : 용지 하단의 절단된 표현은 충동성의 존재 등

13) **그림자와 음영** : 그림자는 의식 수준의 불안과 갈등 등

14) **투명성** : 정서적, 기질적 원인에 의한 성격 통합 상실 등

15) **원근법** : 조감도는 우월한 인간으로 인식, 가정탈피 등

16) **운동** : 극단적인 경직성은 성격 문제 등

17) **지면의 선** : 불안감 표시, 안정의 욕구 등

18) **기타의 표시** : 용지의 회전은 공격 방향과 거부 방향이며 1회 이상 회전은 병적임 등

7. HTP 그림검사 분석

1) 집(H) 그림 분석

집은 주거 장소로 집에서의 생활, 가족관계에 대한 상호작용과 감정적 태도 등을 나타낸다. 일반적으로 집을 그리라고 했을 때 나이와 상관없이 단독 주택을 그린다. 때때로, 교회나 절, 학교, 빌딩이나 아파트를 그리는 경우가 있는데 이럴때에는 예를 들어 "아파트를 그리셨네요?"라고 질문이 필요하다. 피검자가 "이번에 이사를 갔어요." 라던가 "요즘 교회를 신축하고 있어 아침마다 교회에 가서 기도를 하고 있어요." 라는 합당한 대답을 하면 문제가 되지 않으나 심드렁하거나 귀찮다는 듯이 "그냥 그렸어

요."라고 답한다면 이는 가정에 대한 불만이나 갈등으로 해석이 가능하다.

(1) **집 그림의 의미** : 가정상황, 가족관계에 대한 태도, 감정 등

(2) **해석** : 전체 분석 + 필수요소(지붕, 벽, 출입문, 창문)

(3) **해석지표**

① **주제** : 단독주택(약 80%)

② **지붕** : 정신생활 – 큰 지붕(공상, 도피)

지붕은 정신기능과 관련이 있으며 특히 공상영역을 상징한다. 정신기능이 와해되면 지붕 또한 손상된 모습을 보이게 된다. 지붕을 지나치게 크게 그린 사람은 공상에 열중하거나 대인관계에서 철회되어 있는 환자일 가능성이 높다. 지붕을 강한 필압으로 강조하거나 지붕의 윤곽을 반복해서 덧칠한 경우는 자아통제로부터 벗어나 현실로부터 공상에 빠지려는데 불안과 방어 노력으로 해석할 수 있다. 이것은 정신병이 발병하기 이전 단계 환자들이나 불안장애를 보이는 환자의 그림에서 종종 보여진다.

③ **벽** : 자아의 강함 – 무너진 벽(자아붕괴)

벽의 선은 자아의 강도와 관련되어 있다. 망가지고 붕괴될 듯한 벽은 손상받기 쉽고 약화된 자아기능을 가진 환자의 그림에서 자주 발견된다.

④ **문** : 환경과의 상호작용 및 대인관계 – 문이 없음(외계와의 폐쇄)

문은 환경과 상호작용하는 부분으로 대인관계에 대한 태도를 나타낸다. 대체로 문의 크기는 1층 높이에 가까운 것이 일반적이다. 집의 크기나 창문에 비해 너무 작게 그려진 문은 환경과의 접촉을 꺼려하고 대인관계도 위축되어 있고 무력감과 우유부단에 지배되고 있음과 수줍음을 나타낸다. 반대로 지나치게 큰 문이나 폭이 넓은 문은 타인에게 과도한 의존심을 시사한다.

⑤ **방틀** : 방과의 관계 – 거실(사회화)

⑥ **창문** : 인간의 눈(환경과의 수동적 접촉) – 창문이 없음(환경에 대한 폐쇄, 편집증적 경향)

창문은 외부 환경과 접촉할 수 있는 제2의 통로로써, 문이 능동적인 접촉이라면 창문은 외부 환경과의 수동적인 접촉을 나타낸다. 창문을 그리지 않은 것은 환경에 대한 관심의 결여와 적의, 폐쇄적인 사고를 나타낸다. 문도 창문도 그려지지 않은 경우는 조현증의 증후이다. 커튼이나 셔터를 강조해서 그린 경우 타인과의 접촉을 극도로 꺼려하고 있음을 반영한다.

⑦ **굴뚝과 연기** : 친밀한 인간관계, 남성의 성기

굴뚝이 없어도 해석에 큰 문제가 되지는 않는다. 그러나 굴뚝이 특별히 강조되거나 굴뚝에서 짙은 연기가 나오게 그려졌다면 주의를 기울일 필요가 있다. 전자는 남성의 성에 대한 관심도와 성 정체성의 문제, 후자는 가정환경에서의 긴장과 근심 등 정서적 혼란이 있음을 시사한다.

⑧ **울타리, 처마, 하수구, 물받이** : 울타리(자기방어), 처마(시기심, 경계심)

⑨ **나무와 숲** : 집 주위의 숲(방어벽, 안정감)

⑩ **계단과 길** : 사회적 상호관계의 환영 – 통제력

⑪ **기타 부속물** : 피험자의 자화상 : 문패, 초인종, 우편함, 안테나, 풍향계 등

2) 나무(T) 그림 분석

나무는 무의식적인 수준에서 그림을 그린 내담자가 느끼는 사람이나 자신의 모습 및 감정을 반영한다. 나무 그림은 자기방어적이지 않으며 자신을 드러내는데 자유롭기 때문이다.

(1) **나무 그림의 의미** : 장의 열망 반영, 정신과 자기 확장의 은유, 자기상, 정신적 성숙도 표시

(2) **해석** : 전체 평가+필수요소(줄기와 가지) 고려, 그리는 순서 고려(지면의 선과 나무, 잎)

(3) **해석지표**

- 주제 : 고목나무와 그루터기 – 상록수(활력)

- 줄기 : 에너지, 창조적 생명력 등 – 큰 줄기(적극성, 공격성 경향)
- 수피 : 외계와의 접촉 부분 : 검게 칠함(긴장감, 우울, 불안)
- 줄기의 상흔, 옹이구멍 : 기억나는 외상, 불안과 갈등
- 가지 : 힘의 상징(교제, 성취욕구, 능력, 가능성)
- 수관 : 잎 + 잔가지 – 작은 수관(아동, 노인)
- 뿌리 : 현실을 지배하는 능력인지 – 나무 뿌리의 강조(미성숙, 과거관심)
- 지면의 선 : 강조(불안, 의존욕구), 용지하단 사용(우울)
- 잎, 꽃, 열매를 그린 나무 : 장식, 활력 표시
- 자연(해와 달, 바람 등)과의 관계 : 해(권위의 상징)
- 특수한 나무 : 동물 그리기(자기 동일시), 비둘기, 열쇠구멍 등
- 크기와 기울기 : 큰 나무(통찰력 부족, 적의감 등)

① 주제

나무가 그려진 후에 질문을 통해 그려진 나무의 종류와 수령에 대해 아는 것이 바람직하다.

상록수를 그린 사람은 자신을 활력이 넘치는 사람이라고 생각과 소망을 가지고 있다. 특히 삼목을 그린 사람은 달성 욕구가 강하고 질서있는 행동을 하려는 경향이 있는 경우가 많다. 반면 낙엽수는 자신이 외부의 영향에 의해 움직여지고 있다는 감정을 가지고 있는 경우가 많다. 밑으로 쳐진 버드나무 같은 나무를 그린 사람은 폐쇄적인 경향이 많고 자기주장이 적으며 우울감이나 내향적인 경우가 많다. 죽은 나무를 그린 경우는 깊은 우울증과 신경증환자에게서 나타날 수 있으며 심하게는 자살의 위험도 있으므로 적절한 질문과 함께 주의 깊게 관찰할 필요가 있다. 나무 밑둥이가 잘려진 그루터기의 그림도 종종 나타나는데 이는 자신의 힘으로는 어쩔 수 없는 심적인 외상이 있음을 나타낸다.

② 나무 기둥

나무 기둥은 성격의 기본요소에 해당되며 환경에 대한 감정을 나타낸다. 나무 기둥이 희미하고 약하게 표현되었다면 자아 상실감이나 만성적인 불안감이 내재되어 있음을 시사한다.

나무 기둥에 구멍이 그려져 있고 그 안에 동물을 그려 넣었다면 성인의 경우는 성격의 일부가 통제를 상실하여 현실로부터 분리된 상태를 시사하고, 아동인 경우는 따뜻함과 강한 모성적 보호욕구를 시사한다. 때로는 인간관계에서 미성숙한 성인이나 공포증이나 강박증이 있는 아동에게서도 이러한 반응이 보인다. 나무 기둥에 상처의 흔적이 보인다면 이는 외상경험이나 내적 상처가 있음을 시사한다. 이런 그림은 나무의 나이를 질문하여 보아서 상흔의 위치에 따른 상처의 시점을 유추할 수가 있다.

③ 나무 가지

나뭇가지는 주어진 환경에서 어떤 만족이나 원하는 바를 달성하려는 표현이며 자신의 능력가능성, 적응성을 나타낸다.

끝으로 갈수록 굵어지는 가지는 외향적이며, 앞뒤 생각없이 행동하는 충동과 본능을 나타낸다. 나무가지의 끝이 닫혀있지 않고 열려져 그린 사람은 개방적이며 다방면에 흥미를 갖지만 충동을 적절히 통제하지 못함을 나타낸다. 나뭇가지가 좁고 길게 그려지고 과도하게 위로 향하는 그림은 환경에서 만족을 얻기 두려워하는 공상적인 사람에게서 나타난다. 이러한 그림은 내성적인 성격을 지녔거나 조현증적인 경험을 보이는 공통적 특징이기도 하다. 또한 가지가 지나치게 커서 용지의 끝 부분을 넘고 있다면 이는 공상에 심하게 빠져 있는 사람일 가능성이 높다. 나뭇가지의 끝이 구부러지거나 창 끝처럼 예리하게 그려진 것은 적의와 공격적인 충동성을 보이는 것이다. 나무줄기에 비해 지나치게 크게 그려진 나뭇가지는 주변 환경에서 만족감을 얻으려 애쓰는 모습을 나타낸다. 반대로 나무 줄기에 비해 나뭇가지가 지나치게 작다면 무력감과 좌절 상태일 가능성이 높다. 나뭇가지의 끝을 구름처럼 둥글게 그렸다면 이는 내면의 분노를 밖으로 드러내지 않고 있는 상태를 나타낸다.

④ 잎, 꽃 열매를 그린 나무

수관에 잎을 그리는 사람은 인정욕구가 강하고 쾌활한 성격이며 예리한 관찰력을 가진 경우가 많다. 나무에서 잎이 떨어지는 그림은 외부의 영향에 자아의 통제력을 상실하고 있거나 감수성이 강한 사람이거나 자신의 존재를 과시하려는 사람에게서 나타난다.

꽃이 그려지는 경우는 외면적인 체면을 중시하며 자신을 찬미하는 사람을 시사한다.

나무에서 열매가 떨어지고 있는 그림은 자기가 거부되고 있다는 감정과 함께 체념과 포기의 감정을 나타내며, 강간과 같은 외상이나 타락을 시사한다.

3) 사람(P) 그림 분석

HTP 검사에서 인물화는 의식적인 자아상과 가장 가깝기 때문에 사람 그리기를 불편해하거나 어렵게 생각하는 경우가 종종 발생한다. 인물화는 내담자에게 경계심을 풀게 하고 자기방어를 하려는 생각을 갖기 때문에 의식적, 무의식적으로 자신의 모습을 왜곡시켜 표현하기도 하고 자기 이외의 인간을 그리는 경우가 많다. 인물화는 자아상이나 자신이 바라는 이상형이나 부모나 자녀와 같은 의미 있는 사람들에 대한 상을 표현한다.

(1) **사람그림의 의미** : 자기상 표현, 자신의 모습 왜곡 표현, 현실상과 이상형, 심리적인 것과 신체적인 표현, 의미 있는 사람 표현

(2) **해석** : 전체 평가 + 필수요소(얼굴, 몸통, 두 개의 손, 발, 코, 입, 눈), 그리는 순서 고려(얼굴, 동체, 의복, 다리, 얼굴, 손)

(3) **해석의 지표**

- 처음에 그리는 성 : 이성상(성적 관심 및 혼란)
- 크기 : 자존심과 활동성
- 만화나 추상적 인물 : 자기방어적 태도, 경계심
- 성차의 표현 : 남성과 여성상의 분화
- 주제 : 연령, 거주환경이 비슷한 인물
- 머리 : 지능, 공상, 자기통제, 대인관심의 성장 – 머리 생략(신경증, 우울증, 자폐성)
- 얼굴 : 외계 현실과의 접촉 – 얼굴부분의 강조(인간관계 관심)
- 눈과 속눈썹 : 내면생활(마음의 창) – 그리지 않음(죄의식, 환시 등)
- 눈썹 : 자기상
- 코 : 남근의 상징 – 생략(성에 대한 갈등)

- 입과 입술, 이빨 : 수동성과 적극성
- 머리카락 : 여성적 – 머리털 강조(자기애, 동성애 경향)
- 귀 : 수동적 작용 – 강조(청각과 관련성)
- 턱 : 힘과 결단력 – 강조(지배욕, 공격)
- 목 : 머리와 몸통의 연결 – 가늘고 긴 목(분열성)
- 갑상선 연골
- 팔 : 신체유형, 환경과의 접촉 – 정상(적당한 간격)
- 손 : 인간관계, 외계의 사물
- 손가락 : 환경에 직접 접촉
- 다리와 발 : 성격의 안정성, 성에 대한 태도
- 발가락 : 병적 증후, 공격성과 관련
- 몸통 : 신체 이미지 – 작은 몸통(신체에너지 결핍)
- 어깨 : 체격과 체력, 남성적 힘, 과시욕구
- 유방 : 성적 관심, 의존욕구 – 나체(성적 관심)
- 허리 : 상체와 하체의 기능과의 접합점
- 엉덩이 : 성적인 의미 – 남성상(미성숙, 동성애)
- 관절 : 신체 통합의 불확실감, 의존성, 강박증
- 의복 : 사회적 역할, 본질, 성격 파악의 단서
- 단추 : 배꼽, 젖꼭지 – 모친에 대한 의존성
- 주머니 : 유아적, 의존적 사람
- 넥타이 : 남성적, 남근
- 모자 : 남성적인 관심
- 신발 : 여성다움, 여성의 성기
- 소지품과 악세사리 : 남성다움(지팡이 등), 여성다움(귀걸이 등)
- 자세의 특징 : 비스듬한 전체상(알콜중독)

① 처음에 그리는 성

일반적으로 인물화를 그릴 때는 자신과 동성인 인물을 먼저 그린다. 인물화에서 반대되는 성을 먼저 그리는 사람은 성적 관심이 강하거나 의미 있는 사람이 이성이며 심리적으로 밀착된 경우, 성정체성의 혼란, 동성애 등의 가능성이 있다.

② 인물의 크기

인물의 크기는 피검자의 자존감과 활동성을 의미한다.

③ 머리

인물화의 머리는 공상영역, 지적욕구, 자아통제, 대인관계의 양상 등을 나타낸다.

④ 얼굴

얼굴 부분을 지나치게 강조하고 주의 깊게 그리는 것은 인간관계나 자기의 의견에 대하여 지나친 관심을 가진 사람이다. 남녀상의 한쪽 얼굴에 눈이나 코, 입 등을 그리지 않았다면 그 성에 대해 갈등이 있음을 나타낸다. 남녀상 양쪽 모두 그리지 않았다면 인간에 대한 경계심과 도피 경향이 있고 성정체성의 문제를 나타낸다.

⑤ 눈

눈을 매우 크게 그린 사람은 불안이 있으며 의심이 많고, 외향적이며 공격적 행동, 관계망상증을 나타낸다. 반대로 지나치게 작게 그리거나 감은 눈을 그린 그림은 주변환경에 무관심, 내향성, 자아몰입과 절시증을 나타낸다.

⑥ 코

아동들에 그림에서는 코가 생략된 경우가 많다. 이런 경우 별다른 해석을 하지 않아도 된다. 일반적으로 코는 그리지만 콧구멍은 그리지 않는다. 콧구멍을 강조하였을 경우 불만과 공격성을 나타내며, 조현병 환자의 그림에서 자주 등장한다.

⑦ 입과 이빨

입을 과도하게 강조하여 크게 그렸다면 구강기적 공격으로 인한 불안, 위의 질환 등과 관련이 있다. 이빨이 보이는 그림은 구강기적 가학성 충동과 공격성을 나타낸다.

⑧ 팔

팔을 몸에 딱 붙게 그려진 경우 수동적이며 방어적인 태도가 강하고, 강박적이며 억압된 성격을 나타낸다. 뒤로 숨겨진 팔은 인간관계에서 타협이 되지 않고 공격성을 나타낸다. 팔의 생략은 무능력감, 우울증, 죄책감과 위축을 나타낸다.

⑨ 다리와 발

현저하게 긴 다리를 그린 사람은 자립하려는 욕구가 강한 경우가 많다. 반대로 현저히 짧은 다리는 의존 욕구가 강하고 정서적 정지상태를 나타낸다. 다리의 길이가 서로 다른 그림은 자신을 불안정하게 느끼거나 독립성에 대하여 양가감정을 나타낸다. 발의 생략은 신체적인 위축과 우울감 무력감과 독립성의 결여를 나타낸다.

⑩ 그리는 순서

대부분 머리에서 발쪽으로 그린다. 그렇치 안고 혼란한 순서로 인물화를 그리는 경우, 충동적이거나 조증 혼란한 정신분열 증세일 수도 있다. 머리나 허리선 아래로 내려가길 망설일 경우 그 부분의 상징적 의미와 관련되어 갈등이 있을 수 있다. 또한 얼굴의 이목구비를 맨 나중에 그리는 경우, 정서적 관여에 직면하는 것에 대한 저항을 나타낸다.

⑪ 음영

특정 부위에 음영이 그려질 경우 그 신체 부위에 대한 집착이나 불안감을 나타낸다.

8. 인물화(DAP)의 해석

인물화(DAP)의 해석은 인물화의 여러 가지 항목에 대한 경험적 연구 결과들을 반영하고 있다. 멕코버(Machover), 욜레스(Jolles), 헤머(Hammer), 레비(Levy) 등의 해석을 종합하여 항목별 해석 목록이 제시되고 있으며 그 내용을 요약해 보면 다음과 같다(김동연, 공마리아, 1998).

1) 그림 그리는 과정

그림 그리는데 대한 반항	수줍음, 불안 회피, 우울증, 완고함
그림 그리는 순서	대부분 머리에서 발쪽으로 그린다. 머리나 허리선 아래로 내려가길 망설임(그 부분의 상징적 의미와 관련되어 갈등) 혼란한 순서(충동적인, 조중의, 과도한 활동, 혼란된 정신분열증) 작은 부분의 좌우동형의 전개(엄격함, 강박성) 얼굴의 이목구비를 맨 나중에 그림(정서적 관여에 직면하는 것에 대한 저항, 무능과 관련된 부적응)
그림에 대한 태도(못 그린다, 어렵다)	낮은 자존심과 상당한 우울증, 검사자의 비난을 피하려고 함, 권위적인 인물로부터 확신을 얻기 바람
지움(수정), 생략	그 부분에 대한 불안 명백한 불만 신경증, 강박증, 정신장애, 노쇠한 사람, 조증, 우울증 어린 아동에게는 드뭄, 생략은 갈등을 의미함(신체결함)
전체형태를 선으로 그어 지우고 다시 그림	그 사람(자신을 그릴 경우에는 자신)에 대한 진실한 감정 혹은 이상(理想)적인 감정
과다하게 지운 경우	불확실성, 우유부단함, 침착하지 못함 자신에 대한 불만족 불안의 가능성
그림에 다른 사람들을 포함	가족 외 타인과의 친밀성, 확대가족 속에서의 친밀성
회전된 그림	방향감각이 없음 다른 사람들과의 관점이 다름 주의를 끌고 싶은 욕구 구성원들에게 거부당한 느낌, 결속력이 떨어짐 신경계통에서의 문제점 정서적으로 안정된 소년들에 비해 불안정한 소년들에게서 더 자주 발견됨
음영을 넣거나 ×표시를 해 버림(휘갈겨 놓거나 그림을 까맣게 지움) 혹은 진한 음영(머리카락을 제외한 모두)	감정적으로 안정된 소년들보다는 그렇지 않은 소년들에게서 자주 나타남 나이든 소년 보다 어린 소년들에게 훨씬 드물게 나타남 중산층 성인들에게서 종종 나타남
특별 신체부위에 음영이 넣어진 경우	검게 칠해진 신체부위에 대한 집착 검게 된 신체부위나 그 주변의 신체부위에 대한 불안감(예:허리 아래가 검게 되었을 때는 성적인 문제)
전체적으로 음영이 나타난 경우	우울증의 가능성 특수한 가족 내의 역동성에 있어서 중요하게 상호작용하고 있는 개인들에 대해 동일시 구분 충동을 제어하거나 부정하려는 시도

한 개인이나 사물을 검게 칠함	연관된 사람이나 대상에의 불안감, 고착, 집착을 제시
막대모양의 그림(모든 그림이 막대 그림으로 그려짐)	검사환경에 방어적이거나 저항적이고 특히 요청에 의해 겨우 전체 그림을 완성했을 때 낮은 I.Q. 수준 최소의 협조, 부정적 성향을 제시
눈사람	감정적 결핍
투명함	옷을 통해 신체 일부를 들여다보이게 함은 아동에게는 정상적일 수 있으나 성인은 관음증적 기질적 문제 현실을 비꼼; 가난, 종종 보잘것없는 현실 테스트 나이든 소년이나 성인에게는 정신이상이나 사고패턴 문제의 가능성. 낮은 I.Q.

2) 전체적인 인물상

공허한 인물상	회피, 우울증, 정신적 결함, 퇴행, 정신분열증적인 공허함
인물상의 균형, 대칭, 비례	정신적 균형에 대한 피검자의 감정과 연관 정신적 조화나 내적인 갈등의 확장을 나타냄
기울어진 인물상	불균형감, 정신분열증의 초기, 끊임없이 변하고 불안정한 상태의 성격
기형의 인물상	전형적으로 과거나 현재에서 실제적으로 기형인 부분에서 나타남, 신체부위의 현실적인 상징적 어려움
나체상	그리는 경우는 많지 않다. 미술전공 학생, 정신분석학에 종사, 성관계에 열중, 성적으로 훔쳐보는 취미, 우울증적 정신분열증, 경박한 성적인 편견을 가진 남자
대칭성	좌우 대칭(엄격함과 억압) 극단적인 대칭(강박적, 정서적으로 차갑고 메마름) 명백한 혼란(신경증, 심한 불안 신경증, 경조증)
박대인물상	회피, 엄격함(지적으로 신중한) 정신병(대인관계에 혐오를 나타냄), 불안정(신념 상실)
도화지 상단에 위치	경계를 넘거나 상단에 그림(대인관계에서 자신을 지나치게 내세우려는 경향, 극단적인 공상생활을 하는 경향, 조울증적 성격)
왼쪽으로 보는 인물	내성적, 이기적
도화지의 왼쪽과 오른쪽	왼쪽은 자신에 관한 부분이고 오른쪽은 환경
도식적인 그림	극단적인 상징적 사고들(악화된 정신분열증) 상당한 경직과 압박감(신경증적, 퇴행된 성격, 경직)

옆모습	자기 과시, 순진함, 사회적 의사소통의 함축 여성과 사회적으로 의존적인 사람
인물상의 분위기	행복한, 명랑한, 자유로운, 무기력한, 수동적인, 우울한, 풀이 죽은, 거만한, 지배적인, 애교 있는, 천사 같은, 황량한, 엄격한, 친절한, 관대한, 힘 있는, 부드러운, 애원하는 듯한, 극악한 등등 여러 가지 표현이 가능하다.

3) 남, 여 인물의 처치

성의 특징적인 처치는 성역활, 적대감, 의존성, 힘의 투쟁과 성적 수준의 미숙함에 의한 고착 등과 관련되는 마찰영역을 나타내므로 중요하다.

자아이상에 일치하는 잘 조정되고 세심한 남성상 힘을 가진 분명한 어머니상	성적으로 미숙한 남자
사내답지 못한 남자와 남자같은 여자 매혹적인 남자와 여자상	동성애자
나약한 여자상	당당하며 자기과시적인 자기중심적인 남자
나약하고 부적절한 남자상	남성에 항의하는 여자들
반대 성을 먼저 그림	반대 성과 동일시, 성역활 혼란 반대 성 부모에 대한 강한 애착이나 의존성 심리적 성적 미성숙, 이혼, 약물 알코올의 과도한 사용
먼저 그리는 인물상의 성	Levy는 피검자 5000명 중 87%가 동성을 먼저 그렸다. 동성애자 중 81%가 이성을 먼저 그렸다.

4) 인물상의 크기

만약 작다면 자신을 작게 느끼거나 부족감을 느끼며 열등감을 가지고 환경의 요구에 반응한다는 것이다. 크다면 과대망상과 공격성을 가지고 환경적 압력에 반응하고 있다는 것이다. 극단적인 크기의 인물상은 정신병을 나타낸다. 평균은 7인치 정도이다.

크기와 공간비율	피검자와 그의 환경사이 또는 피검자와 그의 부모상 사이의 역동적 관계와 유사할지도 모른다. 피검자의 공상적 상태와 관련되어 있을지도 모른다. 피검자의 과대망상과 관련된 실제적인 자존감의 정도를 나타낼지도 모른다.
보통보다 훨씬 작은 인물상	수축된 자아, 환경을 다루는데 있어서 부적절한 과정 퇴행적이고 수동적인 정신분열증환자(낮은 에너지 수준과 약하고 아주 작은 자아) 심한 우울증
매우 큰 인물상	도화지 위에 자기를 증명하기 위한 노력 부적당함을 받아들이기 어려우며 억압된 감정을 가진 편집증 환자의 과장 자존감에 대한 환상 공격적인 정신병환자의 높은 자존감 불안정성 균형이 맞지 않고 빈약하게 그렸다면 정신적 장애, 기질적 장애, 혹은 아동의 그림
도화지를 벗어난 인물상	계획능력의 부족 조증, 과잉행동의 경향

5) 인물상의 자세 및 운동

달리는 인물상	불유쾌한 상황에서 도피하려는 높은 수준의 에너지를 가르킨다. 또는 히스테리적인 충동성을 가리킬 수도 있다.
어릿광대 인물상	소용없다고 생각된 검사의 질을 떨어뜨리려는 노력 해롭지 않은 불합리성에 대한 충동과 욕망을 감소시키려는 노력 자기 과시벽이 강한 경향 지능과 창조성이 평균 이상
활동적인 인물상	문제를 기꺼이 해결하려는 적극적인 사람과의 동일시
과도한 활동성	세계를 조정하고 예지력을 증가시키기 위한 보상적인 능력
수동적인 인물상	무력함과 약함의 과도한 감정으로 생기는 병리적 증후
발을 벌리고 섬	넓게 벌림(자신감, 대인관계에서의 불안정을 상쇄하려함) 좁게 벌린 발(엄격함, 속박), 딱 붙임(성적 유혹에 긴장, 저항, 수줍움)
다리가 공중에 떠 있고 쓰러질 듯한 상	만성적인 알코올 중독과 같이 심한 불안정성과 의존성 불안정한 정신적 균형

6) 인물상의 방향(원근법, perspective)

그려진 인물상에 있어서 얼굴의 방향이 정면, 측면, 배면 중 피검자가 사용하는 방향에 따라 피검자의 환경에 대한 태도와 감정 및 대인관계의 평가와 처리법 등을 알 수 있다.

측면의 얼굴	비교적 소박하고 진실된, 더 신중하고 복잡함
균형 잡히지 않은 측면 얼굴	빈약한 판단력
정면	허영심 강한 여자, 청년기 소녀, 사회적으로 개방적인 남자들 중 과시적 경향성
여자상은 정면 남자상은 측면	남성피검자(자기방어의 표시) 여성피검자(자기노출 준비가 됨)
얼굴은 정면이고 머리는 옆을 향한 혼란된 그림	비교적 드물고, 정상에서 벗어난 기질적 요인, 낮은 수준의 정신 지능, 정신분열증
머리는 측면이고 신체는 정면으로 향한 그림	부자연스러운 자세, 사회적 불안(사회적 교섭과 관련된 죄책감) 몸을 드러내려는 충동
전체적으로 옆모습	세계와의 직면을 거부함 자기를 숨기려는 경향, 철회
전체적으로 정면(–뒷면)	엄격함, 직접적으로 삶과 직면하려는 결의(–거부, 반항)
원근선(지면선)	피검자는 지지를 필요로 한다. 의지하기 위한 선 필요 불안정감이나 판단의 기준, 경계에 대한 욕구

7) 인물상의 음영과 완성되지 않은 그림

그림에 있어서 음영이나 갈겨 쓰기는 불안이나 공격의 지표라고 생각된다. 또 음영이 붙여진 신체 부분에의 몰두, 고착, 그리고 불안을 시사한다.

음영의 양	불안, 불안의 정도는 음영의 양과 관련 있다.
극단적인 음영	일반화된 불안, 적대적인 환경에 대항할 수 있는 자신감의 결여, 자기비판 감정들
완성되지 않은 그림	우울, 회피, 성취의 낮은 기준(아동의 경우 정신지체) 신경증적인 압박감

8) 주제

인물화에서 그려지는 주제는 피검자가 어느 정도 같은 연령, 환경에서 거주하는 인물일 경우가 많다.

카우보이	공상속의 공격성이 적극적인 신체적 표현으로 나타남 아동과 비행청소년
눈사람	신체 문제에 대한 회피
광대, 만화, 바보 같은 인물상	자기 경멸이나 자기 적개심의 표현
나이든 사람	성숙함과 지배력을 가지려고 애씀
젊은 사람	유아적 방어, 표현의 자유와 아동기의 적은 책임 갈망, 정서적인 미성숙

9) 선의 묘사

선이 나타내는 운동성, 목적과 방향성, 활기로움과 허약함, 자극성과 역동성 등은 바로 선을 그리는 사람의 심리적 상태, 나아가서 신체적 상태까지 표현할 수 있다.

굵은 선	환경에 대한 물리적 장벽(전형적인 정신분열증 경향)
희미한 선	주장의 부족(표면에 나서기 꺼림, 마음이 약함) 불안, 소심함, 불안정함(기본적인 방어로 철회를 사용함) 불확실성, 우울, 생기의 부족, 열성의 결핍 심한 위축과 저생산을 야기하는 충동에 대한 엄격한 통제 외부 선은 억제와 철회를 나타낸다(정신분열증의 전형). 지성적이고 내성적, 정신적
진한 선	주장적이고 지배적이며 힘과 통제를 위한 노력 지나친 적대적 충동들, 자기 확신의 표시 음영과 강한 압력이 결합(불안을 나타냄) 정신분열증, 조증의 표시 긴장과 적대감의 표시, 유기체의 두뇌 손상
일관된 선	안정된 적응
일정치 않은 압력의 선	히스테리, 조울증, 불안정하고 충동적, 쉽게 불만을 일으킴
톱니 모양의 선	불안, 빈약한 운동 통제, 적개심, 충동성
가벼운 필압으로 흐릿하며 끊어지고 떨린 선	정신분열증적 알코올중독자들

강한 압력으로 더렵혀진 많은 음영	어린아이, 불안 신경증, 정신병
연속적인 선	결심, 두뇌손상
압력이 가볍고 끊어진 선	무서움, 불안정, 부적응
빈약한 협응	과도한 긴장, 불안, 명백한 두뇌 손상일 가능성
스케치선(예술적인 스케치의 결핍)	명확하지 못한 선의 움직임, 필압이 약하면 부적절함 불안, 불명확, 불안정
긴 선	통제
짧은 선	충동적
몸쪽으로 향한 선	내향성
바깥쪽으로 향한 선	외향성
필압	에너지 수준
무거운 필압	불안과 긴장
수직적 필압	결의, 주장, 남성다움
필압이 있는 넓은 선	본능이 강한, 의지력
민첩하고 균열이 없는 선	건강한 자신감, 안정감
활발한 운동이 있는 묵직한 선	실제보다 더 힘 있게 보이고 싶은 욕구 인상적 외모에 대한 욕구
힘이 있고 짙은 선	암시적인 효력을 지닌
물결선	감각적 민감성
털이 많은 실모양의 선	민감성, 신경과민
너덜너덜한 선	과민한, 원기와 생기는 없으나 질긴
엉켜있는, 헝클어진 선	격앙하고 흥분을 나타냄
뻣뻣한, 휘지 않는 선	망설임, 억제, 모순, 불일치
너무 뻗쳐 있는 선	심한 정신적 긴장상태
찌르는, 구멍을 내는 선	지나치게 골똘히 생각하는 성격, 무자비, 몰인정, 강인함
윤곽이 없이(문지르는 것)	무의식에 사로잡혀 있음, 미비한 형상력
끊어지거나 여러 번 그은 선	불안
넓은 선	접촉을 쉽게 하는
음영이 들어가 있으며 덧칠해서 그려지거나, 희미하고 지면선의 사용이 일관되게 나타날 때	그 선이 흐려지면 이는 히스테리아, 정신병질(psychopathy) 혹은 히스테리성 정신병질(hysterical psychopathy)을 나타낸다.

10) 세부묘사

묘화가 극히 정교하고, 정확함이나 질서가 강조된 경우는 환경구성에 대한 관심이나 욕구의 반영이다. 묘화의 구성에 대해서는 매우 위협적인 환경을 통제하려고 하는 시도라고 생각된다.

과도함	주의 깊게 장면을 조직화(강박적)
완전함 결여	심하게 혼란된 우울증 환자(윤곽선만 그림) 공허하고 빈약한 감정
거의 상세하지 않음	아동, 정신적 결함, 우울증, 회피적인 정상인
강박 신경증 환자	미세한 세부, 지나친 염려, 자주 지움
편집증 환자	눈과 귀를 지나치게 상세히 그림
지적인 성인	보다 조화되고 균형 잡힌 세밀함
정신지체인	아동의 그림을 연상시키는 대강의 그림
정신병 환자	급성은 기괴한 부분들, 해부학적 지표들을 그림
우울증 환자	나약함, 소극적임, 맹인, 공허한 인물상

11) 증상에 따른 특징

갈등	생략, 음영, 지움, 끊어짐, 떨린 선, 비대칭
강박증적 경향	지나친 세부묘사, 대칭성 강조, 많이 지움, 많은 시간소요, 많은 질문
공격성	날카로운 손가락, 음울하고 날카로운 눈, 평평한 코, 강조된 콧구멍, 꽉 쥔 손, 벙어리장갑 같은 손(숨겨진, 잘린 손), 심하게 음영이 그려진 머리
비행청소년	군인이나 카우보이(힘과 강함을 위한 노력) 공격성의 상징(총, 칼, 방망이) 크기나 체력의 강조(큰 머리는 지적 통제를 위한 노력)
아동화의 특징	큰 머리, 손이 약함(환경을 다루는 힘 약함), 입을 강조(구강적 의존), 크게 위로 치켜올라간 입(승인을 얻기를 바람), 보지 못하는 눈(의존심, 분별력 결여) 투시화(정상), 두족화, 옷(그리지 않거나 무시), 활동성(과잉행동)
우울증	입의 강조, 낮은 활동수준, 머리를 숙이거나 앉음, 시무룩한 표정, 주름진 이마, 헝클어진 머리, 발 다리를 그리는데 저항(활동성, 육체적 충동을 용납 못함, 에너지 및 열의의 결여), 코와 발에서의 강등(성욕), 보이지 않는 눈(대처, 직면능력 결여), 팔과 손 생략(무능에 대한 강한 감정), 과장되고 기형인 신체(육체적 분열을 느낌), 상세함 결여, 머리에 음영을 넣지 않음

정신분열증	공상 속에서 성취와 힘을 얻으려 함, 좌측에 그려진 인물, 내성적인 인물상, 확장된 머리, 귀와 눈의 세부묘사(환청과 의심), 굳은 몸, 기괴한 그림, 투시화, 혼란된 연속, 심한 불균형, 형식화된 인물상, 생식기의 표현, 인간성 말살, 혼돈된 측면상, 개략적인 인물상
동성애	긴 속눈썹이 그려진 눈을 가진 남성상, 남성상에서의 높은 굽, 매혹적인 남성의 옆얼굴, 부드러운 입, 아치형의 눈, 꼼꼼한 여자의 머리모양, 남자상에서의 잘록한 허리, 남자상에서의 엉덩이와 직장의 강조, 남자상과 여자상의 차이가 거의 없는 경우
기질적 장애	비율에서 벗어난 머리, 지나치게 큰 머리, 선이 굵고 단순함, 전체적으로 나약함, 세밀하지 않고 많이 생략함, 형상이 과도하게 큼, 피검자에 의해 표현되는 중요한 감각, 접근의 완고함, 상동적 표현, 유별난 필압, 머리의 윤곽선을 진하게 그림, 덧 선이 그려진 인물상의 구조, 빈약한 비율
부적당한 감정지표	매우 작은 인물상, 매우 크고 과장된 인물상, 약한 손과 발, 장님이나 보이지 않는 눈, 굽어진 발, 꽃잎 같은 손가락, 가늘고 약한 다리, 발의 생략, 중심선의 강조(특히 단추), 주머니 강조, 남성에 의해 그려진 크고 우람한 여성상, 세상을 외면한 내향성(눈, 귀의 생략, 외면하고 있는 인물상)
비정상의 지표	인물상의 괴상함, 인물의 부분처리에 있어서의 과도한 부적당함, 과도한 상징적 인물처리, 인물처리의 단순함, 내부기관이 보여짐, 극도의 긴장, 음영, 필압 머리는 정면이며 몸통은 측면의 인물상
심한 정서장애에 대한 경고	보지 못하는 눈, 해부학적 지표들, 크게 벌리고 있는 입, 추파를 던지는 입, 꽉 쥔 주먹, 잔인한 특성, 극도의 지저분한 음영, 뭉개어 그린 입, 갈고리 같은 손가락, 중요부분(팔, 손, 다리 등) 생략, 딱딱하고도 도식적인 인물상, 균형의 상실, 지나치게 기울어짐, 생식기가 강조, 난화, 측면의 혼동, 아주작고 공허한 그림, 도화지를 벗어난 큰 그림, 내사시
알코올 중독	구강이 강조되는 구강적 의존성(몸의 중앙선, 주머니, 의존성), 우울한 특징들이 특히 낮은 활동 수준에 의해 나타남, 아주 작은 얼굴 생김새(약한 자아), 성적인 갈등지표 나타남(발, 코, 머리 등)
편집증	머리 강조(부적절한 감정들에 대한 엄격한 보상) 눈과 귀의 강조(세계에 대한 지나친 관심, 적대적이라고 느낌) 측면의 인물상을 그림(검사 상황의 회피 및 의심) 날카로운 눈을 그림(위험과 위협에 대해 지켜봄) 갈퀴모양의 손가락(환경에서 조작된 극도의 적개심과 공격성) 머리카락을 지나치게 상세하게 그림(성적 통제에 대한 큰 관심) 동성애적인 표시를 가짐(일부 편집증 환자에 있어서 성도착) 그림그리기를 거부
퇴행 및 철회의 지표	감은 눈, 오목한 입, 동결된 움직임(명상에 잠긴 모습), 측면을 바라보는 측면상, 경직된 측면상, 그림그리기를 거부한다, 빈약함(곤봉모양의 발, 약한 다리, 병약한 팔, 꽃잎 같은 손가락, 아주 작은 손가락)
의존성의 지표	중앙선 강조(단추), 오목한, 받아드리는 입(관심과 사랑, 승인을 요구함) 크고 우월한 여성상(어머니에 의존적이거나 과도한 보호를 받고 있는 남성), 맹 보이지 않는 눈, 약한 손과 팔, 주머니의 강조, 천진스러운, 유아 같은 얼굴그림(책임의 거부)

히스테리적 충동의 지표	불규칙한 선의 압력, 정확성의 결여, 톱니모양의 들쭉날쭉한 선, 극단적인 변화, 머리카락의 지저분한 처치, 유아적인 얼굴 생김새, 약한 손과 팔

12) 머리

아동이 인물상을 그리는 것을 배울 때 그리는 첫 부분이다. 그것은 가장 신뢰할 수 있는 신체부분이며 표현욕구와 반응, 감정을 통제하기 위한 시도이다. 머리그림에서 피검자는 무의식적으로 지능에 대한 관심을 표현한다. 공상에의 몰두정도, 합리적인 통제, 개인 상호간에 대한 관심과 자아개념, 일반적으로 기질적 손상을 입은 피검자의 인물상에서 혼란을 보여주는 부분이기도 하다.

큰 머리	강한 지적 노력을 보여줌, 지적으로 훌륭한 허영심 강한 사람(확대된 자아) 만족의 원천에 따른 주목할 만한 공상적 행동 지적 작용에 대한 유기체의 관심 지적 성취에 대한 보상 압력을 가진 지적 부족감 부족감을 근거로 한 거만하고 자기중심적인 태도가능 학교과목에서의 어려움 때문에 정서적, 사회적 부적응 가진 아동 아동, 정신지체인, 공격성, 편두통(뇌수술), 편집증, 자아도취증
유난하게 큰 머리	지성에 대한 과대평가 혹은 높은 지적 열망 자신의 체형에 대한 불만족 기질적 질병의 가능성 혹은 두통에의 집착 정산이하의 지적 수준의 가능성 아동들은 보통 어른보다 큰 머리를 그린다.
작은 머리	강박증 환자, 지적 부족감 고통스러운 사고부분과 죄의식을 부정하기 위한 욕구의 강박적인 표현 신체적 충동의 만족을 방해하는 지적 통제를 부정하려는 소망
유난하게 작은 머리	지적, 사회적, 혹은 성적 부적절성 혹은 무기력의 느낌 열등감이나 연약함
과장된 세부묘사 또는 강조	활발한 공상을 나타냄
관찰자로부터 고개를 돌림	위축, 검사 상황의 거부(회피), 환경적 문제를 거부
측면	회피의 지표, 약간의 위축, 죄의식
생략	제어의 문제를 다루거나 이에 대한 관심

13) 얼굴

얼굴은 세상을 나타내는 전면이다. 얼굴은 기분을 나타내는 믿을 수 있는 지표이다. 얼굴은 사랑, 미움, 공포, 공격, 유순함 또는 부적당한 감정, 반항, 온화함 또는 불안 표현 등으로 그림의 경향성을 보여준다.

강한 강조, 표정에 대한 과도한 강조와 여러 번 덧칠된 모양	외부의 상황과 사회적 관계에 대한 관심, 사회적 주장에 대한 내적 충동, 공격적이며 사회적으로 우월한 자기상을 그림으로써 부적합성, 약함, 자기주장성의 결여에 대한 보상 호전적이고 사회적으로 지배적인 행위에 의해 보상받으려는 부적절함과 연약함의 감정
온전한 그림 중에 얼굴의 모습이 없는 경우	대인관계에 있어 도피적이고 피상적, 부적절한 환경과의 접촉 처방에 있어서의 낮은 효과; 만족할 만한 사람 그림은 치료의 호전을 제시함
희미하게 그려진 얼굴모습	대인관계에 동반하는 갈등에 대한 회피 사회적 관계로부터 철회, 때를 기다림 특히 옆면으로 보일 경우에는 위축경향 상호 교제에서의 소심함과 자아의식
날카로운 얼굴	달걀모양이면 여자다움, 예민함, 심미적인 사각형이면 힘 있는, 남성다운, 권력에의 투쟁
얼굴을 마지막에 그림	사회적 관계에서 어려움, 자기표출 회피
코와 입술 주변의 선	얼굴에 대한 성숙, 깊이를 나타냄, 정서적 성숙과 관련
주름 잡힌 이마	지적 열망, 감정적 조절에 대한 스트레스, 걱정, 정신쇠약

14) 머리카락

짙은 음영	성욕 또는 정신적 통제에 대한 심한 불안 사고나 공상에 대한 불안, 정당하지 못한 성욕으로 이행되려는 절박성을 가진 한창때의 갈등
음영이 없는 긴 머리카락	성욕에 대한 양가감정 또는 적개심
헝클어지거나 단정치 못한 여자의 머리	청소년의 경우 성욕에의 충동성 여성들에 대한 남성의 불신(알코올중독자, 편집증 여성)
여자상의 헝클어진 머리카락과 남자상의 단정한 머리카락	심리, 성적으로 유아적인 남자, 여자관계와 남자지배에서 성적 혼란
정성들여 손질한 머리카락	자기과시를 즐기는 여자, 허영심, 동성애적인 남자

매우 자연스러운 정돈된 머리카락	성적으로 매력 있고 활동적인 여성
자극적인 머리카락	유아기적 성충동에 대한 각성
음영이 없는 머리카락	우울, 리비도의 저하
머리카락에 많은 주의를 기울임	자기애적, 자기중심적, 자만심이 강함
다듬은, 단정한 머리카락	여성상의 경우 성적 통제, 불임의 가능성
머리카락에 가려진 부분의 음영정도	남자다운의 한계와 부족, 남자다워지려는 노력
단정치 못한 머리카락	성적 부도덕, 통제의 결여
머리카락과 가슴, 턱 등의 체모에 대한 강조	남성다움의 추구; 성적 집착
대개의 장식의 강조와 더불어 상당히 물결치고 매력적인 머리, 그리고 정성들인 머리스타일	이렇게 표현되는 자아도취의 가능성은 정신신체증 혹은 천식의 가능성, 또는 아마도 성적 비행의 경향을 가진 성인 여성에서 볼 수 있는 것과 같은 자기도취
생략되거나 부적절한 머리카락	낮은 신체 활력을 시사

15) 가슴

생명을 주는 모유, 어머니와 어머니로부터 받는 대상의 상징을 제공한다. 가슴은 주는 것 보다 받는 것, 의존성과 관련된다.

짙은 음영 혹은 불균형적인 확대	의존적, 유아적, 이기적
큰 앞가슴의 모성적 여성	어머니나 대리모의 지배적이고 과보호적인 가정에서 자람, 심리적으로 미성숙 남자가 그린 그림(강한 구강적 그리고 의존적 욕구)
작은 가슴	아동에게 사랑, 애정, 인정을 제공함에 있어 냉정함, 여자가 그린 그림(여성임을 거부), 어머니에 대한 거부, 성숙한 여성에 대한 두려움
밑으로 늘어뜨린 장식선이 그려진 가슴	어머니에게 의존적인 남자
가슴과 골반의 강조	여자가 그린 그림(생산적이고 지배적인 어머니와 동일 시) 남자가 그린 그림(어머니상에 대한 의존, 사랑과 인정에 대한 강한 추구)

크고 단단한 가슴	발랄한 성적 욕구를 가진 젊은 여자상 젊은 여성이 남자와 동등한 '소년다움', '자유연애'를 위해 좀 더 성숙한 여성에 대한 거부를 나타냄

16) 귀

다른 사람과의 의사소통을 이루며 정서자극을 수용하고 반응하는 방식에 대해 알 수 있다.

여러번 덧칠 했거나 투명한 머리카락 사이로 보이는 큰 귀	청각장애의 가능성과 그에 대한 염려 비판에 관하여 민감함. 관계망상의 가능성
너무 강조한 귀	감정교류의 불안감, 긴장감, 불신과 의심, 편집증
너무 작은 귀	다른 사람의 비판에 귀를 기울이지 않음. 회피
귀에 특수한 표현을 한다.	귀의 질병
귀의 생략	회피, 불안, 위축
귀걸이를 하고 있다.	자기애적 욕구, 대인관계의 불안감을 강박적으로 보상하고자 하는 욕구 남자의 귀걸이 – 반항적 거부적 태도
강조	외부세계에 대한 민감성, 편집증, 농자, 청각장애, 신경증, 지나친 강조는 환청 의심
강조의 결여	비평의 거부, 타인의 견해 부인, 귀의 포함은 다른 특징보다 더 늦게 확립된다(아동기 생략 정상)

17) 눈

눈은 다른 사람들과 어떻게 관계를 맺는지에 대한 정보를 제공해 준다. 감정을 표현하고 어떻게 느끼고 있는지 파악할 수 있다.

눈을 강조한다(튀어나옴).	변질적 호기심(성적 흥분)
눈을 그리지 않는다.	타인과의 교류를 회피, 불안
한쪽 눈만 그림	접근과 회피의 양가감정
사람 얼굴 중간에 방향감각 없게 그려진 한쪽 눈(피카소의 눈)	다른 사람이나 중요한 다른 것과의 관계에 있어서 과도한 관심과 경계를 가르킨다.

어울리지 않게 작음	세상을 내몰고 닫아 버리려는 욕망, 자아도취
보지 않음	정서적 미성숙, 자기중심성, 어린 아동, 퇴행한 성인, 낮은 지능, 의존성, 분별력의 결여
맹, 감고 있는 눈, 모자에 의해 감춰진 눈, 속이 텅 빈 구멍	세상을 보는데 대한 명백한 반항, 적개심, 불쾌한 상황을 피하려는 경향, 불쾌감 차단 환경을 지각하는 데에 흥미를 느끼지 못하고, 환경을 단지 어렴풋하고 특징 없게 인식하는 사람들에게 있어서의 내향적이며 자아도취적인 경향을 제시
크고, 두드러진 눈	적의적, 협박적, 남성 동성애자, 자기중심적 히스테리
유난하게 커다란 눈	특히 눈이 검고, 위협적이거나 날카롭다면 호전적인 행동의 가능성과 더불어 미심쩍음, 혹은 또 다른 편집증적 특성 특히 음영이 들어가 있을 경우에는 불안의 가능성 사회적 의견에 민감 반응 외향적, 사회적인 활동적 경향 여성이 남성보다 더 크고 세밀하게 그림
유난하게 작거나 감은 눈	내향적 경향, 자아도취 ; 관조적, 내성적 경향 작은 눈 크기에 상호작용에 위축, 회피
진하게 그린 눈	불안, 긴장감, 상호작용에서 의심이나 방어적 태도, 편집증
날카로운 눈	과도하게 경계하는 편집증 환자, 의심
튀어나온 눈(눈을 강조한다)	성적 흥분(변질적 호기심)
사시	혼란된 사고
눈꺼풀, 속눈썹	타인과의 정서적인 교류에 과민 또는 집착, 히스테리적, 강박적, 자기애적 성격
작은 눈 속의 큰 눈동자	관음증적 갈등을 언급하는 강력한 시각적 호기심과 죄의식

18) 눈썹과 속눈썹

매우 잘 정돈된 눈썹	특히 매우 정교하게 공들여 그려졌을 때는 고상함과 훌륭한 손질을, 또한 아마도 과도한 손질의 경향을 살펴볼 수 있으며, 억제되지 않은 행동에 대해 비판적 태도를 가질 수 있다(Machover, 1949). 판에 박힌 세련됨과 몸치장, 신체적 자아도취증 여성
무성한 눈썹	고상함과 훌륭한 손질로부터 멀어져 "원초적이고 무뚝뚝하며 노골적인" 경향으로 향함을 제시한다(Machover, 1949). 야성적, 거친, 억제되지 않음
위로 치켜 올라간 눈썹	경멸적인 태도를 제시한다(Machover, 1949). 건방진 태도, 미심쩍은 태도

남성에 대한 세부적인 속눈썹	동성연애의 가능성을 제시한다(Machover, 1949).

19) 다리

다리는 어떤 바라는 목표 지점을 향해 자기의 위치를 옮기고, 충족감을 줄 수 있는 원천으로 다가갈 수 있게 해주며, 환경의 위험으로부터는 도피할 수 있게 해주고 현실 상황에서 지탱해 설 수 있게 해주는 역할을 하는 부분이다. 몸의 지지, 균형, 이동, 자율 등을 제공

다리 생략	압박과 의존의 병적인 감정, 자율성 결여, 거세감정, 성적 욕구를 수용함에 있어서의 어려움
한쪽 다리를 제대로 그리지 않음	자신감 부족, 부적절함, 양가감정
긴 다리	자율성을 위한 노력
큰 다리	자율성을 위해 노력하는 것에 대한 양가감정
짧은 다리	부동감, 자율성의 결여
근육질 다리	과잉보상 방법으로 자기 주장적이고 공격적인 태도
발을 넓게 벌림	권위에 대한 도전, 불안감에 대한 부인, 외부 충격에 대한 대비, 안정에 대한 강한 욕구
다리의 교차 또는 꼭 붙여 그림	융통성이 없고 경직됨, 성욕의 거절, 성적 접근의 거절
위축된 다리	허약함, 불안전, 상실감의 증가
심하게 음영진 다리	동성애적 공포의 표시, 자기결정을 위한 노력과 관련된 갈등의 지표
가장 먼저 다리를 그림	실망과 우울의 강한 표시

20) 목

몸과 머리를 잇는 고리로써 목은 지(智)와 애정간의 상징적 고리로써 널리 인식되어 왔다. 목은 신체적 충동에 대한 정신적 통제의 조정지표로 제공되며, 몸과 마음에서 일어나는 경험에 대해 스스로 통제감을 느끼고 편안해 함을 의미할 수 있다.

길고 가는 목	충동 통제의 조정결여, 정신분열증 유형에 근접 특별히 강조된 경우 적개심 표시
특이하게 긴 목	교양 있고, 사회적으로 강직하며 격식을 차리는 지나치게 윤리적 인간. 종속 성향
넓고 굵은 목	완고한 태도, 엄격함, 충동에 잘 동화함
1차원적인 목	과도한 충동과 욕구 통제의 결여
측면에서 목의 기초선 생략	부적절한 조절로 인한 근본적인 욕구와 충동의 범람
넥타이, 목걸이, 의장 등으로 강조된 목	신체적 충동보다 지적인 통제를 강조
목의 생략	뇌기능 장애, 해리장애, 사고장애
작은 목	어제, 위축
몸통과 연결이 안되어 있음	사고 장애
머리와 연결되고 몸과는 떨어짐	이성과 사고가 행동을 통제 못함
몸에 연결되고 머리와 떨어짐	충동 통제 결여
굵고 짧은 목	우락부락하고, 고지식한 경향 통제력 부족으로 충동기질

21) 성적 묘사

성도착	특별한 부분이나 기관에 대한 집중은 성적 만족의 강조
성적 갈등	여성의 다리의 짙은 음영, 허리와 목의 수축, 음영 혹은 강조, 강조된 성적 특성, 남성과 여성의 성적인 차이의 결여, 이성을 먼저 그림, 나체상
성적 묘사의 결여	성이 수용되지 않는 생활에서 성적 욕구를 다루는데 있어서 무능력, 미성숙, 회피
지나친 관심	청소년기의 성적 관심, 예술가, 정신분석학자, 불충분한 성욕 또는 성교 불능자
성적 상징	모자, 신발, 코, 파이프, 총, 지팡이, 담배, 머리카락 성교불능에 대한 공포, 성적 편견, 심리적인 미성숙

22) 발

발은 토대, 자기 이동의 도구이다. 따라서 자율성의 상징이다.

발의 상징성	음경, 청소년 및 성적 관심을 가진 중년 남성의 그림에서 중요 사춘기 소녀가 그릴 때 외상 가능성 강박적 세밀함
생략	운동성과 자율성의 결여를 의미 신체적으로 비활동적인 상태 몸져누워 있거나, 우울증세, 의욕상실 발의 부재는 도망자들에게서 흔히 볼 수 있다.
매우 작은 발	불안정성, 수축, 의존성 그리고 각종 정신 신체적 상태와 연관 성욕의 억압적이고 경직된 통제
매우 큰 발	보호에 대한 과도한 요구를 나타내는 경향 지지기반에 대한 강한 욕구
매우 긴 발	강한 안전 욕구와 거세 공포증의 가능성과 연관 남성의 성욕에 대한 과도한 관심, 독립에 대한 충동
날카로운 발	적대감의 지표들과 결합된 경우 수용할 수 없는 적대심
발끝으로 선 그림	현실 파악이 미약함, 좌절된 환경에서의 도피에 대한 욕구
지나치게 상세히 그려진 발	강박적
높은 굽을 신은 발	동성연애자, 육체적 매력을 갈망하는 여성
반대방향으로 향한 발	양가감정 특히 독립을 위한 투쟁에 대한 양가감정
곤봉 같은 발	걷는데 있어서의 미숙함, 어린이, 노약자
발가락 강조	원시적인 공격성

23) 손

큰 손	호전성을 제시 힘을 얻기 위한 노력, 연약함에 대한 보상(어린 소녀, 청소년) 부족감과 충동성 때문에 사회적 관계에서 세련된 조정을 원함
생략	사람 그림에서 가장 흔하게 생략되는 부분이기에 확실치 않은 의미를 가지고 있다. 그러나 이 생략은 부적응, 거세공포, 자위행위의 죄책감 그리고 기질성 상태에 대한 느낌과 연관되어 있다. 환경을 다루는데 있어서의 부족감, 공격성, 적개심, 성적 감정에 대한 죄책감, 거세 약점
맨 나중에 그림	부적응감 그리고 환경과의 접촉에 대한 난처함 부족감이나 권력 투쟁의 거부로 환경에 적응하기를 저항
주머니나 뒤로 숨긴 손	예술적으로 궤변적, 회피, 꺼려함

짙은 음영	호전적 혹은 자위행위와 더불어 불안감과 죄의식을 제시 실제 또는 공상적 행동에 대한 죄의식(자위행위, 폭행, 절도)
생식기 부근에 그려진 손	자아 성애적인 습관을 제시 성적으로 비정상적인 적응을 한 여성의 그림에서 보임 성적 몰두, 자위에 대한 죄의식, 성적 접근에 대한 방어
손 처리에 대한 혼란	보통 성취와 사회접촉에서 신뢰의 결여를 보여줄 수 있다.
어렴풋하게 그려진 손	사회적 상황에서의 자신감 부족 또는 생산 능력이나 자신감의 전적인 부족, 혹은 이 양자 모두를 제시
부어오른 손	제어되지 않는 충동을 제시

24) 손가락

손가락의 표현은 흔히 손이나 팔의 표현보다 더 중요하게 여겨진다. 유전적으로 손가락은 손이나 팔보다 먼저 그려진다. 가장 엄밀한 의미에서 볼 때 접촉의 표현을 나타내며 당연히 친근감, 건설적, 적개적, 파괴적 등 많은 방면에서 이용된다. 환경을 다루기 위한 도구이다. 사회적 접촉의 장소, 공격의 가능성, 의사소통의 가능성을 의미한다.

크고 뾰족하거나 갈고리 같은 손가락	상당한 적대감, 편집증, 명백한 공격성
꽉 쥐거나 잘린 손가락	공격적 충동을 억압하기 위한 부단한 노력
막대와 같은 손가락	유아적 공격성
꽃잎, 포도 같은 손가락	빈약한 손재주, 유아적 감정
손가락의 짙은 음영	죄의식, 주로 절도나 자위행위, 성욕, 적개심과 관련됨
다섯 손가락보다 더 많은 손가락	매우 야심 있는, 욕심 많은
발톱 같은 손가락 혹은 뿔이 난 것 같은 손가락	유아기적, 원시적, 호전적 경향
매우 긴 손가락	억압되어 있는 피상적인 성인
특이하게 큰 손가락	호전성과 반항적 경향
꽉 쥔 주먹	호전성과 반항성

손가락이 없는 손	아이들의 그림은 흔한 손가락이 없는 손이 어른 그림에서 보일 때는 퇴행과 유아적 호전성, 반항적 경향, 특히 진하게 눌러서 그린 1차원적인 선 그림에서 이 같은 경향이 강함
관절, 손톱이 과도한 묘사	적대감에 대한 엄격한 통제를 유지하기 위한 노력

25) 신발

세밀히 그린 신발	젊은 사춘기 소녀에 있어서 성적인 대상에 대한 강박적인 관심표시, 남성과의 성행위에 대한 관심
뾰족한 신발	공격성
짙은 음영	성적 관심과 노력
신발의 결여	원시적, 억압되지 않은 공격성과 성욕
휘어진 신발	자기 과시적이고 자기도취적인 여성들의 경우 신발에 장식을 정교하게 한다
큰 신발	안전에의 욕구

26) 어깨

신체적 힘에 대한 욕구의 감정을 표현한 것으로 여겨진다.

넓은 어깨	강함, 힘에 대한 극단적인 관심, 청소년, 힘을 얻으려는 노력
작은 어깨	열등감, 보상이나 대리물에 관심, 신체적 힘을 중요시 안함
각진 어깨	호전적, 반항적 경향 엄격함과 적개심을 가진 지표로 극도의 방어와 적개심을 나타냄
균형이 잘 잡힌 둥근 어깨	부드럽고 유연하며 조화가 잘된 힘의 표현
한쪽으로 처진 어깨	정서적 불안정, 성적 역할의 갈등 표시
지우거나 강화된 혹은 불확실한 어깨	신체발달에 따른 충동, 남성적인 것이 기본적인 집착의 대상임, 이러한 표시는 정신 신체증적인 문제를 지니고 있거나 지나친 긴장, 힘에 대한 표현으로서 신체 발달을 위한 충동과 육체적 노력의 몰두
우람한 어깨	남자가 그린 그림(불안정한 개인이나 사춘기 청소년기에서와 보여지는 것과 같이 보상적 반응으로 호전적 경향이나 성적 양면성

27) 팔

세계를 조정하는 것, 다른 사람을 거부하는 것, 다름 사람에게 손을 내미는 것, 다른 사람들을 밀어내는 것, 다른 사람을 곁에 끌어당기는 것, 분노의 표현, 자기 방어, 원하는 것을 획득하는 것, 사랑하는 것, 자위 따위에 의한 자기 성적 흥분의 도구로 사용된다. 팔은 강함과 약함에 대한 감정과 노력을 나타낸다.

생략	손의 생략과 더불어 극도의 우울증, 일반적 무능력, 환경에의 불만족, 그리고 강한 철회경향을 보임과 죄의식을 시사 상대이성의 성(性)을 그릴 때 팔의 생략은 상대이성의 사람들로부터 – 아마 상대이성의 부모님으로부터 – 거부 받는 느낌을 가지는 사람을 나타내며 때때로 죄의식을 반영 우연한 생략, 적개심이나 성적욕망과 관련된 죄의식 세계를 부정하고 상징적으로조차 다루기를 거부함
혼란된 처치	피검자가 환경을 다루는데 피하거나 양가감정을 가짐 권력투쟁, 적개심, 성적 욕망
짧음	야망의 결여, 약함을 느끼고 삶에 굴복
가느다란 팔	결핍된 성취에 대한 강한 감정, 약함과 무용감
날개 같은 팔	무력함, 다른 사람과 접촉하는 정신분열자
포개진 팔	세상에 대한 거부, 의심과 적개심으로 세상을 경멸 공격적으로 행동하려는 충동에 대한 엄격한 통제
뒤로 숨겨진 팔	죄의식과 손을 숨기려는 욕망, 공격성 표현의 통제가 필요
짙은 음영	때때로 자학을 암시
넓은 팔	강함에 대한 노력, 육체적인 힘과 완력이 두뇌를 능가한다고 주장
근육의 강조	신체적인 힘을 얻으려는 노력 육체적 노력, 동성연애자, 청소년기의 남성들
넓은 어깨와 근육의 강조	호전적이며 무례한 경향과 연관
길고 강한 팔	탐욕적이고 보상적인 야망을 나타내며 또한 신체적 강함, 환경과의 적극적 접촉에 대한 욕구 성공에 대한 노력과 야망, 사랑과 애정을 요구함
지나치게 긴팔	부적당한 감정을 보상 받기 위한 야망
바깥으로 뻗은 팔	애정과 사회적 상호작용을 위해 뻗음
팔을 그린선이 거침없이 그려진 경우	환경을 확장시키고자 하는 정도를 나타냄

어깨보다 넓은 팔	자아통제 부족, 충동적
몸 양옆의 곧은 팔	강직하고 강제적이며 억제적인 성격
몸 양옆의 축 늘어진 팔	무능한 성격
손을 허리에 댄 자세	매우 발전된 자아도취적 혹은 "대장(Boss)"경향을 제시
팔이 몸의 오른쪽에서 기계적으로 수평되게 뻗침	환경과 얕고, 효과 없는 접촉을 하는 단순하고 퇴행적인 사람
부서지기 쉽고 쇠약하게 쪼그라든 팔	신체적, 심리적, 연약함과 부적절함의 느낌을 제시
쭉 뻗은 양팔(大자)	피검자가 억압된 상태에서 정서적 도움을 필요로 함

28) 입

강조	퇴행적 방어, 구강기적 성격, 성격에서의 구강기적 특성의 강조 원초적 경향, 언어 장애의 가능성 구강적 성욕, 강한 의존 욕구, 미성숙, 알코올중독자
활모양의 입	청년기의 성욕, 자기도취적, 허영심이 많은 청소년기의 소녀
드러난 이	유아적, 호전적 혹은 가학적 경향 구강적 공격성, 통렬하고 신랄한 빈정거림
넓은 위로 향한 입	억지로 꾸민 적응, 수용된 수 없는 감정들을 감추기 위해 수용될 수 있는 얼굴과 미소로 표현하는 경향
입의 상처	적개심과 분노, 비판적인, 언어적 가학성, 공격적
움푹 들어간 입	구강적 의존성, 심리적 미성숙, 관심과 인정에 대한 요구
굳게 다문 입	자신을 드러내는 것에 대한 거부, 의존욕구에 대한 거부, 억압이나 적개심
비웃는 듯한 입	다른 사람에 대한 멸시, 공격성, 적개심, 약하고 불안정한 감정들이 있기 때문
얇은 입	완고한 강박적 충동들 속에서 구강기 의존욕구의 부인이나 거절, 자기중심적이고 독립적인 사람들에 있어서 구강의존성에 대한 거부
짧고 굵은 선으로 그림	강력한 호전적 충동 – 이 사람은 예상되는 보복을 고려하여 주의를 기울인다.
옆모습에 한선으로 그림	큰 긴장감
여성의 그림에서 큐피드의 화살모양의 입	성적으로 조숙한 여자 성인 그리고 성인 정신신체적 천식에 연관되어져 왔다.

씩 웃는 모습의 넓고 입술 양끝이 굽은 선	아이들에게는 일반적 성인들에게 있어서는 강제적인 만족, 그리고 부적절한 태도의 가능성을 제시한다.
열려진 입	구강적 수동성을 제시
담배, 이쑤시개, 파이프 등 입안의 물체	구강의 성애(性愛)적 욕구를 제시
생략	애정욕구의 강한 거부, 심한 죄의식, 정신 신체적 호흡성 천식의 가능성. 천식 환자, 우울증의 가능성. 다른 이들과 언어소통을 꺼려함

29) 코

코는 성적 관심과 권력투쟁의 상징이다.

긴 코	공격성, 우월을 탐함, 외형적이고 활동적
음영진 코	여성에 대한 약점을 투사한 유아적인 남성에 있어서 거세 감정을 나타냄
단추모양의 코	유아적인 성욕, 아동기적인 의존성
삼각형 모양의 코	권력투쟁, 유아기적 성
평평한 코	처벌받은 권력투쟁
힘주어 그리거나 크기를 통한 코의 강조	성적 곤란이나 거세 공포(Buck, 1948. Hammer, 1971. Jolles, 1964. Machover, 1949) 성적 부적절함 혹은 무기력함, 특히 성인 남자들에게 유의하다(Machover, 1949). 음경에 대한 관심을 넌지시 비친다.
날카로운 코	상당한 공격성과 우월 추구
강조되거나 뚜렷한 콧구멍	호전적인 경향을 나타내고 강조하며, 정신 신체적 천식 증세와의 연관을 가리킴(Burns & Kaufman, 1972, Machover, 1949) 원시적인 공격성, 분노

30) 몸통

특히 몸은 기본적인 욕구와 연관이 되어 있다. 충동과 행동 잠재력의 발달, 성장과 쇠퇴, 그리고 이런 상태에 연관된 태도는 몸통의 처리를 통해 나타날 수 있다. 동시에 몸통의 처리는 나이에 따라 변화가 심하다. 몸통은 종종 비교적 간단하고 전체적 모양이 다소 직사각형으로 그려진다. 이 같은 모양에서 벗어날 경우는 특별하게 취급되어져야만 한다.

둥근형의 몸통	수동적, 비호전적, 비교적 여성적 혹은 유아적, 퇴행적
각진 모습의 몸통	비교적 남자다운
비율에 알맞지 못한 작은 몸통	충동의 거부, 열등감 혹은 양자 모두를 제시
몸체의 아랫부분을 잘 닫혀있게 그리기를 싫어함	성적 편견

31) 옷

속옷만 입었거나 벌거벗은 그림	옷을 지나치게 입힐 때와 마찬가지로 유아적이거나 성적으로 이상 적응된 성격. 관음증적. 노출증적
사람에게 너무 큰 옷	부적응과 자아멸시
속이 비치는 옷	관음증적. 노출증적
주머니의 강조	유아적, 종속적 남성 종종 정신병적 기질에 영향을 주는 호의적 혹은 모성적 측면의 결여
넥타이에 대한 강조	특히 사춘기와 40세 이상의 성인 남자에 있어서 성적 부적응의 감정 작거나 불확실한 그림 혹은 쇠약한 타이는 약한 성욕에 대한 절망적인 자각 길고 눈에 띄는 타이는 성적 무기력을 과대하게 보상하려는 성적 호전성

32) 단추

자신의 내적 힘이 제한되어 있고 안정감을 얻기 위해 타인에게 의존하고 있음, 자기 대상의 도움을 받고자 하는 욕구를 나타냄

중간선에서 아래로 달린 단추	어머니에 대한 지속적인 의존, 구강의존으로의 퇴행, 자기중심적인, 신체열중, 권력에 대한 맹종과 의존심에 대한 관심을 가진 신체자각
강조	종속적, 유아적, 부적응하는 성격 의존, 미숙함, 불충분함
소매부리단추	종속성 통제에 대한 판에 박은 강박적인 세부장식
많고 큰 단추	안정감을 얻고자 하는 욕구. 의존적

정교함	과시적, 강박적
적고 작은 단추	욕구충족의 결핍, 좌절감, 수동적

33) 기타

근육 강조	미술전공 학생, 남성동성연애자, 자기 일에 열중함, 자기중심적인, 자기중심적 신체 도취자, 근육이 쇠퇴한 사람
모자	미성숙, 성적 욕망을 숨김, 남성의 성적 무력감, 머리카락 없음(유아기의 성욕에 대한 정신분열증적 표시와 남성다움에 대한 보상적 공상)
특별히 강조된 턱	호전적이고 지배적인 경향의 가능성 강력한 추동의 단계의 가능성 약하자고 느끼는 것에 대한 보상의 가능성
배	확장(신체적 나약함, 갱년기 우울증, 임신에 대한 갈망, 탐욕과 욕망을 나타냄, 아동화의 진행)
발의 생략	불안정성, 혹은 "뿌리"의 부재를 제시
다른 물체에 의해 잘렸거나 생략된 신체부분	생략된 부분에 대한 거부감과 우울증, 그리고 이 부분에 대해 생각할 수가 없음 아버지나 형과의 경쟁에서 거세 공포증을 가진 소년들에게서 보여짐 정서적으로 적응이 된 소년들과 비교할 때 정서적으로 불안정한 소년들에게서 유의하게 많이 발견됨

34) 정상적인 지표들

크기	6~7인치, 여성상은 남성에 비해 약간 작거나 같지만 크지는 않다.
배치	종이의 중간에서 약간 아래
시작	머리와 얼굴에서 시작
소요시간	10~12분
자발성	어떤 생기나 활동(즉, 융통성이 있고 엄격하지 않은)을 보여준다.
비율	현실적인 비율과 조화되고 경미한 경우엔 왜곡이 없다.
예술적 표현	보기에 균형 잡혀있고 유쾌하게 그려져 있다.
지움	극소, 더 잘 그리려고 할 때 지운다.
선의 질	선은 일관되고 안정된 필압을 보인다.
성	주로 동성을 먼저 그린다.

성적인 특징	여성은 가슴, 남성보다 긴 머리카락, 둥근 엉덩이 남성은 넓은 어깨, 가슴, 짧은 머리
나이	피검자의 나이에 가깝다.
허리띠	상투적인 통제의 표시
형식적인 옷	형식적인 통제와 보수적이 되려는 경향
눈	눈동자를 그리지만 검게 칠해 강조하지는 않는다.
콧구멍이 없다	유아적인 공격성이 결여
주관적	지나친 자기비판 없이 그려진 인물상을 수용한다.
유머감각	유머를 가지고 그림의 부족한 점들을 수용할 수 있다.
발	강조되지 않는다.
귀	강조되지 않는다.
완전한 인물상	소수만을 제외하고 인물상을 그린다.

9. HTP 그림검사 보고서

<table>
<tr><td>이름 :</td><td>나이 :</td><td>성별:</td><td>생년월일 :</td></tr>
<tr><td colspan="3">주소 :</td><td>집 전화 :</td></tr>
<tr><td colspan="3">직업 :</td><td>직장전화 :</td></tr>
<tr><td colspan="4">학교 :</td></tr>
<tr><td colspan="4">의뢰사유</td></tr>
<tr><td colspan="4"></td></tr>
<tr><td colspan="2">가족배경과 개인력</td><td colspan="2">FAMILY TREE</td></tr>
<tr><td colspan="2"></td><td colspan="2"></td></tr>
<tr><td colspan="4">검사시의 행동 관찰</td></tr>
<tr><td colspan="4"></td></tr>
<tr><td colspan="4">전체해석 요약</td></tr>
<tr><td colspan="4"></td></tr>
<tr><td>검사일시 :</td><td colspan="2">검사장소 :</td><td>검사자 :</td></tr>
</table>

전체적 인상

집	
나무	
남자상	
여자상	

형식적 분석

	집	나무	남자상	여자상	해 석
소요시간					
그린순서					
크기					
위치					
선의 성질					
지우기					
대칭성					
방향					
세부묘사					
그림자, 음영					
투시화					
원근법					
운동성					
기타의표시					

그림의 전체적 느낌

그림의 전체적 느낌	

가. 개별그림분석(집)

집		유무	표현의 특징	상징과 해석
주제				
필수 요소	지붕			
	벽			
	문			
	창문			
기타 요소	굴뚝과 연기			
	방			
	울타리			
	길			
	계단과 보도			
	그린 후 질문			

나. 개별그림분석(나무)

나무		유무	표현의 특징	상징과 해석
주제				
필수요소	줄기			
	가지			
	수관			
기타요소	뿌리			
	꽃, 열매, 잎			
	지면선			
	동물들			
	옹이구멍			
	나무껍질			
	숲			
	그린 후 질문			

다. 개별그림분석 사람 (남, 여)

사람		유무	표현의 특징	상징과 해석
주제와 행동				
성차의 표현				
필수요소	눈, 코, 입, 표정			
	몸통			
	팔			
	다리			
	손			
	발			
기타요소	목			
	손가락			
	발가락			
	단추, 넥타이, 허리띠, 주머니			
	모자, 신발			
그린 후 질문				

〈보웬의 가계도〉

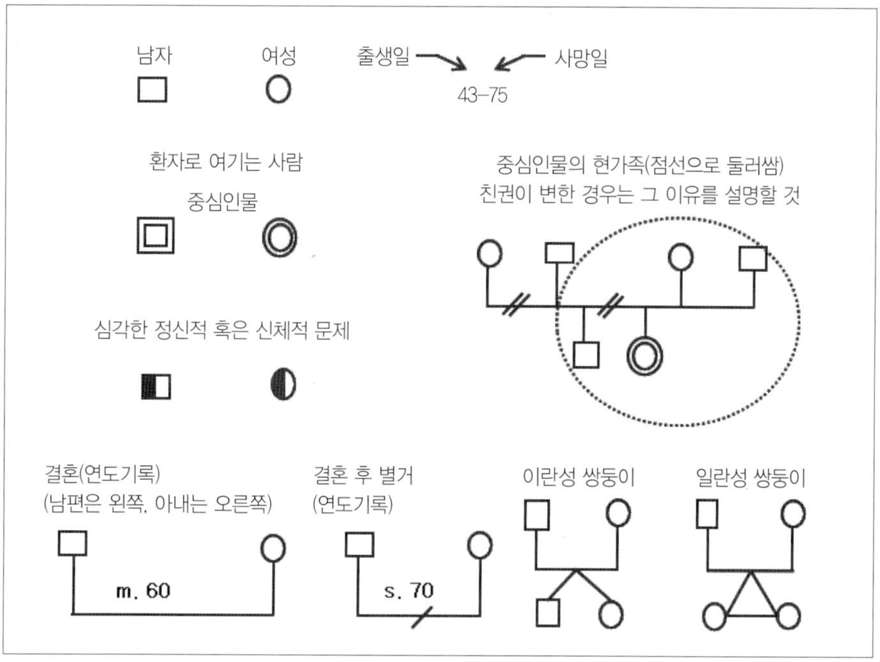

* 가족 계보를 중심으로 3대에 포함되는 가족을 종단적 관점에서 볼 수 있다

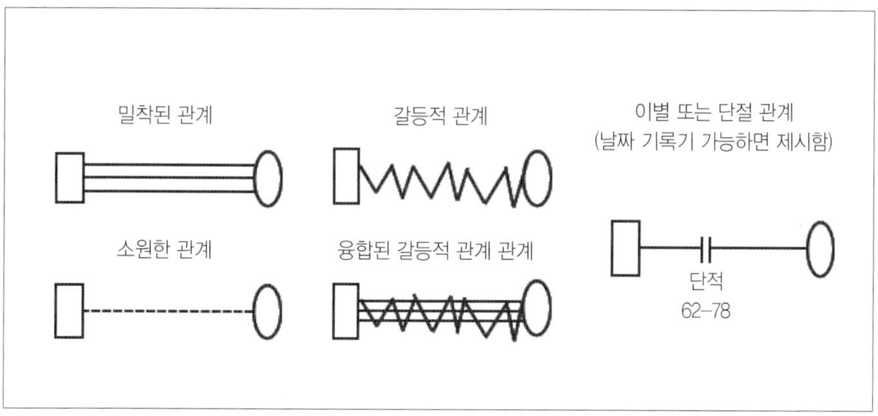

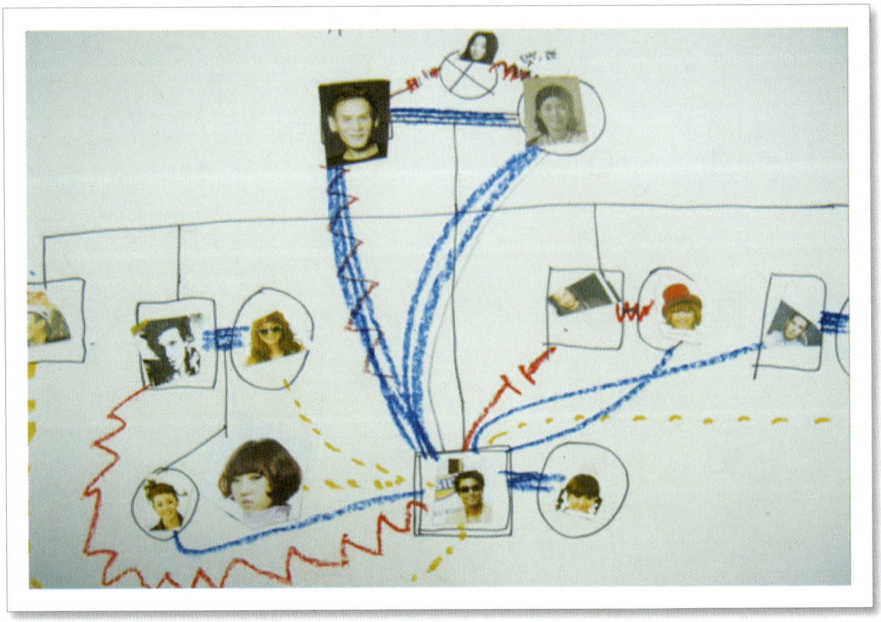

제10장

투사적 그림검사 K-HTP

투사적 그림검사 K-HTP

1. K-HTP 그림검사

동적 집-나무-사람(K-HTP) 그림은 한 장의 용지 위에 집, 나무, 사람을 함께 그리는 것으로 번스(Burns, 1987)는 HTP가 지나치게 병리적인 진단적 사용에 중점을 둔다는 점과 역동성의 파악이 어렵다는 제한성을 극복하고자 한 장의 그림에서 활동 내용, 표현양식, 상징 등의 교류가 있는 조화된 그림이라는 측면에서 중요한 가치를 두었다.

즉, HTP 그림검사에서 상호작용이나 역동성이 나타나지 않는다는 단점을 보완하기 위해 HTP에 동작을 가미하여 내담자의 성격을 효과적으로 파악하기 위하여 고안하였다. K-HTP는 KFD(동적가족화)나 KSD(동적학교화)와 상호관련이 있으며 KFD는 가족의 역동을 통해 자신에 대한 시각적 은유를 부여해 준다. KSD는 학교생활을 통해 자신에 대한 시각적 은유를 부여해 준다. 세 가지 기법들의 정보를 결합시킴으로써 각각에서 보다 더 큰 시각적 은유를 보여주게 된다. K.F.D에 사용되는 분석 방법들을 K-H.T.P에 적용할 수 있다.

1) **개발자** : 번스(Burns, 1987)
2) **장점** : 기존 HTP에 동작을 가미하여 환경의 역동적인 내면을 진단하기 위해 고안
3) **발전** : K-HTP는 매슬로우(Maslow) 욕구 단계설 발달적 체계를 적용하여 인간

의 불건강한 면과 건강한 면을 함께 보았고, 인간의 성장과 한계성, 잠재력을 고려하여 인간의 내면을 함께 진단하였음

4) **기타** : 개인검사, 집단검사, 만화형, 막대사람 검사의 재시도, 시간측정, 평균소요시간 40분 정도

2. K-HTP 그림검사 실시방법

1) 준비물

A4용지, 4B연필, 지우개 등

2) 실시방법

(1) A4 용지를 수평(가로)으로 제시한다.

(2) **지시어** : "집, 나무, 사람을 한 장에 그려주세요.
사람은 무엇인가 활동하고 있는 모습으로 그려주세요."

(3) **내담자의 그림 검사를 실시한 후, 그림 분석 시 고려해야 할 점**

① 집은 적대적으로 인식되는 세계로부터 숨을 수 있는 장소인가?
집이 붕괴되고 텅 비었으며 활기가 없는가?
집이 성공과 부유함을 나타내는가?
집은 당신이 살고 싶은 가정인가?

② 나무가 죽었는가? 위협을 받고 있는 듯한가?
적대적으로 나타내고 있는가?

③ 사람이 공격적이거나 적대적으로 표현되어 있는가?
활기가 있어 보이는가?
신체의 부분이 생략되어 있는가?

④ 집, 나무, 사람과의 간격은 어떠한가?
해나 달 등이 집이나 나무 혹은 사람 위에 그려져 있는가?

⑤ 그림은 어떤 양식으로 그려져 있는가?

⑥ 집, 나무, 사람에 어떤 상징이 나타나 있는가?

⑦ 집, 나무, 사람간의 상호작용이 나타나 있는가?

3. K-HTP 그림 해석을 위한 발달적 단계

K-HTP의 해석에 있어서는 HTP의 해석의 바탕을 이루고 있는 정신분석학적인 관점과는 달리 발달적 체계를 적용하였다. HTP의 해석은 '정신병리적' 집단에 대한 프로이트 학파의 이론적 기반에 의해 주로 이뤄졌다, 프로이트 학파의 사고는 우리에게 통찰을 부여해 주었으나 인간의 건강한 면보다는 병리적인 면이 더 강조되었다. 그러나 매슬로우(Maslow) 체계는 인간의 불 건강한면 뿐 만 아니라, 건강한 면과 인간의 성장과 잠재력도 고려하였다. 또한 성장의 수준을 정의해줄 발달적 모델을 제시해 주었다.

- 1단계 : 생활에 대한 소속감 – 생활, 생존, 안전, 일상에 대한 욕구
- 2단계 : 신체에 대한 소속감 – 신체에 대한 수용, 신체 탐닉과 잠재성에 대한 통제력추구
- 3단계 : 사회에 대한 소속감 – 지위, 성공, 존경, 그리고 힘에 대한 추구
- 4단계 : 자기와 자기가 아닌 것에 대한 소속감 – 자기와 임신한 여성이 그녀의 아이를 수용하는 것처럼 자기가 아닌 것을 포함해서 정의된다. 동정심, 사랑을 주는 것, 양육 – 변화된 동기
- 5단계 : 모든 생명체에 대한 소속감, 사랑을 주고받기, 자아실현, 좋은 기회와 행운, 창조성, 생활에 대한 찬양

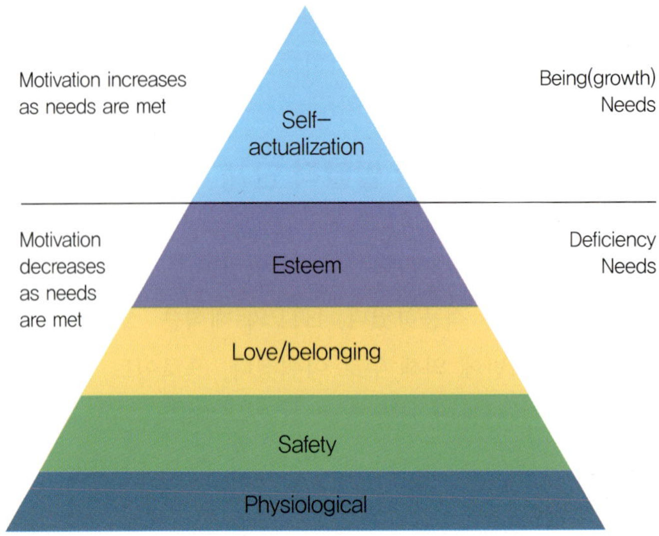

〈매슬로우 욕구 5단계〉

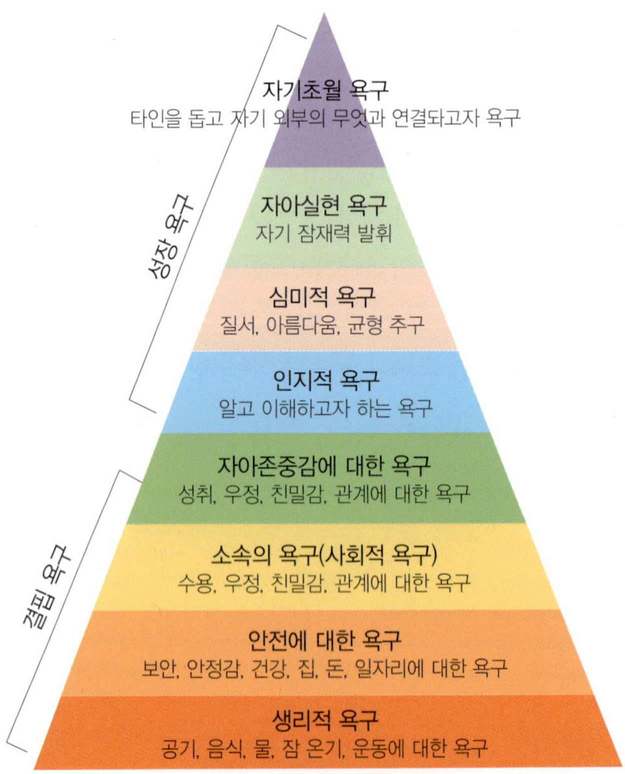

〈매슬로우 욕구 위계 8단계〉

매슬로우(Maslow)의 욕구 단계 또는 의식의 단계에서 해석된 상징들

	욕구 또는 의식의 단계				
상징	1	2	3	4	5
공기	생존호흡	에어로빅, 조깅, 호흡, 운동, 신체건강	"정복되어지는 영토"인 비약의 힘	생명을 주는 양육	밝은, 개방적, 정신적인, 탐색, 밖으로, 위로 향하는
새	생존, 탈출, 안전	음식물, 미식가, 식사	육식새인 독수리의 힘	평화의 비둘기, 점잖음	위로 향하는 것, 자유, 밝은
고양이	생존 "nine lives"	감각적인, 모피의, 곱슬곱슬한, 귀여운	힘있는 사냥꾼, 이빨, 발톱	조용한, 온화한, 잔잔한	신비, 독립적인
집	안전한 장소, 안정	우리가 사는 집 즉, 신체	성공 혹은 힘의 상징	보호, 양육, 가족, 가정을 위한 장소	아름다움, 보호, 모두를 섞은 것을 반영하는 창조적 노력
남근	종의 보존	관능적, 쾌락주의	우월, "남성 힘의 상징"	창조적 과정의 활동적 부분	창조적 에너지, 여성적 힘과의 실제적 결합, 하늘과 땅의 양극성
붉은색	생존, 생활, 피	흥분, 산타클로스, 황소를 향한 붉은 깃발	파괴와 혼돈, 불같은 폭력	따뜻한 색깔, 양육, 치료, 에너지	무지개의 한 부분, 치료적 에너지의 단일화 상징
땅	근거 있는 생존	현실적인 예를 들면 유물론적 즐거움 추구	힘:나의 영역 나의 땅	어머니, 땅, 양육자	양극의 한 부분, 창조적 에너지, "하늘과 땅"
불	추위에서의 생존	관능적인 따뜻함	강력한 파괴, 혼란	양육적인 따뜻함	창조적 이용 즉, 스팀, 증류, 에너지화 함
꽃	생존의 씨	관능적 여성적, 성적인 상징	여성적, 수동적 수용을 통한 극복	미, 사랑	아름다움과 경외에 대한 자연적 창조과정
나무	생존, 뿌리	신체, 활력	힘, 크기, "강력한 떡갈나무"	양육, 정착, "접촉함"	새로운 꽃, 과일, 양육, 조화를 창조
물	생존의 미발달 단계	넘쳐흐르는 활력, 쾌락주의	"바다의 활력" 물은 바위를 친다.	양육적인 상쾌한, 유용한	유연성 있는, 겸손한, 잔잔한, 고요한

1) 집 그림에서의 발달적 단계

(1) 1단계 : 생활에 대한 소속감

이 단계에서 그림을 그리는 사람은 생존에 대한 회의나 혹은 죽고 싶은 욕망에 사로잡혀 있다.

① **접근형** : 집은 보호와 안전을 위한 장소이다. 요새나 감옥과 같은 구조를 흔히 볼 수 있다. 보통 접근이 제한되며 문 혹은 손잡이가 생략되어 있다. 집은 사람들에게서 당신을 안전하게 지켜주는 성역이다.

② **회피형** : 여기에 속하는 사람들은 죽으려고 생각하고 있다. 집은 부서지기 쉽고, 붕괴 직전이며, 낡고 약해 보인다. 집은 비어 있고 오래가지 못할 것처럼 보인다.

(2) 2단계 : 신체에 대한 소속감

집과 집의 개방과 돌출, 벽 등은 신체를 나타내는 경우가 있다. 프로이트적인 상징이 여기에 적합

① **접근형** : 부분들이 강조되어 있다. 굴뚝은 문이나 창문들이 그려져 있는 것과 같이 분명하면서도 정밀하게 그려져 있다, 집에는 촛불, 동그라미 혹은 남성성기의 상징들을 포함한 성적 상징들이 장식되어 있을 수 있다. 집은 감각적이며 쾌락주의를 반영한다.

② **회피형** : 부분들이 생략되어 있거나 지워져 있거나 혹은 감춰질 수 있다. 또한 부분들에 음영이 있거나 지워져 있다. 집을 그리는 것을 싫어하며 집이 심미적이지 못하고 거부가 나타난다. 상징은 신체의 갈등 부분들을 반영할 수도 있다. 집이 타인의 침입을 받지 않는 '신성한 장소'를 반영하는 경우도 있다.

(3) 3단계 : 사회에 대한 소속감, 성공

① **접근형** : 집은 성공, 지위, 권력과 존경에 대한 욕구를 반영한다. 이 단계에서 집은 현대적이며 값비싸 보인다. 만약 풍경화가 그려진다면 그것은 정형적이

고 윤택해 보일 것이다.

② **회피형** : 집은 성공하지 못했다는 것은 나타낸다. 집이 비싸 보이거나 현대적이지 못하다. 누추한 집

(4) 4단계 : 자기와 자기가 아닌 것에 대한 소속감

이 단계에서 분열은 숨어 있다. 접근형이나 회피형은 없고 다만 통일된 조화가 있다. 집은 가정이 된다. 더욱 많은 색채들이 따뜻함과 보호적인 느낌으로 사용된다. 커튼은 숨기 위한 것이 아니라 따뜻함과 아름다움을 나타낸다. 꽃, 관목, 나무 등이 첨가될 것이다. 그림에 따뜻한 양육적인 특성이 나타난다. 문과 문에 있는 손잡이를 이용하여 출입할 수 있다. 때때로 집에서 빛이 비쳐 나온다. 가정은 따뜻한 분위기 속에서 다른 사람과 공유할 수 있는 곳이다. 장난감, 원예도구 그리고 꽃 등이 가족과 보호의 상징으로서 나타난다.

(5) 5단계 : 자신과 자신이 아닌 더욱 확장된 것에 대한 소속감

가정은 행복과 환영을 발산하는 창조적인 것이다. 이 단계에서 그림을 그리는 사람은 자신이 아닌 것도 수용한다. 가정은 따뜻하고 자연스럽게 조화를 이루고 있다. 나무, 꽃, 새, 태양, 산 등이 하나의 생활의 향연으로서 사랑스럽게 포함되어 질 것이다. 가정은 신체, 자기, 기타 다른 것들과 정신적인 것을 위해 가정을 확립하려는 창조적 노력과 완전성을 반영할 것이다.

2) 나무 그림에 있어서 발달적 단계

나무는 신화, 관습, 전설, 종교적 문헌, 미술, 시 그리고 꿈 분석에서 묘사되는 것처럼 옛날부터 세계 여러 곳에서 생활과 자기 성장의 상징으로 여겨 왔다. 나무의 가지는 방어, 슬픔, 양유, 성장, 재활과 결심을 상징해 왔다. 씨앗에서 꽃이 피고 열매를 맺어 또다시 씨앗이 되는 나무의 기적적인 재생은 인간 성장과 발달에 대한 은유로 보인다. 나무는 땅에서부터 하늘까지 성장하고 움직이려 하는 인생의 열망을 반영한다. 따라서 그것은 가장 보편적인 상징으로서 정신과 자기 확장의 은유를 나타내고 있다. 나무는 하나된 영상으로서 사람의 모습이다. 나무 성장의 방향은 위와 밖, 혹은 아래와 안이

다. 줄기의 옹이구멍은 보통 '혼란된 마음속'에 있는 고착이나 외상들을 반영한다. 기타 나무와 관련된 상징들은 Metzner(1981)의 논문을 보면 더욱 자세하게 알 수 있다.

(1) 1단계 : 생활력과 에너지에 대한 삶의 수용에 대한 소속감

① **접근형** : 나무가 갈쿠리 같은 손톱 모양의 뿌리를 가지고 있거나 혹은 파묻혀 있다. 나무가 친숙하지 못하다. 가시나 혹은 '가까이 오지 못하게 하는' 특성을 가질 것이다. 기어오를 수 없다.

② **회피형** : 나무가 죽어가고 있거나 죽어 있다. 줄기는 좁고 잎이 없거나 혹은 드문드문 나 있다. 나무가 비틀려 있고 발육이 방해받고 있다. 가지와 잎은 흐느끼는 버드나무의 가지처럼 아래로 쳐져 있다. 가지들은 부러져 있거나 말라 죽어 있다.

(2) 2단계 : 신체에 대한 소속감

① **접근형** : 나무는 감각적 특성을 가지고 있으며 나무껍질 혹은 잎을 강조할 것이다. 잎들이나 가지들이 남근 모양일 수 있다. 감각적인 색채들, 나무들은 줄기에 비해 작은 가지 구조이기 때문에 남근을 닮았다.

② **회피형** : 나무들이 생략되어 있거나 부분이 감쳐줘 있거나 음영이 져 있다. 칙칙한 색채를 띤다.

(3) 3단계 : 사회에 대한 소속감

① **접근형** : 강한 나무, 크고, 화려하며 외관적임. 가지들이 소유하려는 듯이 움켜잡는 식으로 밖으로 뻗어 있다. 나무는 균형이 잡혀 있지 않다.

② **회피형** : 수동적으로 보이는 나무. 가지들은 크지만 밖으로 뻗어 있지 않다. 나무가 한쪽으로 기울어져 있다.

(4) 4단계 : 자신과 자신이 아닌 것에 대한 소속감

접근형이나 회피형이 아니라 단지 우호적인 나무이다. 양육적이고 정착된 나무로 그늘과 올라갈 수 있는 장소를 제공해 준다. 아마도 과일이나 열매들이 그려져 있을 수도 있다(떨어지거나 떨어진 과일이 아닌).

(5) 5단계 : 자기와 확장된 자기가 아닌 것에 대한 소속감

나무가 꽉 차 있으며 완전하고 위와 밖으로 뻗어 있다. 가지들은 부러지지 않았으며 연속적이다. 생기 있고 즐거운 분위기를 자아내는 특성의 색채를 보이며 전체적인 조화 속에 새, 태양, 산 등이 있을 수 있다.

3) 인물화에 있어서 발달적 단계들

(1) 1단계 : 생활에 대한 소속감

① **접근형** : 공격적인 외모와 표현, 편집증적 특징(피카소의 눈)을 가지고 있다. 인물은 무기를 들고 있거나 무섭고 의심하는 듯한 표정이다.

② **회피형** : 얼굴이 텅 비어 있거나 뭉개져 있거나 혹은 매우 슬픈 표정이다. 사람들이 내적으로 죽어 보이거나 교활해 보인다. 인물은 자기 파괴적일 수 있다.

(2) 2단계 : 신체에 대한 소속감

① **접근형** : 신체가 강조되고 감각적이다. 성적인 특성들이 강조되어 매력적이다. 남성일 때 근육이 강조된다. 여성에게 있어서는 가슴, 엉덩이 등을 포함하는 성적인 특성이 강조된다. 아름다운 신체, 세밀하게 그려진 사람들, 조깅하는 사람들 등

② **회피형** : 부분들이 숨겨져 있거나 생략 혹은 가려져 있는 신체, 신체에 대한 수치나 당혹스러움

(3) 3단계 : 사회에 대한 소속 지위, 존경과 권력을 추구

① **접근형** : 현대적이며 성공과 중요함을 느끼게 하는 분위기. 지위와 존경에 대한 욕구를 보여준다.

② **회피형** : 세련되지 못한 모습, 낡은 옷을 입은 가난한 모습

(4) 4단계 : 자기와 자기가 아닌 것에 대한 소속감

사람 그림이 양육적이고 사랑스러운 얼굴 표정을 보여주며, 행동 또한 양육적이다. 동정심 있고 보호적이며 양육적인 사람

(5) 5단계 : 자신과 모든 생명체들에 대한 소속감

인물은 생활에 축복을 반영한다. 인물은 전체적이며 완전하며 종종 창조적이다. 인물은 표현에 있어서 사랑, 희망찬 미래와 행운의 느낌을 주고 수용적이다. 생활에 있어서 가능성에 대한 열렬한 기대를 반영하며, 색깔 등이 다채롭다.

4. K-HTP 그림의 밀착, 거리, 순서, 해석

1) 밀착

집에 대한 사람의 밀착, 나무에 대한 집의 밀착 등은 그림 그린 사람들이 그들의 생활 속에서 여러 가지 중요한 일들을 분리할 수 없고 해결할 수 없다는 것을 반영해 준다. 자신의 생활 문제를 해결하지 못하며, 순탄한 인생의 행로를 가지 못하는 사람은 만성적으로 충족되지 않은 불만스러운 생활을 나타낸다.

2) K-HTP에서의 그림의 순서

사람들은 지시에 따라서 집, 나무, 그리고 사람을 그린다. 그러나 대부분의 사람들은 K-HTP에 그들 나름대로의 순서로 그림을 그릴 것이다. 여기에 순서가 무엇을 뜻하는가에 대해 다음과 같은 가정이 있다.

(1) 나무를 가장 먼저 그리는 경우

나무를 가장 먼저 그리는 사람은 생활에너지와 성장을 가장 중요하게 생각한다. 이것은 성장하려고 하는 사람이나 살아 있는 전형적인 사람들의 유형이다. 예를 들면, 자살하고 싶은 충동을 가진 사람 혹은 '살려는 의지'를 잃어버린 사람들은 종종 나무를 먼저 그린다. 위로 향하고자, 즉 성장하고자 하는 사람들 또한 나무를 먼저 그린다. 물론 해석을 가치 있게 하려면 전체 K-HTP의 부분으로서 나무를 보아야 한다. 나무가 밀착되어 있는가? 죽었는가? 어느 쪽을 향해 굽어 있는가? 이 같은 정보는 '의미'를 더욱 분명하게 해준다.

(2) 집을 먼저 그리는 경우

발달 단계를 나타낸다.

- 1단계 : 세상에 소속되고자 하는 욕구 : 생존을 위한 욕구
- 2단계 : 신체에 소속되고자 하는 욕구 : 신체 욕구 혹은 강박 관념을 나타낼 수 있다.
- 3단계 : 사회에 소속되고자 하는 욕구 : 집은 성공이나 혹은 성공에 대한 멸시를 보여준다.
- 4단계 : 양육을 위한 가정
- 5단계 : 양육을 주고받기 위한 가정, 창조적이고 즐거운 장소

(3) 사람을 먼저 그리는 경우

- 1단계 : 세상에 소속되고자 하는 욕구 : 생존을 위한 욕구
- 2단계 : 신체에 소속되고자 하는 욕구 : 신체 욕구 혹은 강박 관념을 나타낼 수 있다.
- 3단계 : 사회에 소속되고자 하는 욕구 : 성공이나 혹은 성공에 대한 멸시를 보여준다.
- 4단계 : 양육적인 사람
- 5단계 : 즐겁게 주고받는 사람

만약, 자신 이외의 사람을 그린다면 그것은 특별한 사람(예를 들면 죽은 가족, 사랑하는 사람, 증오하는 사람 등에 사로잡혀 있다는 것을 반영한다.

5. K-HTP 양식과 상징

1) K-HTP 에서의 양식

(1) **밀착** : 공생적 관계

(2) **조감도** : 거리에 비례 된 심리를 반영

(3) **구분화** : 립 시도, 다른 사람들로부터 자신과 감정 철회, 다른 사람에 의해 거절

되는 감정이나 타인들에 대한 두려움, 개방적으로 의사소통이 힘듦

(4) **가장자리** : 친밀하거나 보다 깊은 수준으로 관련되는 것을 저항하는 방어적인 사람

(5) **포위** : 위협하는 개인들을 고립시키거나 제거할 필요 있음

(6) **도화지 상부에 그려진 대상** : 힘이나 우월에 대한 갈망, 현실회피, 환상적인 사람의 경우

(7) **도화지 하단에 그려진 대상** : 현실적이고 소속되고자 하는 갈망, 신체 부분의 숨김, 죄의식, 열등감

(8) **도화지 하단에 줄지어 그려져 있고 그물눈의 음영 넣기** : 매우 불안정한 가족, 안정에 대한 갈망

(9) **도화지 상단의 선, 폭풍우를 실은 구름** : 불안, 걱정, 두려움, 정서적 혼란

(10) **도화지 밑바닥의 지면선** : 불안정한 가족과의 스트레스, 정서적 혼란의 경우

(11) **개별그림들의 지면선** : 집, 나무, 사람 아래의 선이나 음영

(12) **시작한 그림을 거부하고 전체 그림을 다시 그리는 경우** : 첫째 그림의 내용이나 역동성에 의해 위협을 받게 되면 보다 안전한 두 번째 그림을 다시 그린다.

2) K-HTP 에서의 상징들

HTP의 창시자인 벅(Buck)은 이론이나 해석에 의미를 부여하기보다 무슨 의미가 있는지를 내담자에게 물어보는 것이 중요하며 내담자의 상징에 대한 해석은 신중해야 한다.

모든 상징들의 해석은 내담자의 의식 수준과 분석자의 의식 수준에 따라서 해석의 오류가 발생할 수 있다. 모든 상징들은 준거체계나 해석자의 이론 기초에 따라서 다양한 의미를 가질 수 있다. HTP에서의 여러 상징들은 KFD에서의 상징의 해석과 동일하게 적용하면 된다.

6. K-HTP 그림검사 질문지

전체 그림에 대한 질문

- 당신은 그림을 통해 하고 싶은 이야기가 있으면 간단히 쓰세요.
- 당신 그림에는 무슨 일이 일어나고 있나요?
- 당신 그림의 느낌이 따뜻한가요? 차가운가요?

집(H)에 대한 질문

- 그림의 집은 당신에게 보호공간(도피처)인가요?
- 이 집의 분위기는 어떤가요?
- 집이 부서지고, 비었으며 허물어지는가요? 아니면 집의 상태를 간단히 적으세요.
- 그림의 집이 가정적으로 보이는가?
- 그림의 집에서 살고 싶은가?

나무(T)에 대한 질문

- 이 나무는 살았는가? 죽었는가?
- 그림의 나무는 부러지고 약한 나무인가? 건강한 나무인가?
- 그림의 나무는 여자와 남자 중 어느 쪽에 속하는가?
- 그림의 나무는 나이가 얼마나 되었는가?
- 당신이 나무라면 그림의 나무가 되고 싶은가?

사람(P)에 대한 질문

- 그림의 사람은 좋은 사람인가? 나쁜 사람인가?
- 그림의 사람은 나이가 얼마이고 건강한가? 약한가?
- 그림의 사람은 수줍음을 잘 타는 것 같은가?
- 그림의 사람은 가족이 몇 명이고 친구가 몇 명인가?
- 당신은 그림의 사람을 그리며 누구를 생각했는가?
- 당신은 그림의 사람처럼 닮고 싶은가?

마지막 질문

- 당신의 그림에 꼭 그려 넣어주고 싶은 것이 있는가?

〈 밀착 〉

밀 착	유 · 무
H-T	
H-P	
P-T	
H-T-P	
아무것도 밀착되어 있지 않음	

〈 자기상 외의 인물들에 대한 유 · 무 〉

숭배하지 않는 사람	
죽은 사람	
부모	
친구	
우상	
친척	
모르는 사람	
기타	

7. K-HTP 그림검사 보고서

<table>
<tr><td colspan="2">그림을 그린 순서</td><td></td></tr>
<tr><td colspan="2">발달단계
(가장 먼저 그린 그림을 기준)</td><td></td></tr>
<tr><td colspan="2">그림간의 부착여부</td><td></td></tr>
<tr><td colspan="2">행 위</td><td></td></tr>
<tr><td rowspan="6">사
용
된

상
징</td><td></td><td></td></tr>
<tr><td></td><td></td></tr>
<tr><td></td><td></td></tr>
<tr><td></td><td></td></tr>
<tr><td></td><td></td></tr>
<tr><td></td><td></td></tr>
<tr><td colspan="2">그린 후의 질문
(그림 속의 계절, 날씨, 시간, 사람이 누구인지 등을 물어 기록해 둔다)</td><td></td></tr>
<tr><td colspan="2">전체적인 분석</td><td></td></tr>
</table>

제11장

투사적 그림검사 KFD

제11장

투사적 그림검사 KFD

1. KFD 그림검사

1951년 훌스(Hulse)가 개발한 가족화(Draw A Family)에 운동성을 첨가하여 번스와 카프만(Burns & Kaugman, 1970)에 의해 개발되었다. 가족화에서 발전된 동적 가족화는 개인을 통해 가족의 역동성을 파악하기에 더욱 용이하다는 것이 장점이고, 주제통각검사(TAT)와 유사한 점이 많으며 일반적인 가족화가 가지는 상동적인 표현을 배제하고 있다(김동연, 1994). 따라서 연령순이나 사회적 지위 순으로 그리는 가족화의 단점을 보완하여 가족구성원에 대한 감정이나 태도를 투사하게 한다.

KFD는 프로이트의 정신분석 이론과 레빈의 장이론(場理論: Field theory), 지각의 선택성(Selectivity of perception) 등과 같은 이론을 기초로 하고 있다. 특히 내담자가 심리적으로 느끼는 가족 구성원에 대한 내적 상이 시각적으로 표현되는 검사로서 가족 내에서 내담자에게 많은 영향(긍정적, 혹은 부정적)을 미치는 인물에 대해 느끼는 감정과 가족구성원 사이의 친밀감, 서열, 갈등과 같은 역동성을 엿볼 수 있다. 즉, 내담자가 주체적, 선택적으로 지각하는 주관적, 심리적 환경의 가족에 대한 인지가 적용되는 것이다.

가족치료 검사 시, KFD의 도입은 의식적, 무의식적 투사기법으로서 내담자를 진단하고 치료하는데 상당한 가치가 있다고 볼 수 있으며 KFD의 해석에 있어서 많은 연구자들이 방법에 대한 타당도와 객관성(Cho, 1987; Conat, 1988; Shaw, 1989;

Lieberman, 1992)을 연구하고 있다.

2. KFD 그림검사 실시방법

개인상담법 또는 집단상담법을 모두 사용할 수 있으며, 시간제한은 하지 않으나 대체로 30-40분 정도 소요된다. 장소는 상담실 또는 책상과 의자가 있는 곳으로서 중요한 것은 내담자가 자유로운 느낌을 가질 수 있는 친화적 관계가 이루어져야 한다.

1) 검사도구

A4용지, 연필(4B), 지우개 등이다. 여기서 색채화를 하지 않고 연필화로 하는 것은 색채에 부여되는 심상과 감정을 제외시키기 위함이다.

2) 검사의 지시

검사 도구를 내담자의 책상 위에 두고 다음과 같은 지시를 한다.

"당신을 포함하여 가족 모두 무엇인가 활동하고 있는 그림을 그려보세요. 만화나 막대기 같은 사람이 아니고 완전한 사람을 그려주십시오."(Burns & Kaufman, 1970, 1972).

내담자가 "가족 전원이 무엇인가 하나의 일을 하고 있는 것입니까? 그렇지 않으면 개인이 각각 다른 일을 하고 있는 것을 그립니까?"라고 질문을 할 수 있다. 그러면 검사자는 "생각나는데로 자유롭게 그리세요." 라고 답한다.

아동이 내담자인 경우의 지시어는 "선생님에게 너의 가족을 그림으로 소개해 줄래? 너를 포함하여 가족 모두 무엇인가 하고 있는 그림을 그려봐." 라고 변형하여도 좋다.

KFD에서 제일 중요한 것이 지시어이다. 종종 검사자가 하는 중요한 실수가, 자신도 모르는 사이 지시어 속에 "가족 모두가 함께", 혹은 "가족 모두가 각자" 라는 단어가 나오게 되는 경우가 있다. 그런 경우 동적가족화의 해석에 커다란 오류를 범하게 되고 해석은 무의미하게 되므로 검사 전 지시어를 충분히 숙지한 후에 실시하여야 한다.

만약 단체로 검사를 할 경우 검사자는 피검자의 행동을 일일이 파악하여야 하며, 특히 옆 사람의 그림을 따라 그리는 사람이 없는지 관찰하여 KFD 해석 시 고려하여야 한다.

그림을 그린 이후 그린 순서대로 번호를 적게 하고 그 대상이 누구이며 무엇을 하고 있는지 작성하게 한다. 또한 그림 속에 가족구성원 중 빠진 사람이 있는지, 가족 외에 타인을 그려졌는지, 부모와 자식이 함께 생활하는지 등을 파악하여야 한다. 내담자가 그림을 거부할 때는 용기를 주어 말이나 몸짓 등을 이용하도록 허용하고 그림을 완성할 때까지 방에 머물도록 한다. 그러나 검사자가 무엇인가를 의미하는 듯한 응답은 절대로 피하고 완전히 비 지시적이고 수용적인 태도를 취한다.

3) 그림을 완성한 후의 절차

그림을 완성한 후, 그림 속에서 인물상을 그린 순서, 각각의 인물상이 누구인가, 연령대, 무슨 활동을 하고 있는가, 가족 중 생략된 사람이 있는가, 가족 외 첨가된 사람이 있는가를 질문하고, 확인한 후, 관찰지에 기록한다. 이것은 상세하지 않은 그림을 다시 확인하기 위한 절차이고, 정확한 자료를 얻기 위한 것이다.

3. KFD 해석 방법

KFD의 해석은 5개의 진단영역으로 나누어진다. 즉 인물상의 행위(action), 그림의 양식(styles), 상징(symbol), 그림의 역동성(dynamics), 인물화 검사에서 실시하고 있는 인물상의 특징(figure characteristics)과 임상적 의미를 추가하고 있다.

1) 인물상의 행위(action)

(1) 상호작용의 측면

동적가족화가 일반 가족화와 다른 점은 그려진 인물의 행위가 수반된다는 점이다. 구성원의 행위는 지각적 선택에 따른 것으로 해석에 중요한 근거가 된다.

인물상의 행위는 가족 모두가 상호작용하고 있는지, 일부가 상호작용하고 있는지, 상호작용 행위가 없는지에 따라 가족의 전체적 역동성과 친밀도를 볼 수 있다.

(2) 행위로 본 가족 내 역할유형

인물상의 행위로는 아버지, 어머니, 자기상을 중심으로 분석하는데 그 이유는 이 세 사람이 공통되는 가족구성원이라는 점과 자녀에게 있어서 부모는 성격형성의 중요한 장을 형성해주기 때문이다. 대체로 아버지상은 TV, 신문보기, 일하는 모습이 많이 나타나고, 어머니상은 부엌일이나 청소 등과 같은 가사 일을 하고 있는 모습을 많이 볼 수 있다. 자기상은 공부, TV보기, 노는 모습 등으로 그려져 있다. 그러나 행위에 대한 해석은 그림의 양식, 상징 등을 함께 고려하여 전체적 관점에서 해석되어야 한다.

2) 그림의 양식(styles)

(1) **일반적 양식** : 가족관계에서 자기의 감정과 상태, 신뢰감을 나타낸다. 복잡한 혹은 명백한 장벽을 나타내지 않고 온화하고 우호적인 상호관계를 암시하는 그림을 그린다.

(2) **구분** : 하나 또는 그 이상의 직선이나 곡선을 사용하여, 그림에서 인물들을 의도적으로 분리하는 경우이다. 또는 미리 용지를 접어서 몇 개의 사각형의 테를 만들고 그 안에 가족구성원을 각각 그리는 경우도 있는데 이것은 구분의 극단적 양식이다. 솔직한 애정 표현이 허용되지 않을 때, 내성적인 아동에게서 나타난다. 다른 가족구성원으로부터 그들 자신과 그들의 감정을 철회하고 분리시키려는 욕구를 표현한다.

(3) **포위** : 하나 또는 그 이상의 인물을 어떤 사물이나 선으로 둘러싸는 경우이다. 위협적인 개인을 분리하거나 치우고 싶은 욕구로서 가족과의 관계에서 자기 자신이 개방적인 감정적 태도를 갖지 못할 때, 가족원 혹은 자기 자신을 닫아버리는 양식이다. 두 인물을 함께 포위할 때 둘 사이를 밀접하게 동일시하는 경향이 있다. 주로 책상, 그네, 줄넘기, 자동차 등으로 교묘히 표현되는 경우가 많다.

가족 간의 관계에서 자기 자신과 갈등이 있거나 위협을 느끼는 인물을 선이나 사물로 둘러싸서 포위하는 경우이다. 개방적인 감정적 태도를 갖지 못할 때, 지기자신이나 가족구성원을 닫아버리는 양식이다. 이 양식은 줄넘기, 그네, 자동차, 책상 등으로 교묘하게 표현하는 경우가 많다. 두 인물을 함께 포위하는 경우 둘 사이를 동일시하는 경향이 있다.

(4) **가장자리** : 인물상을 용지의 중앙을 비워두고 주변에 나열해서 그리는 경우이다. 이 양식은 상당히 방어적이며 문제의 핵심에서 회피하려는 경향이 있다. 또한 상담시 강한 저항을 보이는 경우가 많다.

(5) **인물하선** : 자신 혹은 특정 가족구성원에 대해서 불안감이 강한 경우에 그 인물상의 아래에 선을 긋는 경우가 있다. 가족 상호간에 불안정성을 선이나 물체로 안정감을 얻고자 하는 욕구를 나타내는 양식이다. 한쪽 면으로 몰려 그려진 경우는 위치에 따라 해석을 달리한다.

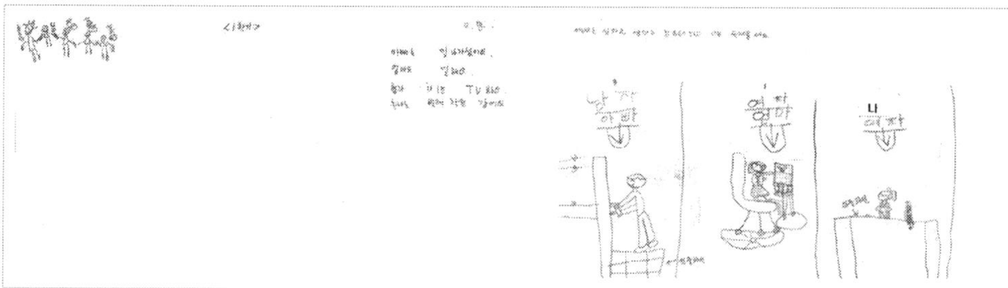

(6) **상부의 선** : 하나 이상의 선이 종이의 상단에 그려진 경우를 말한다. 이 양식은 스트레스를 지닌 사람에게 많이 보여지며 가정의 불안감이나 걱정, 두려움 공포가 존재함을 의미한다.

(7) **하부의 선** : 성인의 경우 불안할 때 하부에 선을 그리는 경우가 있다. 그러나 아동의 경우 연령에 따른 묘화의 발달과정에서 기저선이 나타나는 것은 지극히 당연한 것이다. 한 선 이상이 전체적으로 하단을 따라서 길게 그려진 경우 붕괴 직전에 놓여 있는 가정이라든가 강한 스트레스하에 있는 아동이 안정을 강하게 필요로 하고 또 구조받고 싶은 욕구가 강할 때 나타낸다.

3) 상징(symbol)

(1) **다리미** : 어머니의 과잉 혹은 그 표현방법에 적절함이 결여된 애정, 관심, 주의 등을 피험자가 인지하고 있는 것으로 해석하는 것이 적절하다. 또, 종종 동시에 그려진 다리미대가 어머니상에 대한 포위의 양식으로써 채점되는 일도 있다.

(2) **편물(뜨개질)** : 그것 자체는 어머니다운 따스한 애정을 느낄 수 있지만, 편물은

단독작업으로, 다른 가족성원과의 교호작용을 시사해 오지 않는 경우가 많다. 따라서 편물과 그것을 하는 인물상의 묘화 중에 차지하는 위치, 크기 등의 역동적인 관점에 있어서 해석상의 의미가 부여되지 않으면 안 되는 것이다.

(3) **비** : 비와 같이 바다, 호수, 강, 때로는 수돗물도 포함해서 일반적으로 물은 억울한 경향과 관련한다.

(4) **의자** : 의자는 책상과 함께 이용되는 것으로서 함께 그려지는 일이 많다. 이들은 어느 것이나 개인적 사용에 관계하는 것이고, 다른 가족성원과 서로 관계함을 의미하지 않는 경우가 많다. 의자는 그 크기나 등받이 부분, 팔걸이 부분에 의해서 교묘하게 사용자들을 둘러싸 버린다. 또 등받이 부분이 그려진 경우, 인물상은 후두 부분만이 보인다. 전자는 포위의 양식이고, 고립이나 소외감을 후자는 해당 인물에 대한 거부감을 표시하고 있다.

(5) **개** : 고양이 항을 볼 것

(6) **부채** : 부채는 거의 정신장애군의 남자에게만 보여지는 경우가 많고, 극히 드문 것이다. 차가운 것이지만 묘화자가 자아기능장애를 가지고 있는 것과 관련되는 것인지 더욱 검토를 해야 할 것 중의 하나이다.

(7) **앞치마** : 어머니에 대한 역할 기대를 의미하는 것이다. 안정감, 때로는 생존의 보장을 의미하는 뜻도 있다. 반면, 옷에 의한 포위라고도 할 수 있는 의미를 나타내기도 한다. 더욱이 해당 인물이 등 쪽으로 그려진 때에는 종종 앞치마끈은 사선으로 묶기, 즉 X자형이 되고, 그 인물에의 부정적인 감정을 의미하는 것이 된다.

(8) **연필** : 연필은 어린이에게 있어서 가장 친근하고 친숙함이 있는 자기표현을 위한 용구의 하나이다. 그 의미에서는 동적가족화 중에 많이 발견되는 것 중의 하나이기도 하다. 따라서 피험자가 당면한 문제나 묘화 속에서 연필이 무엇을 위해 이용되어지고 있는 것인가 하는 관점에서 해석되어야 하는 것이다.

(9) **계단, 사다리** : 계단(사다리)의 도중의 인물이나 혹은 계단이나 사다리를 지나서 계단 위나, 옥상이나, 지붕 위에 위치한 인물에 관계하여 불안이나 불안정감을 상징

(10) **집** : 가족이 안고 있는 불안감이 불안정성과 관련

(11) **집의 보수(補修)** : 전항에서 서술한 것처럼 가정생활의 기반이 되는 집의 보수

작업은 대부분 페인트칠과 같은 아버지의 행위로서 묘사된다. 결국 아버지의 물리적인 집의 형태로 표현된다. 심리적인 가정에의 새로운 관계를 의미하는 것이기도 하고, 부모다운 모습을 나타낸다.

(12) **가구** : 장롱, 미닫이, 침구 등이 강조되어 있기도 하고, 그 외의 도구가 크게 강조되어 그려진 경우가 있다. 가정 내의 물질성이 도형으로 표시되고, 따뜻한 마음의 연결이 빈약하다고 느껴지고 있는 내담자의 KFD에서 많이 보여진다.

(13) **카드** : 딱지(카드), 트럼프 종류이다. 카드놀이가 두 명 이상의 상호작용으로서 묘사되는 경우와 혼자 놀이로서 묘사되는 경우에는 물론 의미가 다르다. 전자는 그 상호작용의 의미와 내용이 이해되지 않으면 안 되고, 후자는 만족스럽지 못한 인간관계가 문제된다.

(14) **낫** : 농사짓는 작업의 묘사에 자주 나타난다. 공격 혹은 거세공포와 관련하는 것이라고 생각한다(칼 종류의 항 참조).

(15) **완구** : 장난감의 종류이다. 어떤 의미에서는 상당히 지적인 작업으로 받아들여지는 장난감은 피험자의 퇴행 기분과 관련하는 것 같다.

(16) **쓰레기** : 먼지, 티끌 등의 폐기물이다. 쓰레기를 버리는 것은 가족의 존재에 있어서 바라지 않는 '더러운' 부분을 버리는 것과 같다(Burns & Kaufman, 1972). 그 존재를 수용하기 어려운, 새로 태어난 갓난아기에게 행해진 공격적 감정 같은 것이다. 따라서 그림에서 누가 쓰레기를 버리려 하고 있는 것인가, 쓰레기와 새로운 갓난아기가 어떠한 위치에 그려져 있는 것인가 등과 같은 관점에서 역동적 해석이 가능하다.

(17) **화로, 난로** : 가정의 따스함, 또는 우호적 인간관계를 의미하고 있다.

(18) **방석** : 개인의 사용에 관계하는 물체이고, 몸 밑에 깔려지는 것이다. 결국 인물하선의 양식으로써 채점되는 성질의 것이고, 그것이 강조된 묘사는 해당 개인에의 불안감을 의미한다.

(19) **자전거** : 특히 남성적인 힘을 의미하고, 그와 같은 힘의 강화, 보충을 시도하기 위한 것이라고 할 수 있다. 왜냐하면, 자전거는 스스로의 힘으로 움직이고, 힘을 몇 배씩 증가시켜 행동 범위를 확장하는 것이다. 일반적으로는 남아의 묘화에 많이 보여진다.

(20) **자동차** : 자동차는 심리적, 물리적 격리를 의미한다. 종종 승차하고 있는 사람

은 포위양식이고, 다른 가족성원과의 격리를 표현하는 것이 된다. 그 사람에게 있어서 자동차는 심리적, 물리적으로 또 다른 거주공간이고, 더구나 다른 가족 구성원과의 거리는 임의로 결정할 수 있는 것이다.

(21) **하수구** : 이것은 부엌과 수도(씽크대)를 묘사할 때 자주 나타난다. 그러나 물의 출구라고 하는 점에 있어서는 비와 물의 해석과 같이 여러 가지 형편의 억울한 경향을 시사하는 경우가 있다.

(22) **나무** : 상징적 의미를 단순히 결정짓기는 어렵다. 그러나 기본적으로 다음과 같은 것을 지적할 수 있다. 나무는 '성장하는 것'이고, 동시에 개화에서 결실에 이르는 생성과정을 해마다 반복하는 것이다. 정신적인 소생, 재생 등을 의미한다. 또한, 특수한 형태의 나무로서 분재와 작은 정원수는 다른 사람의 성장 과정을 지배하고 싶다는 욕구와도 관련하는 것 같다.

(23) **식탁** : 화로, T.V 등과 같은 의미가 있고, 가족의 연대감을 표현하는 경우가 많다. 혼자서 사용하는 것에 관계하는 책상과 의자와는 반대의 의미를 가진다.

(24) **음식** : 일반적으로 어린아이와의 접촉도가 높은 KFD에 있어서 어머니의 대표적인 행위는 부엌일과 요리이다. 그 행위의 결과로서 음식물이 묘사되는 경우가 적지 않다. 이 같은 소위 일차적인 생리욕구의 충족에 관계하는 사물의 묘사는 그 욕구충족을 항상 가정에서 구하고 있는 것이다. 혹은 그 같은 가정의 당연한 기능을 KFD에 투영하지 않으면 안 될 정도로 그 충족패턴이 불안정성이 있다는 두 경우가 예측된다.

(25) **서적** : 이것은 명백히 지적 욕구와 관련된다. 그러나 그것이 교과서인지 만화책인지에 의해서 의미가 달라진다. 전자는 가족으로부터의 기대와 강요되는 모습, 바램이기도 하고, 후자는 퇴행과의 관련 등이 검토되어야 한다. 또 서적은 합리화와 관계하는 것은 확실하다.

(26) **식기, 찻잔** : 식기와 찻잔은 음식물의 항에서 서술한 것과 거의 같다고 생각해도 된다. 즉 일반적으로 가정의 어린이에 대한 섭식 욕구의 충족을 의미하는 것이기 때문에 이것을 묘사해야만 한다는 그 기제가 문제시된다.

(27) **물조리개** : 이것은 기본적으로 물과 관계하는 것이다. 조리는 분재와 정원수의 손질을 행하는 인물에 동반해서 그려지는 일이 많다. 따라서 해당 인물에 관계하는 불안이나 억울한 감정과 관련한다(나무와 물의 항 참조).

(28) **침구** : 이것은 수면 시에 이용되는 것이기 때문에 그같이 그려진 인물에게 나타나는 거부감정과 퇴행, 그리고 억울한 감정 등을 나타내고 있다.

(29) **신문** : 동적가족화에서 신문을 읽는 사람은 아버지이다. 신문은 사회사상의 정보원이라고 할 수 있어, 그것을 읽는 사람의 사회에의 관심을 의미한다.

(30) **스토브** : 전기, 가스, 석유 등에 의한 온방기는 사용 목적 그 자체는 가족관계의 따스함을 의미하는 것이다.

(31) **세탁물** : 일반적으로 아름다움을 좋아하는 어머니라든가 가족생활에 있어서 물적 관계에 중점을 두는 어머니 등 어머니의 당위적 태도와 관련하는 것 같다. 또 때로는 다시 시작함이나 재생을 상징하는 일도 있다.

(32) **청소기** : 지배적이고, 통제적이며 거부적인 태도이다(빗자루, 먼지털이의 항 참조).

(33) **태양** : 태양은 밝음과 따스함을 의미하는 것임을 상식적으로 이해할 수 있다.

(34) **부엌, 수도(씽크대)** : 섭식욕구의 충족이라고 할 수 있는 가정의 일차적인 기능과 관련하는 것이다. 내담자가 음식물을 먹는 것에 강한 관심이 있는 경우와 그 같은 욕구가 안정적으로 만족되지 않는 경우의 불안감이 있는 경우 등에 음식물과 식기, 부엌일 하는 행위와 함께 그려지는 일이 많다.

(35) **연(풍선, 애드벌룬)** : 좋아하지 않는 가족 상황에서의 이탈 도피를 의미한다. 자동차와 침구 그리고 그네 등에 의해 둘러싸인 인물상이 현실 상황의 일부에 가두어지는 모습에 반해서 연이나 풍선은 그 자체가 공중에 떠 있는 것이다. 따라서 전자만큼 현실성을 갖지 않고 오히려 공상화된 자유에의 희망을 의미한다고 볼 수 있다.

(36) **담배** : 남자상에 동반되어 그려지는 경우가 많고, 성인다움이나 가까이 하기 어려운 어른의 세계를 시사

(37) **나비** : 사랑이나 아름다움을 상징한다. 태양이나 꽃이 의미하는 것보다도 오히려 어느 정도 공상화된 심정을 표현

(38) **책상** : 이것은 물론 의자와 함께 그려지는 일이 많고, 해석상 의자와 같다. 그러나 의자보다는 포위의 양식으로써 채점되는 일이 많고, 그 외의 경우 개인적 사용을 의미하고, 그 인물의 고립, 격리 등을 나타낸다. 해당 인물상이 등을 보이고 그려지는 때에 그 인물에 대한 부정적인 경향이 더욱 강조된다. 책상이 부

적응아에게는 적응아의 두 배 이상의 출현률이 많다.

(39) **T.V** : 안식이나 오락을 의미한다. 그림에서 T.V를 보고 있는 사람이 한 명인지, 혹은 복수의 사람인지, 확인하는 것이 중요하다 복수의 사람은 가족의 공통 관심사 또는 상호작용이 시사되고 있는 셈이다.

(40) **전선** : 전기와 번개가 상징적, 도식적으로 그려지고 있는 때에는 어쩔 수 없는 강한 힘에 의한 충격이나 지배를 의미

(41) **전등** : 밝음, 따뜻함, 애정을 의미. 빛이 가족 전원에 비치고 있는 경우와 그렇지 않은 경우와는 의미가 다르다.

(42) **진흙, 오물** : 더럽혀진 것, 더러운 것, 즉 버려야 할 것이라는 부정적 감정을 표현하고 있다.

(43) **줄넘기** : 줄넘기의 줄은 해당 인물에 대해서 포위의 양식으로 그려진다. 에너지를 주는 곳이 없음을 표현하고 있는 것이고, 해당 인물의 갈등, 자기고착 등의 상황을 의미한다(그네의 항 참조).

(44) **바늘** : 고통을 줄 수 있는 것이다. 대부분의 경우 할머니와 어머니가 재봉하는 모습과 함께 그려지고, 억제된 공격행동을 의미하는 일이 많다(칼 종류의 항 참조).

(45) **고양이** : 고양이가 가진 체온, 털의 부드러움과 발톱이나 이의 예리함에서 보듯이 부드러움과 공격이라고 하는 불균형적인 태도와 양가적 감정을 상징하고 있다. 개는 충성심과 공격성을 의미하는 것이다. 고양이는 여아에 의해, 개는 남아에 의해 그려지는 일이 많은 것 같다. 종종 침대와 함께 그려지는 인물은 다른 가족구성원과의 유의한 관계를 갖기 어려운 것을 시사하고 있는 경우가 있다.

(46) **열과 빛** : 열과 빛이 주제로 그려지는 것은 밝음, 따뜻함, 애정, 희망 등의 긍정적인 감정과 관련하고 있다.

(47) **노트** : 연필과 함께 그려지는 경우가 많다. 그 해석상의 의미는 연필의 그것에 준하는 것이라고 생각된다.

(48) **솔(붓)** : 페인트칠의 행위를 하는 사람(대부분은 아버지)과 함께 그려지는 것이 많다. 페인트칠은 집에 대한 보수, 재생을 위한 행위이다. 그 의미는 가정에 관계하고, 가족관계의 조정을 시도하기 시작한 사람(대부분 아버지)의 모습이다.

(49) **양동이, 세면기** : 억울한 감정이지만, 동시에 수동의 뉘앙스를 수반하고 있다.

(50) **방망이** : 이것은 팔의 연장이 되는 것이고, 주로 힘, 공격을 의미하고 있다.

(51) **꽃** : 꽃은 아름다움과 사랑을 상징한다.

(52) **칼종류** : 괭이, 톱, 삽, 도끼, 낫, 부엌칼, 바늘 등으로 공격, 거부, 거세공포 등에 관련하고, 반사회적 부적응행동을 나타내는 남자 내담자의 KFD에 보여지는 일이 많다. 가족 내에 있어서 거부적, 공격적인 인간관계를 이야기하는 것이다. 피험자가 안고 있는 파괴적, 파멸적인 감정 경향의 강도는 그려진 칼 종류의 수와 실물의 크기, 그리고 그림에 있어서 상대적 크기 등과의 관련 하에 예측될 수 있는 것이다.

(53) **불** : 불은 두 가지로 해석될 수 있다. 우선 화로, 난로, 스토브 같은 난방기구의 경우와 같이 따뜻함이나 애정에의 욕구라고 생각된다. 또 하나는, 전자와 반대의 경우로, 만족되지 않는 애정 욕구에의 심한 증오나 분노의 상징

(54) **그네** : 그네를 타고 있는 인물상은 확실히 포위양식의 전형적인 경우이다. 때로는 그네와 지주와 지면의 선에 의해 이중으로 포위되고 있고, 그 인물이 안고 있는 폐쇄감, 끌어들임의 강함이나 불안정성을 의미한다.

(55) **침대** : 침구의 항을 참조

(56) **뱀** : 뱀, 도마뱀, 개구리의 종류는 억압된 공격 충동과 수용될 수 없는 자기에게 다가오는 초조감 등과 관련하는 듯하다. 뱀은 억압된 성적 원망의 상징이라고 하는 견해는 너무나도 잘 알려진 해석이다.

(57) **페인트** : 솔의 항을 참조

(58) **화장실, 배설물** : 공격과 부정 감정의 충동적 표현으로써 어린 아동의 그림에 나타나기도 한다.

(59) **빗자루, 먼지털이** : 종종 청소를 하는 어머니상에 동반해서 그려진다. 이들은 팔의 연장이 되고, 그 인물의 지배 범위를 확장하는 것이다. 따라서 지배 통제하는 역할을 담당하고 있는 인물을 상징하는 것이고, 때로는 공격과 거부의 감정을 의미하는 것이 된다. 또 동시에 빗자루와 먼지털이는 가옥이나 가구와의 관계를 시사하는 것이기 때문에 가족관계의 본질보다도 오히려 가정생활의 외면이나 체제에의 관심의 강함을 의미하는 경우도 있다(가옥, 가구의 항을 참조).

(60) **부엌칼** : 칼 종류의 항을 참조

(61) **별** : 별은 차갑고 멀리 있는 것이고, 물심양면에 있어서 박탈과 관계한다 (Burns와 Kaufman, 1972).

(62) **모자** : 위 만들어진 상태와 자기방어를 의미하고, 더욱이 수동적인 태도와 관련

(63) **공** : 공은 힘을 상징한다. 그리고 공은 현재의 상태에 의해 명백하고 단순한 힘(공격)이나 현실화되지 않은 폐쇄상태에 있는 힘(갈등) 등 여러가지 상황의 힘을 표현한다.

(64) **귤** : 가정 내의 따스함이나 안정성을 의미한다고 생각되지만 동시에 서민성의 상징

(65) **물** : 바다, 강, 수영장 등 여러 가지고 물은 그려지지만 그들은 모두 여러 가지 상태에서의 억울한 감정을 의미

(66) **냉장고** : 냉장고는 어린이의 최대의 바램인 식욕, 즉 피양육 욕구를 만족시키기 위한 재료의 모습인 동시에 차가운 것이라고 할 수 있는 불균형적인 질을 가지고 있다. 따라서 그림 중에 점유하는 냉장고의 모습은 피험자의 어머니에게 기대하는 의존욕구의 상황을 시사하는 것이 된다.

(67) **기차** : 기차는 Burns와 Kaufman(1972)의 『어린이들, 특히 소년들이 동일시하는 힘의 상징이다.』라고 하는 해석을 인용할 필요도 없이 일본의 많은 소년들이 기차를 표현하는 것을 보면 알 수 있다.

※ 동적가족화에서 나타난 모든 사물들에 대한 임상적 의미를 부여하기는 어렵다.

히비(日比, 1977)는 많은 동적가족화를 통해 보편적으로 발견되는 사물과 거기에 공통된 임상적 의미를 예측한 것이 상징의 영역으로 간주하고 있다. 아래의 영역은 임상적으로 의미를 부여할 수 있는 사물들을 영역화해서 몇 가지만 나열하였다.

① **공격성, 경쟁심** : 공, 축구공 그밖에 던지는 물체, 빗자루, 먼지 털이 등

② **애정적, 온화, 희망적** : 태양, 전등, 난로 등이 열과 빛이 적절할 때, 빛이나 열이 강렬하고 파괴적일 때는 애정이나 양육의 욕구, 증오심을 나타내기도 한다.

③ **분노, 거부, 적개심** : 칼, 총, 날카로운 물체, 불, 폭발물 등

④ **힘의 과시** : 자전거, 오토바이, 차, 기차, 비행기 등 자전거를 제외하고 모두 의존적 요소에 의한 힘의 과시

⑤ **우울 감정, 억울함** : 물과 관계되는 모든 것. 비, 바다, 호수, 강 등

4) 역동성(dynamics)

(1) 인물묘사의 순위

인물상의 묘사순서는 가족구성원의 일상적 서열을 반영한다. 그러므로 가장먼저 그려진 인물이 가족 내에서 중심적인 위치에 있다고 볼 수 있다. 때문에 자기상을 먼저 그린 경우에는 아동이 심리적으로 생각하는 가족 내에서의 위치에 대해서 특별한 해석이 가능하다. 또한 심리적으로 긍정적이든 부정적이든 의미 있는 사람을 먼저 그리는 경우도 있다.

(2) 인물상의 위치

용지를 상하로 구분했을 때. 윗 쪽으로 그려진 인물상은 가족내 리더로서의 역할이 주어지고 있는 인물을 나타낸다. 반대로 아래쪽은 억울함이나 침체감과 관계한다. 좌우로 구분했을 때 우측은 외향성과 활동성에 관계하고, 좌측은 내폐성이나 침체성과 관계한다. 일반적으로 자기상을 남자는 우측에 여자는 좌측에 그리기 쉽다고 한다. 따라서 좌측에 그린 아버지 또는 남자 가족과 우측에 그려진 어머니 또는 여자 가족에 대해서는 해석상 특히 주의를 요한다. 단, 적절히 적응하는 사람들은 남녀 모두 자기상을 우측에 그리는 일이 많다. 중앙부에 그려진 인물상은 문자 그대로 가족의 중심인물인 경우가 많다. 만약 아동이 중앙부에 자기상을 위치시켰을 때는 자기중심성이나 미성숙한 인격을 의미하는 일도 있다.

(3) 인물상의 크기

일반적인 양식에서 인물상의 크기는 가족의 위계질서 순으로 그려지는 것이 보통이다. 그렇지 않은 경우 가족구성원에 대한 관심의 정도가 인물상의 상대적인 크기로 투영되고 그려진다. 긍정이든 부정이든 관심이 크고 중심적인 인물을 크게 그린다. 반면 키가 작게 나타난 것은 경멸이나 무시의 의미가 될 수도 있다.

(4) 인물상간의 거리

인물상 사이의 거리는 내담자가 본 그들 사이의 친밀성의 정도나 혹은 감정적 거리를 의미할 수 있다. 인물상이 겹쳐지거나 접촉되어 있을 때 두 개인간에 친밀함이 존재함을 의미한다. 반대로 거리가 먼 두 인물은 실제 생활에서도 상호작용이나 의사소통이 소원한 경우가 많다.

(5) 인물상의 얼굴의 방향

그려진 인물상의 얼굴의 방향이 '정면', '측면', '배면' 중 어느 것인가는 임상적으로 의미가 크다. 인물의 얼굴 방향은 그 가족구성원에 대한 감정을 표현한 것으로 가족들이 식탁에 둘러 앉아있는 모습에서 인물의 몸은 뒷모습(배면)인데 얼굴은 측면으로 그림으로써 반긍정 반부정적인 감정으로 표현하기도 한다. 만약, 인물을 정면을 그렸다면 긍정, 뒷모습(배면)을 그렸다면 부정적 감정 그리고 측면을 그렸다면 반 긍정 혹은 반부정으로 해석해야 하므로 얼굴의 표정과 그림상의 기분 상태를 확인해 보아야 한다.

(6) 인물상의 생략

인물상을 지운 흔적은 지워진 개인과의 양가감정 또는 강박적이거나 갈등이 있음을 시사할 수도 있고, 자기 자신을 그리지 않는 경우 자신의 존재감이 가족 내에 없는 경우로서 불안정한 심리상태로 나타난다. 가족을 아예 그리지 않았거나 가족원의 일부를 용지의 뒷면에 그리는 경우는 생략된 가족구성원에 대한 질투, 적의나 공격, 심리적 불안 등의 부정적인 감정이다.

5세 내담자는 자신을 먼저 그리고 자신의 옆에는 아버지를 근접해 그렸고, 어머니는 멀리 떨어져 그렸다. 어머니와의 사이에는 불판으로 경계를 만들러 놓았고, 동생은 생략하였다. 어머니는 동생만 예뻐한다고 생각한 내담자의 표현이다. 아버지를 상징하는 태양과 따뜻한 가정을 원하는 내담자의 마음이다. 용지 상단의 가득한 구름과 용지 하단의 풀로 표현된 하부의 선이 심리적인 불안과 안전의 욕구를 표현하고 있다.

(7) 타인의 묘사

가족구성원이 아닌 타인이 동적가족화에 그려지는 경우 가족내의 누구에게도 마음을 허락할 수 없는 상태에 있음을 지적할 수 있다. 주로 내담자의 친구이며 묘사된 타인과는 매우 친밀함을 나타낸다(Reynold, 1978). 또한, 종이 뒷장에 가족 외의 인물을 그리는 경우는 개인적으로 관심있는 인물일 경우가 많다.

5) 인물상의 특징(figure characteristics)

(1) **음영이나 갈기기** : 신체 부분에 음영이 그려질 경우 그 신체 부분에 대한 몰두, 고착, 불안을 시사한다. 정신신체 증상의 호소와도 관련된다.

(2) **윤곽선 형태** : 강박적 사고와 관련되며, 인물상을 빈틈없이 그린 경우 과도하게 집착되어 있음을 시사한다.

(3) **신체 부분의 과장** : 신체 부분의 확대, 혹은 과장은 그 부분의 기능에 대한 집착을 나타낸다. 어떤 이들은 신체 내부를 투명하게 보여주는데 이는 현실 왜곡, 빈약한 현실감각, 정신장애 가능성을 내포하며 낮은 지적기능을 시사한다(Reynolds, 1978). 예를 들면 확대된 귀는 청각이나 다른 사람의 말을 받아들이는 것에 대한 집착과 관련된다. 긴 목은 의존성을 의미한다. 큰 손은 공격적 태도를 나타내고 절도 등의 비행 청소년의 그림에서 보여진다.

① 팔을 길게 그린 경우

인물화에서 팔의 상태는 환경 내에 있는 사람이나 사물을 통제하려는 그 사람의 힘(power)를 나타낸다. 지나치게 긴 팔은 공격적인 아동에게서 많이 나타나며, 신체적인 힘에 대한 동경과 부적당한 감정을 보상받기 위한 야망을 나타낸다.

팔의 생략은 무력감과 우울감 그리고 환경에 대한 불만 등을 나타낸다. 그와 다른 해석으로는 부모가 자녀를 과잉보호하고 있다고 할 수도 있다.

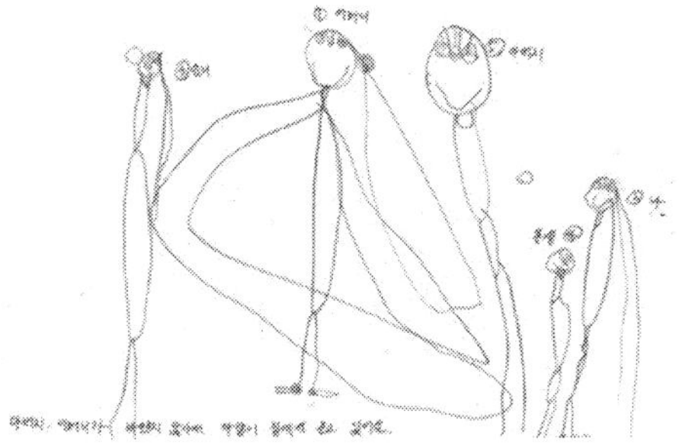

어머니가 제일 먼저 묘사되었고 반대로 아버지는 마지막에 묘사되어 있다. 어머니의 인물상의 크기가 가장 크며, 화지의 중앙에 위치해 있고 어머니를 제외한 가족구성원 모두는 팔이 그려지지 않았는데 비해 어머니의 팔의 크기는 가족전체를 합친 크기보다 큰 모습이다. 어머니의 강력한 힘에 온 가족이 움추려 있는 그림이다.

② 다리를 길게 그린 경우

발과 다리는 안정성과 활동성을 상징한다. 지나치게 긴 다리는 마음의 안정과 자율성의 욕구가 강하고 활동성이 많음을 나타낸다. 아동의 경우 힘이 있다고 생각되어지는 인물의 다리를 길게 그린다. 자신의 다리를 길게 그린 것은 자신을 과시하고 싶거나, 애정욕구, 주목을 받고자 하는 심리적인 표현인 경우가 많다.

위의 그림과 마찬가지로 어머니를 제일 먼저 그리고 가운데 그렸으며 가장 크게 그렸다, 반면 아버지는 생략하였다가 나중에 첨가하여 그렸다. 내담자와 언니, 동생은 방안에 움츠려 있는 반면, 어머니의 발은 가정에서의 힘과 활동성이 느껴진다.
종이 좌측 상단에 '아파'라는 글은 내담자의 내적 고통을 표현하고 있다.

(4) **신체 부위의 생략** : 신체 부분의 생략은 종종 그 신체 부위의 기능의 거부와 그 부분에 집착된 불안 또는 죄의식을 의미한다(Burns &Kaufman, 1972; Reynolds, 1978; Burns, 1982).

(5) **얼굴표정** : 얼굴에 나타나는 표정은 직접적인 감정을 나타낸다. 얼굴에 표정이 나타나지 않는 그림의 경우 움츠려들고 겁이 많은 경우이다.

① 강조된 입과 이빨

현저하게 큰 입의 표현은 구강기적 특성의 강조로, 드러난 이는 구강기적 공격성을 나타낸다.
〈그림 00〉는 만5세 동건이의 그림이다. 어머니의 날카로운 손과 손에 들려진 몽둥이가 어머니의 날카로운 이빨과 어우러져 신체적 가해와 언어적인 가해가 있음을 보여주는 그림이다.

(6) **의복의 장식** : 단추나 악세사리의 강조는 의존성이나 애정 욕구의 불만을 의미한다.

(7) **회전된 인물상** : 인물상이 기울기도 하고 옆으로 누워있는 경우가 있다. 공격적 혹은 소심한 아동이나 절도자에게서 보인다. 가족에 대한 인식기능이 상실되었을 때, 거절, 다른 가족성원과의 분리 감정을 나타낸다. 보편적으로 강한 불안과 정서 통제가 되지 않는 아동에게서 나타난다.

(8) **정교한 묘사** : 그림이 극히 정교하고 정확하며 질서가 있는 경우, 환경구성에 대한 내담자의 관심이나 욕구를 반영하는 것이다. 그러나 과도한 표현이 되었을 때 강박적이고 불안정한 심리상태를 의미한다. 그림의 구성에 대해서는 매우 위협적인 환경을 통제하려고 하는 시도라고 생각된다.

(9) **필압** : 선이 굵고 강하게 나타날 때 충동이 밖으로 향하고 공격적이고 활동적이다. 반대로 약하고 가는 선으로 나타낼 때 우울한 경향이 있고 소극적이다.

KFD에서의 해석은 모든 경우에 각 영역이 동등하게 적용될 수 있는 것은 아니다. 개개의 그림은 각각 다른 의미와 깊이와 내용을 갖추고 있으며, 내담자의 마음의 눈으로 본 자신을 둘러싼 세계, 그 중에서 가족에 대한 해석을 내리는 수단이다. 하나의 동적가족화에 의해서 내담자의 심리역동적 기제를 해석한다는 것은 매우 신중을 기해야 한다. 유동적인 해석과 함께 다른 심리검사 결과나 내담자의 가족적 배경에 관한 정보가 첨가된다면 보다 유효한 동적가족화 해석에 가까이 갈 수 있을 것이다.

4. KFD 그림검사 보고서

동적가족화(KFD) 질문지

상담 날짜		내담자	
지역 및 상담 장소		치료사	
제목			
그림을 그린 순서와 나이	→ → →		
가족들이 무엇을 하고 있는지	부 : 모 : 형 : 동생 : 외		
가족 중 생략한 사람과 이유			
가족 이외에 첨가한 사람과 이유			
지우고 다시 그린 사람과 이유			
그리는 과정 중 특이 사항 언행 관찰			
가족 각각에게 개선되기를 바라는 점			

동적가족화(KFD) 분석지

5개의 진단 영역	해석 및 분석
인물상의 행위	
인물상의 양식	
인물상의 상징	
인물상의 역동성	
인물상의 특성	
전체적 평가	

제12장

투사적 그림검사 DAS

제12장

투사적 그림검사 DAS

1. DAS 그림검사

1) 그림검사의 개념

실버(Silver, 1988)가 고안한 이야기 그림검사 DAS는 공격성과 우울을 평가하기 위해 개발되었다. DAS에서 제시되는 14개의 자극 그림 중 그림을 그릴 때 참고할 수 있는 그림자극을 제공하는데, 2개의 그림을 선택하여 두 주제의 사이에 무슨 일이 일어나는지 상상하여 그리는 검사로서 내담자가 선택한 그림 내용을 통해 그 사람의 '자아상'과 '관계성'에 주목하여 채점하게 되며 이를 통해 내담자의 정서 상태를 이해하려는 검사이다. 특히 언어적으로 제한된 반응을 보이거나 그림을 그리는 것에 어려움을 호소하는 내담자들의 심리상태를 평가하는 유용한 도구로 알려져 있다.

그림은 그것을 그린 아동의 지적능력과 정서 및 심리적 어려움을 이해하는 데 중요한 검사도구로 사용되었다. 이러한 그림검사의 대부분은 도화지에 검사자가 제시한 주제를 그림으로 그리는 것이 요구되는데, 이러한 검사는 그린 아동의 다양한 측면을 이해하는데 유용한 것이 사실이나 우울하고 위축된 아동의 경우 그림을 시작하는 것 자체를 힘들어하여 어려움을 호소하는 경우가 많다.

그림을 시작하는 것 자체가 어려운 아동의 경우, 그림의 주제뿐 아니라 구체적인 그림자극이 있을 경우, 보다 쉽게 반응을 산출하게 된다.

제공되는 14가지의 그림자극에는 부정적인 환상을 촉발할 수 있는 자극들이 섞여 있어서 아동이 자신의 내적 우울 상태를 쉽게 그림으로 나타낼 수 있도록 한다. 공격성과 파괴, 죽음 등의 우울한 정서와 결합된 이미지는 털이 선 고양이, 칼, 폭발하는 화산, 이를 드러낸 공룡 등으로 나타나고, 병아리나 작은 쥐, 마른 나무 등의 이미지는 무기력감이나 취약함, 위축된 자아 등의 정서와 결합되어 우울을 표현하게 해준다. DAS 검사법은 이렇게 우울과 관련된 주제를 그림자극으로 제시하여 선택된 두 가지 이미지의 관계를 통해 평가한다.

DAS에서 사용되는 자극 그림은 A형과 B형 두 가지가 있다. 실버는 B형을 만든 이유가 A형에 나타난 자극 그림(stimuius drawing)들이 부정적인 환상을 자극하는 경향이 있으므로 부정적인 부분을 완화하기 위해서 추가하였다고 한다. 그 경우에는 B형을 내담자에게 먼저 제시한 후, 치료가 종결될 시기에 사후 검사로 DAS를 재실시 할 경우 A형을 사용하는 것에 추천하고 있다. 실버의 그림 이야기법은 내담자들의 동일 자극화에 대해 각기 다른 지각을 하며 이는 개인의 경험과 성격을 반영하며 양적 평가가 가능하다는 전제에서 출발하고 있다.

DAS는 초기에는 언어장애를 가진 아동들의 의사소통 방법으로 사용되었으나 점차 표현을 끌어내는 자극화를 선택하여 일반 아동과 성인의 심리진단 도구로 발전되었다. 이후 DAS는 우울증의 조기진단과 공상적 사고의 진단 도구로 사용되었으나 일반적인 정신건강 문제와 관련하여 치료기법으로도 적용될 수 있다.

DAS의 장점은 지금까지 소개한 DAP(Goodenough, 1926)나 HTP(Buck, 1948) 또는 KFD(Burns & Kauffman, 1972) 등의 검사보다는 덜 구조화되어 있으므로 개인과 집단에서 사용 가능하다는 점이다. 뿐 만아니라 인물화(DAP)의 경우 사람을 그려보라고 지시받은 내담자는 개인에 따라 어떻게 그려야 할지 매우 난감해 하는 경우가 있으므로 심리적인 부분 뿐만 아니라 기술적인 부분에서도 많은 불편감으로 오는 방어가 있을 수 있다. 그에 비해 DAS는 자극화를 그대로 옮겨 그리도록 하여 이야기를 끌어내기 때문에 비교적 편안할 수 있다는 장점이 있다.

동적가족화(KFD)나 인물화(DAP) 등의 투사적 그림검사의 경우 그림을 그릴 때 어려움을 호소하거나 그리기에 난감해 하는 일이 종종 발생한다. 그에 비해 DAS는 자극화를 모사해 그리도록 하기 때문에 비교적 편안하고 자기방어가 적다는 장점이 있다.

2. DAS 그림검사 실시방법

DAS는 14개의 그림을 보여주면서 2개의 그림을 선택하도록 하여 선택한 그림을 자극화로 사용하게 된다. 대상은 5세부터 노인까지 가능하고, 시간 제한은 없으나 대략 10분 소요, 준비물은 DAS 그림, 검사지, 4B연필, 지우개

1) 지시어

"그림을 잘 그리고 못 그리는지를 보는 것이 아닙니다. 중요한 것은 자신의 생각을 표현하는 것입니다. 다음 유형 A 그림 14개 중에서 2개를 선택하세요.

그 둘 간에 어떤 일이 일어나는지 상상해 보고 상상이 끝나면 그림으로 그려주세요. 선택한 그림을 수정하여도 되고 다른 것을 더하여 그려도 좋습니다. 그림을 다 그린 후에는 그림에 대한 제목과 이야기를 검사지 아래에 써 주세요. 현재의 기분이 어떤지도 표시해 주세요."

2) 실시과정

(1) 선택한 DAS 자극화를 보면서 이 그림에서 어떠한 일이 일어나고 있는지를 상상해 보도록 한다.
(2) 상상에 따라 2개의 자극화를 합하여 하나의 그림을 그리게 한 후 그림의 제목을 붙이고 이야기를 만들어보도록 한다.
(3) 그림을 다시 변화시킬 수 있다고 설명한 후 자신의 생각을 추가하여 변형과정을 거친다.
(4) 그림이 완성되면 그림의 이야기를 기록해 보도록 한다.
(5) 그림의 의미에 대한 나눔과 현실의 자신과 유사한 점이 있는지 등에 관한 나눔 시간을 갖는다.

3. DAS 그림 검사 시 유의사항 및 주의점

DAS는 우울을 평가하는 검사이므로 가능한 격려적인 분위기를 제공하는 것이 중요하다. 특히 아동은 분위기에 주눅이 들면 자신이 표현하고자 하는 바를 충분히 드러내지 않으므로, 편안한 분위기를 제공해야 한다. 또한 그림을 완성하고 난 뒤 그림에 나타난 대상의 의미를 분명하게 하기 위하여 아동으로 하여금 자신의 그림을 설명하도록 충분한 시간을 주고 필요하면 질문으로 반응을 유도한다. 주어진 그림을 바꾸거나 변형해도 된다는 지시를 아동에게 충분히 이해시킨다.

그림에 나타난 내용이 비록 부정적이라 할지라도 내담자가 반드시 아동기 우울증상을 겪는 아동이라고 진단해서는 안되며 아동의 정서 · 행동의 특징과 그림을 그린 아동의 상황을 듣고 총괄적으로 함께 평가되어야 한다. 아동들은 정서적으로 예민하고 상황에 따라 감정과 인식에 영향을 크게 받을 수 있기 때문이다. 그러나 DAS에 나타난 내용이 1점에 해당한다면 우울의 가능성이 매우 높은 것이라고 판단해 볼 수 있다. 일반 아동들을 대상으로 검사를 실시할 때는 관계성과 생활환경에 잘 적응하며 환경의 대처 방법 여부를 평가하는 데 초점을 두는 것이 바람직하다.

4. DAS 그림검사 척도

선택한 두 개의 자극도 모두 생명체라면 둘 중 어느 것이 자신으로 생각하는지를 질문하는 것이 필요하다. 왜냐하면 예를 들어 공룡이 사람을 잡아먹는 그림이라면, 자신과 동일시한 인물이 잡아먹히는 사람인지, 잡아먹고 있는 공룡인지에 따라서 자아척도와 공격성 척도가 달라지기 때문이다.

DAS가 처음 개발된 1988년에는 정서 척도, 자기상 척도, 유머사용 척도의 하위영역에 5점 척도가 사용되었지만, 2007년 DAS 7점 척도가 개발되어 중립적인 3점의 척도에서 불행한 결과를 나타내면 2.5점, 희망적인 결과를 나타내면 3.5점으로 7점 척도를 사용하고 있다.

〈DAS의 정서 내용 척도〉

점수	주제	세부내용
1점	매우 부정적인 주제	내용 – 슬픔, 외로움, 고립, 무기력, 자살, 살인 관계 – 살인적, 파괴적, 생명을 위협 형식 – 공간활용 1/4 이하, 첨가없이 모방 이야기 – 슬픔, 매우 불행
2점	다소 부정적인 주제	내용 – 놀람, 좌절, 두려움, 불행, 두려움 관계 – 적대적 관계, 스트레스 형식 – 간활용 1/3 이하, 세부묘사 거의 없음 이야기 – 놀람, 불행, 화가 남
2.5점	양가적 주제	내용 – 부정적, 희망 없음
3점	중립적 주제	내용 – 부정과 긍정적 정서의 공존, 갈등 관계 – 애매한 내용, 불분명, 무감각, 감정없음 형식 – 공간활용 1/2이하, 어느 정도의 묘사 첨가 이야기 – 감정 없음
3.5점	양가적 주제	내용 – 긍정적, 희망적
4점	다소 긍정적인 주제	내용 – 행운, 수동적 관계 – 우호적, 즐거운 관계 형식 – 공간활용 3/2 이하, 세부묘사, 일부 표현 첨가 이야기 – 행복, 우호적
5점	매우 긍정적인 주제	내용 – 행복, 성취감, 사랑 관계 – 사랑, 보살핌, 양육 형식 – 전체 사용, 높은 수준의 표현적 묘사 이야기 – 매우 행복

* 정서 내용 척도에서 형식 부분에 있어서 1점의 경우를 예를 들면, 화지에 그림을 그릴 때 공간 활용이 1/4 정도로 그렸다면 그 피검자는 우울경향이 있다고 볼 수 있다. 그러나 DAS에서는 1/4 공간을 활용한 사람은 우울이라고 볼 수 있지만 다른 내용은 1점에 해당하는데 화지를 전체 사용한 사람은 1점이 아니냐는 문제에 봉착한다. 왜냐하면 DAS는 자극도를 보고 묘사하는 것이라서 1점의 사람도 화지를 가득 채운 그림을 그릴 수가 있기 때문이다. 즉, 공간 활용에 구애를 받지 않고 해석을 해야 한다.

〈DAS의 자기상 척도〉

점수	주제	세부내용
1점	병적인 상상	그림을 그린 사람(내담자)이 고립되어 있거나 무기력, 슬픔, 자살, 죽음, 치명적인 위험에 노출
2점	불쾌한 상상	그림을 그린 사람이 무서워하거나 놀람, 좌절, 불행한 인물과 동일시
2.5점	양가적 감정 부정적 결과로 귀결	그림을 그린 사람은 희망이 없거나 실패의 대상과 동일시
3점	양가적이거나 애매한 상상	이야기를 하는 주체가 불분명하거나 보이지 않음
3.5점	양가적 감정 긍정적 결과로 귀결	그림을 그린 사람은 희망적이거나 성공의 대상과 동일시
4점	유쾌한 상상	그림을 그린 사람은 운이 좋지만 소극적인
5점	소망을 성취하는 상상	그림을 그린 사람은 행복하거나, 사랑받거나, 강력하거나, 파괴적, 공격적이거나, 목표를 성취하는 대상과 동일시

5. DAS 그림검사 유형

Draw-A-Story(유형 A)

다음 그림들 중 2개를 선택하세요. 그 둘 간에 어떤 일이 일어나고 있는지 이야기를 상상해 보세요. 상상이 끝나면 생각한 것을 그려주세요. 선택한 그림을 고쳐도 되고 여러분의 생각을 더하여 그림을 그려도 좋습니다. 다 그린 후에는 그림에 관한 이야기를 글로 표현해 주세요. 현재의 기분이 어떤지도 표시해 주세요.

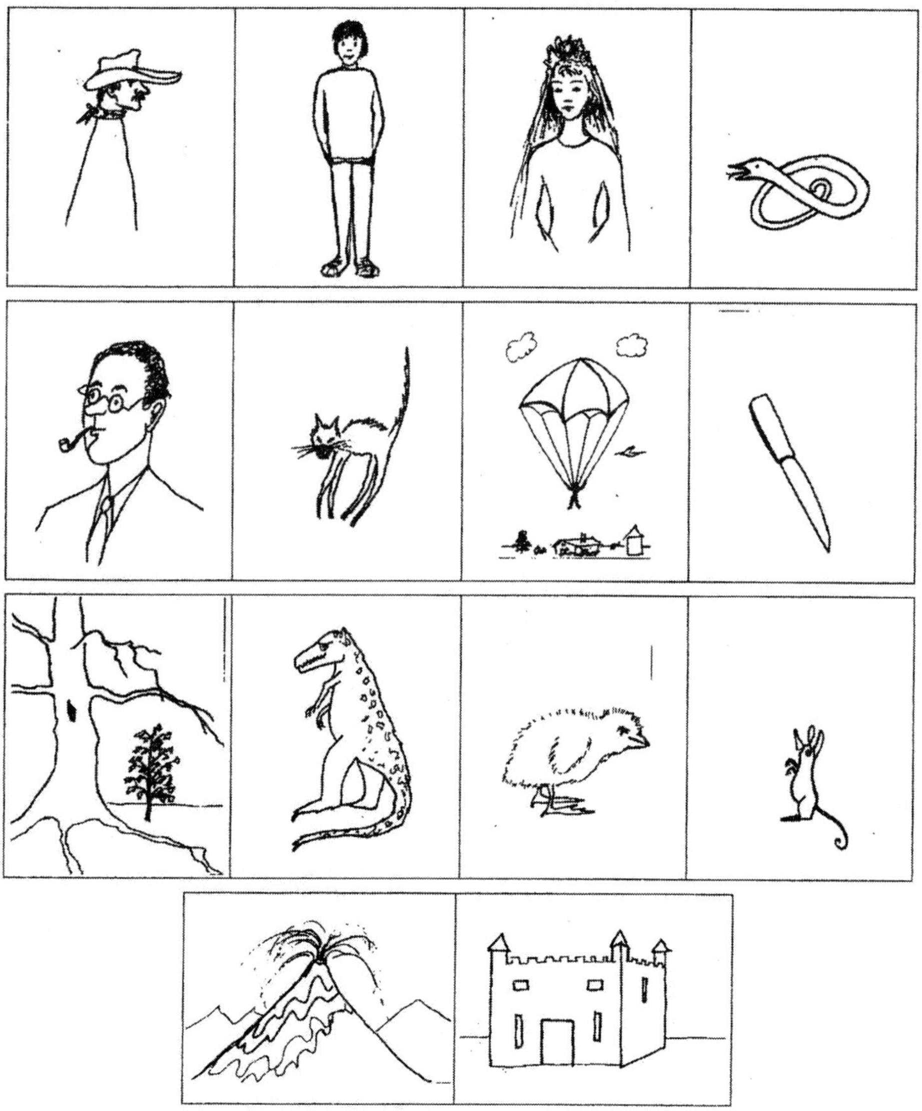

Draw-A-Story(유형 B)

다음 그림들 중 2개를 선택하세요. 그 둘 간에 어떤 일이 일어나고 있는지 이야기를 상상해 보세요. 상상이 끝나면 생각한 것을 검사지에 그려주세요. 선택한 그림을 고쳐도 되고 여러분의 생각을 더하여 그림을 그려도 좋습니다. 다 그린 후에는 그림에 관한 이야기를 글로 표현해 주세요. 현재의 기분이 어떤지도 표시해 주세요.

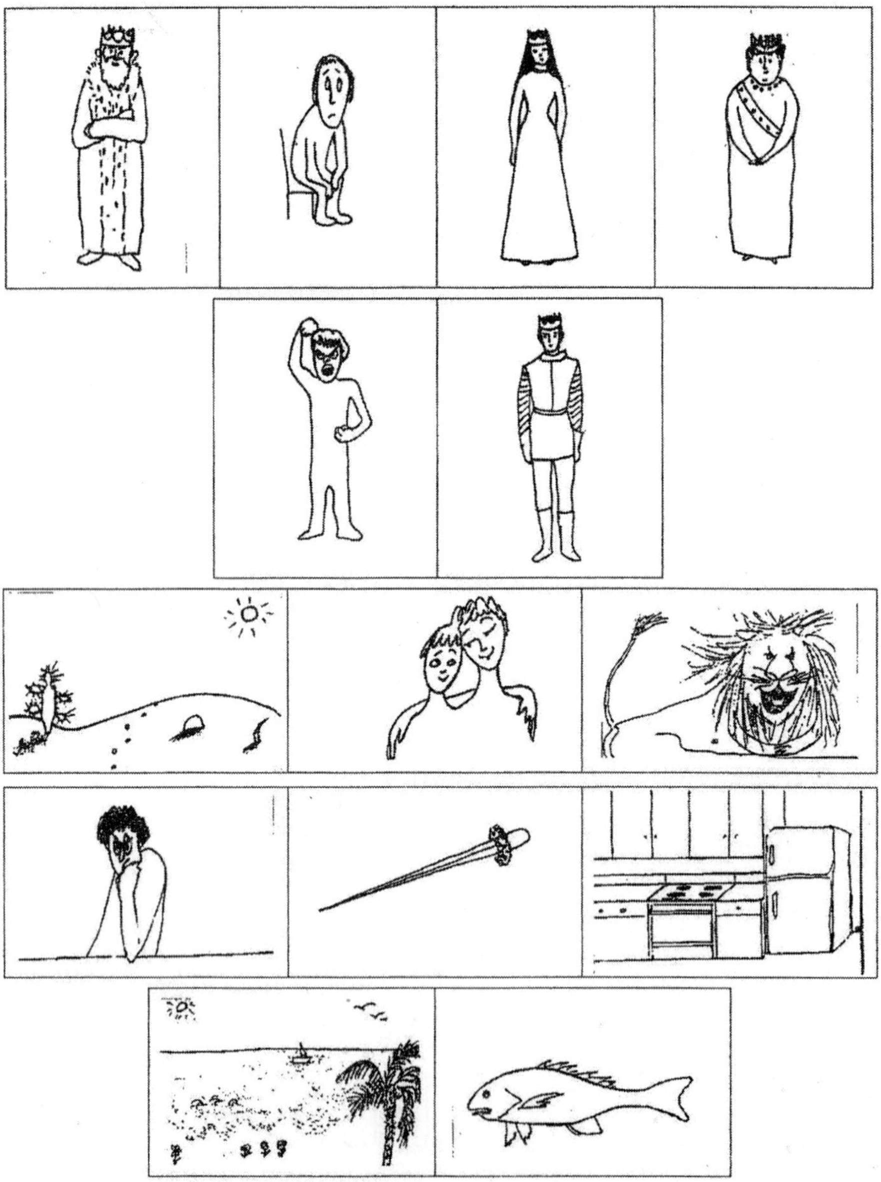

※ 다음 칸에 그림을 그려주세요.

그림의 이야기를 글로 표현해 주세요.

이름(   )   성별(남, 여)   나이(   )   학년(의   )

나는 지금 기분이   ① 매우 좋아요(   ) ② 괜찮아요(   ) ③ 화나요(   )

④ 불안해요(   ) ⑤ 슬프다(   )

이야기 그림검사 (DAS) 질문지

1. 그림 속의 그들은 지금 무엇을 하고 있나요?

2. 그들은 서로 어떤 관계인가요?

3. 그들은 무엇을 생각하고 느끼나요?

4. 앞으로 어떤 일들이 일어날까요?

5. 그림 속에 사건 전에는 어떤 일이 있었고, 기분이 어떠했나요?

6. 나는 그림 속에서 무엇(누구)로 등장했나요?

7. 그림 속에 인물이 나 자신이라면 어떤 생각이 날까요?

8. 그림 속의 장소와 사건의 시간은 언제인가요?

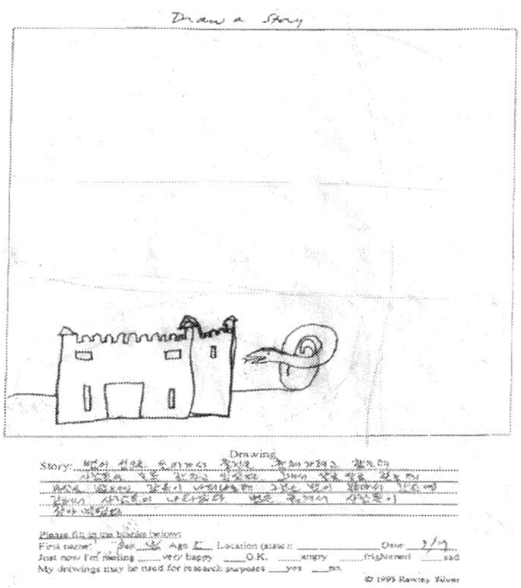

이야기 : "뱀이 성으로 들어와서 물건을 훔쳐가려고 했는데 사람들이 모두 잠자고 있었다. 그래서 살금살금 걷는데 무엇을 밟으면 감옥이 나타나는데 그것을 뱀이 밟아서 감옥에 갇혔다. 뱀을 굶겨서 사람들이 잡아먹었다.

나이 : 만 5세 남. 정서 척도 : 1점

주제 : 매우 부정적인 내용 : 살인

관계 : 살인적 형식 : 1/4의 공간활용

이야기 : 불행

자기상척도 1점

응답자가 죽음과 관련된 묘사

이야기 : "고양이랑 병아리랑 싸웠다. 사이가 안 좋아서 만나자마자, 병아리와 고양이에 대해서 자기한테 없는 것을 서로 말했어요. 고양이는 넌 왜 날개가 있니?. 라고 묻고 병아리는 넌 꼬리가 왜 이렇게 기니? 라고 물었다. 넌 왜 발이 두 개니?. 넌 왜 이렇게 수염이 있니?. 병아리와 고양이가 그렇게 계속 싸웠다."

나이 : 만 5세 여. 정서척도 2점.

관계 : 적대적, 스트레스

형식 : 1/3 이하의 공간활용, 세부묘사 없음

이야기 : 화남

자기상척도 : 5점. 공격적

제13장

정신분석적 미술치료

제13장

정신분석적 미술치료

1. 정신분석학

정신분석학은 인간 정신의 무의식(Unconscious)을 탐구하는 학문이다. 정신분석학을 창시한 프로이트(Sigmund Freud)는 인간이 의식의 지배를 받는 것이 아닌 자신도 인식하지 못하는 무의식이 인간의 행동을 지배한다는 이론을 펼쳤다.

치료적인 입장에서 인간 정신의 내적 갈등을 치료하는 치료법이며 프로이트 이전에는 정신분석의 개념이 없었다. 그러나 프로이트가 히스테리 환자에게 최면 치료를 하는 과정에서 무의식 현상이 있다는 것을 알게 되었고 불안신경증, 우울증, 정신분열증(조현병)까지도 무의식에 원인이 숨어 있었다는 것을 발견하게 되었다.

즉 정신분석 관점에서 마음의 병은 무의식의 갈등에서 시작한다는 것과 인간을 구속하고 인생을 불행하게 만드는 성격의 그 원인이 무의식에 숨어 있다는 것을 알게 되었다.

프로이트는 꿈의 상징이론에서 꿈에 나타난 상징은 의식세계에서 거부되고 억제된 본능현실로서 꿈을 꾼 사람의 성(性)적 욕구를 상징적으로 표현한다고 보았다. 프로이트에 의하면 환자의 꿈에 나타나는 상징들은 환자의 억제된 무의식적 본능을 대리적으로 표출한 것으로서 프로이트와 그의 딸 안나 프로이트는 이러한 상징의 이면에 환자가 자신에게 새롭게 집중화하려는 시도가 있다고 보았다. 여기에서 주체자인 환자는 자신의 내적 흥분을 상징적으로 기록한다는 것이다.

또한, 프로이트의 학설인 외디푸스콤플렉스는 고대 희랍신화 외디푸스(Oedipus)에서 따온 것으로 프로이트가 일찍이 '외디프스 콤플렉스'를 '햄릿 콤플렉스'로 부르려고 했다는 이야기가 있는 것으로 미루어 보아 연극과 신화에 대한 그의 관심을 짐작할 수 있다. 이러한 배경으로 그는 일찍부터 미술(art)의 치료적인 효과에 대하여 언급하였는데, 프로이트는 미술은 환상세계와 현실세계를 이어주는 교량이니, 미술가는 창작을 통해 환상세계를 현실세계로 구체화 시킴으로써 현실에서 억압되어 있던 욕망과 그로 인한 갈등을 해방시킬 수 있다고 하였다. 즉, 프로이트는 꿈 속에서의 상징적 심상으로 생생하게 표현되는 무의식의 개념을 발전시켰다.

프로이트의 입장은 예술이 사회가 받아들일 수 있는 출구를 만들어 충동적인 요소를 창작을 통하여 승화시킨다는 것과 또한 이러한 요소가 예술가나 관객들에게 자기애적(narcissistic) 욕구를 충족시켜 준다는 것이다. 미술의 치료적 입장이 용인되는 한 창작행위를 통해 그들이 충족시키지 못했던 성장 초기의 억압된 자아의 요구나 욕구를 표현할 기회를 주게 된다. 그리고 충동적인 표현을 수용하게 되면서 그림이 치료적인 효과가 있다고 하였다. 즉, 프로이트 자신은 정신분석에서 환자에게 그림을 그리도록 하는 시도는 하지 않았으나 프로이트의 초기 학설이었던 무의식의 의식화를 미술치료(art therapy)와 연결시킨 것으로 미술을 통하여 본능적 충동 요소, 이드(id)가 자리하던 곳을 에고(ego)로 대치시킨다는 것이 중심이론이다. 그 이후, 그림이나 놀이를 통한 치료법은 프로이트의 막내딸 안나 프로이트(Anna Freud)가 아버지의 뒤를 이어 정신분석가가 되면서 더욱 발전하게 되었는데, 안나 프로이트는 환자들의 그림작업을 정신분석에 적용하였다. 프로이트의 분석이론에 입각한 미술치료사들은 환자들의 상상이나 자유연상에 의한 자유로운 표현과 즉흥적인 표현을 중요시하였다. 이러한 점과 관련하여 미술치료사들은 환자들이 그리는 그림은 모두 무의식의 고통이나 억압된 갈등을 나타내고 있다고 보았다. 또한 미술치료사들은 환자들의 꿈이나 무의식의 내용을 내포하는 백일몽, 판타지, 갈등과 유년의 그림들을 이미지로 표현하게 하여 그 상징성에 대한 해석을 하였다. 또한, 어린이들의 경우 언어로의 자유연상이 불가능하고 소아의 정신 집중에 그림 그리기 등의 창작활동과 장난감 등의 놀이가 치료자와의 간격을 메워주고, 심리적 저항의 벽을 허무는 좋은 도구가 되었다.

2. 지그문트 프로이트(Sigmund Freud)의 생애

프로이트(Freud)는 빈의 한 가정에서 7남매의 맏이로 태어났다. 그는 학창시절 7년동안 수석을 하였고 의과대학에 입학하였으나, 유태인이였기 때문에 전공 선택에서 제약을 받았다. 그는 생리학과 신경학을 공부하면서 인간의 성격형성 이론으로 정신분석학을 창안하였다. 신경과의사인 프로이트는 프랑스에서 최면술로 히스테리아를 치료하던 사르코(Charcot)에게 최면술을 배워 히스테리아 환자들을 치료하기 시작하였는데, 최면에 걸리지 않는 환자들이 있다는 사실을 알게 되면서 최면술의 한계를 극복하고자 연구를 시작하게 되었고, 그후 자유연상과 꿈의 분석으로 이어지는 정신분석학이 탄생하게 되었다.

한편 프로이트는 30세부터 40세 중반이 될 때까지 의학계에서 성욕에 사로잡힌 창피한 이단자 취급을 받았으며 그에게 등을 돌린 동지들도 상당수 많았다. 특히 아끼는 제자였던 융이 자신에게 결별을 선언할때 현기증을 일으킬 정도로 충격을 받아서 쓰러지기도 하였다. 그 이후 사랑하던 둘째 딸을 폐렴으로 잃게 되고, 딸의 어린 손자까지도 잃는 슬픔을 겪는 등의 일생동안 정신적으로 많은 고통을 받으며 살았다.

또한, 프로이트가 77세 되던해 히틀러에 의해 베를린 광장에서 프로이트 저서들이 공개적으로 불태워졌으며 82세때 유대인 학살을 피하기 위해서 가족들을 이끌고 고향 빈을 떠나 런던으로 피신해야만 하였다. 그러나 미처 피신하지 못하고 남아 있었던 그의 여동생은 가스실에서 처형당하게 되었다. 프로이트는 67세부터 턱 뼈에 암이 발생하여 오른쪽 윗 턱뼈와 치아를 도려내고 틀니를 했지만 잘 맞지 않아서 죽을 때까지 고통을 겪었으며 말년에는 말을 할 수 없게 되면서 글로 의사소통을 해야만 했다. 33

차례의 턱암 수술과 16년 동안 투병생활 속에도 연구에 몰두하였고, 2차 세계대전 중인 1939년 3월 23일 89세의 나이로 사망하게 되었다.

더욱이 프로이트는 무신론자였기 때문에 하나님의 위로도 받을 수 없었으며 죽음으로 고통이 끝나고 그 후에 평화가 온다는 생각은 이런 고통스런 상황을 끝내고 싶은 마음이 반영되었을 것이다. 그가 주장한 죽음의 본능 개념과 일치하였다.

프로이트의 정신분석은 유아기 성욕의 발견뿐만 아니라 인간 행동의 이해와 모든 분야에 걸쳐 강력한 영향을 주었기 때문에 무엇보다도 무의식 세계의 체계적인 연구는 훌륭한 업적이라고 말할 수 있다.

3. 프로이트 학설의 기본개념

1) 인간관

(1) 정신결정론

인간의 모든 행동은 생애 6년간의 초기 생활경험, 무의식적 동기, 생물학적 욕구 및 충동에 의해 결정되며 그 후에는 그 성격이 점진적으로 발현될 뿐이라고 보았다.

(2) 성격의 구조적 이론

① 이드(Id: 원시적, 쾌락추구)

원초아는 쾌락의 원리를 따르고 이것은 고통을 피하고 쾌락을 얻으며 긴장 해소를 목적으로 한다. 이드는 본능적인 충동에 의해 생기는 정신에너지를 즉각적으로 방출하기 때문에 충동적이고 자기중심적인 특성을 지닌다.

② 에고(Ego: 현실과 환경을 고려한 합리적 자기)

자아는 현실원리에 의해 움직이며 이드의 욕구를 현실세계와 연결지어 판단하고 외부와 자신의 관계를 중재한다. 또한 현실적 상황과 조건이 초자아에 맞추어서 현실원리에 따라 본능의 욕구를 표현한다. 또한 본능적 욕망을 실현하기 위해서는 환경적 조건이나 만족할 대상물이 나타날 때까지 억제되거나 지연시킨다.

③ 슈퍼에고(Super ego: 도덕적 규범, 사회적 가치)

초자아는 개인의 사회화 과정을 통해서 발달되는데 사회적 규범, 행동기준이 내면화된 것이다. 초자아는 부모에게서 계승되는 전통적인 가치나 도덕적 판단, 사회의 이상 등을 나타내고 어린 시절 부모, 교사 그리고 주변의 인물들과 상호작용하는 과정에서 형성된다. 초자아는 이성적이고 도덕적인 특성을 지닌다. 그러므로 초자아는 양심과 자아 이상의 두 가지로 나뉜다. 양심은 부모가 나쁜 행동이라고 말하는 것, 꾸중이나 벌을 받는 것 등 처벌과 관련되어 있는 반면, 자아 이상은 부모가 인정하고 상을 주는 것으로부터 형성된다.

즉, 초자아는 부모의 기대와 통제에 의해 발달되지만, 부모의 통제에서 자신의 통제로 변화될 때 충분하게 발현된다.

위 세가지 성격의 구조간의 갈등들은 개인의 구체적인 행동을 결정한다.

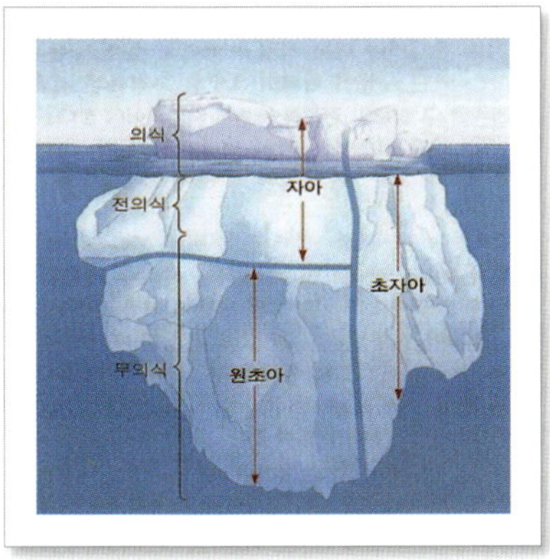

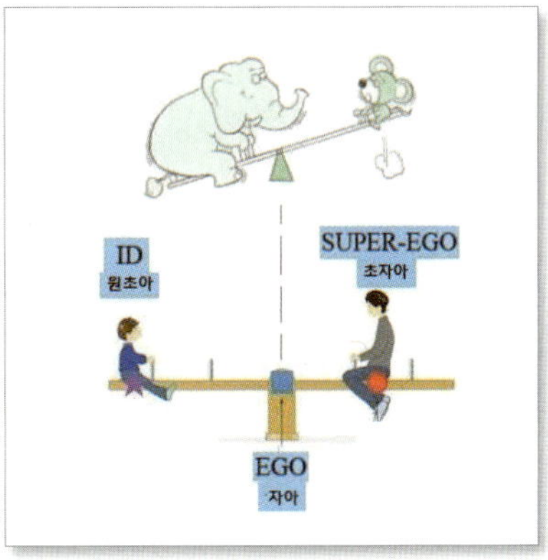

2) 인간 정신의 의식수준

(1) 의식(Consciousness)

의식은 현재 직접 경험하고 있는 심적 현상이다. 의식은 인간의 지식, 감정, 의지라는 일체의 활동을 포함하고 있으며 물질세계의 반영으로써 생긴 산물이다. 의식은 한 개인이 현재 각성하고 있는 모든 행위와 감정을 포함한다. 의식은 인간의 모든 생활에서 아주 일부에 국한되며 잠시 동안만 의식되고 나머지는 무의식으로 사라져 버린다.

(2) 전의식(Preconsciousness)

전의식은 이용 가능한 기억으로 불리는데 이것은 조금만 노력을 기울이면 의식으로 떠올릴 수 있는 생각이나 감정을 말한다. 전의식은 의식과 무의식을 연결시켜 주며 정신분석적인 기법을 통해 무의식이 전의식으로 떠오르고 이것이 의식화될 수 있다.

(3) 무의식(Unconsciousness)

무의식은 인간 행동의 동기가 되며, 무의식의 내용은 개인이나 사회에서 허용하기 어려운 생각이나 감정, 경험과 기억, 충동이 억압된 것이다. 이러한 무의식의 내용은 개인으로 하여금 갈등을 경험하게 하고 이것을 억압하기 위해 다양한 방어기제를 사용한다. 무의식은 꿈, 실수, 실언, 농담을 통해 나타나기도 한다.

3) 불안(Anxiety)

불안은 무엇을 하기 위해 동기를 유발하게 하는 긴장상태이다. 이것은 유용한 심적 에너지를 통제할 수 없을 때 발달하는 것으로 본능과 자아 그리고 초자아간의 갈등이며 불안은 자아가 통제할 수 없는 자극에 의해 발생한다.

프로이트는 불안이 닥쳐올 위험에 대한 신호라고 하였는데, 불안은 현실적 불안(Reality Anxiety), 신경증적 불안(Neurotic Anxiety), 도덕적 불안(Moral Anxiety)으로 분류할 수 있다. 현실적 불안은 외부요인에서 오는 위험에 대한 두려움이다. 신경증적 불안은 본능이 통제되지 않아서 그로인해 어떤 행동을 하게 됨으로써 처벌을 받을 두려움에서 기인한다. 도덕적 불안은 자신의 양심에서 생기는 두려움으로서 양심이 발달된 사람은 자신의 도덕적 규칙에 위배될 때 죄책감을 느끼게 된다.

4) 자아방어기제(Defense Mechanisms)

방어기제는 불안, 죄책감, 갈등, 고민, 드러낼 수 없는 욕구들 중 자기에 대한 여러 위협으로부터 자신을 보호하기 위해 사용하는 마음의 반응 양식을 말한다. 방어기제는 병적 행동이 아니고 정상적인 행동이다.

방어기제는 내적인 자아가 합리적, 직접적인 방법으로 자신이 느끼는 불안감을 통제할 수 없을 때 자아는 의식하지 못하는 가운데 비현실적인 방법으로 불안감을 제거하려고 하는 무의식적인 심리적 기제를 말한다. 방어기제는 개인이 불안에 대처하고 현실에 적응하기 위해 활용되지만, 과도한 사용과 지나친 집중은 현실의 합리적 판단을 어렵게 하여 부적응을 가져온다. 적절하지 못한 방어기제 사용으로 인한 부적응은 성격 형성에도 부정적인 영향을 미쳐서 성격장애를 일으키기도 한다.

방어기제의 종류는 다음과 같다.

(1) 억압(Repression)

억압은 불안을 회피하는 가장 기본적이고 일차적인 방식이다. 가장 많이 사용되는 방어기제로 사회적이나 윤리적으로 용납될 수 없는 생각, 충동, 욕구, 소망을 갖고 있으나 이것이 의식되지 않도록 무의식 속으로 눌러 넣어 버리는 것이다.

억압을 통해서 자아가 얻는 이득(Gains)은 위협적인 충동, 감정, 소원, 환상, 기억 등의 의식을 막을 수 있다는 것이다. 특히, 죄의식, 창피 또는 자존심의 손상을 일으킨 경험은 매우 고통스러운 불안을 불러일으키는데 이런 경우 억압이라는 방어기제가 동원된다. 그러나 억압된 내용은 해결된 것이 아니고 무의식 속에 남아서 현재 행동의 동기로 작용하게 된다. 충격적인 경험이나 스트레스를 유발하는 사건을 억압하는 것은 신경증적인 행동, 신체화 장애의 근본 원인이 된다.

예를 들면, 부모가 빨리 돌아가시기를 바라는 마음을 완강하게 부정하나 무의식중에 그런 소망이 있다.

(2) 투사(Projection)

현실에서 자신이 받아들일 수 없는 자신의 무의식적인 욕구나 충동을 다른 대상의 것으로 간주하여 스스로 불안을 피하려는 방어기제이다. 즉 사회적으로 인정받을 수 없는 자신의 행동과 생각을 남의 탓이나 환경의 탓으로 돌리는 것으로서 자신이 수용할 수 없는 결점이나 욕구, 관심이 다른 사람에게 속한 것으로 지각하고 이를 비판함으로써 불안을 감소시켜 자신을 보호하는 것을 말한다.

투사된 내용(Projected Material)은 투사하고 있는 사람의 무의식에 내재되어 있으면서 불안을 조정하고 있는 충동이나 욕구들이다. 이러한 충동이나 욕구가, 사고 과정으로 투사되면 망상(Delusion)이 되고, 지각 과정으로 투사되면 환각(Hallucination)

이 된다.

예를 들면, 지나치는 사람들의 표정에서 그들이 자신을 비웃는다고 생각한다.

(3) 반동형성(Reaction Formation)

사회적으로 용인될 수 없는 무의식적인 생각, 소원, 충동이 받아들 일 수 없는 두려운 것일 때, 그것과는 정반대의 언행을 강조하고 선택함으로써 의식에 떠오르는 두려움을 막아버리는 방어기제이다. 부정적인 감정을 숨기면서 타인에게 잘해주어 자신의 무의식적 충동이나 공격성을 감추는 경우로서 실제로 느끼는 감정을 직접 표현하기에 너무 강한 상대(무모, 상사)에게 오히려 정 반대의 감정을 드러내는 것이다.

예를 들면, 무의식적으로는 상사를 미워하지만, 의식적으로 드러내면 자신이 불리하기 때문에 그를 아주 존경하는 것처럼 행동한다.

(4) 승화(Sublimation)

본능적 욕구나 참기 어려운 충동 에너지를 사회적으로 용납할 수 있는 형태로 바꾸어 사용하는 가장 건전하고 건설적인 방어기제이다.

승화는 다른 방어기제와는 달리 이드(id)를 반대하지 않으며 자아의 억압이 없고 충동 에너지를 유용하게 전용하는 것이 특징이다.

본능이 신경증적인 행동으로 전이되지 않고, 오히려 정서적 긴장이나 원시적인 에너지의 투입을 사회적으로 바람직한 행동으로 나타나는 것을 말한다.

예를 들면, 가정폭력을 경험한 사람이 권투선수가 되어 사회적으로 바람작한 방향으로 인생을 풀어나가는 것이다.

(5) 합리화(Rationalization)

합리화란 자기보호(Self protection)와 체면유지를 위해서 우리가 가장 많이 사용하는 방어기제이다. 자기 행동과 생각의 진정한 이유나 동기를 감추고 그럴듯한 다른 이유를 찾아 자신의 감정을 정당화하는 것이다.

인식하지 못하고 있는 어떤 동기에서 나온 자신의 행동을 이론체계[논리 불통, Logic-tight]에 맞추어진 이유를 들어 설명하는 것으로써, 자신의 행동 속에 숨어 있는 실제 원인을 의식에서 용납할 수 없는 내용일 경우가 대부분이지만 자기 자신은 그 원인이 무엇인지 모르고 있는 경우가 대부분이다. 그래서 실제 지적당하게 되면 화를 내게 된다.

※ 논리불통 심리란, 논리적으로 모순되는 두개의 심리적 현실을 공존시키면서도 어떤 갈등도 느끼지 못하기 때문에 양심의 가책을 받지 않는 심리상태를 말한다. 그러나 논리 불통자는 인격 성장 저해, 자기혼란, 대인관계 곤란으로 이어지게 되어 끝내 자기 파멸을 맞게 된다.

※ 합리화란 거짓말과는 다른 무의식의 방어기제이므로 자신의 설명이 허구라고 의식하지 못한다. 그러나 거짓말은 자신의 행동에 대한 설명이 허구라는 것을 의식한다.

예를 들면, 연인관계의 경쟁자가 싫어하는 이유를 생김새나 옷차림이 마음에 들지 않는다고 한다. 또한, 이솝 우화 중 「여우와 신포도(Sour grapes)」 도덕성을 외치며 검은 정치자금 뒷거래하는 행위

(6) 전이(Transference)

전이는 높은 수준의 불안을 해소하기 위해 위협적인 대상보다 약한 대상에게 자신의 충동이나 감정을 해소하는 것이다. 부모에게 억울하게 야단맞은 아이가 자기집의 강아지를 때리는 행동으로 약한 대상에게 자신의 감정을 해소하거나 꿈에서 부모에게 화풀이를 하며 무의식적으로 자신을 보호한다. 감정을 직접 표현하지 못하고 다른 대상에게 표현하는 것이다.

예를 들면, 종로에서 뺨 맞고 한강에서 화풀이하는 것이다.

(7) 동일시(Identification)

동일시란 부모 등 주위의 영향력 있는 사람의 태도와 행동을 닮아 가는 것을 말한다. 영화, 운동 등의 주인공과 자기를 동일시함으로써 주인공의 강점을 자기 것으로

만드는 작업 즉, 소원성취(Wish – fulfillment)가 그것이다.

자신보다 강한 상대의 가치관이나 특성에 자기를 맞춤으로써 자신의 약함을 감추려는 것이며 자아가 약하여 의식의 기능을 강화하고자 할 때, 다른 사람의 태도, 신념, 가치 등을 자기 것으로 택하여 다른 사람의 특성을 자신의 성격에 흡수하는 것으로서 초자아를 형성시키는 데 유익하다.

예를 들면, 청소년들이 인기 연예인의 의상을 모방함으로써 자신의 가치를 찾는다.

(8) 보상(Compensation)

어떤 분야에서 탁월하게 능력을 발휘하여 인정을 받음으로써 다른 분야의 실패나 약점을 보충하여 좌절감을 줄이는 방어기제이다. 자신의 성격, 외모, 지능 등의 결함을 보완하기 위한 무의식적인 노력을 말하며 심리적으로 어떤 약점이 있는 사람이 그 약점을 보완시키기 위해서 다른 어떤 것을 과도하게 발전시키는 정신현상을 말한다.

예를 들어, 허약한 몸을 단련하기 위해 운동에 과도하게 집착하는 것이다.

작은 사람들이 야무지게 일을 잘하는 케이스

(9) 퇴행(Regression)

좌절감과 심한 스트레스를 받았을 때 유치한 수준으로 후퇴하는 현상을 말하는데, 주로 고착시기로 퇴행한다. 고착(Fixation)시기는 항문기에 좌절을 심하게 겪었거나 반대로 너무 재미를 보았다면 그 사람은 무의식적으로 항문기 시기에 고착하게 되는데 이런 시기를 고착시기라고 한다.

현재의 불안이 지나치거나 좌절이 두려워 이전 발달단계로 다시 돌아가 미성숙하고 부적절한 행동을 통해 불안을 극복하려는 태도를 말한다. 이러한 현상이 과도하게 지속되면 심리성적 발달에 부정적인 영향을 줄 수 있다.

생의 초기에 성공적으로 사용했던 생각이나 감정과 행동에 의지하여 자기 자신의 불안이나 위협을 해소하려는 것이다.

예를 들면, 동생이 태어난 아동이 아기처럼 행동하거나 대소변을 못 가리는 행동을 하면서 후퇴하는 현상을 보이는 경우이다. 또한, 심한 충격을 받은 사람이 갑자기 어린아이처럼 행동하는 것이다.

(10) 부정(Denial)

가장 원초적인 방어기제 중 하나로서, 의식화 된다면 도저히 감당할 수 없는 어떤 생각, 욕구, 또는 현실적 사실 자체를 무의식적으로 부정하는 방어기제이다. 기억에서 그 현실을 완전히 차단해 버리며 용납하기 힘든 사건에 대해 사실이 아니라고 인정하지 않는 것이다.

즉, 감당할 수 없는 현실에 직면했을 때, 그 사실 자체를 부정해 버림으로써 마음의 평정을 찾고 스스로 불안을 피하려는 것을 말한다.

예를 들면, 죽어가는 딸을 가진 부모가 죽음을 슬퍼하기보다 '딸이 천당에 간다'라며 태연해한다.

(11) 고착(Fixation)

고착은 성격 발달의 단계를 거치는 과정에서 어느 일정한 단계의 좌절이나 불안이 지나치면 해결하기 더 힘든 다음 단계로 이동하기보다는 현재의 발달수준에 머무는 것이다. 예를 들어, 부모에게서 독립하는 것이 불안한 아동이 의존적 행동을 지속적으로 보이는 것을 말한다. 퇴행이 심각하거나 정상적인 발달이 이루어지지 않을 때, 욕구가 충분히 충족되지 않았던 발달 시기에 머무는 것으로서 어머니의 사랑을 충분히 받지 못한 아이가 나이가 든 후에도 어머니의 사랑을 계속 확인하고 의존하려 한다.

(12) 신체화(Somatization)

불안이나 내적 충동이 올라올 때 신체적인 반응을 은폐하는 행위이다. 중년 부인에게서 전형적으로 나타나고, 건강에 대한 염려가 심한 사람들에게서 병이 없는데도 불구하고 기능이 안 되는 현상을 볼 수 있다. 신체화는 고통스러운 감정을 신체적 고통으로 변형시키는 것으로, 받아들일 수 없는 감정, 걱정, 염려 등을 항상 신체적 고통으로 호소하면서 주변의 동정이나 관심을 집중시킬 수 있다.

(13) 억제(Superssion)

억제는 의식적으로 잊으려고 노력하는 방어기제이고 억제 외의 다른 방어기제들은 무의식적인 방어기제이다. 해롭고 바람직하지 못한 생각과 충동에 대해 의식적으로 통제하는 것이다. 이 기제는 억압과 같은 목적을 가지고 있지만 개인의 의식적 의도가 있는 것이다.

예를 들면, 실연당한 젊은이가 옛 기억을 잊으려고 한다든가 화가 났을 때 참으려고 하는 것 등이 여기에 속한다.

(14) 전이(Transference)

과거에 알던 사람과 현재의 사람을 동일시하여 과거에 알던 사람에게 가졌던 사랑이나 미움의 감정을 현재의 사람에게 옮겨와 반복시키고 있는 특수착각 현상(Specific illusion)으로 대부분 무의식적으로 본인이 모르는 경우가 많다.

(15) 역전이(Counter transference)

전이는 보통 아랫사람 또는 환자에게 많은 반면, 역전이는 관리자나 치료자에게 많으며 전에 다른 사람에게 가졌던 동일한 감정을 아랫사람이나 환자에게 갖게 되는 현상이다. 업무를 하는 과정 속에서 부하직원으로 인해서 어떤 관리자의 마음속에 큰 슬픔이나 우울함 또는 분노나 증오심이 현실적으로 타당한 이유 없이 생겼다면 이것이 바로 역전이 현상이다. 이것은 부하직원의 문제가 관리자를 자극해서 관리자의 무의식 속에 감추어져 있었던 숨겨진 갈등이 노출되어 나온 현상인 것이다.

(16) 치환

사람의 에너지를 원래의 목표에서 대용 목표로 전환시킴으로 해서 긴장을 해소하는 방법인데 대용 목표와 원래 목표가 아주 유사할 때만 유용하다.

(17) 이지화

정서적인 문제를 이성적으로 설명하여 감정을 느끼지 않으려 하는 것이다.

예를 들면, 첫 해부 실습을 하는 의대생이 '이것은 과학의 발전을 위한 것이다' 라고 생각하며 끔찍함을 극복하려고 한다.

(18) 히스테리

사람이 어렵고 힘든 상태에서 잘 벗어날 수 있는 신체적 증상을 발달시키는 기제. 기질적 장애가 없는데도 신체적 고통을 느낀다.

이처럼 정신분석적 상담이론에서는 정신병리가 성격구조의 구성요인인 본능인 원초아, 자아, 초자아 간의 갈등에서 불안이 야기되고 불안을 다루기 위해 자아 방어기제의 과도한 사용으로 인해 생긴다고 보았다. 요약하면 정신분석적 상담과 미술치료는 프로이트를 중심으로 정신분석가들이 사용하는 자유연상법이나 꿈의 해석, 저항과 전이의 분석과 해석 등을 기법으로 사용하는 것이다. 특히 자유연상의 경우나 꿈의 내용을 전달할 때 그림이나 창조적 매체를 통해서 표현하게 하는 것이다. 아동의 경우는 성인에 비해 자유연상에 대한 준비성이 결여되어 있어 언어의 사용보다는 그림 등의 사용이 의사소통을 용이하게 하고, 성인의 경우에는 난화나 핑거페인팅 등을 통해 자유연상을 하게 하거나 연상되는 것을 그리게 하는 방법을 적용하기도 한다. 정신분석적 미술치료는 내담자가 자유롭게 자신을 표현하게 하여 그 작품을 분석한다. 미술의 상징적 언어를 사용하여 무의식적인 상징과 전이를 분석하는 해석의 기법으로 사용한다.

4. 프로이트의 심리성적 발달이론

1) 심리성적 발달이론의 특징

정신에너지 리비도(Libido)

리비도는 생물학적인 힘이 아니라, 생명의 본능이 사용하는 에너지의 형태를 리비도라고 한다. 프로이트는 초기 저술에서 성적 에너지를 표현하기 위해 리비도라는 용어를 사용했다. 그러나 동기 이론을 수정하면서 리비도란 모든 생명의 본능이 갖는 에너지라고 정의했다. 리비도의 개념은 처음에는 협의의 성적에너지로 생각되었다가 점차 그 개념이 넓어져 사랑과 쾌감의 모든 표현이 포함되었다.

프로이트에 의하면, 성격 발달은 유아기부터 청소년기까지 다섯 단계에 걸쳐 이루어지는데 초기의 세 단계가 성격 형성에 결정적 역할을 하게 된다. 이 시기에 리비도는 정신에너지로 전 생애에 걸쳐서 다양한 쾌락을 추구하며 리비도가 신체적 특정 부위에 자리 잡고 이 신체 부위에서 만족을 추구한다. 리비도가 만족을 추구하는 특정 부위는 연령에 따라 변화한다. 그러나 심리성적 발달단계가 모두 성공적으로 진행되는 것이 아니고, 한 단계에서 다음 단계로의 진행이 저해되면 특정 단계에 고착될 수 있다. 즉, 리비도는 에너지가 신체의 한 부분에 머무르는 형태로 나타나는데, 구강에 집중되는 경우에는 구강의 욕구 충족이 인간 행동의 동기가 된다. 따라서 인간의 성격 구조 형성에는 리비도가 어디에 고착되어 있으며 그 시기에 욕구를 어떻게 만족시켰는가에 따라 성격 형성에 있어서 주요한 변인이 된다. 프로이트는 이 고착이 성인기 성격에 직접적 영향을 미친다고 보고 이를 좌절과 방임이라는 두 가지 요소로 설명하였다. 좌절은 아동의 심리성적 욕구를 양육자가 적절하게 충족시키지 못한 것을 의미하며, 방임은 과잉으로 만족시켜 양육자가 아동에게 내적으로 극복하는 훈련을 제대로 시키지 않아 의존성이 심한 것을 뜻한다.

2) 심리성적 발달단계

(1) 구강기(Oral stage)

출생에서 1세까지로 유아는 입을 통해 쾌락을 얻는다. 생후 1년간은 입이 성적, 공격적 욕구 충족을 하는 신체 부위가 되며, 입, 입술, 혀, 잇몸 등을 자극하는 데서 만족을 느끼기 때문에 빨고, 삼키고, 깨물면서 만족을 얻는다. 구강기에는 수동적으로 어머니의 보살핌을 받으며 생활하기 때문에 유아는 의존적이고 다른 사람으로부터 분화되지 않은 상태이다. 구강 전기에는 어머니에게 접근하고 합치되려는 경향이나 후반기에는 애정과 우호적인 태도를 갖는 동시에 적대적이며 파괴적인 태도를 갖는다. 이때 유아는 최초의 양 감정을 경험하게 된다. 구강기 전반기에 좌절 혹은 방임을 경험하면 구강 수동적 성격이 되며, 이 성격은 낙천적이고 타인에게 의존적이며, 모든 것을 희생해서라도 인정받고 싶어한다. 구강기 후반기에 고착되는 구강 공격적 혹은 구강 가학적 성격의 특징은 논쟁적이고 비꼬길 잘하며, 타인을 이용하거나 지배하려고 한다.

(2) 항문기(Anal stage)

항문기란 대소변을 가리는 훈련이 시작되는 1세에서 3세까지로 리비도가 항문에 집중하는 시기를 말한다. 이 시기의 유아는 신경계의 발달로 괄약근을 수의적으로 조절할 수 있다. 괄약근의 발달로 아동은 마음 내키는 대로 배설하거나 보유할 수 있다. 그러나 대소변 훈련이 시작되면서 유아의 본능적 충동은 외부에 의해 즉, 양육자인 어머니에 의해 통제된다. 유아는 자신이 원하는 때 배변을 하기 원하지만, 어머니는 사회적 관행을 따르도록 한다. 유아는 배변 시기를 조정하기 위해 갈등하며 욕구의 만족을 늦추어야 할 필요성에 의해 자아가 발달한다. 부모는 배변 훈련 시 옳고 그름에 대해 말하고 유아는 부모에 동조하며 부모의 의견을 내면화시켜서 이를 따르게 된다. 이것이 초자아 발달의 시초가 되며, 배변 훈련이 성공하면 유아는 사회적 승인을 얻는 쾌감을 경험하게 된다. 부모가 거칠게 혹은 억압적으로 훈련하여 고착된 항문기 강박적 성격은 고집이 세고 인색하며, 복종적이고 시간을 엄수하며, 지나치게 청결한 특징을 가진다. 반대로 지나치게 관대하여 고착된 항문기 폭발적 성격은 잔인하고 파괴적이며, 난폭하고 적개심이 강하며 불결한 특징을 갖는다.

(3) 남근기(Phallic stage)

남근기는 3세에서 6세로 리비도가 아동의 성기로 집중되는 때이며, 아동은 자신의 성기를 만지고 자극하는데 쾌감을 느끼는 시기이다. 이 시기부터 원초아, 자아, 초자아는 역동적으로 작용하기 시작한다. 남근기의 가장 중요한 상황은 외디푸스 콤플렉스와 일렉트라 콤플렉스로 아동이 이성의 부모에게 성적 관심을 갖고 접근하는 욕망을 가리킨다. 남아는 어머니에 애착을 느껴 아버지를 경쟁자로 생각하고 적대감을 느끼며, 거세불안을 느끼게 된다. 그러나 이 불안을 해소하기 위해 어머니가 인정하는 남성다움을 갖기 위해 동성의 부모에게 성적 동일시를 함으로써, 남자아이는 남자답게, 여자아이는 여자답게 행동하려고 애쓴다. 남근기에 고착된 남자는 경솔하고 과장이 심하며, 야심이 강하고, 여자는 경박하고 유혹적이다.

(4) 잠복기(Latent stage)

잠복기는 6세에서 12, 13세까지로 리비도의 신체적 부위는 특별히 한정된 데가 없고 성적인 힘도 잠재된 시기이다. 이 시기에는 외디푸스 콤플렉스를 극복하고 난 후의 평온한 때로 성적 욕구가 철저히 억압되어 비교적 자유롭지만 그 감정을 무의식 속에 계속 존재한다. 다시 말하면 원초아는 약해지고 자아와 초자아는 강력해지며 성격에서 이루어지는 주요한 발달은 초자아의 기능이다. 리비도의 지향 대상은 친구 특히 동성의 친구로 향하고 동일시 대상도 주로 친구가 된다. 잠복기 아동의 에너지는 지적인 활동, 운동, 친구와의 우정 등에 집중된다. 잠복기에 고착되면 성인이 되어서도 이성에 대한 정상적인 친밀감을 갖지 못하고 이성과의 관계를 회피하거나 정서적 감정 없이 단지 공격적인 방식으로 성적 행동을 한다.

(5) 생식기(Genital stage)

생식기는 사춘기부터 성적으로 성숙되는 성인기 이전까지의 시기로 심한 생리적 변화가 특징이며 격동적 단계로 불린다. 호르몬과 생리적 요인들로 인해 그 동안 억압되었던 성적 감정들이 크게 강화되면서 잠복기 동안 억제되었던 성적, 공격적 충동이 자아와 자아의 방어를 압도할 정도로 강해진다. 따라서 이전의 방어 양식들은 적절치 않게 되고 광범위한 재적응이 요구된다. 사춘기 전기에는 리비도가 다시 유아기의 애정대상을 지향한다. 원초아가 우세할 때는 지나치게 쾌락 추구에 몰두해 공격성, 야수성, 범죄 행동이 왕성해지며, 반대로 자아가 너무 표면화되면 불안이 심해지고 금욕주의, 지성화의 경향이 강해져서 원초아를 억제하고 자아를 방어하려고 애쓴다. 사춘기에는 성적 성숙이 다 이루어져서 사춘기 전기의 불안은 사라진다. 이 시기에는 부모에 대한 관심이 사라지고 가족 밖에서 연장자와의 친교를 가지며, 이성을 향한 성욕 충족을 추구한다. 이러한 성적 욕구는 독서, 운동, 자원봉사 등 다른 활동을 통해 승화되기도 한다. 이 시기에 성격발달을 위해서는 근면을 배워야 하고 즉각적인 만족을 지연시켜야 하며 책임감이 있어야 한다.

프로이트의 이론은 융에 의해서 지나친 성적몰입이론이라고 비판을 받은 바 있다. 이 이론은 현재 다수학자들에 의해 비판적으로 수용되어 성적 요인만이 아니라 다양한 심리적 요인에 의해 새롭게 적용되고 있다.

5. 정신분석적 미술치료

정신분석학적 미술치료에서 환자의 그림에 나타난 상징들은 프로이드의 상징해석에 의거한다. 프로이드의 상징해석은 치료에 중요한 역할을 하고 있지만, 그의 상징해석이 모든 문화에서 반드시 동일하고 보편적이지 않기 때문에, 다른 해석이 있을 수 있다는 것을 미술치료사도 받아들여야 한다. 어떤 상징은 수많은 문화권에서 그것이 표현하는 대상이나 사고의 특성을 지칭하는 것이 동일한 내용으로 나타나고 있는 현상을 고려한다면 사실로 보아도 좋을 것 같다. 그러나 프로이드 자신이 지적한 바와 같이 "때때로 담배는 단지 담배일 뿐"이며, 꿈꾼 사람의 연상을 확증하거나 반박하기 위해서 치료자는 명시적 내용에서부터 상징적 의미로 해석된 모든 것을 가설로 간주하는 것도 학습하여야 한다.

상징의 예 : 꿈을 해석하는데 있어서는 보편적 상징보다는 환자가 그것에 대해 펼치는 자유연상을 토대로 하는 것이 더 중요하고 정확한 것으로 되어 있다.

- 고층건물, 뱀, 칼 같은 길고 뾰족한 것은 남자의 성
- 구멍, 숲, 지갑은 여성의 성기
- 간호원, 배, 대양, 백화점은 어머니
- 두목, 폭군, 왕, 신, 사자는 아버지
- 주먹싸움, 춤, 놀이, 율동적인 운동은 성교
- 상실, 상처, 부재, 절단은 거세
- 물에서 나오는 것은 출산
- 동굴은 자궁

무엇보다 미술치료사들은 미술활동 과정과 미술을 통한 의사소통을 통하여 환자가 보이는 방어기제를 완화시켜 주며, 미적 도구를 통하여 퇴행을 다양하게 표출하게 한다.

프로이트 학파에서는 이러한 미적 퇴행을 다양한 이름으로 명명하였다. 즉 환자들의 그림에 나타나는 퇴행을 탈 중심적, 정서적 단계의 재수용, 자아의 미분화, 억압된 정서의 분출, 카타르시스적 분출과 리비도적 부담의 경감, 예술을 도구로 한 불안의 승화라고 하였다. 즉 이 학파는 예술을 승화의 관점, 자기의 관점, 사회통합의 관점, 시험적 시도로 보고 있다. 여기에서 미술치료는 퇴행, 카타르시스, 인식, 승화, 자기 수용에 이르게 하는 것을 목적으로 한다.

또한, 미국 미술치료의 선구자인 나움버그는 발견되지 않은 무의식의 힘을 상상과 상징을 통하여 얻게 되는 통찰력을 강조하였다. 그녀는 환자의 즉흥적인 표현을 장려하기 위하여 혹은 어떠한 심리적 봉쇄를 피하기 위해 대표적으로 낙서기법을 적용하였다. 환자는 낙서를 한 후에 그것에서 연상되는 것을 치료사에게 말하고, 치료사는 그에 대한 의미를 분석한다.

나움버그의 관점과는 달리 크레이머는 아동미술치료에서 창의적 과정을 통한 승화에 중점을 두었다. 승화는 프로이트에 의하면 성적 에너지나 공격적 에너지를 더 높은 사회적 가치로 전환한 것으로 자아의 방어기제이다. 크레이머는 그녀의 저서 『아동치료로서

의 미술』(Art as Therapy with Children)에서 아동들의 미술활동은 그들의 성적 에너지나 공격적 에너지가 승화하도록 강화시켜준다고 하였다. 그녀는 이 책에서 미술치료가 아동들의 근원적인 본능욕구를 다른 방향, 즉 미적 방향으로 전환될 수 있는 사례들도 함께 제시하고 있다. 그러나 리히터는 그녀의 저서인 『아동치료로서의 미술』을 분석하면서, 크레이머가 아동의 미술적 표현을 프로이트의 승화이론에만 적용하여 해석하는 것을 비판하고 있다. 예를 들어 아동이 난화를 그리거나 색들을 주무르는 것 대신, 사실적으로 그리려 하는 것이 항상 '저항'하는 것이 아니라는 것을 알아야 한다는 것이다. 아동은 치료사의 지시와는 다르게 자신의 연령에 맞는 발달단계에 따라 그림을 그린다는 사실을 크레이머는 간과하고 있다는 것이다. 리히터는 예술적 생산을 승화의 기능이라고 한 프로이트의 입장에 따라, 크레이머가 이러한 승화를 아동과 청소년들의 모든 그림에 적용하는 것을 비판한다. 반복되는 그림이 항상 억제된 본능욕구만을 말하는 것이 아니라, 다양한 원인을 가지고 있다는 것을 치료사는 알아야 한다는 것이다. 모든 아동의 그림을 모두 '방어'라는 것으로 받아들인다는 것은 아동화를 너무 단순화시킨다는 지적이다.

정신분석가이며 미술치료사인 슈메어(Schmeer)는 환자가 그림을 통하여 자신의 억압된 무의식을 표출하도록 유도한다. 그녀는 그림에 나타난 자아상징, 무의식의 상징, 초자아, 대상관계, 불안, 억압, 방어기제 및 자아 동일화와 자율성의 상징들을 분석하며 치료한다.

위니캇(Winnicott)은 융 학파와 프로이트 학파의 상징이해를 이해하려는 시도를 하였다. 그는 정신분석을 아동심리치료에 적용하는데 있어서 그림이 지니는 상징성을 이용하였으며, 놀이처럼 그리는 그림의 상징에서 구체적인 것과 아동이 상상하는 것을 밝혀낸다. 위니캇은 아동이 그린 상징을 "과도기 대상"(Transitional Objects)으로 규정하고, 여기에 나타난 아동의 양가감정을 발견하려는 시도를 하였다. 즉 그는 치료를 맡은 아동을 통하여 아동과 어머니와의 정서적 교환을 밝혀내고자 하였다. 그는 이러한 사례를 1971년 Therapeutic Consultations in Child Psychiatry(우리나라에서는 『그림놀이를 통한 심리치료』로 번역)라는 저서에서 구체적으로 제시하고 있다.

정신분석적 미술치료의 구체적인 내용은 다음과 같다(한국미술치료학회, 2001).

첫째, 치료자는 내담자가 자유로이 미술매체를 선택하여 '아무것이나 그리고 싶은 것을 그리도록' 한다. 이것은 자유연상에서와 같이 개방적 비구조적 접근으로서 내담자를 괴롭히는 사항을 표현하도록 도와주는 기법이다(Rubin, 1973). 내담자가 자발적으로 말을 하는 동안 치료자는 말을 최소한 적게 하여 내담자가 사고를 언어화하는 흐름과 자료를 찾아내는 과정을 촉진한다.

둘째, 치료자는 내담자가 자발적으로 지적하는 말들을 경청하고 행동을 관찰한다. 질문은 꿈 분석에서와 같이 미술작품에 관련된 특정한 연상에 관한 질문만 한다. 그러한 자료에서 의미를 발견하여 정신분석적 진단의 윤곽을 생각한다. 의뢰이유, 생활사 그리고 가능한 환경적 스트레스 요인들이 이에 해당한다.

셋째, 내담자의 미해결된 갈등과 그것을 반복하는 기제를 찾는다. 정신분석적 이해는 외적인 사실(불안, 우울)뿐만 아니라 내담자가 기능하고 있는 발달적 수준과 관련된 내담자의 내적 상황의 사정(assessment), 뚜렷한 고착이나 퇴행의 사정도 포함한다. 미해결된 갈등이 대부분의 신경증의 원인이므로 갈등의 잠재적 원천도 조사한다. 갈등은 외적인 것(대인관계), 내적인 것(양가감정) 또는 구조적인 것(원초아, 자아, 초자아 간)으로 대별된다.

넷째, 정신분석치료의 가능성을 결정하기 위하여 내담자의 좌절감 내성 정도, 승화 능력, 불안에 대한 전반적인 태도 및 일반적인 발전적 힘과 퇴행 경향성 등을 면밀히 사정하여야 한다.

요약하면 치료자는 내담자가 발달 과정상 어느 시점, 어떤 상황에 갇혀 있는지(고착)와 방어 대상(두려워하는 충동)에 관한 단서 및 방어기제를 알고 다루는 것이다.

제14장

색채 심리

제14장

색채 심리

1. 색(色)의 역사

인류가 지구상에 처음 출현한 시기는 지금으로부터 600여만 년 전으로 추정되며 아프리카 케냐 지방에서 출현한 오스트랄로피테쿠스가 최초의 인류였다. 이들은 도구를 사용할 줄 알았으나 그림을 그리지는 못했던 것으로 보인다. 인류가 최초로 그림을 그렸던 시기는 호모 하빌리스를 거쳐 호모 에렉투스로 진화하면서 그림을 그렸을 것으로 유추할 수 있다. 다만 이들이 거주했던 것으로 보이는 약 40만년 전의 프랑스 니스에 있는 구릉 유적지 테라 아마타에서 물감의 원료가 되는 노간주와 끝을 뾰족하게 다듬은 주황색 물감 그리고 나무 그릇이 발견되어 그림을 그렸다고 짐작할 뿐이다. 이후, 호모 사피엔스 사피엔스(Homo sapiens sapiens)에 이르러 비로소 본격적인 회화가 등장한다(임두빈, 2001).

호모 사피엔스 사피엔스는 현재 생존하고 있는 인류를 가리키는 학명(學名)으로 약 4만~5만 년 전에 지구상에 나타났다. 이전까지의 호모 사피엔스와는 구별되는 신체적 특징과 도구 제작기술을 보유하고 있었다. 생물 분류 체계상 영장목(目) 사람과(科) 사람 속(屬)에 속하는 호모 사피엔스(Homo sapiens) 종의 아종(亞種)으로 현생 인류에 가장 가까운 조상으로 호모 사피엔스 사피엔스라는 말은 '지혜롭고 지혜로운 사람'이라는 뜻이다.

이들이 그린 첫 그림은 후기 구석기 시대인 3만5천년 전에서 부터 1만년 전 사이에

호모 사피엔스 사피엔스(Homo sapiens sapiens)
현재 인류의 모습

그려진 프랑스와 스페인에 산재한 동굴벽화들이다. 동굴벽화는 스페인 귀족 사우트올라가 발견해 1880년 인류 최초의 구석기 시대 미술로 발표했으나 유럽의 학자들은 미개한 원시 인류가 훌륭한 그림을 그렸다는 사실에 대해 믿을 수가 없다며 사우투올라의 말을 믿지 않았다. 선사학 역사에 길이 남을 벽화 발굴의 업적을 남겼음에도 편견에 의한 학자들에 의해 수십년간 무시되었다가 알타미라 동굴벽화가 구석기 시대의 미술로 인정받은 것은 20세기 들어서였다(임두빈, 2001).

알타미라(Altamira) 동굴 벽화가 발견된 이후, 라스코(Lascaux), 쿠냑(Cougnac), 페쉬메를(Pech Merle), 에카인(Ekain), 니오(Niaux), 근래에 발견된 쇼베(Chauvet) 동굴벽화에 이르기까지 인류가 최초로 그린 회화의 높은 예술성으로 인하여 오늘날까지 많은 화가들을 감탄케 하고 있다(임두빈, 2016). 이 당시 후기 구석기 시대의 원시 인류는 그들이 생존하는데 필요한 식량을 구하기 위한 절실한 목적에서 동굴벽화를 그렸던 것임을 알 수가 있다. 미술의 이러한 역할은 시대가 바뀌면서 점차 변화되어 인간 삶의 다양한 필요에 따라 그 영향을 넓혀 온 것을 볼 수가 있다(김선명 외, 2021). 이러한 벽화는 깊은 동굴이나 바닷가, 강가 등의 지역에서 발견되었으며 벽화의 그림은 동물들이 주로 등장하였고 동물을 사냥하는 모습으로 표현되었다. 최초의 인류는 생존을 위해 자연의 색을 자신을 보호하는 색으로 활용하며 생명을 이어 왔으며 색을 구분하면서 인류는 조금씩 색에 대한 눈을 뜨게 되었다.

따라서 초기 인류에도 미적 영역이 필요했고, 모든 미술 형태들(건축, 회화, 장식, 조각, 직조, 도자기 등)에 영향을 미쳤다. 분명하고 주목할 만한 것은 고대인이 사용한 팔레트는 단순하고 직접적이며 고대 세계 어디에서건 색상의 선택에 있어 변화를 추구할 수 없었다는 점이다. 즉 빨강, 금색, 노랑, 녹색, 파랑, 자주, 흰색, 검정색 중 선택해야만 했다. 미술관에서 발견된 이집트인들의 물감 상자 역시 8가지 색들로 나누어져 있었다. 진화론의 다윈은 그의 저서 인간의 후예(Descent of man)에서 "우리는 피부색이 모든 인종 사람들에게 그의 아름다움에 매우 중요한 요소로 취급된다는 사실을 알고 있다."라고 다음과 같이 기록하고 있다. 이집트인들은 자신을 빨간색 인종 집단으로 사용하였고, 노란색은 아시아의 색, 흰색은 북쪽 사람들의 색, 검정색은 흑인의 색이다. 또한 고대 시기의 치료 방법으로 색을 이용한 치료법이 있었는데 고대 의사들은 이것을 존중했고, 이를 이용한 치유의 특성을 믿었다. 색을 통해 진찰을 하고 색으로 처방을 했었다.

우리는 황금시대 (Golden age)에서 색과 문화에 관련된 여러 사항을 목격하고 그것을 점검하는데 의의를 찾을 수 있다. 인도에서는 절대적 권위를 상징하는 부처의 색이 황금색이었으며 중국 송나라 의 왕실색이 갈색이었고, 명나라는 초록색, 청나라는 노란색이었다. 로마시대 황제는 목성을 의인화하기 위해 자주색 옷을 입었고 이 색은 황제만이 선택할 수 있는 독점적인 색이였다.

또한, 구약성서[출애굽기]에 따르면, 하느님 아버지의 색은 파란색이고, 전설에 의하면 모세의 십계명은 파란색 사파이어 위에 새겨져 기독교에서의 파란색은 성스러운 천상의 색으로 여겼으며 노아의 방주 머리 위에 붉은색은 홍수정(홍옥)이었다고 한다. 이처럼 인류의 모든 영역과 모든 국가에 이르기까지 색채는 인간이 최초로 받는 축복 중의 하나였으며 생과 사, 성장과 결혼 등 모든 것이 색채의 마술적인 힘에 보호받을 것임을 믿어 왔고, 색(色)은 인간의 삶과 밀접한 관계를 맺고 있다. 색은 인간의 눈을 통해 받아들이는 시각적 정보 외에도 관념적, 상징적, 생리학적 등의 다양한 인식 효과를 동반한다. 이러한 색은 역사, 종교, 관습에 의한 시대적 흐름과 다양한 변천 과정을 거쳐 오늘날과 같은 색의 의미와 상징 체계를 갖추게 되었다.

알타미라 동굴벽화 (스페인 북부 칸타브리아)
후기 구석기 시대

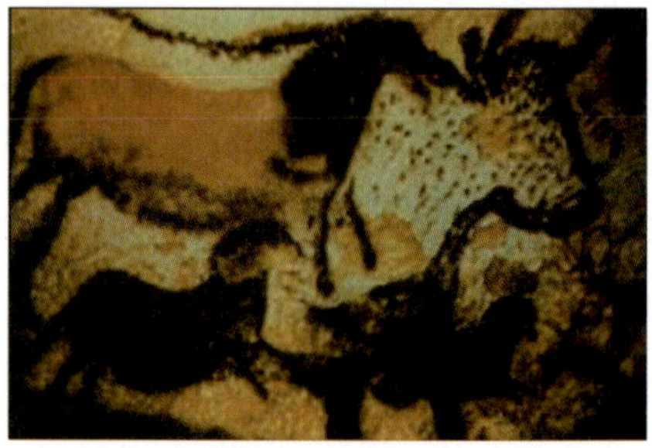
라스코 동굴벽화 (프랑스 도르도뉴)
후기 구석기 시대

1) 빛과 색(色)

빛과 색의 변화는 그 빛이 물질을 통과하면서 색이 생겨난다. 색(色)은 빛의 반사와 흡수에 의한 물체의 색이 사람의 눈을 통해 대뇌에 인식되는 현상을 말한다. 색은 빛이 없으면 볼 수 없고, 색은 태양으로부터 색채마다 주파수와 진동이 서로 다르게 작용하며 인간의 색채에 대한 반응도 각기 다르게 반응한다. 색이란 빛과 진동으로 빛과 색의 관계를 과학적으로 증명한 영국의 과학자 아이작 뉴턴(Isaac Newton: 1642~1727)은 1966년 이탈리아에서 프리즘(prism)을 들여와 태양 빛을 투과시켜 빨강, 주황, 노랑, 초록, 파랑, 남색, 보라 등의 무지개 색채 띠가 형성되고, 빛이 다시 프리즘을 통과하면서 원래의 빛으로 보이는 현상을 발견하였다. 이러한 현상은 빛의 굴절 때문에 생기는 스펙트럼(spectrum)현상이라고 하며 태양광선 속에는 여러가지 색광이 포함되어 있다는 사실을 확인하게 되었다. 즉, 프리즘이 여러 가지 색을 만드는 것이 아니라 흰빛에 내포되어 있는 색들이 분리 됐다는 발견을 하였다. 그는 1706년 처음으로 색상환을 만들었고, 보라색과 빨간색이 비슷하다는 것을 발견하였다. 과학은 반세기 동안 아이작 뉴턴의 가설을 지지하였다.

한편, 독일의 대표적인 작가이자 철학자인 요한 볼프강 폰 괴테(Johann Wolfgang

von Goethe: 1749~1832)는 빛이 있는 곳은 색이 존재하며 모든 물체의 색은 빛의 영향을 받는다고 하였다.

위와 같이 빛은 단순히 인간에게 밝음을 줄 뿐만 아니라 신체내의 많은 혼합물, 신진대사 작용과정들, 세포들의 생존과 발생, 삶의 리듬에 이르기까지 영향을 주며 강력한 물리적인 힘을 발휘한다(Thomas R. C. Sisson, 1973)고 하였다. 따라서 빛이 부족하거나 없으면 여러모로 이상한 증상을 발생시킨다.

괴테는 40년이 넘도록 색채에 대한 체계적 정립과 색채의 감각적, 정신적 작용을 연구하였으며 색의 플러스 측면은 생동, 활발, 지향적, 외향적이며 마이너스 측면은 불안, 연약, 동경, 내향적으로 나누었다. 또한 색채의 치료 효과로서 보석의 색채에는 병을 치유하는 힘이 있다고 서술하였다. 그의 [색채론]은 1810년 최초로 출판하였으며 1971년에는 영역판으로 간행되었다. 괴테는 색채가 인간의 감정에 즉각적인 영향을 미친다고 생각하였으며, 칼 융(C. Jung) 또한 색채의 상징적인 힘을 믿었다. 사람의 마음에 미치는 색의 영향력을 연구한 맥스 루셔(Max Luscher)도 각각의 색이 감정적인 가치를 지니고 있으며, 색의 선호도가 그 사람의 기본성격을 드러낸다고 생각하였다. 또한, 색은 심리적으로 느끼는 온도(溫度), 중량감(重量感), 후각(嗅覺), 음률(音律), 촉감(觸感)등을 내포하고 있다. 색의 연상(聯想)은 색채를 자극함으로서 생기는 감정의 일종으로 개인의 생활 경험과 사회적, 역사적인 선입관 등에 영향을 받는다. 색을 보고 무엇을 연상하는가는 경험에 따라 개인차가 크지만, 사회 전체의 보편적인 연상 효과도 존재한다. 이러한 보편적 연상 효과는 인간이 오랜 진화의 과정 속에서 되풀이 경험하여 그의 내면에 형성된 집단적 무의식에 그 뿌리를 둔다.

색(色)은 공통적으로 연상되는 이미지와 정서적 반응을 통해 저마다의 의미와 특징을 갖고 있으며 사람들은 이러한 색을 사회적, 문화적 기호로서 사용하였다. 따라서 색의 상징성은 정서적, 시각적, 일반적 반응과 이를 통한 심리적 효과, 연관되는 이미지, 관습적인 성향 그리고 사회적인 규범을 포함하고 있다.

한국의 전통적인 오방색에서도 색은 각각의 의미와 방위를 갖고 있으며 선조들은 예로부터 이에 따라 색을 활용해왔다. 우리는 생활 속에서 항상 색을 대하고 있으며, 색이 없는 생활은 생각조차 할 수 없을 것이다. 색은 우리의 정신과 육체 모두에 영향을 줄 수 있는 강력한 힘을 가지고 있다. 색의 능력은 무한하며 모든 분야, 모든 영역에 영향을 미치며 인간이 생활하고 활동하는데 있어서 촉매 역할을 하는 매우 중요한 요소이다.

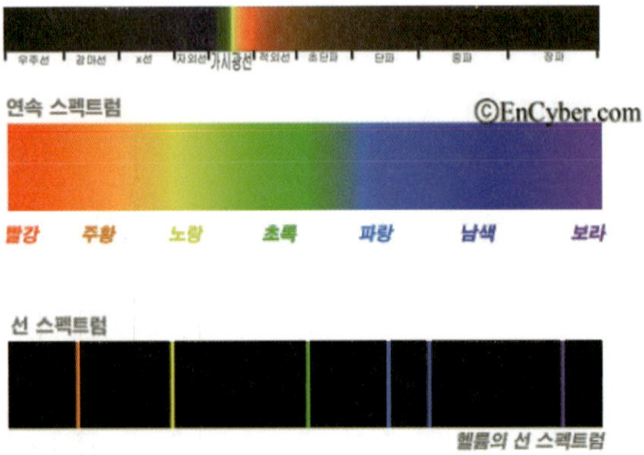

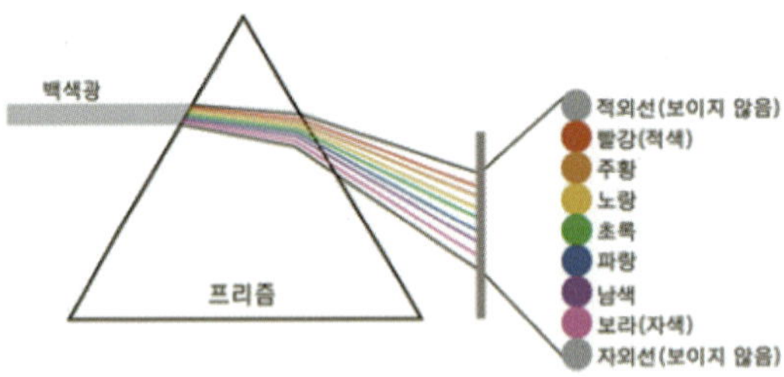

아이작 뉴턴
(Isaac Newton : 11642~1727)

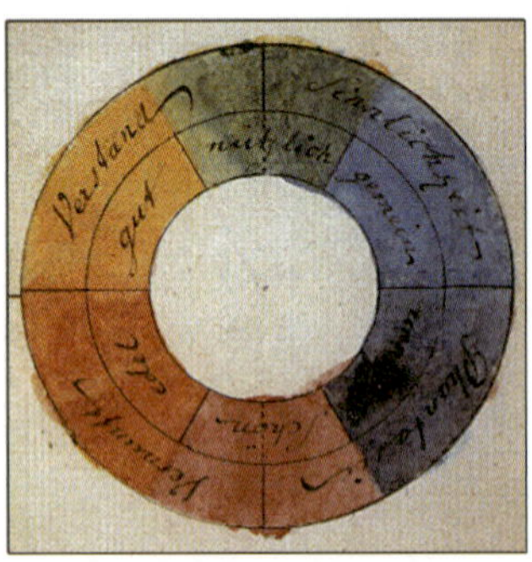

요한 볼프강 폰 괴테
(Johann Wolfgang von Goethe : 1749~1832)

2) 색의 3요소

① 색상(Hue) : 색상의 명칭
빨강, 파랑, 노랑 유채색이며 여러가지 색을 조합하여 무지개색 등과 같은 색상이다.

② 명도(Value) : 색의 밝고 어두운 정도
색상이 없는 무채색이며 밝은색은 명도가 높은 고명도, 어두운 색은 명도가 낮은 저명도이다.

③ 채도 (Chroma) : 색의 맑고 탁한 정도
색이 진하고 연한 순수한 정도를 말하며 색의 탁하고 선명한 강약의 정도를 나타낸다.

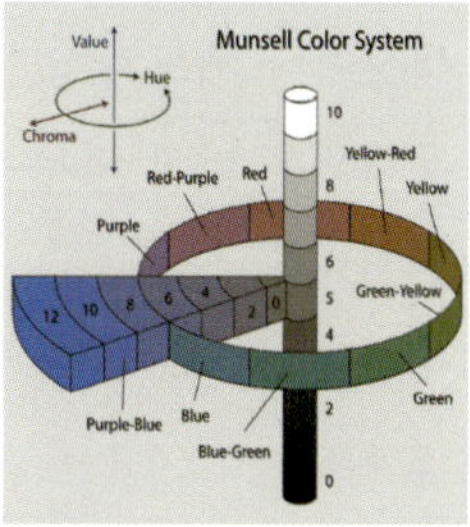

[Munsell, Albert Henry]
(1858~1918)

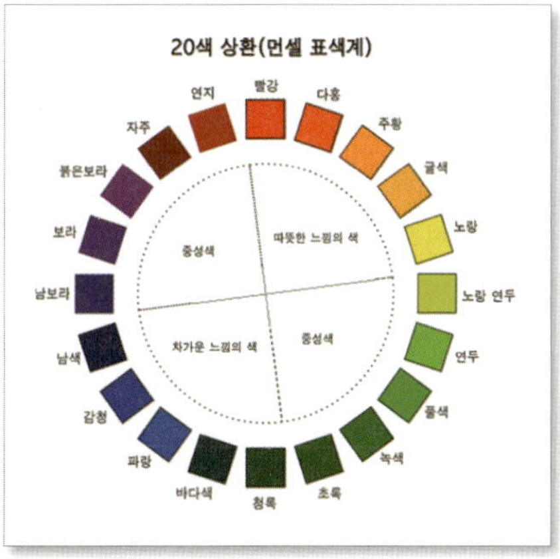

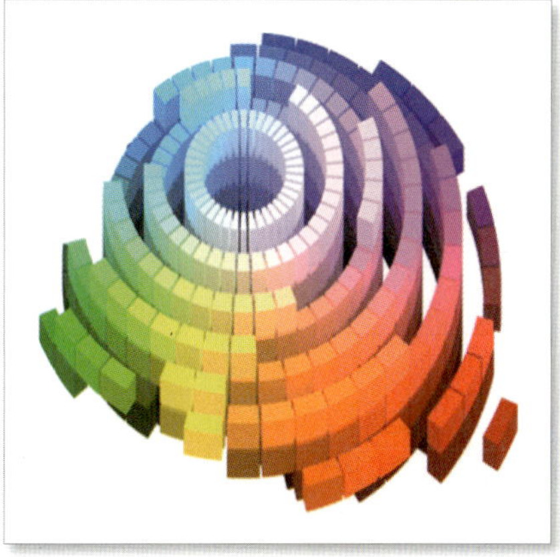

3) 색의 체계

① 무채색

색상이나 채도가 없는 색을 말하는 것으로 흰색, 회색, 검정색 등이 해당된다.

무채색은 밝고 어두운 정도를 나타내는 명도는 있지만, 색상, 채도는 없는 단계로 구별한다.

② 유채색

무채색 이외의 모든 색을 말하며, 색의 3요소(색상, 명도, 채도)를 모두 가지고 있다.

유채색에는 순색, 청색, 탁색이 있다.

순색 한 색상 중에서 가장 채도가 높은 색을 말하며, 가장 깨끗하고 순수한 색이다.

청색 순색에 흰색이나 검정색을 섞은 색이다.

탁색 순색에 회색을 섞은 색이다.

보색 색상환에서 중심을 지나 마주 보고 있는 색을 말한다.

4) 색채의 혼합

① 가산 혼합 (색광혼합) : 무대의 조명, 색유리

② 감산 혼합 (색료혼합) : 그림물감, 인쇄잉크, 염료 혼합

③ 중간 혼합 : 외부의 조건이나 환경에 따라 혼색 된 것처럼 보이는 경우를 말함

㉠ 병치 혼합 : 직물, 점묘화, 모자이크와 같이 두색이 혼합되어 보임

㉡ 회전 혼합 : 색팽이, 바람개비, 풍차와 같이 빠른 회전에 의한 혼합

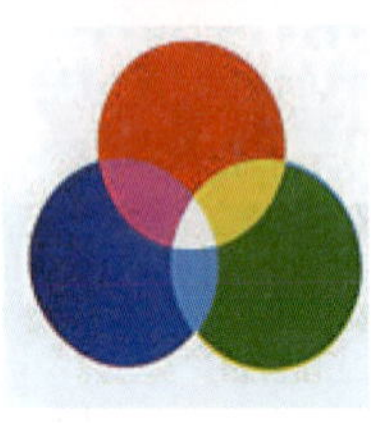

〈가산 혼합〉

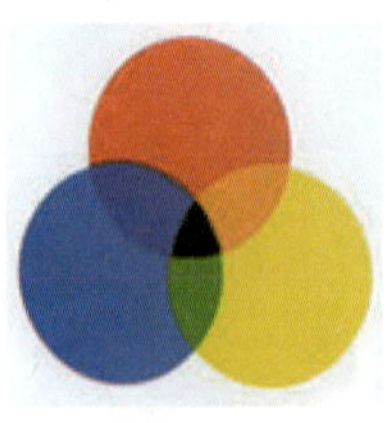

〈감산 혼합〉

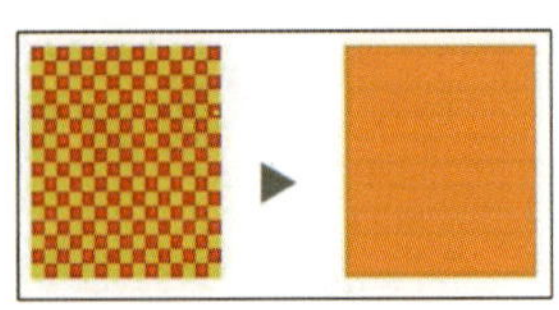

〈중간 혼합-병치〉

5) 색채의 대비

(1) 시간에 의한 대비

하나의 색이 주위의 색의 영향을 받아 색상, 명도, 채도 등이 달라 보이는 현상

① **계속 대비** : 한 색을 본 후 다른 색을 보았을 때 나중에 보이는 색이 달라 보이는 현상

② **동시 대비** : 두 색을 동시에 놓고 보았을 때 일어나는 현상

(2) 속성에 의한 대비

① **색상 대비** : 인접한 색 때문에 색상이 달라 보이는 현상

② **명도 대비** : 주위 색 때문에 명도가 달라 보이는 현상

③ **채도 대비** : 주위 색에 의해 채도가 다르게 보이는 현상

④ **보색 대비** : 상반되는 색이 서로의 채도를 높아 보이게 하여 뚜렷이 드러나 보이도록 하는 현상

⑤ **한난 대비** : 따뜻한 색은 더 따뜻하게 차가운 색은 더 차갑게 보이게 하는 현상

⑥ **면적 대비** : 면적이 넓은 쪽의 색이 명도와 채도가 더 높아 보이는 현상

⑦ **연변 대비** : 색과 색이 접하는 부분에서 일어나는 착시 현상

〈계속 대비〉

〈색상 대비〉

〈명도 대비〉

〈채도 대비〉

〈보색 대비〉

〈면적 대비〉

〈연변 대비〉

〈한난 대비〉

2. 색채의 심리

색채는 인류에게 신비한 존재이며, 자연을 통하여 체험하게 된 이러한 색에 대한 상징성에 대한 탐구는 수세기를 걸쳐서 다양한 문화와 종교와 민족들 사이에서 이루어지고 있다. 색채는 인간의 감정을 움직이는 에너지로 볼 수 있으며 색은 뇌하수체를 통하여 간접적으로 사람의 감정체계에 영향을 미친다.

요한 볼프강 폰 괴테는 색채가 인간에게 즉각적인 영향을 미친다고 생각하였고, 칼 융(C. G. Jung)은 양과 음의 원리로 설명하였는데, 아니무스(Animus), 아니마(Anima)로 상징적인 색채의 힘을 믿었다. 색채는 의식적 혹은 무의식적으로 인간의 생활에 영향을 주어서 시대와 장소를 초월하여 정치, 종교, 문화, 예술 등에 중요한 상징적 의미를 내포한다. 미술치료에서 색채는 인간의 삶에서 필수적 요소인 빛 에너지를 통하여 경험하게 되는 색을 다양하고 균형 있게 사용하는 것이다.

1) 서양의 색

(1) 검정

검정색은 인간이 인식을 한 최초의 색이라 할 수 있다. 사실상 검정은 빛이 전혀 없거나 빛을 모두 흡수하므로 색이 없다. 고대 그리스 문명의 시민국가시대(BC.1000~322경)에는 하루가 어둠으로부터 탄생했기 때문에 검정이 생명을 상징하였다. 16C경에는 영국의 앤 왕비가 애도를 위해 검정색을 사용하였고, 검정은 또한 악, 늙음, 침묵의 상징이며 강하고 세련된 색이다. 현대 인테리어 장식에서 주로 쓰이는 것은 강조를 위한 약간의 사용이 필요할 뿐인데, 이것은 검정의 무시무시한 함축성이 실제로 다른 색들을 더 유쾌한 색으로 만들기 때문이다.

(2) 빨강

원시의 인간들이 인식할 수 있는 두 번째 색이다. 원탁의 기사시대에는 빨강 색이 피를 나타내는 색이었고, 자연히 생명을 상징하였다. 그 후에는 불을 상징하였으며, 따라서 위험성과 관련지으며, 사랑, 원기, 활동력의 상징이다. 선명한 빨강 색은 매우 강력한 색이기 때문에 검정색처럼 인테리어 디자인에서 작은 부분을 강조하는 용도만으로 사용이 제한된다. 빨강의 밝은 명도는 따뜻한 배경으로 쓰기에 좋다. 또한 고대 중국, 인도, 일본과 같은 국가가 가장 많이 사용했던 색이다.

(3) 주황

주황색은 빨강색의 외향적이고 충동적인 성질과 노랑의 직관적인 성질이 혼합되어 있다. 이는 힘이 넘치는 활동과 영양 상태를 나타내며 이러한 점으로 많은 음식들이 주황색을 띠고 있다. 반면 과다한 주황색의 사용은 불안한 신경과민을 나타낸다. 주황은 또한 에너지의 색이다. 주황은 행복, 확신, 왕성함을 상징한다. 면역과 성적 능력을 증가시키는데 유용하며, 모든 소화기병, 흉부와 신장병에 도움이 된다. 그러나 주황도 빨강처럼 너무 오랜 기간 사용해서는 안 되며, 신경이 예민하거나 쉽게 성을 내는 사람에게는 좋지 않다. 신장의 활력을 자극하며, 변비에 효과적이고 감정의 긴장과 막힘을 극복하는데 도움이 된다. 자극의 색인 주황은 우울증 또는 무기력증 환자들에게 도움이 된다. 또한 기쁨과 재미, 개방과 다른 이들과의 사랑을 나타내는 사교적인 색이기도 하다.

(4) 노랑

노랑색은 역사적으로 많은 개념과 관련된 색이다. 중국인들에게는 신성하게 여겨졌으며, 이집트인과 그리스인들에게는 중요한 색으로 노랑은 점차 힘(권력)의 상징이 되었다. 노랑은 예수의 사제들 주위에 모여든 초기의 기독교인들이 사용을 기피하는 색이였다. 중국의 황제들은 노랑색 옷을 입을 수 있는 '독점권'을 소유했다. 노랑은 지혜 쾌활함, 따스함뿐만 아니라 속임수 겁쟁이 질투와도 관련된 색이다. 다양한 색조, 음영, 명암의 노랑은 집안(특히 부엌)과 병원의 병실을 밝게 하기 위해 가장 좋은 색이다.

(5) 녹색

녹색은 자연에서 풍부한 색이지만 항상 인기 있는 색이 아니었다. 녹색은 이교도들의 종교 의식에 사용되었기 때문에 초기 기독교인들 사이에서는 사용이 금지되었다. 이후 로빈훗과 그 부하들에 의해 차용되어 그들의 생명과 힘을 대표하는 색이 되기도 하였다. 녹색은 생명, 봄, 희망, 시기심을 상징한다. 이는 평안함을 느끼기에 충분할 만큼 시원하면서도 친근감을 느끼기에 충분할 만치 따스함을 전달하는 색이다. 녹색은 집안의 장식에 폭 넓게 사용되지만 의상에서 양복과 외투의 색으로는 거의 사용되지 않는다.

(6) 파랑

인류학자들은 파랑색이 현생 인류 이후 수 천년동안 단독으로 분류되어 인식되지 못했다고 추정한다. 기원전 5000년경까지 파랑은 검정의 일종으로 여겨졌다. 한편, 헤브라인들은 파랑과 보라의 차이를 구별하지 않았다. 파랑은 자연에서 가장 드문 색이다. 진짜 파랑 색(True blue) 과 파란 피(blue blood)란 말이 생긴 기원이다. 파랑은 행복, 희망, 진실, 명예, 거리 등의 상징이다. 색조로 파랑은 의상 인테리어 등에 광범위하게 사용된다.

(7) 보라

보라는 고대의 색이다. 과거에는 퇴색하지 않도록 하는 염색기술이 무척 어려웠기 때문에 보라색을 만드는데 비용이 많이 들었다. 따라서 귀족의 상징이었고, 초창기 기독교인들이 회피하였다. 보라는 영혼, 신비, 겸허함, 회한, 지혜와 연관되는 품위 있는 색이다. 연보라, 진한 자주색, 가지색과 그 외의 다른 음영의 보라색은 품위 있고 우아한 실내 장식에 자주 이용된다.

(8) 흰색

과거에는 수의의 색으로 쓰였으며 고대 로마와 중세 프랑스에서는 죽음을 애도하는 색이였다. 흰색은 순결, 순수, 믿음, 평화, 항복을 상징한다. 순백이 아닌 흰색은 깨끗한 느낌을 더 해주기 때문에 집안의 장식에 폭넓게 사용된다.

(9) 갈색

갈색은 중세시대에 농부들에게 배정된 색이였다. 따라서 검소함과 연관된다. 사람들은 갈색을 통해 가을과 수확, 자연, 부패 등을 연상하게 된다. 갈색 계열은 노랑과 빨강 사이에 배열되어 있다. 비록 갈색이 어둡고 중간색이기는 하지만 대단히 풍부하고 심오한 색이다. 대부분 전통 가구에 쓰는 목재는 갈색이다. 8C 프랑크 왕이었고 신성 로마제국의 최초의 황제였던 샤를 마뉴시대에 평민들이 입던 옷 색깔이다.

(10) 회색

회색은 어둡고 칙칙한 색이다. 회색은 은퇴, 슬픔, 겸손, 무관심과 관련된 색이다. 회색은 따뜻함과 차가운 느낌을 모두 주지만, 주로 차가운 느낌을 준다. 극단적인 색, 즉 흰색과 검정 색 중간에 위치한 회색은 사회적으로 가장 많이 수용되는 중간색인 듯하다. 회색은 예술적 연출, 의상의 조화(앙상블), 건물, 기계, 실내 장식 등의 배경으로 사용하면 좋다.

(11) 금색

금은 특별한 것이며 유일무이한 것이다. 금은 우리가 가지고 있는 것 중에서 가장 선호하는 것에 속한다. 금은 과도한 빛을 내며, 호화로움으로 인하여 압도하고 제압한다. 금이 과다하게 많으면 마음이 현혹된다. 실제로 그것은 우리 눈앞에 있는 색이 아니다. 그것은 빛의 작용이며, 다른 어떤 것과도 비교할 수 없는 광채이며, 경우에 따라서는 태양빛의 유희 그 자체가 되는 광채인데, 무엇보다 일출과 일몰에 붉거나 노란 태양빛을 물에 비추며 금빛 궤도의 광선으로 나타난다.

(12) 은색

은색은 시원하고 밝으면서도 부드럽게 완화된 색조로 인하여 달과 호수나 바다의 물 위에 투영되는 달빛을 연상시키며 밤하늘의 별빛도 생각나게 한다. 은색은 흐르는 물위에 비치는 빛의 광택으로서 태양과 희색의 구름을 통해서 빛을 발하며 또한 눈(雪)이 햇빛에 반짝일 때도 나타난다.

2) 한국의 오방정색(五方正色)

우리나라는 19세기 중엽 실용주의 학문인 실학이라는 자연과학이 도입되는 개화기까지의 한국인의 의식세계의 중심이였던 음양오행적 우주관에 바탕을 둔 사상체계였다. 음양오행사상는 고대 중국에서 발생하여 그들의 정신 지대한 영향을 끼쳤고 우리나라에 유입되어 사상체계에 중심이 되었다. 오행사상은 만물을 금, 목, 수, 화, 토의 다섯가지 요소로 본 일종의 다원론으로 천지의 변이, 재앙, 인사의 길흉 등 모든 우주의 여러 현상을 신비감으로 체계화 하였고, 음양오행사상에서는 우주나 인간 사회의 모든 현상이 음양원리에 지배되고 있다고 본다. 이에 따르면 음양오행(陰陽五行)의 다섯가지 방위를 색으로 표시한 오색 또는 오채(五彩)라고 하며 다섯가지 정색은 청(靑), 적(赤,) 황(黃), 백(白), 흑(黑)색으로 오방색(五方色)이라 불리며 정식명칭은 오방정색(五方正色)이다(문은배, 2012).

오방색에 대해서는『이수신편(理藪新編)』에서 다음과 같이 전한다.
청색은 동방의 정색으로 목성에 속하고 靑 (東方正色屬木)
적색은 남방의 정색으로 화성에 속하고 赤 (南方正色屬火)
황색은 중앙의 정색으로 토성에 속하고 黃 (中央正色屬土)
백색은 서방의 정색으로 금성에 속하고 白 (西方正色屬金)
흑색은 북방의 정색으로 수성에 속한다 黑 (北方正色屬水).
(하룡득, 2010)

〈오방색의 속성과 개념〉

색상	계절	안면	기관	방위	오행	작용
파랑	봄	눈	간	동쪽	나무 목	생장 생명체 생기
빨강	여름	혀	심	남쪽	불 화	정열적 도발적
흰색	가을	코	폐	서쪽	쇠 금	청렴 수렴
검정	겨울	귀	신	북쪽	물 수	한랭 하양운동 권위 새로운 시작의 준비
노랑		입술	비	중앙	흙 토	기운의 연행과정에서 모순과 대립 조화 생화 덕

이들 오방정색과 간색을 다시 70색의 잡색으로 세분화된다. 그러나 오방정색과 오방간색 이외의 모든 색깔의 색명은 사물이나 자연의 현상으로부터 연상되는 색명으로 나타내거나 물감의 제작과정으로부터 유래되는 기억색명 또는 관용색명으로 다양하게 나타냈는데 대부분 한자의 뜻글자로 풀이하여 표시하였다.

참고로 국립현대미술관은 1992년 한국전통표준색명 및 색상의 2차 시안의 자료집에서 오방정색과 오방간색에 대한 색의 삼속성 표현방법으로 먼셀(Munsell) 표기법에 의한 표기를 제시하고 있다.

(H = Hue : 색상, V = Value : 명도, C = Chroma : 채도)

오정색, 오방색의 3속성에 따른 기호(먼셀 국제표준기호에 의한 측정)

오방정색			오방간색		
색 명	기호(HV/C)	색표본	색 명	기호(HV/C)	색표본
적	7.5R 4.8/12.8		홍	0.2R 5.2/15.0	
청	6.8PB 3.3/9.2		벽	2.7P 5.7/10.7	
황	6.4Y 8.4/10.3		녹	0.1G 5.2/6.2	
흑	N		유황	1.2Y 7.7/7.3	
백	N		자	6.7RP 3.3/8.2	

방위에 따른 오방색의 상징적인 의미

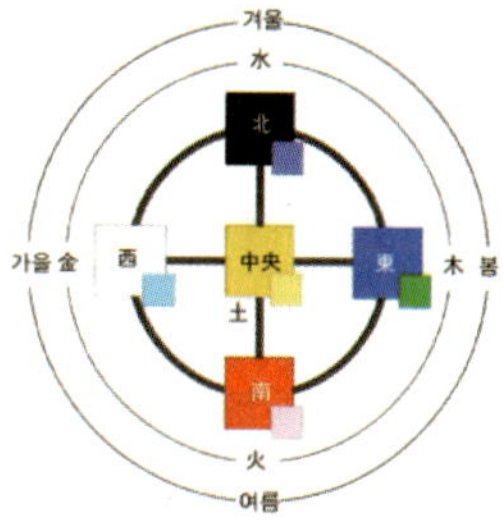

3) 한국의 색

(1) 한국의 백색

삼국사기를 보면 태종 무열왕 때 우주라는 곳에서 흰 사슴을 왕에게 바쳤다는 기록이 나온다. 그리고 성덕왕이 청주에서 흰 매와 흰 참새를 바쳤다는 기록과 경덕왕이 무진주에서 흰 꿩을 바쳤다는 기록도 있다. 이를 통하여 흰색이 신성하고 고귀한 것들을 상징함을 알 수 있다. 흰색은 신성한 색이고 순결과 정화를 상징하는 색인 것이다. 순수한 것들을 지향했던 조선 시대의 선비 정신은 곧 흰색에 대한 선호로 이어졌다.

이 당시의 사람들은 색이 있는 것을 점잖지 못한 것, 육신의 욕망과 천함이라고 여겼었다. 이는 '붉으락 푸르락'이라는 어휘를 통해서도 살펴 볼 수 있다. 감정을 나타낸다는 것을 부정적으로 인식하고 있었던 당시의 사람들은 붉은색과 푸른색이라는 뚜렷한 색을 통해 이를 표현하고 있는 것이다. 이처럼 색이 있다는 것은 그 당시에 매우 부정적으로 인식되었다.

반면 흰색은 본능을 억제하고 감각과 감정을 절제하는 색으로 인식되었다. 유교적 사고방식에 의하여, 감정과 본능을 억제하고 순수, 순결, 소박, 담백한 것들을 추구하는 것이 훌륭한 가치로 여겨졌기 때문에 이러한 의미를 상징하는 흰색은 매우 긍정적인 색으로 선호되었다. 이에 따라 우리 민족은 흰옷을 즐겨 입게 되었고 백자 등의 흰색 공예품들을 선호하게 되었다. 우리 민족은 오래전부터 백색을 선호해 왔고, 그렇기 때문에 생활의 많은 부분에 있어서 흰색은 매우 빈번하게 사용되었다. 우리 민족에게 흰색은 매우 긍정적인 색으로서 고귀하고 신성한 색이며 순수하고 순결한 색이다. 이러한 흰색에 대한 많은 긍정적인 상징성은 백색 지향의 색채 의식을 낳았고 이를 통해 우리 민족은 흰색과 함께 살아오고 있게 된 것이다. 흔히 우리 민족을 일컬어 '백의민족'이라고 표현하기도 한다. 그만큼 우리 민족은 흰옷을 즐겨 입었다. 즉, 백색 지향의 색채 의식이 의복에도 그대로 적용되고 있는 것이다. 앞서 살펴본 유교적 사고 방식으로 인하여 우리 민족은 흰색을 즐겨 입게 되었으며 자연과의 조화를 중요시했던 점도 흰옷을 즐겨 입게 된 이유이다.

또한, 우리나라의 국기는 '태극기(太極旗)'이다. 태극기는 한국인의 이상과 우주관이 담겨져 있는 국기로 평화, 통일, 창조, 광명, 자유, 평등, 무궁한 발전 등을 상징한다.

태극기는 흰색 바탕에 가운데의 태극(太極) 문양과 네 모서리의 괘(卦 : 건곤감리 乾坤坎離)로 구성되어 있다. 희망과 음(陰)을 뜻하는 청색과 존귀와 양(陽)을 뜻하는 적색으로 이루어진 태극 문양은, 음양의 상호 작용에 의해 생성되고 발전하는 우주 자연의 진리를 뜻한다. 그리고 태극을 중심으로 통일의 조화를 이루고 있는 네 모서리의 괘는 음과 양이 서로 변화하고 발전하는 모습을 음[--],양[-]의 조합을 통해 구체적으로 나타낸 것으로 건괘(乾卦)[☰]는 하늘을, 곤괘(坤卦)[☷]는 땅을, 감괘(坎卦)[☵]는 달과 물을, 이괘(離卦)[☲]는 해와 불을 상징하며 각각 정의, 풍요, 생명력, 지혜를 나타낸다.

특히 태극기의 바탕을 이루고 있는 흰색은 백의민족(白衣民族)의 순결성과 밝음, 그리고 전통적으로 평화를 사랑하는 한국인의 민족성을 의미한다.

(2) 파랑

① 쪽

〈쪽빛 하늘〉, 〈쪽빛 바다〉라는 말을 할만큼 쪽빛은 한국에서 푸른빛을 대표하는 색입니다. 쪽을 재배하여 받아낸 쪽물에 석회를 넣어 옷감에 염색하여 푸른빛을 내는 쪽 염색법은 이미 백제 시대부터 거의 2천년 가까이 우리 민족과 함께 해왔다. 아주 옅은 옥색 혹은 하늘색에서부터 짙고 검푸른 군청색에 이르기까지 쪽은 그 염색 횟수에 따라 푸름의 정도가 매우 다양하다. 이 쪽빛은 한국의 색이다.

② 쑥

한국의 건국 신화의 단군신화에서 곰을 사람으로 변화시킨 신령스러운 풀로 등장하듯, 쑥은 오래전부터 우리 생활에 깊이 자리하고 있다. 생 쑥은 앞면이 녹색이고 뒷면은 흰털이 나서 전체적으로 희뿌연 빛깔이고, 물쑥이나 뺑 쑥, 다북쑥은 더 짙은 푸른색을 띄는 등 쑥은 그 종류에 따라 녹색 빛의 정도가 다르다.

③ 청자

한국의 문화유산 중에서 고유의 아름다움과 특성을 가장 잘 나타내주는 것 중의 하나가 바로 도자기이다. 이러한 도자기 중에서도 고려청자는 기형에 나타난 곡선의 아름다움, 자연과 조화된 서정적인 문양도 뛰어나며 비취 빛의 푸른색으로 그 명성이 높다. 중국의 청자가 엄중한 녹색의 청자유로 짙게 화장한 화려한 미인이라면, 우리의 고려청자는 태토와 유약이 어우러진 비취 빛의 은은하고 청아한 미인이라 할 수 있다. 이렇듯 고려청자의 푸른빛은 자연을 닮은 친근하고 서정적인 문양과 유려한 형태를 부드럽게 어우르는 색이다.

(3) 빨강

① 감색

가을 하늘의 마을을 운치 있게 수놓는 풍경 중의 하나가 쪽빛 푸른 하늘을 배경으로 열린 붉은 감의 모습이다. 가을이 깊어 가면 파랗던 청시(靑柿)는 소리 없이 익어가 어느새 붉은 홍시(紅柿)가 되는데, 같은 홍시라도 등황색, 담홍색, 심홍색 등 익은 정도에 따라 그 붉은 정도가 다르다.

② 진달래색

봄이 오면 산과 들을 붉게 물들이는 진달래는 우리나라 대표적인 꽃 중의 하나이다. 진달래는 고향을 그리워하며 밤새 울던 두견새의 피를 받아 피어났다 하여 그 꽃잎이 붉다고 전하며 '두견화'라고 불려지기도 한다. 독성이 강한 철쭉은 개꽃이라 하여 먹지못하는데, 진달래는 참꽃이라 하여 약용으로 사용하기도 하고 그 꽃을 따다가 화전이나 화채, 진달래술을 만들어 먹기도 한다. 진달래를 연분홍빛, 보랏빛, 자줏빛 등으로 표현한다.

③ 팥죽색

팥죽은 동지날의 시식(時食)으로 잘 알려진 음식으로, 팥을 삶아 으깨거나 체에 거른 뒤 그 물에 찹쌀가루로 새알 모양의 떡을 만들어 넣은 죽이다. 이 팥죽의 빛깔에도 농담이 있어서 금방 만들어 김이 모락모락 나는 팥죽은 진하게 가라앉은 붉은 색이고, 동지가 며칠 지난 겨울밤에 동치미와 함께 먹는 팥죽은 약간 흰빛이 도는 붉은 색이다. 이렇듯 우리나라 팥죽의 붉은 색은 나쁜 기운을 쫓는 색이다.

(4) 노랑

① 메주 빛 색

메주를 빚는 일은 가을걷이와 김장 끝나고 대설(大雪)의 전후에 접어들기 전후에 이루어집니다. 물에 잘 일어낸 콩을 큰 가마솥에 넣고 푹신 삶아서 찧어, 목침만한 메줏덩이를 짓는다. 처음 달아맨 메주는 메주콩의 빛깔보다 약간 짙은 누런빛입니다. 그런 메주가 시간이 지나면서 황동색, 적동색으로 변하면 잘 띄워지고 있다는 표시가 된다. 청동색, 오동색으로 변하면 메주가 썩거나 곪고 있는 상태를 우리의 어머니들은 메주의 색깔을 보고 구별해 냈다.

② 치자색

우리나라에 치자나무가 수입된 것은 1500년 전의 일이다. 탐스러운 잎에 꽃이 희고 향기가 좋지만 염색에 쓰이는 것은 노란 열매이다. 치자열매를 깨뜨려 물에 담가둔 것을 달여서 체에 걸러내어 염색을 한다. 치자의 농도가 짙을수록 노란빛에 붉은 기운이 성한 주황색이 된다. 하지만 삼베나 모시, 무명, 명주 등 바탕이 다르면 색도 달리 나오기 때문에 직접 봐야 색 맛을 볼 수 있다. 삼베나 모시 베에 농도 옅은 치자빛 색을 들여서 지은 옷은 고풍스럽고 고운 빛깔이 난다. 치자는 옷감이나 종이만이 아니라, 빈대떡이나 전 등 음식물을 노랗게 물들이거나 약용으로도 널리 사용되었다.

(5) 검정

① 먹

먹은 벼루에 물을 붓고 갈아서 찍어 글씨와 그림을 그릴 때 쓰는 선비들의 물감으로 붓, 벼루, 종이와 함께 선비들의 글방에서 사랑받는 네 벗(문방사우) 중의 하나. 먹은 검은 먹과 붉은 먹이 있지만, 붉은 먹은 예외적인 경우에만 사용되고 대개 "먹빛"이라 하면 새까만 색을 떠올린다. 흰 종이 위에 오래되어도 변치 않는 빛이 먹빛이다.

4) 색채의 심리와 감정

(1) 유아의 색채심리

유아의 그림 속에서 색채의 선택은 생리적 조건, 심리적 감정과 정서의 표출을 반영하는 것이다. 색채를 감정표현의 언어로 사용하며 사실적인 것보다 상징적인 것으로 사용한다. 즉 충동적인 어린이는 색채에 강한 흥미를 보인다. 충동적인 행동에서 자기 통제가 가능한 행동으로 변화함에 따라 색채에 대한 흥미가 줄어든다. 따라서 색채에 흥미가 있는 어린이에 비해 선이나 형에 더 관심을 갖는 어린이가 자기 방어적이며 이성적인 경향이 두드러진다. 이와 같이 색채는 어린이들의 심리적 요소와 성향과 밀접한 관계를 가지고 있다. 밝고 선명한 색을 주로 쓰는 어린이는 마음이 안정되어 있고 명랑한 편이며, 어둡고 침침한 색을 많이 쓰거나 화면을 더럽히는 어린이는 불안정한 상태이거나 불만, 반항의 성향을 띤다. 따뜻한 색을 즐겨 쓰는 어린이는 대체로 원만한 대인 관계성과 누구나 잘 따르는 경향이 있다.

① 빨강

일반적으로 즐겨 쓰는 색으로서 비교적 자유로이 느낀 대로 행동하고 반응이 빠른 아동들이 즐겨 쓴다. 주위 관계가 건강하며 협동적이다. 애정과 관련된 감정의 표현이지만 굵고 진하게 칠하는 경우는 적의가 있는 공격적인 경우도 있다. 활동적이고 원만하나 굵은 색으로 다른 선 위에 덧칠하는 경우는 욕구불만이 많고 고집이 세다.

② 주황

주위 환경에 잘 순응하고 공상적 놀이로 실생활에서 도피하려는 반응이 나타난다. 적극적이고 활동적이며 명랑한 어린이가 많이 사용한다. 성격이 소극적이고 내성적인 어린이가 이 색을 많이 사용하면 원기 왕성한 생동의 충동을 느끼고 적응력이 생겨난다. 지나치게 많이 사용하면 이기적이다.

③ 노랑

유아 단계의 색으로 해석되며 과잉보호 속에서 자란 어린아이가 많이 쓴다. 걱정이 없고 행복스러우며 명랑하고 희망적이다. 이 색을 지나치게 많이 쓰면 의뢰심이 많아 유아의 상태에 머무르고 싶어 하는 욕구의 표현이다. 노랑과 파랑을 동시에 사용하면 성장하고 싶은 욕구가 있고 노랑을 많이 쓰면 남에게 예쁘게 보이고 싶어 하는 심정이 많다.

④ 초록

자기만족이나 스스로 확신을 갖는 편이다. 생각해서 행동하고 매사에 신중한 편이다. 일상생활에서 협조적 태도로써 질서 의식과 이해심이 많다 자기감정을 쉽게 표현하지 않는 성격이며 빨강을 좋아하는 어린이에 비해 자기 억제적이다. 감정의 결여와 도피적 성향이 있으며 엄격한 가정의 어린이가 많이 사용한다. 성격은 안정되어 있다. 초록은 이상, 평화, 신성, 영원 등을 뜻한다.

⑤ 파랑

엷은 색으로 칠하는 어린이는 비교적 밝은 성격이며 주위에 잘 적응되는 행동을 한다. 성격은 이지적이고 이상적으로 영원을 바라는 심정이 강하다. 덩어리로 진하게 칠할 경우는 자기중심적이고 주위와 잘 조화되지 않는다. 냉철한 사고력을 가지고 있으며 자기 억제적, 명상에 잠기거나 냉정하고 내성적 이어서 우울한 감정에 빠지는 경우도 있으나 외적인 규범에 맞추려는 경향이 짙다.

⑥ 보라

고집스럽게 많이 사용하는 어린이는 불행한 느낌과 관계가 있으며 불안정을 뜻한다.

친구들로부터 고립되어 있는 어린이가 많으며 자기의 감정을 잘 표현하지 않는다. 사랑을 그리워하는 형이다. 감상적 성격이어서 우울하고 고독한 감정에 잘 빠진다. 보라색은 숭고, 천사, 냉철, 천사의 사랑, 신비, 우아, 고귀와 무한한 사랑의 감정을 뜻한다.

⑦ 고동

유아적 상태로 의뢰심이 많으며 현실 적응 능력이 떨어진다. 청결한 습관을 강요받거나 너무 빨리 대소변을 가리게 하고, 지나친 결벽증으로 자유스러운 분위기와 가정이 구속될 때 이 색을 많이 사용한다. 성격은 순박, 성실, 정직하고 책임감과 의무감이 강하다. 주로 도시 어린이보다 농촌 어린이가 많이 사용한다.

⑧ 흰색

유아기를 벗어난 어린이가 주로 사용하며 자기의 모습을 남에게 보이고 싶을 때 흰색을 좋아한다. 두려움과 무기력도 이 색으로 표출되며 거짓말을 잘하는 어린이는 다른 색 위에 흰색을 덮어 칠하는 경우도 있다. 이색은 순수, 청결, 순결, 신성, 경직을 의미한다.

⑨ 회색

회색을 많이 사용하는 어린이는 어린이답지 않게 노숙하고 점잖게 보이려고 노력한다. 성격은 겸손하고 내성적이며 무난하지만 우울한 면도 있다. 적극성과 생동감이 약하다. 대인관계가 원만치 않으며 경계심이 강하고 열등감을 많이 가지고 있으며 가정에서 억압당하는 느낌을 만성적으로 가지고 있는 어린이이다. 아주 밝은 회색은 흰색과 같은 상징을 나타내고 그 외의 회색은 전부 검정에 가까운 의미로 표출되나 회색은 만성적 불안감을 나타낸다.

⑩ 검정

자유로운 감정의 흐름이 결여되어 있고 공포나 불안을 안고 있으며 압박감을 느낀다. 공격적이고 사치스러운 경우도 검정을 많이 사용한다. 어린이가 그림을 그린 뒤에 검정 선을 두루는 것은 정서적인 결핍으로 고립된 자기 자신을 인정받고 사랑받고 싶은 심정에서 표현되는 현상이다. 색을 겹칠하는 경우에 밑의 색은 본래의 감정을 의미하고 위에 칠하는 색은 자기감정을 외부에 노출되지 않게 숨기려는 의도적인 행동으로 볼 수 있다. 허무, 절망, 침묵, 죄악, 주검, 고독을 의미한다.

(2) 아동의 색채심리와 성격

색채사용 심리분석	아동의 심리
난색계열을 좋아하는 아이	자유로운 감정과 따뜻하고 애정적인 관계를 맺길 원하며 잘 어울리나 자기중심적 태도를 가진 아이들이다. 협동적이며 놀이에 잘 적응하는 성격이다.
한색 계열을 좋아하는 아이	스스로를 자제하는 경향이 있으며 순응적인 경향이 있다. 비판적이고 자기주장이 강하거나 솔직히 털어놓지 않는 성격이다. 이들은 계획을 세워서 행동하고 지적인 일에 흥미를 보이며 타인에 대해 공격적이며 확고한 의지와 자립심이 강한 특성을 가지고 있다. 또한 이기적이고 혼자 놀며 어른에 대해 관심이 적고 의지하려 하지 않는다.
빨간색 좋아하는 아이	사회규범을 크게 마음에 두지 않고 자유롭게 행동. 협동적이며 원만하다. 행복한 상태나 격한 심리 상태를 나타낸다.
파란색을 좋아하는 아이	불안 공포를 나타내며 순응적이다. 노랑 위에 파랑이 칠해진 것은 더 성숙했으면 하는 욕망을, 반대이면 아직 어린아이이고 싶은 마음을 나타낸다.
노란색을 좋아하는 아이	의존적이다. 관계가 좋고 인기가 많으며 유아적 행복감에 차 있다.
검은색을 좋아하는 아이	감정의 억제, 공포, 불안을 반영하는 경우가 많다. 순종, 온순, 적응을 나타내며 과도한 자기 통제를 한다.
주황을 좋아하는 아이	환경에 잘 순응하고 즐겁고 명랑하다. 약간의 소심함도 있고, 상상과 공상을 즐기며 실제에서 도피경향이 있다.
갈색을 좋아하는 어린이	이른 대소변 훈련이나 과도하게 강요된 청결 습관을 나타낸다.
보라색을 좋아하는 아이	가정적 불행이나 따돌림
녹색을 좋아하는 아이	자제력이 있고 주의 깊으며 자기 만족적. 엄격한 가정교육

색을 겹치지 않게 채색하는 행위는 외향적인 에너지를 가지고 있고, 환경이나 주변 인물에 순응하는 아동들에게서 많이 나타난다. 또한 자신의 감정을 통제하려는 노력을 나타낸다. 색을 겹치거나 섞어서 채색하는 아동들은 자신의 감정을 자유롭게 표현하는 적극성을 보인다. 색을 난잡하게 섞어 채색하는 행위는 욕구 좌절에 대한 공격성을 보이는 아동들에게서 종종 나타나며, 묘사력이 미숙한 아동들에게서 나타난다. 필요 이상으로 몇 겹이고 덧칠하는 행위는 열등감이 강한 아동에게서 나타나며 밑에 칠한 색은 자신의 감정을 숨기는 것을 나타낸다.

부분적으로 색칠을 해서 지워버리는 행위는 자신감의 결여와 열등감의 표현이고, 색을 문질러서 흐릿하게 하는 행위는 그 대상물에 대한 불안을 표시한다.

색칠이 선명하지 않은 경우는 무의식적으로 움츠리는 경향이 있음을 나타낸다.

선의 끝 부분에서 힘이 빠져 있다면, 신체의 허약이나 퇴행적인 경향을 나타낸다.

밝은색에 어두운색을 입히고 있다면 이는 억압된 감정을 가지면서 희망을 잃어가고 있음을 나타낸다. 또한 한 곳에 여러 가지 색이 몰려 있는 경우에는 부모의 적절한 훈육이 부족하거나 너무 엄격한 경우라고 할 수 있다.

(3) 학자별 아동의 색채심리 특징

	알슐러, 하트비크	김재은, 임형진	아사리	공통적 특징
빨강	협동적 엷게 칠한 경우 애정 수직방향으로 칠한 경우 공격성	여아는 사회성이 높고 충동적임	불만, 비판, 공격	활동적, 건강, 적극적, 외향성, 흥분, 불만
주황	명랑한 성격, 주위환경에 잘 순응	지배성이 강함	애정의 극도 결핍	도피성, 의존심, 애정결핍
노랑	아동다운 느낌 대인관계는 좋으나 의존적인 경향이 많음	활동적인 성격, 여아의 경우 충동적 경향이 많음	애정의 요구	의존심, 유아성, 미성숙, 응석부림
파랑	불안, 공포심 또는 활동적 엷게 칠하거나 덩어리로 칠할 때는 규정에 맞추려고 함	사려성이 높으며 보라, 녹색을 같이 좋아함	의무감, 복종심, 순종감	순응, 명랑, 적응, 순종
초록	자기만족이나 스스로 확신을 가지는 성격 주의 깊은 성격	지배성이 강한 아동들이 많이 사용하며 여아의 경우 성향이 더 강함	슬픔과 허약 피로	안정감, 신앙성, 인내심, 온순함, 사려 깊음, 협동성, 질서
고동	빠른 배변훈련 청결습관 강요	주로 사용하면 지배성이 높고 적게 사용하면 충동성이 낮음	도둑질, 빈곤한 가정	물질적 욕구, 공복, 식욕상징
보라	억제된 불행한 심리상태 친구와 사귀기 싫어함	활동성, 지배성 충동성 약함	외고집, 자기중심적	숭고, 냉철, 신비, 창조, 애증과 갈등, 지배와 복종
검정	감정이 결여된 상태나 공포 및 불안에서 압박반응이 반영됨	지배성이 강한 남아	애정의 극도 결핍	엄격한 훈육, 결손가정, 신체적 결함

※ 슐러와 해트윅의 '회화와 퍼스낼러티(1974)'라는 논문을 발표하였는데 내용은 유아동의 색채사용방법과 색채의 배치를 중심으로 분석하여 아동의 색채심리상태를 연구하였다.

(4) 색채가 우리 몸에 미치는 영향

빨강	심장 혈액순환 자극 적혈구 강화 혈압상승작용 근육계 영향
주황	성적 감각 자극 소화계 영향 체액 분비
노랑	정신 맑게 신경계 강화 근육 에너지 생성 소화계 깨끗이
녹색	심장 기관 도움 신체적 균형 유지 혈액순환 돕고 교감신경계통에 영향을 미치며 심호흡을 할 수 있게 함
파랑	지정 효과 큼 호흡계 골격계 정맥계 영향력 있음 자율 신경계 조절 혈압 낮춤
청록	강장제 역할 흉선에 영향 간염에 대한 면역 성분 높인다
남색	인디고 색채는 마취색으로 사용
보라	두뇌 신경계 영향 신경을 진정 신진 대사의 균형 이룸

(5) 색의 치료와 효과

색상	치료, 효과
빨강	노쇠, 빈혈, 무활력방화, 정지표시
홍,연지	빈혈, 누런 피부, 황담, 정력부족, 강한 자극제, 발정제
자주	우울증, 저혈압, 노이로제, 월경불순
주황	강장제, 무기력, 공장의 위험표식, 초점색
노랑	신경질, 염증 신경제, 완화제, 고독, 위로, 주의표식, 방부제, 피로회복
연두	위안, 피로회복, 따듯한, 강장, 방부, 골절
녹색	안전 해독
청록	이론적 생각, 추진기술, 상담실의 벽
시안	격정 시키는, 침정작용, 종기, 마취성
파랑	침정제, 눈의 피로회복, 신경의 피로회복, 맥박 나춤, 염증 피서
청자	정화 살균 출산
보라	중성색, 예술감 신앙심을 유발시키는 데
하양	고독감, 깨끗함
회색	우울함, 뚜렷하지 않음
검정	예복, 상복

(6) 색채와 식생활

빨강	식욕 돋움
주황	식욕 촉진, 포만감을 못 느낌
녹색	즐거운, 편한, 다이어트, 밝은 녹색(신선함 상큼한 맛), 짙은 녹색(식욕 억제, 쓴맛)
파랑	식욕감퇴, 상큼한 반면 쓴맛을 느끼게 함
보라	쓴맛, 상함, 다이어트 적절
검정	식욕감퇴, 쓴맛, 부패한 느낌, 다이어트, 효과적. 다른 색과 조화를 잘 이루면 반대 효과 얻음
노랑	신맛, 달콤한 맛, 식욕 촉진(시각적으로 맛 향상)
분홍	달콤, 새콤
갈색	침 분비, 배고픔, 미감 느낌
흰색	깨끗, 신선, 입맛 상승, 다이어트 방해

3. 색채의 임상적 분석

1) 배색의 고려 없이 사용 : 통제력 부족
2) 필요 이상으로 몇 겹이고 덧칠 : 열등감이 강함. 밑에 칠한 색은 자기감정을 숨기는 것 임
3) 색칠이 선명하지 않음 : 부모의 훈육이 불충분하고 무의식적으로 움추리는 경향
4) 부분적으로 색칠을 해서 지워버림 : 자신감의 결핍, 열등감
5) 색을 문질러서 흐릿하게 함 : 그 대상물에 대한 불안을 표시
6) 선의 끝 부분에 힘이 빠져 있음 : 신체허약, 퇴행적 경향
7) 선보다는 색칠에 더 치중 : 정서적인 움직임이 강함
8) 밝은색에 어두운 색을 입힘 : 억압된 감정을 가지면서 희망을 잃어가고 있음
9) 어두운색에 밝은 색을 입힘 : 희망을 버리지 않고 있음
10) 한 곳에 여러 가지 색이 몰림 : 부모 훈육의 불충분함 또는 훈육이 너무 엄격한 경우
11) 주된 상층의 색 : 환경을 나타냄
12) 주된 하층의 색 : 내부적인 압력 상태를 표시
13) 색을 많이 쓰는 경우 : 자신감이 있고 쾌활한 성격으로 성격의 변화가 많으며 인내력과 지구력이 부족하나 몸은 건강한 편

14) **색을 적게 쓰는 경우** : 지능지수가 높고 내성적인 성격으로 자기주장이 강하며 남과 타협하지 않음

15) **빈틈없이 칠하는 경우** : 답답한 마음과 자신의 행동이 제약을 받는 데에 대한 경계심과 두려움을 나타냄. 엄마의 지나친 관심, 자유와 행동의 속박

16) **치밀하게 그리는 경우** : 똑똑하고 치밀해 무엇이든지 잘해보려는 성격

4. 색채대비와 색채심리

1) 빨강

따뜻하고 가까우며 매력적이고 감각적이다. 생각이 자유스런 아이. 주위 환경에 간섭을 받지 않는다. 간섭이 심하면 틱 현상이 옴. 건강 양호. 적극적임. 비판 의식이 강함

① **빨강 + 분홍** : 순수함

② **빨강 + 검정** : 부정적, 공격적, 폭력적

③ **빨강 + 연두** : 이성에 대한 그리움, 어머니에 대한 불만. 이성 친구의 사귐, 호기심

④ **빨강 + 파랑** : 초조함, 갈등

⑤ **빨강 + 보라** : 유혹적, 출혈, 생리에 대한 호기심 두려움. 과거의 사고, 부상, 피와 관련

⑥ **빨강 + 갈색** : 남을 학대하고 싶은 충동, 극도의 욕구불만

⑦ **빨강 + 노랑** : 애정의 불만, 부모에 대한 번민

2) 파랑

파란색은 정신적인 미덕을 나타내며 어른들의 말을 잘 따르는 아이. 긍정적 관심 끌기를 잘함. 신경과민. 두고 보자는 성격. 귀찮아 함, 시키는 일만 함. 창의성은 중간

① **파랑 + 녹색, 빨강** : 호감, 조화로움

② **파랑 + 보라** : 강한 상상력을 연상

③ **파랑 + 검정** : 남성적이고 위대하게 느껴짐

④ **파랑 + 노랑** : 근심, 갈등

⑤ **파랑 + 갈색** : 비뇨기의 상태가 좋지 않음

3) 노랑

노랑색은 아버지를 상징하는 색, 발달이 저조한 경우가 많다. 동생이 태어난 경우, 나에게 관심을 가져주세요. 애정을 바라는 색, 창의성 중간 정도

① **노란 + 주황, 빨강** : 유쾌한 느낌

② **노랑 + 파랑, 분홍** : 친절한 느낌

③ **노랑 + 회색, 검정** : 과 배색되면 '시기'와 '질투'의 색채, 언제나 부정적

④ **노랑 + 연두** : 음식물에 대한 갈망. 허기, 목마름, 다이어트, 편식

4) 주황

주황색은 불안감이 있다.

① **주황 + 노랑, 빨강** : 즐거움

② **주황 + 금색** : 향유

③ **주황 + 보라** : 객관적이지 않은, 개성이 강함

④ **주황 + 녹색, 갈색** : 향기를 가득 내뿜는

⑤ **주황 + 연두** : 부모의 과도한 기대와 요구

⑥ **주황 + 노랑** : 인정받고 싶어하는 욕구

⑦ **주황 + 연두** : 부모의 과도한 기대와 욕구

5) 녹색

① **초록 + 파랑, 흰색** : 마음을 안정

② **초록 + 빨강** : 건강함

③ **초록 + 보라** : 독을 연상

④ **초록 + 연두** : 어머니의 색, 순응된 아이, 긍정적 관심 끌기. 신경과민, 지시대로 함

⑤ **초록 + 검정** : 증오, 적의, 외향적 특성으로, 보복, 학대 등 암시

⑥ **초록 + 파랑:** 희망, 파란색의 강조 시 강한 기본 욕구의 승화, 녹색의 강조 시 강한 기본 욕구의 결핍, 혹은 의식적 회피

6) 보라색

마음의 갈등, 고집이 세다. 결정을 쉽게 못 내림. 산소결핍. 심신허약, 창의성.

① **보라 + 은색** : 자유분방하고 인위적

② **보라 + 주황** : 독창적, 파격적

③ **보라 + 검정** : 마술적

④ **보라 + 노랑** : 몸의 상태가 나쁨. 질병 발생 시 고독감

⑤ **보라 + 갈색** : 소화기 질환이 심한 상태

⑥ **보라 + 흰색** : 부상, 실패감, 가해 죄악감

⑦ **보라 + 노랑** : 몸의 상태가 나쁨. 질병 발생 시 고독감

⑧ **보라 + 갈색** : 소화기 질환이 심한 상태

⑨ **검정 + 보라** : 어머니의 병적 히스테리

⑩ **보라 + 흰색** : 부상, 실패감, 가해 죄악감

7) 분홍색

분홍색은 여아들이 잘 사용. 폐 계통이 안 좋은 상태에 많이 사용. 잘 우는 아이. 어른의 경우 결혼 준비 완료. 희망을 상징. 감수성 풍부

어른의 경우는 결혼 준비가 끝남, 희망을 상징, 감수성 풍부

① **분홍 + 빨강** : 부드럽고 여성적

② **분홍 + 주황** : 달콤하고 값싼 느낌

③ **분홍 + 노랑, 흰색** : 유아적

8) 갈색

갈색은 밝고 빛나는 색과 배색 시, 아늑한 느낌이 나며 탁한 색과 배색 시, 세련되지

못함.

① **갈색 + 회색, 분홍** : 속물적, 어리석음
② **갈색 + 녹색, 보라** : 떫은맛, 먹을 수 없는 것
③ **갈색 + 연두** : 대소변의 문제
④ **갈색 + 흰색** : 배색 시 에로틱하지 않음
⑤ **황토** : 청결을 강조하는 어머니의 경우. 부모가 완벽주의. 프로이트의 항문기. 창의성 보통
⑥ **밝은 황토 + 하늘** : 가벼운 소화기 질환

9) 검정색

① **검정 + 회색, 파랑** : 각지고 단단함
② **검정 + 은색, 흰색** : 우아
③ **검정 + 흰색** : 공포
④ **검정 + 금색, 빨강** : 힘이 있어 보임
⑤ **검정 + 빨강** : 어머니의 꾸지람, 부재, 그리움. 부모와의 거리감, 중학생의 경우 폭력적 성향
⑥ **검정 + 노랑** : 아버지의 꾸지람, 부재, 그리움. 부모와의 거리감
⑦ **검정+ 보라** : 정서불안, 어머니의 병적 히스테리, 심한 꾸지람
⑧ **검정 + 갈색** : 강한 금전욕. 물질 욕. 극도의 애정 부족, 도벽 가능성 예측
⑨ **검정 + 군청** : 체념, 포기, 의타심, 반항심, 대인관계의 어려움, 폭력의 위험성

10) 흰색

① **흰색 + 금색, 파랑** : 이상적, 고귀함
② **흰색 + 회색** : 객관적
③ **흰색 + 노랑** : 가벼움
④ **흰색 + 분홍** : 조용함

11) 회색

① **회색 + 노랑** : 불안함
② **회색 + 흰색** : 겸손함
③ **회색 + 갈색** : 속물적, 지루함, 불친절

무채색은 극단적인 감정 상태이거나 사고의 공황 상태를 의미하며 흑백이 강한 대비를 이룰 때에는 감정이 배제된 긴장과 현실성을 강하게 시사할 때 사용한다.

주황 : 불안감, 극도의 애정 결핍.
주황 + 노랑 : 인정받고 싶은 욕구.
빨강 : 불만, 비난, 공격, 자유로움, 주변 환경의 간섭받지 않음.
빨강 + 파랑 : 초조함, 질투심, 부러움.
빨강 + 보라 : 출혈, 생리, 과거의 사고 · 부상(피와 관련된 생각).
빨강 + 갈색 : 욕구불만, 타인을 학대하고 싶은 충동.
빨강 + 노랑 : 애정의 불만, 부모에 대한 번민.
파랑 : 복종, 의무감, 순종(강하면 저항, 약하면 순종), 규칙 강조.
파랑 + 노랑 : 근심, 걱정, 갈등.
파랑 + 주황 : 불결, 우둔함.
파랑 + 갈색 : 비뇨기의 문제, 야뇨증.
검정 : 어머니의 히스테리, 공포심.
검정 + 빨강: 어머니의 꾸지람, 어머니의 부재, 어머니의 그리움.
검정 + 노랑: 아버지의 꾸지람, 아버지의 부재, 아버지의 그리움.
검정 + 갈색: 극도의 애정 부족, 강한 금전 · 물질욕, 도벽.
검정 + 파랑: 체념, 폭력, 반항, 심술.
검정 + 보라: 정서 불안, 어머니의 병적 히스테리, 심한 꾸지람.
검정 + 하양: 공포심.
(김수경 외, 2019)

5. 색채의 심리 사례

기쁨

슬픔

분노

고독

공포

자유

고독

공포

자유

고독

공포

자유

제15장

빗속의 사람(PITR)

제15장

빗속의 사람(PITR)

1. PITR 그림검사

빗속의 사람(PITR: Person in the Rain) 그림검사는 빗속에 있는 나의 모습을 그리도록 하는 것으로서 외적인 스트레스 요인을 비가 오는 상황으로 설정하고, 그림 속의 사람이 내리는 비에 어떻게 대응하는지, 그림을 통하여 내담자가 현재 겪고 있는 스트레스의 정도와 대처 능력을 측정하는 투사검사이다. 그림 속에서 비의 양이라든가 방향, 강도 등은 피검자가 지각하는 주관적 스트레스의 양을 보여주는 것으로 해석되고, 우산과 같이 인물을 보호하는 장비나 물체가 없이 무기력한 상태로 묘사되는 인물은 심리적으로 건강하지 않으며, 물웅덩이라든가 먹구름과 같은 환경 요소는 피검자가 느끼는 지각된 심리적 환경을 그림에 표현한 것으로 해석된다(Verinis, Lichtenberg & Henrich, 1974; Oster & Gould, 1987; 주리애, 김태은, 2011, 재인용).

'빗속의 사람' 그림검사는 Anold Abarams & Abaraham Amchin(Hammer, 1958, 1967)이 처음으로 개발하여 발전된 이후 국내외적으로 많은 사람들이 여러 대상과 여러 문제에 적용하여 연구하여 왔는데, 이들 수많은 연구들의 공통점은 '빗속의 사람' 그림검사를 주로 그림에서 드러난 스트레스와 스트레스 대처능력의 정도를 분석하는 작업, 각각의 개인과 집단이 가진 문제와 스트레스 및 스트레스 대처능력과의 관계(주로 상관관계)를 발견하는 작업, 더 나아가 특정의 미술치료가 스트레스와 스트레스 대처능력에 어떠한 긍정적 부정적 영향을 미치는지에 대한 연구 등으로 대별할 수 있다(박은미 외, 2011).

'빗속의 사람' 그림에 대한 평가기준은 Heidi(1996)의 PITR-SRC척도와 손무경(2004), 김순란(2004), 이미경(2006)의 평가기준을 참고로 박은미 외(2011)가 선정한 평가기준 등이 있다. 이 기준에서 사용된 평가항목은 스트레스 변인 14개와 스트레스 대처자원 변인 8개 등 총 22개의 변인으로 구성되어 있고, 채점체계는 0점에서 3점까지의 4점 Likert식 척도로서 점수가 높을수록 스트레스와 스트레스 대처자원이 많음을 의미한다(김선명, 2015).

2. PITR 그림검사 실시방법

1) 준비물

A4용지, 4B연필, 지우개, 색연필.

2) 지시어

"현재 비가 내리고 있습니다. 빗속에 있는 나의 모습을 그려주세요.
단, 만화나 막대기 같은 사람이 아닌 완전한 사람을 그리세요."라고 지시합니다.
" 시간제한은 없으며, 어떤 내용을 그리던, 어떤 방향으로 그리던 자유입니다."
" 만약, 그림 속에 사람이 여러 명인 경우 주인공의 모습에 * 표시를 해주시기 바랍니다."
" 다른 사람의 그림을 모방하거나 서로 의논하지 말고 자신의 생각으로 그리세요.
그림을 다 그린 후에는 질문지를 작성해주세요."

3. PITR 상징과 진단

1) 비

내리는 빗줄기의 정도에 따라 스트레스의 양을 파악할 수 있다.

빗줄기가 인물상 위에 직접 내리거나 한 각도로 인물상을 향하고 있다면 접촉이 많은 것으로 간주한다.

빗줄기가 굵고 비바람이 몰아치거나 천둥이나 번개까지 치는 모습을 그린 경우는 스트레스 양이 많다는 의미이며 그림 속에 비가 없다거나 아주 가느다란 빗줄기를 표현했다면 내담자의 스트레스 정도가 약하거나 무딘 경우이다.

2) 사람

비가 내리는 상황에서 인물상이 어떻게 하고 있는지에 따라서 스트레스를 대처하는 능력을 파악할 수 있다. 비의 양에 맞게 적당한 크기의 우산을 쓰고 있거나 우비를 착용하고 있다면 스트레스 상황을 잘 대처하고 있는 경우이다. 또한 비를 피할 수 있는 구조물 안에 있다면 스트레스를 적절히 대응하고 있다는 의미이다. 반면, 비가 내리는데 아무런 대처 없이 비를 맞고 있다면 현재 스트레스를 온몸으로 받으며 적절하게 대처하지 못하고 있다고 보는데 혹시, 비를 맞는 즐거움이 있는지에 대하여 내담자에게 질문 또는 질문지를 작성하도록 한다. 투사 검사에서 비는 종종 우울을 상징하는데, 늘 우울한 감정도 자기만의 특별한 점으로 여기고 있는 성향의 사람도 있고 실제로 비를 즐기는 사람도 있기 때문이다.

또한, 우산의 크기에 따라서 스트레스를 대처하는 에너지를 나타내며 타인에게 우산을 씌워주는 인물의 경우는 그 인물이 상대방을 배려하고 도와주려는 것을 의미한다. 인물상의 얼굴 표정은 내담자의 현재 심리상태를 반영하고 있으므로 얼굴 표정이 즐거운지 무표정인지 체크해 보아야 한다.

4. PITR 스트레스 및 대처능력 진단 척도

변인			점수			
			0	1	2	3
스트레스 척도	1	비의 양(빗줄기를 나타낸 선의 개수)	없음	적다(14개)	보통(15~25개)	많음(26개 이상)
	2	비의 세기 (선의 굵기와 길이 등 전체의 분위기)	없음	가늘고 약함 (2cm)	보통 (2–5cm)	길고 굵음 (5cm 이상)
	3	바람 세기 (비의 선이 사선으로 나타난 경우)	없음	약함(60도 이상)	보통(60–45도)	강함(45도 이하)
	4	비와 사람의 접촉	없음	약간(일부분)	보통	심함(심한 접촉)
	5	전체 선의 질(스트로우)	없음	부드럽고 균일	부드럽고 불균일, 진하고 균일	진하고 불균일
	6	번개의 수	없음	1~2개	3~4개	5개 이상
	7	흰구름 수	없음	1~2개	3~4개	5개 이상
	8	흰구름 면적	없음	1~20칸	20칸~30칸	30칸 이상
	9	먹구름 수	없음	1~2개	3~4개	5개 이상
	10	먹구름 면적	없음	1~20칸	20칸~30칸	30칸 이상
	11	웅덩이 수	없음	1~2개	3~4개	5개 이상
	12	웅덩이 면적	없음	1~4칸	5칸~8칸	9칸 이상
	13	웅덩이와 사람 접촉	없음	웅덩이 가까이	웅덩이 속에 신체 일부(다리)	웅덩이 속에 몸 전체
	14	음영	없음	조금	보통	강함
스트레스 대처능력도	15	직접보호물 유무(우산, 우비, 장화, 비 모자와 같이 비를 차단하기 위한 것)	없음	적음(1개)	보통(2개)	많음(3개 이상)
	16	간접보호물 유무 (나무, 천막, 지붕, 자동차, 가로등, 건물 등)	없음	적음(1개)	보통(2개)	많음(3개 이상)
	17	보호물의 적절성	없음	조금	보통	충분
	18	얼굴 모습(얼굴이 가려지거나 옆모습, 뒷모습, 앞모습을 구별)	뒷모습	모호함	옆모습	앞모습
	19	인물 위치	중심에서 벗어남	중심		
	20	인물 크기(보호물과 상대적으로)	보호물 없음	인물 〉 보호물	인물 = 보호물	인물 〈 보호물
	21	얼굴 표정	얼굴 내부 없음	부정적 표정	무표정	긍정적 표정
	22	해(무 0, 유 1)	없음	있다		

김선명 (2015). 집단미술치료가 대학 운동선수의 정서적 요인에 미치는 효과 –스트레스, 우울감, 자아존중감을 중심으로– 박사학위논문, 한양대학교.

※ PITR (빗속의 사람) 그림검사 질문지

"현재 비가 내리고 있습니다. 빗속에 있는 사람을 그려주세요." A4용지에 4B연필과 지우개를 사용하여 그려주세요. 시간제한은 없으며, 어떤 내용을 그리든, 어떤 방향으로 그리던 자유입니다. 단, 만화나 막대기 같은 사람이 아닌 완전한 사람을 그려주세요. 만약, 그림 속에 사람이 여러 명인 경우 주인공의 모습에 *표시를 해주시기 바랍니다." 다른 사람의 그림을 모방하거나 서로 의논하지 말고 자신의 생각대로만 그리면 됩니다. 그림을 다 그린 후에는 아래에 있는 문항에 간단한 답변을 해주세요.

1. 그림을 그린 순서대로 적어주세요. (예 : 사람→우산→비)

2. 그림 속의 주인공은 누구인가요?

3. 그림 속의 주인공은 무엇을 하고 있나요? 또는 무엇을 하려고 합니까?

4. 그림 속의 주인공은 현재 기분이 어떠한가요?
'모르겠다' 는 제외 (예 : 기쁘다, 외롭다, 슬프다, 피하고 싶다 등 구체적으로 적어주세요)

5. 그림 속의 주인공에게 현재 가장 필요한 것은 무엇인가요?
①
②
③

6. 현재 자신에게 가장 큰 스트레스 순서대로 세 가지를 기록해주세요.
①
②
③

7. 현재 자신의 스트레스 해소를 위한 대처 방법은 무엇이 있나요?
①
②
③

5. PITR 그림검사 사례

구분	내담자 A	
	사전	사후
그림		
질문 응답	① 상황 : 혼자 우산 쓰고 길을 걷고있음 ② 기분 : 아무 생각이 없고 비가 많이 와서 매우 짜증이 남 ③ 스트레스 : 불안한 미래 스트레스 해소법 : 군것질, 소리 지르기, 유리 깨기, 물건 부수기 ④ 빗속의 사람에게 필요한 것 : 비에 젖지 않는 획기적인 물품	① 상황 : 혼자 우산 쓰고 길을 걷고있음 ② 기분 : 우울함 ③ 스트레스 : 진로에대한 고민 스트레스 해소법 : 아무 생각 없이 자는 것 ④ 빗속의 사람에게 필요한 것 : 환한 빛
언행 관찰	그림을 그릴 때 강하고 거친 선으로 그림을 표현 "평소에 긴장을 많이 하는 편이며 감정 기복이 심하고 집중을 잘 못합니다. 또한 누군가가 나에게 짜증나게 말을 하면 듣는 즉시 화가 나고 욱해서 시합에 집중하지 못하는 편입니다."	"그림을 그리는 시간만큼은 딴 생각을 안 하고 집중할 수 있어서 좋았어요. 예전에는 화가 나면 욱했는데 지금은 생각을 비우려고 노력해요. 이 시간은 저의 무거운 마음이 비워지는 것 같아서 매우 감사하게 생각합니다."
점수	스트레스 점수 : 22 스트레스 대처능력 점수: 8	스트레스 점수 : 11 스트레스 대처능력 점수 : 10

김선명(2015). 집단미술치료가 대학 운동선수의 정서적 요인에 미치는 효과 -스트레스, 우울감, 자아존중감을 중심으로- 박사학위논문, 한양대학교.

구분	내담자 B	
	사전	사후
그림		
질문 응답	① 상황: 비 내리는 날 우산을 쓰고 여자 친구를 기다리고 있음 ② 기분 : 마음이 설렘 ③ 스트레스 : 많음 스트레스 해소법 : 여자 친구 만나는 것 ④ 빗속의 사람에게 필요한 것 : 여자 친구를 기다리는 시간과 선물 할 꽃	① 상황 : 비 내리는 날 우산이 없어서 입고 있던 잠바를 뒤집어쓰고 뛰어가고 있음 ② 기분 : 빨리 가야겠다는 생각. ③ 스트레스 : 지루함, 귀찮음 스트레스 해소법 : PC방 가기, 달리기 ④ 빗속의 사람에게 필요한 것 : 우산
언행 관찰	그림을 진지하게 그림 색연필이 비치되어 있음에도 색연필을 사용하지 않고 연필로 세심하게 묘사 "오랜만에 그려보니 기분이 새롭다."	사전보다 그림을 빨리 그리는 편임 그림을 그린 뒤 주변 학우들 그림을 보며 이야기를 나누며 마무리
점수	스트레스 점수 : 18 스트레스 대처능력 점수 : 8	스트레스 점수 : 6 스트레스 대처능력 점수 : 8

김선명(2015). 집단미술치료가 대학 운동선수의 정서적 요인에 미치는 효과 –스트레스, 우울감, 자아존중감을 중심으로– 박사학위논문, 한양대학교.

제16장

풍경구성법(LMT)

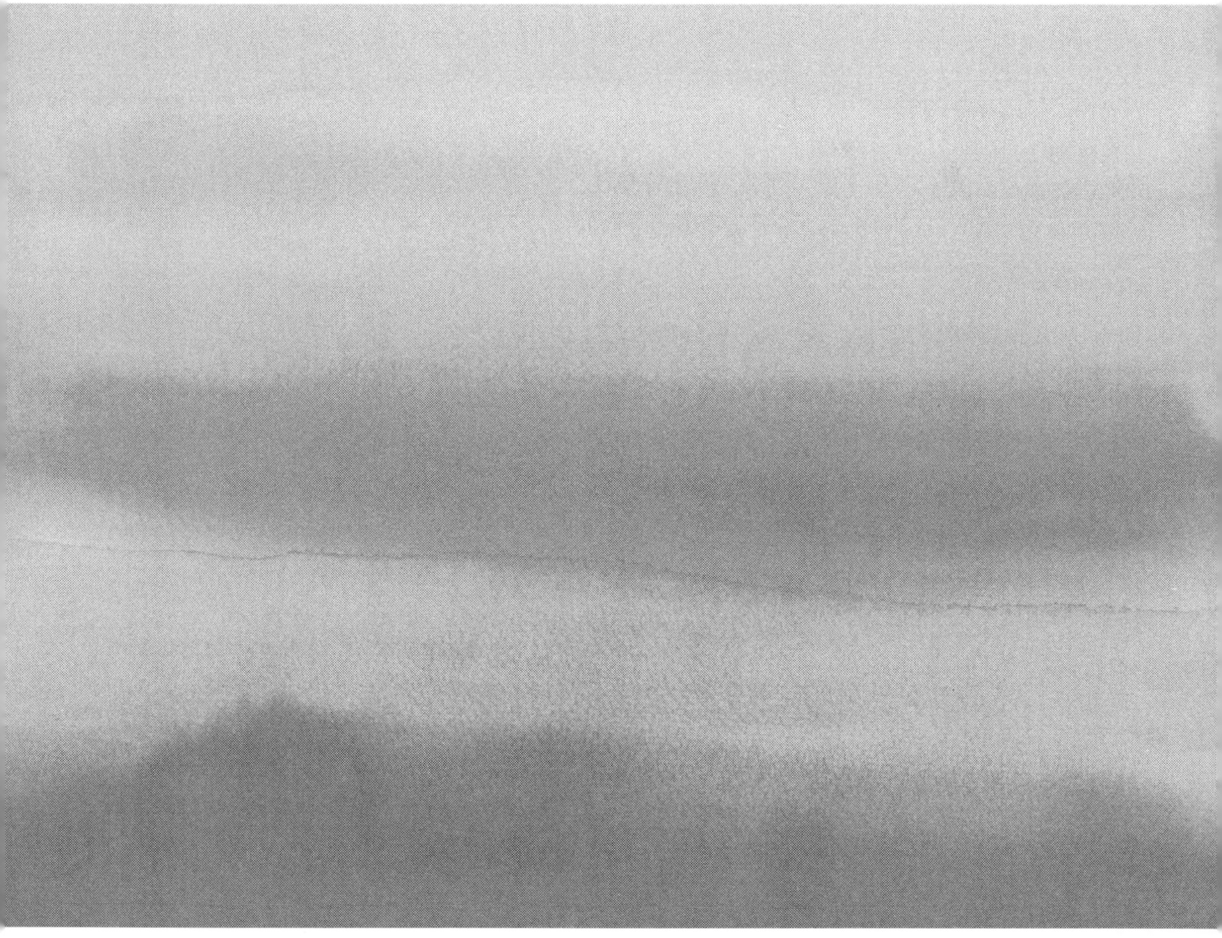

풍경구성법(LMT)

1. LMT 그림검사

풍경구성법 (LMT: Landscape Montage Technique)은 미술치료 혹은 그림검사법의 하나로 1969년에 나카이(中井久夫) 교수에 의해 창안되었다. 이 풍경구성법은 원래 정신분열증 환자를 주 대상으로 하여 모래상자 요법의 적용 가능성을 결정하는 예비검사로 고안되었다. 그러나 독자적인 가치가 인정되고 이론적으로 분석되어 치료적으로도 많이 활용되고 있다. 풍경구성법은 일본에서 널리 이용되고 있으며 1977년 제10회 독일어권 표현병리, 표현요법 학회에 발표된 후 독일, 미국 및 인도네시아에서도 널리시행되고 있고, 진단 도구로서뿐만 아니라치료과정 속에 활용되어 많은 효과를 인정받고 있다.

2. LMT 실시방법

1) 준비물

A4용지 또는 8절지(내담자의 욕구에 맞는 사이즈), 사인펜(검정색), 색연필.

2) 방법

① 치료자가 검은색 펜으로 용지에 테두리를 그려 내담자에게 제시한다.

② 지시사항에 따라 그림을 그린다.

③ 내담자에게 10개의 항목(강, 산, 논 또는 밭, 길, 집, 나무, 사람, 꽃, 동물, 돌)을 차례대로 불러 주고 내담자는 검은색 펜으로 순서대로 풍경을 그린다.
그림을 그릴 때 10개의 항목을 되도록 미리 제시하지 말고, 하나씩 불러 준다.

④ 그림을 그린 후, 추가로 더 그려 넣고 싶은 것이 있으면 추가로 그린다.

⑤ 그림을 다 그린 후 원하면 색칠하도록 한다.
색칠을 반드시 해야 하는 것은 아니며 원할 경우, 색칠을 한다.

⑥ 그림이 완성된 후, 상담자는 추가 질문이 있을 시 질문을 한다.

- 풍경의 계절은?
- 날씨는 어떠한가?
- 몇 시 정도의 풍경인가?
- 강, 바다의 흐름은 어디에서 어디로 흘러가는가?
- 그 강은 깊은가?
- 산 저편에 무엇이 있는가?
- 사람은 무엇을 하고 있는가?
- 질문 이외 자유롭게 그려 넣은 것은 무엇인가?
- 그림의 전체적인 느낌은 어떠한가?

※ 그림에서는 풍경 전체의 느낌이 중요하며 치료자는 작품을 비판하고 상징성을 보는 것이 아니라 내담자와의 소통과 교류가 중요하다. 그림에서는 내면의 상황을 그대로 투영하거나 소망하는 것을 시사하고 있으므로 미래의 변화와 가능성을 볼 수 있어야 한다.

3) LMT 그림검사 진단시 유의점

① 검정색 펜(사인펜)으로 그림을 그리게 한다.

② 치료자는 항목을 순서대로 불러주어야 한다.

③ 치료자가 항목을 부를 때 '집이 있으면 좋겠네.' '나무가 있어도 괜찮을까?' 등으로 대상의 연령에 따라 말끝에 신경을 써야한다(中井久夫, 1969).

3. LMT 그림의 상징과 진단

1) 강

강은 무의식의 흐름에 비유할 수 있다. 무의식에 지배되어 있는 상태의 환자는 물이 세차게 흐르는 큰 강, 물이 넘쳐흐르는 그림을 그리는 경우가 많다. 강박 경향이 심한 사람이나 무의식에 대해 자아경계가 약한 사람은 강가를 돌로 쌓거나 콘크리트로 방파제를 만든 그림을 그린다. 분열증 발병기에 있는 자, 신경증 환자는 강을 너무 크게 그리거나 물의 양이 많은 강을 그리는 경우도 있다.

2) 산

산은 그리는 사람의 주어진 상황과 앞으로의 전망을 나타내는 경우가 있으며, 극복해야 할 문제의 수를 시사하는 경우도 있다. 눈앞에 우뚝 서 있거나 앞길을 막고 있는 경우는 어려움이나 장애 등이 가로놓여 있는 것을 의미하는 경우도 있다.

3) 논 또는 밭

논에 모를 심고 있을 때, 벼가 푸르고 번성할 때, 벼 이삭이 돋은 것, 벼 베기 수확한 후의 한가한 논의 모습을 그린 경우에는 그린 사람의 마음이 지향하고 있을 때를 암시하며, 때로는 발병의 시기, 즐거웠던 시절을 회상하며 때로는 미래를 암시하는 경우도 있다. 예를 들면, 곡식이 익어가고 있는 그림을 그렸을 경우 풍족한 미래, 성공하는 미래, 잘 뻗어나가는 미래를 지향하고 있다는 것을 짐작하게 한다. 밭에서 일하는 사람의 모습이나 논밭을 갈고, 정리하고 손질하는 모습을 그린 학생의 경우에는 면학과의 관계를 나타낸다. 반대로 벼 이삭을 한 알씩 세심하게 그려 넣거나, 혹은 쌀을

한 알씩 바닥에 떨어뜨려 놓은 것은 강박 경향뿐만 아니라 식물 차원의 존재에 관심을 가지는 세심한 심성의 일면도 볼 수 있다. 밭에서 일하는 사람을 그리는 경우는 일반적으로 성실함의 긍정적인 분석으로 평가되지만, 반대로 등교거부아, 비행 청소년에게도 볼 수 있다(현재는 그렇지 않지만 바램을 의미하기도 한다).

4) 길

길은 의식적인 영역이며 방향을 암시하고 인생의 길로서 명확하게 의식되는 것을 표현하는 경우가 있다. 길이 강 위의 다리와 연결되어 있으면 안심할 수 있다. 남성에게 있어서 결혼이란 다른 세계로 향한다는 정도의 큰 변화는 없으나, 여성의 경우 강을 건넌다는 의미는 강을 건너 다른 세계로 간다는 것, 즉 결혼을 의미한다고 한다.

5) 집

집 그림은 피검사자가 성장하여 온 가정상황을 나타내며 자신의 가정상황과 가족관계를 어떻게 인지하고 어떠한 감정과 태도를 가지고 있는가를 보여주는 경우가 많다. 따라서 집은 피검사자가 현재의 가정을 어떻게 바라보고 있는가 하는 것 이외에 바라는 이상적인 장래의 가정이나 과거의 가정을 나타내기도 한다. 또한 마을을 이룬 그림을 전체적으로 평가함과 아울러 필수 부분을 어떻게 그리고 있는가에 먼저 주의를 귀울여야 한다.

6) 나무

나무 그림은 피검사자의 기본적인 자기상을 나타내며 피검사자가 무의식적으로 자기 자신의 모습으로 느끼고 있는 것을 나타낸다. 그것은 또한 피검사자가 자신의 마음의 평형상태에 대하여 어떻게 느끼고 있는가를 나타내며 피검사자의 정신성숙도의 정도를 표시하고 있다. 나무 그림도 단순히 자기상을 상징하는 것만은 아니고 나무가 특정 인물을 상징하며 그 사람에 대하여 가지고 있는 감정과 욕구를 나타내는 경우가 많다.

7) 사람

인물화는 피검사자에게 경계심을 품게 하고 자기를 방어하려는 생각을 높이기 때문에 의식적 때로는 무의식적으로 자기의 모습을 왜곡시켜 나타내며 자기 이외의 인간의 모습을 그리는 경우가 많다. 인물화는 자기의 현실상이나 이상상을 나타내며 자기에게 의미 있는 사람 혹은 인간 일반을 어떻게 인지하고 있는가를 나타낸다.

8) 꽃

꽃은 아름다움과 사랑을 상징한다. 또 개화에서 결실에 이르는 최초의 단계이기 때문에 성장 발달의 상징이기도 한다. 일반적으로 여성스러움을 의미하고 강조하는 경우에 그리는 일이 많다. 그러나 높은 산봉우리의 꽃, 장례식용 꽃, 빨간색으로 길가에 피어 있는 꽃은 자신의 영혼에 공감하는 꽃이며, 양친의 죽음을 애도하는 그림에서 많이 나타난다. 꽃에 색칠을 하지 않은 경우는 감정이 실감나지 않는다는 하나의 표현으로 주로 정신분열증 환자에게 많이 나타난다.

9) 동물

동물 그 자체가 상징성을 나타낸다. 집, 나무, 사람, 산, 강, 길을 전부 안쪽 밑에 아주 작게 그리고 동물을 크게 그리는 환자의 경우(동물의 크기를 인간의 크기와 비교하여) 작아져 있는 현실을 보상하고 있다고 생각할 수 있다. 이 사람은 내면에 큰 에너지를 지니고 있으므로 앞으로 어떻게 이끌어 낼 것인가 하는 것이 치료 목표가 될 수 있다. 분열증 환자나 대인공포증 환자는 토끼를 그리는 경우가 있으며 싸워서 상처를 입은 고슴도치, 매, 사자 등을 많이 표현하기도 한다. 등교 거부 아동은 소나 말을 그리는 경향이 있고 학교 내 폭력 소년은 고양이에게 몰려 있는 듯한 쥐 모습을 그리기도 한다.

10) 돌

돌의 속성은 단단함, 냉정, 불변성이다. 돌은 일반적으로 눈에 띄지 않고 무수히 많은 것으로 존재를 알아차리기 어려운 경우가 많다. 그러나 큰 돌이나 바위가 전방을 가로막고 있으면 장애가 되고 짐이 되며 어려움을 나타낸다.

4. LMT 그림검사 구성지표

<table>
<tr><th>구성 지표</th><th>점수</th><th>구분</th><th>채색 지표</th><th>점수</th><th>구분</th></tr>
<tr><td rowspan="3">통합성
(전체적 조화
및 완성도)</td><td>3</td><td>90% 이상</td><td rowspan="3">채색의 정도
(표현된
각 요소의 채색)</td><td>3</td><td>90% 이상</td></tr>
<tr><td>2</td><td>50~90%</td><td>2</td><td>50~90%</td></tr>
<tr><td>1</td><td>50% 이하</td><td>1</td><td>50% 이하</td></tr>
<tr><td rowspan="4">요소의 생략
(표현된 요소의
생략과 변형)</td><td>3</td><td>90% 이상</td><td rowspan="4">색의 수</td><td>4</td><td>9색 이상</td></tr>
<tr><td>2</td><td>50~90%</td><td>3</td><td>8~7색</td></tr>
<tr><td rowspan="2">1</td><td rowspan="2">50% 이하</td><td>2</td><td>6~5색</td></tr>
<tr><td>1</td><td>4색 이하</td></tr>
<tr><td rowspan="4">공간사용</td><td>3</td><td>90% 이상</td><td rowspan="3">요소 채색의 적절성
(사실색 또는
작가적 시점의 색)</td><td>3</td><td>6개 요소 이상</td></tr>
<tr><td>2</td><td>50~90%</td><td>2</td><td>5~4개 요소</td></tr>
<tr><td rowspan="2">1</td><td rowspan="2">50% 이하</td><td>1</td><td>3개 요소 이하</td></tr>
<tr><td rowspan="3">색채의 안정성</td><td>3</td><td>안정</td></tr>
<tr><td rowspan="5">형태의 사실성</td><td rowspan="2">3</td><td rowspan="2">6개 요소 이상</td><td>2</td><td>보통</td></tr>
<tr><td>1</td><td>불안정</td></tr>
<tr><td>2</td><td>5~4개 요소</td><td rowspan="3">소묘선의 질</td><td>3</td><td>안정</td></tr>
<tr><td rowspan="2">1</td><td rowspan="2">3개 요소 이하</td><td>2</td><td>보통</td></tr>
<tr><td>1</td><td>불안정</td></tr>
</table>

김선명 (2015). 회상요법을 적용한 집단미술치료가 치매노인의 인지기능, 우울 및 자기표현능력에 미치는 효과. 미술치료연구, 22(2), 593-624.

LMT 검사지

이름		이름		성별		생년 월일	
주소							
직업							
집전화				직장 전화			

의뢰사유(현재 생활 상황 요약)

가족배경과 가족력	FAMILY TREE
	보웬의 가계도

검사시 행동관찰

검사 년, 월, 일, 시		검사자	
검사장소			

<table>
<tr><td colspan="4">전체적 인상</td></tr>
<tr><td colspan="4"></td></tr>
<tr><td colspan="4">상징과 의미</td></tr>
<tr><td>항목</td><td>유/무</td><td>표현의 특징</td><td>상징과 해석</td></tr>
<tr><td>강</td><td>유</td><td></td><td></td></tr>
<tr><td>산</td><td>유</td><td></td><td></td></tr>
<tr><td>논</td><td>유</td><td></td><td></td></tr>
<tr><td>길</td><td>유</td><td></td><td></td></tr>
<tr><td>집</td><td>유</td><td></td><td></td></tr>
<tr><td>나무</td><td>유</td><td></td><td></td></tr>
<tr><td>사람</td><td>유</td><td></td><td></td></tr>
<tr><td>꽃</td><td>유</td><td></td><td></td></tr>
<tr><td>동물</td><td>유</td><td></td><td></td></tr>
<tr><td>돌</td><td>유</td><td></td><td></td></tr>
<tr><td>추가
그림</td><td>유</td><td></td><td></td></tr>
<tr><td colspan="2">소요시간</td><td></td><td></td></tr>
</table>

그린후의 질문	
질문 내용	
풍경의 계절은	
날씨는 어떠한가?	
몇 시 정도의 풍경인가?	
강, 바다의 흐름은 어디에서 어디로 흘러가는가?	
그 강은 깊은가?	
산 저편에 무엇이 있는가?	
사람은 남자입니까 여자입니까? 그리고 몇살입니까?	
사람은 무엇을 하고 있는가?	
자유롭게 그려 넣은 것은?	
그 풍경이 마음에 드는지, 마음에 안 드는지 느낌은?	
전체적 해석 요약	

5. LMT 그림검사 사례

<table>
<tr><th>대상</th><th colspan="2">LMT</th><th>실험집단 사전 · 사후 비교분석</th></tr>
<tr><td rowspan="2">A</td><td>사전</td><td></td><td rowspan="2">공간사용에 있어서 사전그림은 대체적으로 오른쪽으로 치우쳐 불균형한 구도였으나 사후그림은 골고루 균형 있게 분포되어 있어서 안정적으로 변화되었음을 볼 수 있음. 소묘의 질은 사전그림에 비해 사후그림이 안정적이며 형태의 사실성에 있어서도 사전그림에 비해 꽃이 피고 나무에 열매가 열려 있으며 채소와 벼가 익은 모습도 구체적으로 묘사되었음. 색의 수가다양해지고 색채가 안정적이며 편안해 보임. 전체적인 조화, 완성도, 통합성 또한 사전그림에 비해 균형 있는조화가 이루어져 자기표현능력에 긍정적인 변화가 있음을 알 수 있음.</td></tr>
<tr><td>사후</td><td></td></tr>
<tr><td rowspan="2">B</td><td>사전</td><td></td><td rowspan="2">사전그림은 소묘의 질이 거칠며 날카롭게 표현되어 있으나 사후그림은 차분하고 부드러운 필압으로 안정적으로 변화되었음. 공간사용에 있어서 사전그림은 대체적으로 오른쪽으로 풍경이 치우쳐 있는 사선 구도로 되어 있으나 사후그림은 안정적이며 균형 있는 구도로 변화되었음을 볼 수 있음. 형태의 사실성에 있어서도 사전그림에 비해 집이 사실적으로 묘사되어 있고 항아리가 추가되어 있으며 색은 짙은 강한 원색에서 부드러운 색으로 표현되어 안정적임. 전체적인 조화 및 완성도인 통합적 구성이 이루어졌음이 보임.</td></tr>
<tr><td>사후</td><td></td></tr>
<tr><td rowspan="2">C</td><td>사전</td><td></td><td rowspan="2">사전그림은 평면적인 구성을 이루고 있으나 사후그림에서는 보다 입체화된 구성으로 변화되었으며 공간사용은 사전그림의 단조로움에서 보다 요소내용이 골고루 분포되어 있고 다양화 되었음을알 수 있음. 형태의 사실성에 있어서도 사전그림에 비해 산에는 나무와 꽃이 피어 있고 강에는 물고기가 놀고 있음이추가로 묘사되어 형태의 사실성, 요소의 생략된 부분이 보다 구체화 되었음을 확인할 수 있음. 사전그림에 비해 전반적으로 통합적이며 조화롭게 구성되어 긍정적인 변화가 있음을 알 수 있음.</td></tr>
<tr><td>사후</td><td></td></tr>
<tr><td rowspan="2">D</td><td>사전</td><td></td><td rowspan="2">사전그림이 나열형 그림이라면 사후그림은 입체화된 화면구성을 하였고, 그 이외의 부가적인 요소들을 많이 추가하였음. 공간사용 또한 사전그림에 비해서 보다 형태의 다양성과 섬세함이 골고루 분포되어 있으며 배치나 구도에서 감정 표출이 되었음을알 수 있음. 사전그림에서 보이지 않았던 수확의 결실이 구체적으로 묘사되었고 물속에는 물고기가 표현되었음. 색의 수가 좀 더 다양해지고 에너지가 있어 보이며 인물이 커지고 표정이 밝아졌음. 전체적인 조화 및 완성도인 통합성은 사전그림에 비해 조화롭게 이루어져 있음을 알 수 있음.</td></tr>
<tr><td>사후</td><td></td></tr>
</table>

<table>
<tr><th>대상</th><th colspan="2">LMT</th><th>실험집단 사전 · 사후 비교분석</th></tr>
<tr><td rowspan="2">E</td><td>사전</td><td></td><td rowspan="2">사전그림이 평면적이고 나열형 그림이며 색채가 전반적으로 어두운 반면 사후그림은 입체화된 화면구성에 세부적인 묘사와 함께 색채가 밝아짐. 부가적 요소들이 많이 추가되고 공간사용도 사전그림에 비해서 형태의 다양성과 섬세함이 골고루 분포되어 있으며 좀 더 시원한 구도를 지님. 사전그림에서 보이지 않았던 수확의 결실이 묘사되었고 물속에는 개구리와 물고기가 표현되어 있음. 색의 수가 다양해지고 밝은 에너지가 있어 보이며 인물이 커지고 세부적으로 묘사가 되었음. 전체적인 조화 및 완성도인 통합성은 사전그림에 비해 긍정적이고 밝은 변화가 보이고 있음.</td></tr>
<tr><td>사후</td><td></td></tr>
<tr><td rowspan="2">F</td><td>사전</td><td></td><td rowspan="2">사전그림은 강한 필압으로 단일 색만을 이용하였고 소묘의 질이 날카롭게 표현되어 있으나 사후그림은 차분하고 부드러운 필압으로 변화되었음. 공간사용에 있어서 사전그림은 대체적으로 딱딱하며 곧 홍수가 날 것 같은 사선구도로 되어 있으나 사후그림은 부드럽고 안정적인 구도로 변화되었음. 사실성에서도 사전그림에 비해 집이 사실적으로 묘사되어 있고 2개로 증가되었으며 색은 짙은 색에서 부드러운 색으로 표현되어 안정적임. 전체적인 조화 및 완성도인 통합적 구성이 이루어졌음이 보임.</td></tr>
<tr><td>사후</td><td></td></tr>
<tr><td rowspan="2">G</td><td>사전</td><td></td><td rowspan="2">사전그림의 평면적인 나열식 구성에서 사후그림은 보다 입체화 된 것을 볼 수 있으며, 공간사용은 사전그림의 단조로움에서 요소 내용이 보다 골고루 분포되어 있고 다양화되었음을 알 수 있음. 형태의 사실성에 있어서도 사전그림에 비해 산에는 나무가 많이 있고 강에는 물고기가 놀고 있음이 추가 묘사되어 형태의 사실성 및 요소의 생략된 부분이 보다 구체화 되었음을 알 수 있음. 사전그림에 비해 전반적으로 통합적이며 조화롭게 구성되어 긍정적인 변화가 있음을 알 수 있음.</td></tr>
<tr><td>사후</td><td></td></tr>
</table>

김선명 (2015). 회상요법을 적용한 집단미술치료가 치매노인의 인지기능, 우울 및 자기표현능력에 미치는 효과. 미술치료연구, 22(2), 593-624.

제17장

만다라(Mandara)

제17장

만다라(Mandara)

1. 만다라의 개념

만다라란 용어는 고대인도 범어 mandala를 가리키는 것으로 인도 문헌에 의하면 서책의 장(章), 국토(國土)의 구획 등의 의미로 쓰이기도 하였으나 불교에서는 주로 상징주의 철학적 특징을 지닌 밀교적 용어로 사용되었다. 밀교의 교학에서의 어원을 보면, 만다라(慢茶羅, Mandara)란 말을 두 부분으로 나누어 만다(manda)는 '중심' 또는 '본질'을 의미하고 접미사 라(la)는 '소유' 또는 '성취'를 의미한다. 즉, 중심과 본질을 얻는 것, 마음속에 참됨을 갖추고 있거나 본질을 원만히 하는 것이다.

만다라의 어원은 인도의 고대어에서 유래되었으나 상징으로서의 만다라는 원불교의 일원상, 불교사찰의 표시인 만(卍)자 외에도 여러 가지 모습으로 나타나는 인간 정신 속에 있는 자기를 나타내는 상징에서 그 모습을 볼 수 있다. 즉, 만다라는 인간정신 속의 중심을 나타내는 것으로서 한 인간의 성격에 중심이 형성되고 있다는 것을 알려 주는 것이라 할 수 있다.

한편 추세페 투치(Giuseppe Tucci)는 만다라를 의식 분해와 의식 재통합의 상징 표상으로 보며, 만다라는 그림을 통해 인간의 근본적인 의식 전환이 가능하다 하였고, 융(Jung)은 심리학적 입장에서 완전한 개성화의 표현은 아니더라도 자기실현의 성취 과정에서 야기되는 혼란을 심리적으로 치유하는 동기에서 만다라의 상징성을 표현하였다.

1) 만다라의 의미와 특성

만다라의 의미는 원리적, 정신적 의미와 공간적, 회화적 의미 등 다양한 것이나 일반적으로 공간적, 회화적 의미로 이해되고 있는 것은 만다라의 연원이 구상화와 표현상의 문제 해결에서 비롯되었기 때문이다(홍윤식 외, 1992).

만다라는 크게 두 가지 관점, 가시적 만다라와 비가시적 만다라로 특징들이 제시되고 있는데, 가시적 만다라는 외적으로 형상화되어 시각적으로 볼 수 있는 회화적 불화이며, 이러한 형상 만다라는 신비적 명상과 진리를 인식하기 위한 과정으로 제시되고, 비가시적 만다라는 관상과 자성 만다라로서 인간의 마음이나 신체를 소우주로 생각할 수 있는 내적 만다라이다. 가시적 만다라는 공간적 의미를 가지고 중심과 원주에 의한 안과 밖, 즉 성역과 속세의 영역을 제시하고 있다(정여주, 2001).

회화와 건축양식에 표현되어 명상과 관상의 도구가 되기도 하지만, 가시적 만다라는 불화에서 뿐만 아니라 자연과 모든 창조의 역사에서 가장 쉽게 발견할 수 있는 우주의 근원적 형태로 이러한 근원적 형태가 되는 만다라는 생명, 인간, 신, 창조와 우주적 상징을 나타낸다. 바로 이러한 만다라가 인간의 정신과 신체에 내면화되어 비가시적으로 항상 존재한다. 이와 같이 서로 분리할 수 없는 가시적 만다라와 비가시적 만다라의 의미를 세 가지 영역으로 나누어 보면 다음과 같다.

첫째, 만다라는 개인적 삶의 영역, 즉 소우주 영역을 나타낸다. 만다라를 바라보며 깊이 묵상을 하는 사람은, 자기의 중심에 와 있으며 동시에 만물은 서로 연결되어 성스러운 우주에 속해있는 것을 발견한다. 이와 같은 개인적 삶의 영역으로서 만다라를 심층 심리학적 관점에서 접근한 대표적인 심리학자는 융으로 그에 의하면 만다라는 원형적 통일체의 상징으로 원형적 통일체인 만다라는 고대의 다양한 문화에서부터 항상 다양한 형상으로 존재해왔으며 이것은 현대인들의 꿈이나 무의식적인 그림을 통하여 원형적 상징 언어로 나타난다는 것을 의미한다.

둘째, 만다라는 우주적 영역을 나타내며 자연의 신비를 상징한다.

이러한 우주의 질서와 신비 속에서 인간은 자신의 진정한 장소를 찾고자 한다. 만다라 수행자는 만다라를 통하여 우주의 질서와 그 속에 있는 자신, 즉 자신의 생명에 감추어진 신성한 씨앗을 만날 수 있으며 신비적 본질을 터득할 수 있다.

셋째, 만다라는 신적인 영역을 나타낸다. 우주의 모든 상징성은 신적인 만다라 영역

주변을 돌고 있다. 만다라는 가시적으로 나타난 신성이며 초월적 현실을 추상적으로 묘사한 것이다. 그러므로 만다라는 내적인 관조와 명상을 투영하고 내면의 경험을 얻을 수 있도록 지도한다.

2) 미술치료에서의 만다라

만다라는 명상뿐만 아니라 인간의 내적 존재를 밝혀주고 균형을 이루는 힘을 가지기 때문에 만다라는 치료적 측면에서 의미가 있다. 미술치료에서 다루어지는 만다라의 의미는 심리학적 입장에서 만다라에 접근하고 직접 만다라의 제작과정을 경험한 융(Jung)의 개성화 과정으로 집약하여 정의해 볼 수 있다.

융은 만다라를 심리치료 분야에 처음으로 적용하였는데, 자신의 꿈과 생각을 그림으로 표현하고 기록해 나가면서 내면세계를 탐구하는 경험을 하게 되어 그것을 바탕으로 만다라는 자기를 나타내는 상징적 역할이며 인간 정신이 가지는 소 우주적 형태와 상응한다고 하였다. 또한 융은 만다라를 개성화 과정의 그림이라고 정의했으며, 모든 만다라가 완전한 개성화의 표현은 아니더라도 인간이 자기실현의 성취과정에서 야기되는 혼란을 심리적으로 치유하려는 동기에서 발생한 것이라고 주장한다.

2. 만다라의 제작

만다라의 제작은 사람들의 삶을 풍부하게 하는 가치 있는 방법이다. 만다라는 총제적인 인격을 지향하는 인간 정신의 그릇이라 할 수 있는 자기를 거울을 통해서 보는 것과 같다. 만다라를 제작하는 것은 모든 사람들의 상징에 대한 경험을 표현할 수 있는 돌출구를 만드는 것이다. 그러므로 만다라 제작 시 지도자는 참여자가 바깥 세계로 표현되는 자기의 이미지를 신성한 것으로 받아들이는 태도와 고요한 마음으로 작업에 임할 수 있도록 분위기를 조성하는 것이 중요하다. 또한 지지적인 관심을 통하여 만다라의 상징적인 언어를 터득하게 하며 자신의 중요한 모습을 깊이 이해할 수 있게 한다.

1) 준비물

만다라를 그리는 책상, 의자, 단단한 밑판, 종이, 문양 그림, 자, 연필, 컴퍼스, 색을 칠하기 위한 재료, 명상음악, 초와 향, 누울 수 있는 담요나 매트 등이 필요하다.

2) 장소

혼자만의 조용한 장소로 외부의 간섭을 받지 않는 곳이 좋으며, 그림을 그리기 위한 평평한 바닥과 충분한 빛과 고요하면서도 즐거움을 가져다주는 음악, 촛불이나 향을 피우는 것도 좋다.

3) 실시 방법

모든 재료를 작업할 바닥에 놓은 후, 편안하게 앉아서 정신상태를 이완시켜 당신의 창조성이 필요로 하는 공간을 허용한다.

- 만다라를 그리기 전, 명상 음악을 통하여 이완 작업을 한다.
- 이완이 되면 눈을 감고 내면세계에 초점을 맞춘다.
- 내면에 떠오르는 비전의 색상, 형태, 느낌 등으로 이미지를 보도록 한다.
- 눈을 감고 앞에 놓여 있는 색상을 보고 선택하여 동그라미를 그린다.
- 이때 종이 접시로 본을 뜨거나 직접 그려도 된다.

4) 만다라 작업 들어가기

"자 이제 눈을 감아 주시고 숨을 깊이 들어 마시기 바랍니다. 그 다음 숨을 길게 내쉬기 바랍니다. 한 번 더 깊이 내쉬고, 깊이 들이 마시고, 다시 한 번 깊이 내쉬고, 깊이 들이 마시고 나에 모든 정신은 숨이 나가고 들어오는 코 끝에 집중하시고, 눈을 지긋이 감고 어깨의 힘을 빼시기 바랍니다. 다음은 팔과 엉덩이에 힘을 빼시기 바랍니다. 당신의 골반에서부터 커다란 뿌리가 땅속 깊이 뿌리를 내린다고 상상합니다. 뿌리를 깊이 내릴수록 더욱 좋습니다. 이제 당신의 몸은 편안하고 호흡은 고요해졌습니다. 그런 당신의 몸의 상태를 느껴 보시기 바랍니다."

"자 이제 눈을 떠 주시기 바랍니다. 당신의 앞에 놓여진 종이에 원이 그려져 있습니다. 색채 도구를 이용하여 작업을 해 주시기 바랍니다".

- 만다라의 색은 원형 속을 채워 넣거나 원의 중심 혹은 가장자리에서부터 시작한다.
- 만다라의 방위를 결정한다. 적절한 방위가 결정되면 만다라 위쪽 꼭대기에 't'자 표시를 한다.
- 만다라를 실시한 년도, 월, 일 날짜를 기록한다.
- 만다라에 나타난 색상, 숫자, 형태의 목록을 만든다.
- 만다라 중심 주제와 연상된 만다라의 제목을 사용하여 몇 개의 문장을 만들어 본다.
- 완성된 만다라의 상징과 해석을 체크해 본다.

3. 만다라의 치료적 효과

우리의 역동적인 정신의 중심인 자기가 차지하고 있는 부분은 우리가 알 수 없는 무의식의 부분이다. 만다라를 그림으로써 우리는 무의식의 언어에 귀를 기울이게 되고 자기와의 관계를 귀중하게 생각하게 되며 그것을 육성시켜 나감으로써 우리 무의식에서 오는 원형적인 에너지를 수용하여 구조화하고 의식성에 동화시키는 합일을 할 수 있다.

만다라는 자신이 누구인지를 보여주는 개인적인 상징으로 자신의 무의식 속에 잠자고 있는 내면세계의 갈등을 만다라를 통하여 상징적으로 표현하는 것이 갈등을 바깥세계로 투사하여 객관화시킨다고 할 수 있다. 그러므로 일원상의 그림을 그리는데 행위 자체가 화합의 느낌을 가져다줄 수도 있다는 점에서 치료적이다.

만다라의 탄생이 내면의 충동을 명상적인 것으로 바꾸고 조용하게 정신을 집중하게 함으로써 나아갈 길을 보게 한다는 점에서 만다라는 치유를 가능하게 하는 도구가 된다. 만다라를 그리는 활동을 통하여 내담자는 스스로 자아 치료 과정에 참여하여 자기 내면의 잠재 능력에 대한 자신감과 삶의 의미를 찾게 된다. 또한 그리는 사람에게 자기중심을 이루게 해주며 '지금 그리고 여기'의 순간으로 끌어내어 주기 때문에 정신적, 심리적인 성장을 돕는다.

- 정신과 육체가 건강해진다.
- 고요하고 침착해진다.
- 자신의 중심을 발견하고 자신의 힘을 얻는다.
- 주변의 현실을 새롭게 받아들인다.
- 자기 자신과 우주 만물의 모든 생명체와 일체가 되는 것을 체험할 수 있다.
- 자기 자신을 수용하며 자기 소외를 극복한다.
- 자신의 잠재된 창의력을 발견하게 되고 영감과 창의성에 관심을 갖는다.
- 갈등 상황을 더 쉽게 극복한다.
- 자신 안에 있는 새로운 에너지를 발견하며 기쁨을 누릴 수 있다.
- 자신의 에너지를 조정할 수 있으며, 역동적으로 이용할 수 있다.
- 자신이 얻는 창의적 성취감으로 스스로를 존중하게 된다.
- 만다라의 경험으로 타인을 보는 시선이 긍정적으로 바뀐다.
- 만다라 작품을 보면서 자신의 감정을 회상할 수 있고, 색의 에너지를 경험하는 시간을 갖는다.

4. 만다라의 상징

원형 심상을 지향하는 만다라는 그림으로서 다소 추상적인 형태를 취할 수밖에 없어 '마법의 원'으로서 심리적인 중심을 강렬하게 표상한다고 한다. 그러므로 이 자아와 무의식 사이의 균형을 회복하려는 심리적 총화(Psychic Totality)인 만다라는 자기 인식의 표상이라고 볼 수 있다.

융은 만다라를 내면적인 이미지로서 외부의 영향도 모델도 없이 무의식에서 자발적으로 떠오르는 자동성을 가진 정신요소이며 인간의 무의식이 만들어 낸 수 많은 상징 가운데 의식의 가장 심오한 통찰과 영혼의 고상한 직관의 표현이 가능한, 원형적인 자기의 모습을 나타내는 가장 좋은 상징이라고 주장하였다(Jung, 2002). 즉 만다라에 나타난 상징은 개인의 정신적, 영적 내면 상태를 시사해 준다.

원으로 표시한 12개의 동물 자리, 원으로 표현한 사계절, 태양과 달과 별의 원형적 운행, 그리스 크레타의 미로(迷路), 멕시코의 원형 태양석인 아즈텍 달력, 인도 아잔타 석굴 사원의 천장 벽화, 스톤헨지나 동굴벽화의 그림 등이 대표적 만다라 상징 형상이다(정여주, 2009). 이렇게 만다라는 인간의 삶 속에서 자신의 위치를 파악하게 하고, 영성적인 추구의 방법으로 적용되어 왔으며, 개인의 정신을 집중하게 함으로써 내면의 질서를 생성시키고 내면의 자기에게 의미를 부여해 왔음을 알 수 있다. 이와 같은 내용은 만다라 상징이 보편적 심리적 속성을 내포함을 증명하며, 상징해석의 필요성 및 중요성을 시사한다

Riedel(1985)에 의하면 원은 출발하였던 지점으로 항상 되돌아가기 때문에 자체로서 완결성을 이루며, 에워싸는 형상으로 보호와 방어를 상징한다(Riedel, 1985). 또한 미술치료 과정에서 환자의 그림이 명료화되고 집중력이 증가하는 것이 효과적으로 이루어지는 것을 발견할 수 있다고 하였다. 이로써 미술치료로서의 만다라를 볼 때 상징적 의미를 지닌 만다라의 치유적인 힘은 사회적 구성에 따른 부조화적 삶과 발전해 가는 문명 앞에서 역으로 생기는 스트레스와 병리적 사고를 지니게 되는 우리 인간의 모습을 균형과 조화를 이룰 수 있는 또 하나의 정신세계의 표현으로 볼 수 있다. 만다라를 미술치료에 적용하는 중요한 목적은 환자가 만다라를 통하여 분열된 자신을 통합하고 삶의 본질, 자신의 중심에 이르게 생활을 영위할 수 있게 하는 것이다.

멕시코의 원형 태양석인 아즈텍 달력
출처:http://imagesearch.naver.com/

아잔타 석굴사원 천장 벽화
출처:http://imagesearch.naver.com/

1) 만다라의 기본구조

- 원 – 운동, 완전성, 신의 상징, 초월, 완벽성, 무한, 자기 체험, 영원성
- 중앙에 중심이 있는 원 – 원이 무(無), 공(空), 존재하지 않는 것을 나타내는 반

면, 중심점은 신적인 본질이나 자기를 상징

- 수평선 – 지상 세계와 지하세계의 분리, 인류의 근원적 모성에너지
- 수직선 – 속세와 신성의 결합, 모든 것을 관통하는 에너지
- 십자형 – 대립의 결합, 무의식과 의식화, 생과 사, 고통, 자신의 어두운 면과 숨겨진 면을 인식, 본능을 극복, 삶의 어려움, 새로운 자기중심을 형성
- 갈고리 모양의 십자형 · 만자형– 우주와 에너지의 운동, 전체성, 완벽성
- 오른쪽 방향의 십자형 – 불행
- 왼쪽 방향의 십자형 – 행복
- 나선형 – 변화와 역동, 생명력, 치유의 에너지, 전체성 추구, 의식을 구성하고 고려하는 능력, 새로운 방향 전환과 변환, 심층 심리적 면에서 신적 창의성, 에너지 성장
- 역삼각형(꼭지점이 아래로 향한 삼각형) – 물, 무의식, 여성, 잠재력, 음(陰)
- 피라미드형 삼각형(꼭지점이 위로 향한 삼각형) – 불, 리비도, 생명력, 변화, 남성, 창의성, 양(陽)
- 정삼각형으로의 변화 – 상실로 인한 삶과 죽음과 재생의 주제를 다룸, 새로움, 창의성의 분출, 자아의식, 무의식의 내용이 위로 향함
- 중심을 향하는 삼각형 – 자신에 대한 내면적 공격
- 사각형 – 안정성, 조화와 균형, 판단력, 인간적 완벽성, 정신에서 물질로의 변화, 합리적사고
- 원안의 정사각형 – 땅(사각형)과 하늘(원)의 결합, 무게 중심에서의 대립, 에너지를 가진 충만함, 정화
- 육각형별 – 대립의 통일, 중요한 작업을 완결함, 조화, 만족
- 공기 – 하늘의 신 (제우스), 남성적 원리, 정신, 호흡, 바람, 운동성, 양(陽), 활동성
- 구름 – 비옥함, 비를 부름, 중요한 본질적인 것의 은폐
- 안개구름 – 인간세계와 사자(死者)의 세계 사이에 있는 신비한 영역
- 계란 – 생명 에너지, 다산(多産), 새로운 삶, 부활
- 꽃 – 봄, 아름다움, 덧없음, 영혼, 자궁, 영원한 생의 부활, 사랑, 죽은 사람에 대한 작별선물, 영혼의 원형적 모사(模寫), 개인적 발전의 가속화
- 나무 – 자기 개혁적 삶, 의식화의 초개인적 영역, 성장, 모성, 개성, 뿌리박기, 다양한 현실영역 사이의 연결, 무의식, 땅과 하늘의 연결, 성장욕구, 삶, 발전, 성

숙, 제단, 죽음과 부활

- 나비 – 끊임없는 영적 자기 개혁, 죽음과 부활, 영적인 힘
- 날개 – 자유, 승리, 운동, 바람, 생각, 초자연적 존재(신, 천사 등) 태양신, 태양, 요정, 선녀, 정령, 악마
- 남근 – 남성의 생식 상징, 능력, 창의적 힘, 집요한 원리
- 눈 – 형안(炯眼), 전지전능한 신의 눈 빛, 자아
- 많은 눈 – 무의식이 보는 것을 경고
- 한 개의 눈 – 자아 상징
- 달 – 달의 순환 주기와 여성의 생리주기, 여성의 인생 삼 주기(소녀, 어머니, 노년) 직관, 내적 지혜
- 닻 – 바다의 신을 상징, 정지, 안전, 신뢰, 희망
- 거미줄 – 여성성, 태아와 아동기의 상태와 기억, 새로운 시작, 끝없는 자기 변화(정여주, 2001).

2) 만다라의 색 상징

1) 빨강

(1) **긍정적인 측면** : 사랑, 감각, 열정, 자기 신뢰, 힘, 지구력, 삶의 기쁨, 즉흥적, 획득, 감사, 생의 욕구, 강한 의지, 정직, 자립심, 생명력, 용서, 인간적, 외향적.

(2) **부정적 측면** : 본능, 분노, 미움, 자기연민, 자기만족, 급한 성격, 무례한, 지배적, 오만한, 격렬한, 잔인한.

(3) 만다라에 빨강이 너무 많으면 심리적, 정신적 상태를 점검해보아야 하고, 반대로 빨강이 너무 적으면 심한 수동성과 자기주장을 위한 의지력 결핍으로 볼 수 있다.

2) 주황

(1) **긍정적 측면** : 에너지, 낙천주의, 새의 욕구, 생명력, 활동성, 용기, 강함, 개방성,

젊음의 활력, 건강, 자기 신뢰, 친절, 순수한, 진심, 기쁨, 열정, 자기 확신, 독립적, 건설적, 사교적, 섬세함, 섬세함, 음식을 좋아하는, 넘치는 에너지, 스포티한.

(2) **부정적 측면** : 권세욕, 자기과시, 경망함, 다른 사람들로 하여금문제를 해결하도록 하는 성향, 병적 거식증(혹은 폭식증), 알코올 오용, 거만한.

(3) 만다라에 나타나는 주황색은 긍정적 측면과 부정적 측면을 동시에 나타낼 수 있다. 다시 말해서 자의식과 자기 회의를 동시에 표현하는 양면성을 지니고 있다. 방심과 부주의한 성향이나 에너지가 넘치는 목적지향성과 공명심을 나타낼 수 있다.

3) 노랑

(1) **긍정적 측면** : 빛, 태양, 기쁨, 자유, 발전, 지성, 지혜, 사교성, 환상, 자유에 대한 욕구, 정신적 역동성, 높은 정신력, 직관, 조화로운 중심, 명쾌한 사고, 넓은 시야, 훌륭한 유머감각, 명랑함, 깨달음, 낙관적, 확신에 찬, 자신 있는, 행복한.

(2) **부정적 측면** : 질투, 자기, 자기 과대평가, 협소함에 대한 불안, 피상작, 염세적, 회의적, 아첨을 잘하는, 교활한, 소심한, 비겁한.

※ 만다라에 그려진 노랑은 아주 다양하게 해석될 수 있다.

(3) **사람이 그려진 만다라에 노란색의 경우** : 자신의 삶을 새롭게 만들며, 자신의 힘으로 자기의 인생을 결정한다는 의지, 새로운 방향 설정, 새로운 것으로서의 탐색, 발전에 대한 욕구.

(4) **노랑이 만다라에 항상 우세하게 나타나는 경우** : 갈등을 극복하는 시기, 내면화된 아버지의 영향으로부터 자유로워짐

(5) **강렬한 노란색에 음양의 대비가 강한 만다라의 경우** : 의식과 무의식의 싸움을 나타낼 수도 있으며 건강한 자존감, 새로운 것에 대한 개방성, 개인적 발전이 보이는 균형적인 인성을 나타낸다.

4) 녹색

(1) **긍정적 측면** : 균형, 성장, 희망, 저항력, 생명, 자연, 의지, 치유, 완쾌, 새로운 시

작, 일체성, 건강, 건전함, 목적달성, 강인성, 지구력, 명성, 조화로운, 어린이와 동물을 사랑하는, 이해심이 있는, 자제력, 적응력이 있는, 동정심, 관대한, 겸손한.

(2) **부정적 측면** : 거짓, 욕심, 권력, 판별력 부족, 돈 문제에 부정직한, 소유욕, 질투심이 많은, 분별력이 없는, 무모한, 인색한, 잔인한, 무자비한.

※ 만다라에서 녹색은 다양한 것을 표현하고, 보호해 주고 보살펴 주는 강한 능력, 자연과의 밀접한 관계 또는 치유의 힘과 창의적 힘을 드러낸다.

※ 녹색(파랑과노랑이 고르게 섞인 색); 긍정적이고 조화로운 자기발전

※ 전나무색 ; 안정된 자신감과 자존감의 표현

※ 검은 전나무색 ; 죽음, 위험, 부패의 위협을 경고

※ 황녹색; 독, 고름을 의미하며 전이적 의미로서 자제력이 없는 열정과 욕심

5) 파랑

(1) **긍정적 측면** : 고요, 평화, 이완, 안전, 충실, 성실, 섬세한 감각, 원만함, 온유함, 세련된, 침착한, 순진한, 소박한, 다정한, 감격시키는, 창의력이 풍부한.

(2) **부정적 측면** : 권태, 무력, 공허함, 야망을 품고 있는, 불성실한, 의심이 많은, 거드름을 피우는, 정서적으로 불안정한, 냉담한, 만다라에서 파랑은 어머니라는 주제와 연관된다.

※ 밝은 파랑은 사랑과 보살핌이 긍정적으로 반영되며 어두운 톤의 파랑은 지배적이고 주도적인 어머니 상을 의미한다. 만다라에서 파랑을 많이 적용하는 것은 마음의 슬픔, 상실, 혼란 등이 있을 수 있다. 또한, 현재의 상처를 딛고 이겨내며 앞으로 나아갈 수 있는 지혜와 자기 발전의 성숙 과정을 나타낼 수 있다.

6) 남색

(1) **긍정적 측면** : 신뢰, 현실적 이상주의, 꿈이 있는, 직관력이 있는, 제 3의 눈 심안을 가진, 두려움이 없는, 의무를 충실히 수행하는, 환경에 매우 적극적인.

(2) **부정적 측면** : 겁을 내는, 편협한, 아량이 없는, 비판적, 어두운 면만을 보는, 우울한.

※ 남색이 많은 만다라는 어머니와의 부정적 관계와 관련된 불안과 갈등을 나타

내며 내면의 어두움, 무의식, 죽음에 대한 은유적 색채를 나타낸다.

7) 보라

⑴ **긍정적 측면** : 신비주의, 신비한 힘, 영성, 초자아, 변화, 영감, 정서 존중, 대립의 극복, 개별성, 강한정서, 창의성, 상상력, 정신력, 영적 지도자, 자기희생, 순수한 이상주의자, 친절한, 공평한, 인도주의.

⑵ **부정적 측면** : 우울증, 고통, 단식, 포기, 전향, 노이로제 경향, 내적 긴장, 오만한, 거드름을 피우는, 속물적인, 불성실한, 광신적, 해로운 마술에 관심이 있는.

※ 만다라의 보라색은 강한 정서와 상승하는 창의력과 생산적인 환타지를 나타낼 수 있다. 만다라의 보색이 우세하면 내적으로 긴장하고 있으며, 특히 성 역할과 사회적 위치에서 갖게 되는 긴장과 관계가 깊다.

8) 분홍

⑴ **긍정적 측면** : 즐길 수 있는 능력, 낭만, 애정, 자제력, 헌신, 자기망각, 부드러움, 겸양, 소녀나 젊은 여성, 여성성.

⑵ **부정적 측면** : 보호 욕구, 억제, 경쟁심 상실, 센티멘탈, 허약한.

※ 만다라에 분홍을 사용하는 것은 매우 섬세한 감정과 강한 보호 욕구를 나타낸다. 적대적인 주변환경의 공격에 대한 불안 충동을 나타낼 수 있기 때문에 만다라의 분홍색은 병을 감추고 있거나 스트레스를 받는 신경 증세를 의미할 수 있다.

9) 갈색

⑴ **긍정적 측면** : 어머니인 대지와 관련, 비옥함, 보호, 양육, 영양분을 주는 역할과 과제, 고난의 시기를 극복, 검소, 퇴비.

⑵ **부정적 측면** : 가난, 대변, 죄인, 억압, 통제.

※ 만다라에 갈색이 우세하면 자신감 부족이나 보호와 안정에 대한 욕구로 추측

할 수 있다. 다른 한편으로는 대지와의 결속, 모성, 비옥함, 다산, 힘든 인생 여정의 종말을 상징할 수 있다.

10) 터키색

(1) **긍정적 측면** : 사교성, 우정, 의사소통 능력, 독창성, 우아, 매력, 자아의식, 유머감각, 자기 치유 역할.

(2) **부정적 측면** : 자기중심, 고집, 인정받고자 하는 능력.

※ 만다라에 나타나는 터키색은 남모르는 심각한 위기를 겪고 있을 때 부닥치는 문제를 극복하기 위한 수단으로 사용되며 터키색은 상처와 아픔에 대한 의식화를 두려워하는 위기의 과정에서 자기 치유의 역할을 한다.

11) 흰색

(1) **긍정적 측면** : 빛, 순결, 완전성, 덕, 구원, 고결함, 명료함, 천진, 공평성, 신뢰성, 사업수완, 정직성, 진실함, 여성성, 영적 풍요로움, 지혜.

(2) **부정적 측면** : 소멸, 냉담, 완전주의, 추상적 경향, 차가움, 심리적 압박감, 감추어진 감정과 정열, 화.

※ 흰색은 자주 은색으로 사용되기도 한다. 만다라에 흰색이 우세하면 심오한 영적 풍요를 나타내며 다른 면으로는 강한 심리적 압박을 증명한다. 다시 말해서 흰색은 내적인 명료성, 영성과 민감성으로서의 새로운 단계에 이르렀으며 동시에 마음 깊숙이 감추고 있는 감정과 열정을 나타낸다.

12) 검정

(1) **긍정적 측면** : 정복 불능, 개혁, 복구, 가치, 희귀.

(2) **부정적 측면** : 권태, 강요, 압박, 희망 상실, 고독, 죽음, 파괴, 정체상태, 죄, 슬픔, 상실, 공포, 위협, 희미함, 우울증.

※ 만다라에서 검은색은 죽음과 상실과 슬픔과 대결을 하는 것이라고 할 수 있

다. 그것은 우울함과 무의식을 강하게 다루고 있거나 자신 안에 있는 부정적인 인성을 통합하고자 하는 상태를 암시할 수 있다. 검은색으로 다른 색을 강조하거나 상대화 할 수 있다.

3) 만다라의 숫자 상징

- 0(영) – 비어있는 원, 무(無), 영원, 완전한 형태, 모든 것의 결핍, 허무, 불분명함.
- 1(하나) – 사람이 바로 서 있는 모습, 시작, 근원, 유일성, 일치와 통일성, 신과 개별성, 내부의 모든 힘을 품고 있는 중심, 통합.
- 2(둘) – 쌍둥이, 반대, 파트너, 분열, 대립, 구별, 분화, 이원론, 개인의 이중성.
- 3(셋) – 운동, 활력, 추진력, 비약, 완성, 무의식으로 변형하는 운동.
- 4(넷) – 완벽함, 완결, 고요, 대립의 통일, 합리화, 에너지, 조화와 질서.
- 5(다섯) – 일체성, 중앙, 사랑, 음양의 조화로운 결합, 완전성 추구.
- 6(여섯) – 여성,남성, 일체성과 관철, 대립의 통일, 창의성, 완전성, 창의적 과정의 완성, 만족, 성취, 자부심.
- 7(일곱) – 하늘과 땅, 인격수양의 길, 삶의 마지막, 성스러운 전통과 일치, 내적 활동, 변화, 신비.
- 8(여덟) – 우주 질서와 균형, 행운, 조화, 완성된 질서와 대칭, 영원성, 정신적 완전성의 길, 영원한 변화, 재생.
- 9(아홉) – 창조 정신, 하늘, 인간존재의 수수께끼, 긍정적 정신에너지 소유, 합(合), 진실, 가능성, 통일체 추구.
- 10(열) – 폐곡선, 일체와 전체성, 완전성과 신의 원리, 덕과 윤리, 부부, 현실적 삶의 인수, 수학.
- 11(열하나) – 갈등, 죄, 카오스, 경과, 경계 지점, 균형의 어려움, 죽음과 재생.
- 12(열둘) – 일체와 전체성, 행운, 완전성, 구제, 자연 질서, 종결, 영원한 발전의 순환, 우주 질서.
- 13(열셋) – 사기와 기만, 불행한 종말, 거짓, 새로운 시작, 양가감정, 이중가치(二重價値).

5. 일원상의 만다라

우리는 지구와 태양, 천체의 주기적인 회전체계 안에서 사계절의 주기를 가지고 살아가고 있다. 자연적인 주기 속에서 사는 인간 내면의 삶 역시 주기적인 성향을 띄며 질서 있는 패턴을 가지고 있다. 개성화 과정을 보여주는 만다라 역시 주기적인 패턴을 지니고 있다.

융(jung)은 환자들의 그림을 관찰하고 형태패턴 목록을 만들었으며, 이를 통해 개성화 과정이 활성화되고 있음을 주장하였고, 켈로그(Kellogg)는 몇 천 개의 만다라를 분석하여 열두 개의 특정한 패턴을 발견하고 이러한 만다라의 패턴이 한 번으로 끝나는 것이 아니라 여러 번에 걸쳐 반복되는 것을 발견하고, 이러한 만다라의 주기적 특성을 '대주기(GREAT ROUND)'라 표현하였다(김혜균, 2010). Fincher(1991)도 만다라 그림을 그리며, 스스로 치유를 체험한 후, 만다라를 보다 깊이 이해하기 위해 임상현장을 통해 접하게 된 수천 개의 만다라에 나타난 상징을 연구하였으며 융의 관점에 따라 인간의 개성화 과정을전체 인생주기에서 자아(ego)와 자기(Self)가 자연적 리듬에 따라 역동적 관계로 친밀과 분리가 이루어지며, 만다라가 자아와 자기의 역동적 관계를 반영하는 패턴을 가진다고 보았다(Fincher, 1991).

따라서, 자아구조가 일시적으로 차단당했을 때 만다라를 그려 만다라에 나타나는 패턴을 확인하면 우리의 자아와 자기의 관계에서 나타나는 지위를 아는데 도움이 된다고 보아, 특정한 심리적인 발달과정에 해당하는 변화를 구체적으로 제시하면서, 만다라의 상징을 통한 평가를 시도하였다(Fincher, 1998).

만다라의 원형적 12단계 및 단계별 자세한 의미는 디음과 같다.

〈만다라의 단계별 의미〉

단계		의미
[1단계] 공백 (Void)	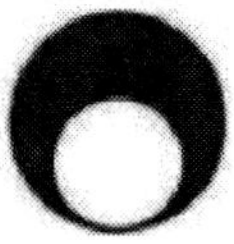	탄생 이전, 즉 현실이라는 대극으로 나누어지기 이전 경험으로 회귀하게 하는 공백의 단계이다. 완전히 어둡거나 검은색 또는 흰색으로 남겨져 있는 경우가 많다.
[2단계] 낙원 (Bliss)	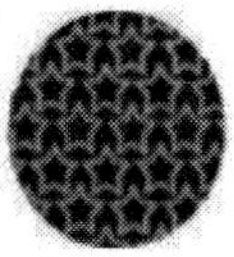	자궁 내의 경험에 해당하는 단계로 수동적인 쾌락을 추구하는 동시에 무한한 가능성을 가진 단계이다. 하늘에 별이 흩어져 있는 듯하며, 여러 개의 작고 비슷한 형태들로 채워져 있는 경우가 많다.

[3단계] 미로 (Labyrinth)		출생과정에서 자궁 속의 태반이 연결된 탯줄에 비유할 수 있으며, 삶을 시작하는 움직임이 나타나는 단계이다. 의식성은 깨어 있고 직관적이며 초점이 맞추어져 있다. 주로 미로 또는 나선향의 형태로 나타난다.
[4단계] 시작 (Beginnings)		많은 가능성 중 하나를 선택하여 그것을 육성시킨다는 점에서 시작이라 부르는 단계이다. 점, 원, 태아 혹은 위로 향한 삼각형 등이 중심에 그려져 있는 특성이 있다.
[5단계] 과녁 (Target)		4단계에서 벗어나 과격한 변화가 일어난 단계이다. 과녁의 형태로 나타나며, 주로 밝은 색조를 띠는 동심원들리 중심에서 박을 뻗어 나가는 모습을 하고 있다.
[6단계] 용과의 투쟁 (Dragon fight)		용의 투쟁이라는 갈등의 단계로 나타난다. 에너지, 열정, 변화로 가득 찬 자그적인 시기이며, 흔히 두 쪽으로 나누어진 형태를 보이며 원의 중심에 중심적인 형태가 나타난다.
[7단계] 원 속의 사각형 (Squaring the Circle)	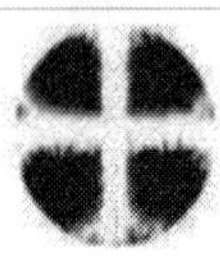	일원상의 중추(pivotal) 지점으로, 전면적인 자아가 성립되는 단계이다. 자율적이 되려는 강한 느낌이 있으며, 이 단계의 만다라에서는 숫자 넷, 십자가, 별, 네개의 꽃잎을 가진 꽃 등을 쉽게 찾을 수 있다.
[8단계] 기능하는 자아 (Functioning Ego)		현실을 확실히 인지하고 효과적으로 기능하는 시기로, 자아 정체감을 찾아가는 과정의 마감 단계이다. 다섯개의 꼭짓점을 지닌 별이나 다섯 개의 꽃잎을 가진 꽃들이 나타난다.
[9단계] 투명화 (Crystalization)		창조적인 작업이 완료됨을 반영한 단계이다. 성취감, 만족감이 정점에 이르는 동시에 하강을 고려해야 하는 시기로, 사고와 느낌 차원이 색상이 조화를 이루는 상태로 나타날 수 있다.
[10단계] 죽음의 문 (Gates of Death)		우리의 삶과 성취해왔던 많은 것들이 붕괴가 시작되고 있음을 나타내는 단계이다. 어떤 주기의 마감을 나타내는 시기로, 십자가 혹은 네 개로 분활된 면으로 디자인 된 형태가 주로 나타난다.
[11단계] 분열 (Fragmentation)		삶의 의미를 상실하고 혼동을 느끼게 되는 단계이다. 이 단계의 만다라는 쪼개진 둥근 파이의 각 조각에 서로 다른 색상이 있는 디자인이 많으며, 해체된 형태를 나타내는 경우가 있다.
[12단계] 무아지경 (Transcendental Ecstasy)		분열된 자아가 새롭게 낙원으로 되돌아가는 것을 나타내는 시기로, 즐거움과 조화로움을 경험하게 된다. 빛의 분수를 연상시키는 디자인, 하늘을 향해 날아오르는 새 등의 중심적 상징이 있는 경우가 많다.

* 출처 : Fincher, Susanne F.(1991). cREATING mANDALAS. bOSTON. 김진숙 역(2004) 만다라를 통한 미술치료. 서울 : 학지사. 230-254에서 인용하여 정리함

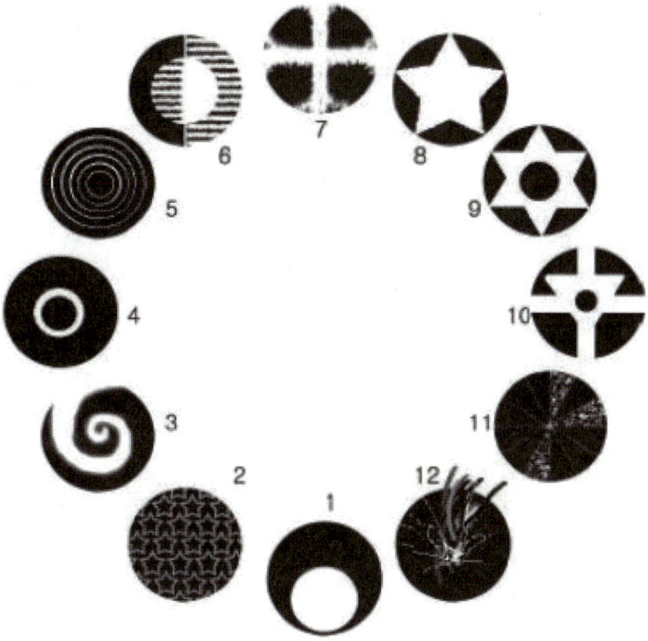

〈일원상의 만다라 대주기〉

* 출처 : Fincher, Susanne F.(1991). cREATING mANDALAS. bOSTON. 김진숙 역(2004) 만다라를 통한 미술치료. 서울 : 학지사

6. 만다라의 사례

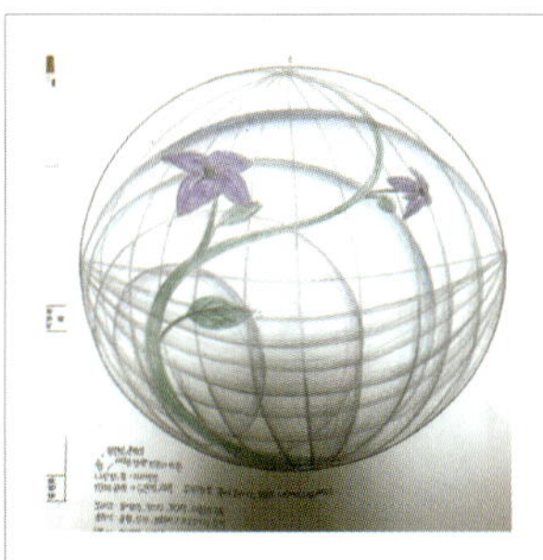
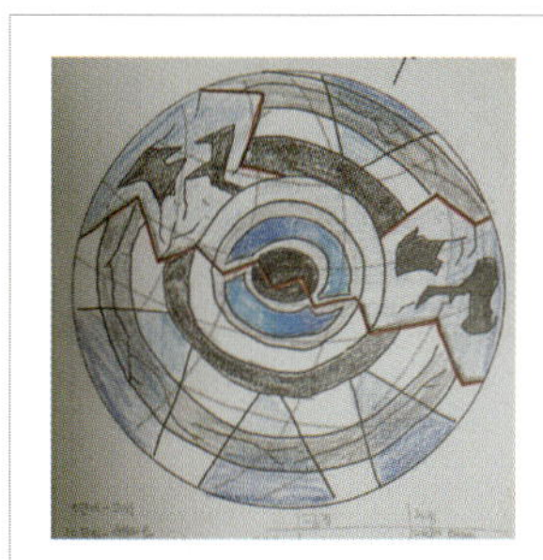

<table>
<tr><th colspan="2">프로그램 특성</th><th colspan="2">진행방법</th></tr>
<tr><td>초 기</td><td>자신의 내면적 감정을 자유로이 표현할 수 있도록 호흡을 한 후 명상음악을 들으며 무의식을 이끌어 낼 수 있도록 형식 없이 자유롭게 만다라 드로잉을 시작한다.</td><td rowspan="3">1. 편안한 자세 취하기
2. 호흡에 집중하여 명상하기
3. 자신만의 만다라를 그리고 채워가기
4. 완성된 만다라에 제목 붙이기
5. 떠오는 명상과 만다라 작업에 대한 대화를 통해 치료자가 적절한 피드백을 줌으로써 내담자의 통찰을 돕는다.</td><td>본인사례
</td></tr>
<tr><td>중 기</td><td>그리기와 만다라를 완성해야 한다는 부담감을 느끼지 않으면서 주어진 색채 재료들을 활용하여 자신의 현재의 느낌과 무의식의 이미지에 접근해가면서 만다라를 그려가도록 한다.</td><td rowspan="2">A내담자
</td></tr>
<tr><td>말 기</td><td>중반 이후의 작업 상태를 느끼면서 채워짐의 만족도가 상승된다. 무의식을 의식화 하면서 다양한 색상을 활용하면서 자신이 만들어간 만다라의 문양을 완성할 수 있다.</td></tr>
</table>

※ 만다라 문양의 실제

만다라를 그리기 위하여 만다라의 견본 문양을 즉흥적으로 선택했을 때, 그 만다라의 형태는 색과 마찬가지로 선택한 사람의 정신적, 영적인 상태를 표현한 것이라고 할 수 있다. 만약, 일정기간 동안 계속 어떤 형태를 선호하게 되면, 그것은 반드시 그 사람의 내적 세계를 나타내고 있는 것이다(정여주, 2001).

第18장

미술치료와 상징

제18장

미술치료와 상징

1. 상징의 의미

그리스어 symballein 에서 유래한 symbol은 연결하다, 뒤섞어놓다, 두 개의 반쪽을 맞추다를 의미하며 상징은 인류역사와 함께 시작되어 인간의 창의성, 영성, 신성의 특성을 형이상학적으로 표현하였고, 고대부터 표상, 표시의 의미로 연결되는 상징은 종교, 예술, 신화, 철학, 심리학, 민속학, 인류학, 물리학, 수학 등 다양한 영역에 적용되었다(정여주, 2019).

상징은 사회집단에서 약속하는 말로는 설명하기 힘든 추상적인 사물, 개념 따위를 구체적인 사물로 나타내는 일 또는 그 대상물을 뜻한다(민중에센스 국어사전, 1992).

미술은 상징언어의 대표적인 예술이며 미술역사는 바로 인류에게 의미있는 상징의 기록이다(Fontana, 2001). 문자보다 먼저 존재한 미술은 바로 인류역사와 문화의 흔적을 가르치며 그 시대를 이해할 수 있게 된다.

또한 그림 언어의 상징성은 시대와 문화를 초월하는 힘을 지니는데, 이는 미술이 인간 최초의 단일 언어이자 공통언어이기 때문이다(Riedel, 1988).

미술치료에서 미술의 상징언어를 읽어내는 것은 치료과정에서 아주 중요한 역할을 한다. 프로이트와 융은 내담자의 무의식에서 표출되는 꿈미나 백일몽, 그림의 상징을 깊이 다룬다. 특히 융학파는 그림 상징연구에서 그림은 인간의 집단 무의식에서 나온 인간영혼의 커다란 방향표시이며 모든시대의 종교적, 사회문화적 인식과 가치의 상징이 될 수 있다고 본다(Riedel, 1988). 따라서 미술치료에서 그림의 다양한 요소를 일반적인 상징에 맞추어 일률적으로 경직되게 해석하는 것은 치료에 위험한 요인이 될 수 있다. 그러므로 그림 해석시 상징적 의미는 신중하게 접근해야 할 필요성이 있다.

이와같이 그림을 위한 상징언어는 회화를 구성하는 기본인 선, 형태, 공간, 색의 내용으로 표현되는데, 미술치료의 상징을 이해하기 위해서는 선의 상징, 숫자의 상징, 공간 상징, 색의 상징, 형태의 상징에 대해 알아야 하며 상징의 의미를 치료과정에 적절히 연결할 수 있어야 한다.

2. 선의 상징

선은 한 점의 연속적 연결로 나타나는 것이며, 문자와 그림의 기본 요소로서 이미 원시시대의 동굴벽화에서도 다양한 표현방식으로 사용되었다. 선은 색채와 형태와 더불어 회화의 기본을 이루고 있다. 특히 동양화에서 선은 광범위한 표현 가능성을 가진 영역으로 화가나 서예가의 예술성과 정신을 나타내는 중요한 위치를 차지하고 있다. 동양에서는 필체에 따라 인성과 성품을 판단하기도 하며 선의 사용에 따라 예술작품의 경향과 예술성의 가치를 가늠하고 서양에서도 회회와 기초로 받아들인다(정여주, 2003). 따라서 선은 그린 사람의 정서를 파악하는 중요한 도구가 된다.

1) 선 형태의 상징성

선이 나타내는 운동성, 목적과 방향성, 활기와 허약함, 자극성과 역동성 등은바로 선을 그리는 사람의 심리적 상태, 나아가 신체적 상태까지를 표현할 수 있다. 또한 리델은 선들의 조합은 현실성과 동등한 가치를 지닌 형태이며, 인간이 세상에 가지는 방향감각과 동등한 의미를 지니는 표현 수단으로서 환면에 나타나는 선들은 인간의 신체 구조, 대지에서의 인간의 위치, 운동성과 관련이 있다고 본다(Riedel, 1988). 이러한 의미에서 선은 미술치료에 있어서 그림의 의미를 읽는 중요한 도구가 된다.

- 대각선 : 에너지가 넘치는 표현, 상승 혹은 추락, 패배 혹은 승리, 역동성
- 수직선 : 바로 서 있는 것, 조용한 침착성, 현세와 신성의 결합

- 수평선 : 고요, 편안함, 현세적, 모성적 에너지, 땅과 하늘의 분리
- 물결선 : 상 · 하의 운동
- 원, 반원 : 고요, 보호, 수용, 이해, 영원성, 완벽성, 초월, 자기 체험, 운동성

여기서 반원, 활 모양 선은 원의 일부로서 모성적- 포용하는 공간의 의미도 포함한다. 소외와 불안전한 상태를 겪고 있는 사람은 반원의 지붕 아래에서는 안전감과 감싸주는 어떤 힘을 느낄 수 있다. 바흐만은 아동들이 유치원이나 학교에 새롭게 적응해야 하는 기간에 원이나 반원, 활모양의 내용이 있는 그림들(무지개도 포함)을 자주 그리는 것은, 부모 특히 어머니와의 분리를 강하게 느껴 어머니의 품 안에 있고 싶은 욕구를 무의식적으로 표현한 것으로 해석한다(Bachmann, 1993).

2) 선의 심리적 특성

선의 형태 외에도 풀버와 하르테게(Hartege)는 선의 특징을 통하여 그런 사람에 대한 심리적 해석을 다음과 같이 요약하고 있다. 그들은 여기에서 선을 분석하기 위해서는, 피분석자에게 연필을 사용할 수 있는 기회를 준다(Koch, 1997; Riedel, 1988).

- 민첩하고, 균열이 없는 선 : 건강한 자신감, 안정감
- 탄력 있는 선 : 활기찬 생동감
- 필압이 강한 선 : 모든 제동을 가진 창의적 힘, 내면에 영향을 미치는, 강렬한, 독창적
- 묵직한 선 : 무거움, 중요함
- 활발한 운동이 있는 묵직한 선 : 실제보다 더 힘 있게 보이고 싶은 욕구, 과장하는, 자신과 다른 사람에게 인상적으로 보이고 싶어 하는, 인상적 외모에 대한 욕구
- 힘이 있고 짙은 선 : 암시적 효력을 지닌
- 또렷하고 명확한 선 : 자제력과 사고력
- 연하고 모호한 선 : 감각, 감성
- 물결선 : 감각적 민감성
- 털이 많은, 실 모양의 선 : 민감성, 신경과민

- 거친 선 : 생명력 있는 거침
- 너덜너덜한 선 : 과민한, 원기와 생기는 없으나 질긴
- 약한 선 : 허약함
- 엉키고 헝클어진 선 : 절제되지 않은 강한 본능, 격양하고 흥분되는
- 느슨한 선 : 긴장감 결여, (근육) 긴장 결여, 신경쇠약, 허약, 예민하고 신경이 약한, 기분의 저하
- 민첩하지 않은 선(떨리는, 불규칙적, 틈이 있는) : 신경 장애, 혈액 순환장애
- 경직된 선 : 긴장, 예민성, 자제, 규율
- 뻣뻣한, 휘지 않는 선 : 망설임, 억제, 모순, 불일치, 다루기 힘든
- 너무 뻗쳐 있는 성 : 심한 정신적 긴장 상태
- 격렬한 선 : 난폭성
- 건조한 선 : 건조한, 억제하는, 조심스러워하는 성질
- 부드러운 선 : 감각적, 본능적
- 가는 선 : 의지박약, 자주 힘이 없는, 활동성, 자기 의견을 주장하는
- 넓은 선 : 접촉을 쉽게 하는
- 필압이 있는 넓은 선 : 본능이 강한, 의지력
- 활주하는, 유동적인 선 : 정신적 유동성, 빠른 이해의, 적응력
- 그림을 그리는 듯하고 재료를 즐기는 듯한 선 : 자신의 삶을 향유 하는, 힘든 것보다 즐기는 성향이 많음
- 막힘이 있는 선 : 본능억제가 강한
- 찌르는, 구멍을 내는 선 : 지나치게 골똘히 생각하는 성격, 무자비, 몰인정, 강인함
- 파 뒤집는 선 : 부정적 인식을 하는 성격, 공격적 집요성, 불평불만
- 상처가 난, 감겨 뻗어가는 선 : 정신적 불균형, 불안정, 적응력, 요령을 부림
- 끊어지거나 여러 번 그은 선 : 불안
- 윤곽 없이 문지르는 것 : 무의식에 사로잡혀 있음, 미비한 형태력
- 거침없는 선 : 목적이 분명함, 활기, 때로는 문제를 무시하거나 넘어가는 것을 의미, 예민함의 결여
- 더듬거리는 선 : 강한 예민성, 불확실성, 불안전, 억제, 주저, 민감한 반응
- 유동적으로 흐르는 운동성의 둥글고 개방된 형태 : 그림에 대한 통제와 의식적

구성, 여성적 느낌

* 각이 진 형태나 기하 형태 : 남성적 느낌, 의식을 하고 형성화 하려는 의지에서 나온 그림

3) 선의 강도

연필의 필압은 피검자의 에너지 수준, 긴장 정도, 공격성 및 충동성에 대한 정보를 제공해 줄 수 있다.

① 선이 굵은 경우

선에 힘을 주어 눌러서 그린 경우는 현재 상당한 긴장감과 불안감을 느끼거나, 성격적으로 스트레스 상황에 처하면 쉽게 불안해지고 위축되는 경향, 성격이 단호하고 자기주장이 강하고, 야심이나 포부 수준이 높거나 편집증적인 경향, 공격적이고 공격성이 외현화되는 스타일, 충동적인 경향이 강하다는 것

반사회적 성격장애, 기질적 장애, 뇌염이나 간질환자, 정신지체아도 힘을 주어 진하게 그리는 경우가 많다.

② 선이 얇은 경우

선을 연하고 약하게 그린 경우는 적응을 잘못하고 부적절하게 대처하거나, 자신이 없고, 우유부단하고 소심하며 망설이고, 두려움과 불안정감을 느끼거나, 불안 증상과 관련된 신경증적 상태, 우울증 및 의지를 상실한 상태에 있다는 것 등이다.

특히 불안을 넘어 공포나 두려움과 관련된 신경증, 만성 정신분열증, 긴장성 정신분열증 환자들의 경우에는 선이 아주 얇은 경우가 많다.

③ 선의 굵기가 변할 경우

한 장의 그림 속에서도 강하고 약하게 그리기를 다양하게 사용하는 것이 더 일반적이며 유통성과 적응 능력을 반영할 수 있다고 한다. 반면 시종 진하게 혹은 열게만 그리는 경향은 긴장성 정신분열증, 혹은 정신지체인 경우에 흔하게 나타난다.

4) 획이나 선의 특성

① 획을 길게 그릴 때

행동을 적절히 통제하는 경향 혹은 지나치면 과도하게 억제하는 경향이 있음을 시사할 수 있다. 그림을 그리는 과정에서 단호하게, 별다른 주저함 없이 획을 잘 그렸을 경우 이는 안정감, 완고함, 야심이 있고 포부 수준이 높음을 시사할 수 있다.

② 획을 짧게 그릴 때

지나치게 짧게 툭툭 끊어서 그릴 경우는 충동성이 강하거나 과도하게 흥분을 잘하는 경향성과 관련이 있다는 연구보고가 있다(Alschuler & Hattwick, 1947; Hammer, 1971)

③ 획을 직선으로 그릴 때

자기 주장이 강함, 민첩성, 우유부단하지 않게 의사결정을 잘 내리는 능력, 단호함 등과 관련될 수 있다고 한다. 그러나 지나칠 경우 경직성이나 융통성 부족 혹은 충동적인 경향을 반영할 수도 있다.

④ 획을 곡선으로 그릴 때

부드러움, 의존성, 불안감, 불확실성, 우울감, 수줍음이나 사회 불안적 경향, 우유부단성과 꾸물거림, 여성성, 순종적인 경향성과 관련될 수 있다.

⑤ 수평적인 움직임을 강조하여 그린 경우

때로 선을 그릴 때, 가로나 세로 방향을 좀 더 강조하여 그리는 경우가 있다. 가로 방향, 즉 수평적 방향의 선을 강조하여 그린 경우는 연약함, 두려움, 자아 보호적 경향성 혹은 여자다움과 관련될 수도 있다.

⑥ 수직적 움직임을 강조하여 그린 경우

세로 방향, 즉 수직적 방향의 선을 강조해서 그린 경우는 남성적인 단호함이나 결정력 혹은 과잉 활동성을 시사한다.

⑦ 획을 여러 방향으로 바꾸어 그린 경우

획이 한 방향으로 나가지 않고 여러번 방향을 바꾼 경향이 아주 현저하고 일관되어 보이지 못할 때는 불안정감, 정서적인 동요, 불안감을 시사한다.

⑧ 선을 빽빽하게 그린 경우

선을 빽빽하게 그려 넣어 마치 면을 구성하는 것처럼 그리는 경우가 있는데, 이것이 과도할 경우 내적인 긴장감이 매우 높거나, 공격적인 경향이 있음을 시사한다.

⑨ 선을 지그재그로 그린 경우

내면에 적대감이 있을 가능성을 고려할 수 있다.

3. 숫자 상징

수는 우리의 경험에 의미를 부여하는 기본적인 원형들 중 하나이다. 융은 수가 원형이며 우리가 무의식과 연결되면서 우리는 수의 원형들과 동반되는 신비함을 느끼기 시작한다고 말하고 있다. 수 원형의 의미가 개인의 심리적 · 영적 상태를 이해하는 데 가장 중요하다고 말할 수 있다.

수	원형	상징	색상	원소	분위기	물체	긍정적 측면	부정적 측면
1	통일성		불꽃처럼 번쩍이는 광채, 진홍색, 빨간색	불(창조적인 바람)	여성과 남성	낙원의 느낌을 묘사하는 모래상자	창조성, 안전과 안정감	가로막히고 고착되고 좌절된 느낌; 무기력하고 불안정하고 우울하고 혼돈스런 느낌
2	이원성, 양극화와 분화	> |	주황색	물(정서)	여성	음과 양, 노아의 방주, 거울, 달, 2개의 상징물, 분리의 이미지, 칼, 가위, 도끼와 검과 같은 것들	반추, 반영, 음과 양의 에너지의 균형, 긍정과 부정, 전기와 자기장	압도당한 느낌, 저항과 반응, 분열·갈등·이원성

3	삼위일체, 새로운 통합		노란색	불, 영혼	남성적	삼위일체, 기도하고 있는 손, 과일조각, 삼원색, 나무, 남근상	표현과 창의성, 목표지향적, 활동적인, 혁신적인 측면	실패의 감정, 참을성이 없는, 자기중심적인, 너무 많거나 혹은 너무 적은 내면의 힘, 야망
4	자기실현으로서의 사위일체		파랑–초록	흙(물질적인 신체), 영혼	여성, 모성, 물질적	동정녀 마리아, 사각형의 상자, 보드게임, 십자가	수용적인 느낌, 정렬되며 보편적인 법에 따름, 논리와 감정의 균형, 차별화	안정성 혹은 마무리 동작의 부족, 규범과 구조에 제한된 느낌, 경직성, 과다하게 규율적이거나 구조적으로 됨
5	본질, 자각, 재생		파란색	공기	여성성과 남성성(남녀 양성)	나뭇잎, 나무, 악마, 별, 손, 보안관 배지, 원숭이, 성게, 비너스, 불가사리, 공기가 들어 있는 물건들	의식적으로 다면적인 감각을 사용, 독립과 자유를 획득하기 위한 초기의 적용, 정신의 활용	흩어짐, 너무 많이 하려고 시도함. 감각기능의 손상, 사회규범으로부터의 이탈
6	대극의 합일과 통합		남색, 쪽빛	흙과 공기 (신화; 불과 물)	여성과 남성, 양성 소유자	눈송이, 벌집, 수정 결정판, 항해 조종기, 연인, 결혼식 장면, 심장, 시계, 접착제 혹은 쇠사슬	의무수용, 타인과 공동체에 대한 책임감, 자기수용 및 타인과의 합일, 대극의 통합	이상적인 기준에 의해 자신과 남을 판단함, 기대치와 결과와의 싸움
7	지혜로 가는 입문		자주색(보라색)	물	여성성에 관련된 남성성	무지개, 피라미드, 용, 숲과 사막, 장면, 수은, 아테네	정서적인 위험의 감수, 믿음, 명상적, 개방적, 우동적	괴로운 느낌, 배신당한, 외로운 느낌, 예언된 불화, 분리, 불신
8	4의 행운과 길조의 두배		황갈색, 갈색	흙	이중적인 여성성	연꽃, 육지거북, 거미, 체스게임, 치아, 문어, 팔각형, 악어, 달, 교회, 왕실, 사자, 상어, 지팡이, 장이, 에델바이스 꽃, 장미꽃잎, 빛나는 초	개인적인 삶에서의 균형잡힌 에너지, 물질적인 것뿐만이 아닌 상징적인 의미로 생활함으로써 개인적 현실을 재구성함. 정의, 문제를 다루는 마음과 관련된 지혜, 신뢰, 풍요, 명백함, 세속적, 영향력 있는, 세련된, 정직한	세상에서의 힘에 대한 과장된 견해. 힘과 돈, 성, 지배력 그리고 승인권의 부정적 측면과의 투쟁과 갈등. '자기'인 것처럼 행하는 자아의 남발된 행위. 돈, 권력, 지배 그리고 승인 등의 문제에 몰두함

9	마지막 신성한 수	 기하학적 표상	검정색 (모든 색채를 흡수하는 색)	불	남성과 여성 (남녀 양성)	공작, 화산, 뼈, 뱀, 진주, 은둔자, 무덤 봉우리, 불사조, 흑인 성모 마리아, 여자 노파	지혜, 성실성, 이탈, 겸손, 사라짐, 본보기가 됨, 독립, 연민, 무조건적인 수용	비활동성, 무력증, 폭발적인 감정, 모르는 것과의 투쟁, 애착, 많은 상실감과 고통

4. 색의 상징

색채는 인류에게 신비한 존재이며, 자연을 통하여 체험하게 된 이러한 색에 대한 상징성에 대한 탐구는 수세기를 걸쳐서 다양한 문화와 종교와 민족들 사이에서 이루어지고 있다. 색은 의식적 혹은 무의식적으로 인간의 생활에 영향을 주어서 시대와 장소를 초월하여 정치, 종교, 문화, 예술 등에 중요한 상징적 의미를 내포한다.

미술치료에서 중요한 것은 인간의 삶에서 필수적 요소인 빛에너지를 통하여 경험하게 되는 색을 다양하고 균형 있게 사용하는 것이다. 어떤 사람이 한 색만을 너무 오랫동안 사용하는 것은 균형을 이루지 못하는 삶을 살고 있다는 것을 의미하기도 한다. 이러한 관점에서 색이 주는 의미를 고려하는 것은 미술치료에서 중요한 일이다.

1) 색의 상징적 의미

- 빨강 – 불, 태양, 피, 정열, 공포, 건강, 에너지, 물질적, 능동적.
- 노랑 – 태양, 명랑함, 즐거움, 달, 의존성.
- 파랑 – 하늘, 바다, 청결, 고요함, 순수함, 낭만성, 초현실성.
- 녹색 – 나무, 산, 여름, 봄, 번영, 생산, 인간 의식의 성장.
- 보라 – 고귀함, 고독함, 화려함, 슬픔과 고통, 비사교적, 자기 중심적.
- 검정 – 자기의 억압, 권위적인 부모, 결손가정, 신체적 결함에 대한 공포.
- 흰색 – 적극적, 고상함, 내성적, 주관이 강함, 남에게 과시함.

2) 색에 따른 아동의 인성비교

	알슐러, 하트비크	김재은, 임형진	아사리	공통적 특징
빨강	협동적이다. 엷게 칠한 경우 애정 수직방향으로 칠한 경우 공격성	여아는 사회성이 높고 충동적임	불만, 비판, 공격	활동적, 건강, 적극적, 외향성, 흥분, 불만
주황	명랑한 성격, 주위환경에 잘 순응한다.	지배성이 강함	애정의 극도 결핍	도피성, 의존심, 애정결핍
노랑	아동다운 느낌, 대인관계는 좋으나 의존적인 경향이 짙다.	활동적인 성격, 여아의 경우 충동적 경향이 짙다.	애정의 요구	의존심, 유아성, 미성숙, 응석부림
파랑	불안, 공포심 또는 활동적 엷게 칠하거나 덩어리로 칠할 때는 규정에 맞추려고 함	사려성이 높으며 보라, 녹색을 같이 좋아함	의무감, 복종심, 순종감	순응, 명랑, 적응, 순종
초록	자기만족이나 스스로 확신을 가지는 성격, 생각해서 행동하며 주의 깊은 성격	지배성이 강한 아동들이 많이 사용하며 여아의 경우엔 이러한 경향이 더 짙게 나타난다.	슬픔과 허약 피로	안정감, 신앙성, 인내심, 온순함, 사려 깊은, 협조성, 질서
고동	빠른 배변훈련, 청결습관 강요	많이 사용하면 지배성 높고 적게 사용하면 충동성이 낮음	도둑질, 빈곤한 가정	물질적 욕구, 공복, 식욕상징
보라	억제된 불행한 심리상태, 친구와 사귀기 싫어함	활동성, 지배성, 충동성 약함	대인관계 나쁨, 외고집, 불통 심술 자기중심적 등	숭고, 냉철, 신비, 창조, 애증과 갈등, 지배와 복종
검정	감정이 결여된 상태나 공포 및 불안에서 압박반응이 반영됨	지배성이 강한 남아	애정의 극도 결핍	엄격한 훈육, 결손가정, 신체적 결함

3) 색채의 연상과 상징

특정한 색을 보았을 때 이전의 경험을 토대로 느낌이나 기분을 연상시키며 또한 특정 물체를 연상하기도 한다. 이는 색채가 인간의 감정과 정서에 미치는 영향 때문인데, 이러한 연상 작용은 하나의 상징으로 그 역할을 한다.

색명		연상언어
빨강색	색채의 연상	태양, 사과, 장미꽃, 사랑, 섹시, 피, 불, 태양, 정지, 혁명, 전쟁
	색채의 상징	불, 태양, 피, 따뜻함, 온기, 승화, 활력, 심한 감정기복, 분노, 폭력, 공격성, 위험, 좌절, 패배, 흥분, 애정, 애정결핍, 남성
노랑색	색채의 연상	병아리, 개나리, 봄, 어린이, 명랑, 귀여움, 희망, 행복, 레몬
	색채의 상징	정신적인 따뜻함, 지성적 이해, 높은 이상, 책임회피, 질투, 시기, 자기중심적, 고집, 경솔, 흥분, 낭비, 유아적 행동, 영적인, 남성에 대한 애정욕구, 무절제, 적대적 행위
주황색	색채의 연상	오렌지, 귤, 태양, 노을, 가을, 기쁨, 적극, 명랑, 힘, 적극적
	색채의 상징	활력, 태양, 따뜻함, 호기심, 젊음, 용기, 강인함, 명랑, 축제, 편안함, 불안정, 사교적, 친절, 공상을 즐김, 현실생활에서의 도피
초록색	색채의 연상	비상구, 안정, 평화, 자연, 생명, 건강, 휴식, 식물, 신선함, 젊음
	색채의 상징	자연, 생명, 희망, 평화, 미성숙, 자신감, 신비로움, 인간, 순응, 부활, 중립, 수동적, 기쁨, 감정의 결여, 엄격한 가정, 회피적
파랑색	색채의 연상	하늘, 바다, 물, 신, 평화, 이성, 냉정, 진리, 복종, 의무삼
	색채의 상징	휴식, 절제, 거리감, 불안, 침우르 차가움, 보수적, 신중함, 내성적, 영적, 하늘, 신, 믿음, 지혜
보라색	색채의 연상	포도, 와인, 예술, 지혜, 근엄, 질투, 분열, 불행, 공포, 광기
	색채의 상징	성스러움, 신비함, 여성, 직관적, 차의적, 불안정, 슬픔, 불만, 초조, 질병, 우울, 도피, 섬세함, 우아함, 예술적, 억제된 심리
분홍색	색채의 연상	여성, 애교, 내성적, 사랑, 사춘기, 행복, 립스틱, 감성, 연약
	색채의 상징	연애, 애정, 기쁨, 아름다움, 신비로운 사랑, 부드러움, 침착함, 섬세함, 연약함, 젊음, 애정, 알레르기 질병
갈색	색채의 연상	오물, 가을, 나무, 낙엽, 건조함, 가구, 커피, 흙, 향수, 갈등
	색채의 상징	모성의 힘, 모성결핍, 신뢰, 인색, 보수주의, 허기, 소박, 결벽
흰색	색채의 연상	깨끗함, 청순, 순결함, 밝음, 희망, 차가움, 결백, 숭고함
	색채의 상징	솔직, 순수, 깨끗, 무관심, 외로움, 소박함, 무감각, 차가움, 엄격, 경직, 진리, 고귀, 이성, 평화, 달, 통제, 금욕, 생명결핍
회색	색채의 연상	차분함, 평범, 수수함, 숭고함, 겸손, 쓸쓸함, 회개, 겨울, 도시
	색채의 상징	조용함, 수동적, 슬픔, 우울, 깊은 생각, 중립, 금욕, 노년, 공허, 무기력, 애도, 교양, 생동감의 거부, 비애
검은색	색채의 연상	밤, 상복, 슬픔, 죽음, 공포, 정숙, 장엄함, 허무, 불안
	색채의 상징	억압된 심리, 부모의 강한 간섭, 어두움, 죽음, 부패, 악, 죄, 자궁, 슬픔, 실수, 미신, 위험, 비판

5. 공간의 상징

공간 상징은 공간에 대한 원형적 체험으로 채워지는 우리의 지각과 인식으로 결정되며 그림 공간의 구성은 균형과 심리 내적 조화를 반영하는 것으로 이러한 형상화는 전체성을 다시 발견하려는 실험적 활동이라 볼 수 있다. 또한 그림에 나타난 형태는 기본적으로 기하학적 형태와 자연적인 형태 그리고 기하학적 형태와 자연적 형태와의 결합으로 볼 수 있으며, 공간과 공간, 공간과 사물, 사물과 사물들이 서로 연결하고 결합하는 과정의 요소를 형태로 볼 수 있다(Riedel, 2000).

공간이란 바로 인간이 존재하고 있는 세계를 인식하는 근거가 되며 우주에 관한 신비를 탐구하는 기본적인 틀이다. 융(Jung)의 조형물에 대한 공간 상징적 관점은 전통적인 공간 해석인 목적론적 관점보다는 인과론적 관점에 더 큰 비중을 둔다. 그러나 그림을 그리는 것 자체는 강한 목적론적 동기를 내포하고 있다.

작품의 일반적인 과정을 보면 마음속의 기분을 색과 선, 형태로 스케치하는데 이를 인과론적 관점으로 해석할 수 있으며 스케치 이후, 욕구와 기분에 따라서 색과 형태, 그리고 상징으로 보완해주며, 조형 과정에 필요한 재료와 기술적 과정을 거치게 되는데 이때, 목적론적 관점이 첨가된다. 그러나 무의식적으로 작품을 해석할 때는 인과론과 목적론의 두 관점에서 해석할 필요가 있다.

예를 들면, 안정과 기반을 찾고 싶은 욕구는 전통적으로 모성 영역이라 할 수 있는 오른편 아래쪽과 가까운 공간에 나타나고, 자신을 초월하고자 하는 욕구와 동경은 부성 영역에 가까운 왼편 위쪽에 근접해 있는 곳에 나타난다. 또한 의식과 현실화에 대한 욕구는 사람의 신체로 볼 때, 머리와 가슴 부분, 즉, 방향감각을 잡는 곳에 해당하며 화면의 윗부분에 많이 그려지고 특히 의식에 더 가까운 오른쪽 윗부분에 의식과 외부활동에 대한 욕구가 표현된다고 볼 수 있다. 뿌리로 가려는 무의식적인 욕구와 동경은 신체의 복부와 생식기 영역에 해당하며 심장에 더 가까운 왼손과 교류하는 왼쪽에 표현된다. 화면에는 신체 사지의 방향 모델이 그려지기 때문에 모든 그림은 일정한 공간 상징성을 내포한다. 공간 상징영역에 주제나 문제점을 배열함으로써, 자기 스스로 방향을 얻게되고 문제 영역을 실제로 정리할 수 있다(Riedel, 2000)

1) 풀버(Pulver)의 십자 축에 의한 공간 상징

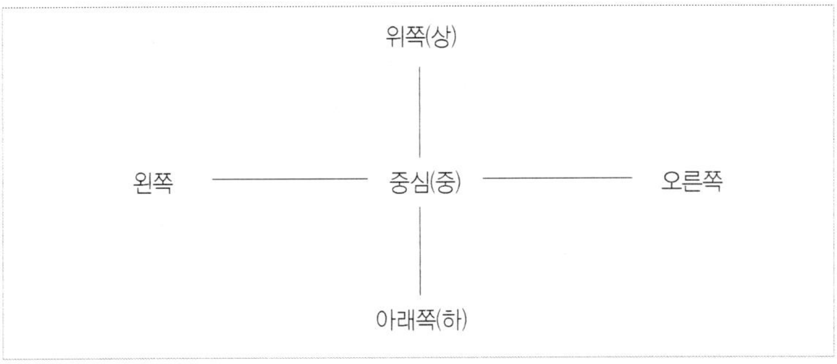

- 왼쪽(중심에서 왼쪽) : 자신과 과거에 관계된 민감한 영역.
  - ※ 상징성 : 내향성, 과거의 것과 종료된 것과 잊혀진 것에 대한 관심 · 지향
- 오른쪽(중심에서 오른쪽) : 타인과 미래나 목표에 관계된 민감한 영역.
  - ※ 상징성 : 외향성, 미래와 추구하는 것과 계명이나 법칙에 대한 관심 · 지향
- 상, 중, 하 영역 : 의식의 형태와 연결, 의식 내용을 상징
  - – 상 : 초개인적 의식화, 지적 형태와 형상
    - ※ 상징성: 지적, 정신적, 종교적–윤리적 내용과 그에 해당하는 느낌
  - – 중 : 개인적 일상 의식 상태, 자아 경험 영역
    - ※ 상징성:
  - – 하 : 전의식, 무의식
    - ※ 상징성: 물질적, 육체적, 육감적–성적 내용과 무의식에서 나온 집단적 상징들

2) 아르투스(Arthus)의 마을 검사에 의한 공간 상징

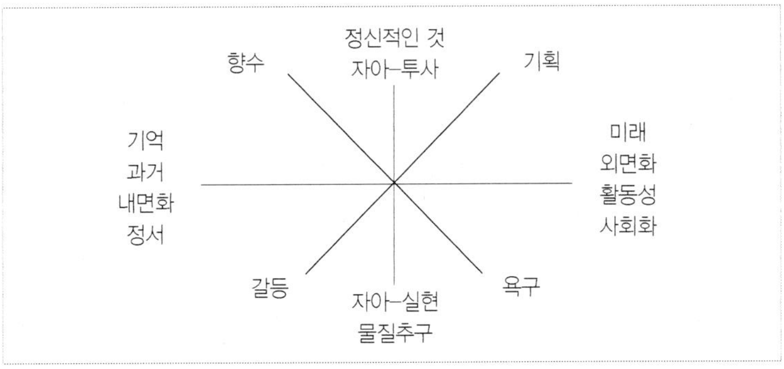

3) 융(jung)의 공간 상징 도식

〈CG Jung의 집단무의식 상징체계〉

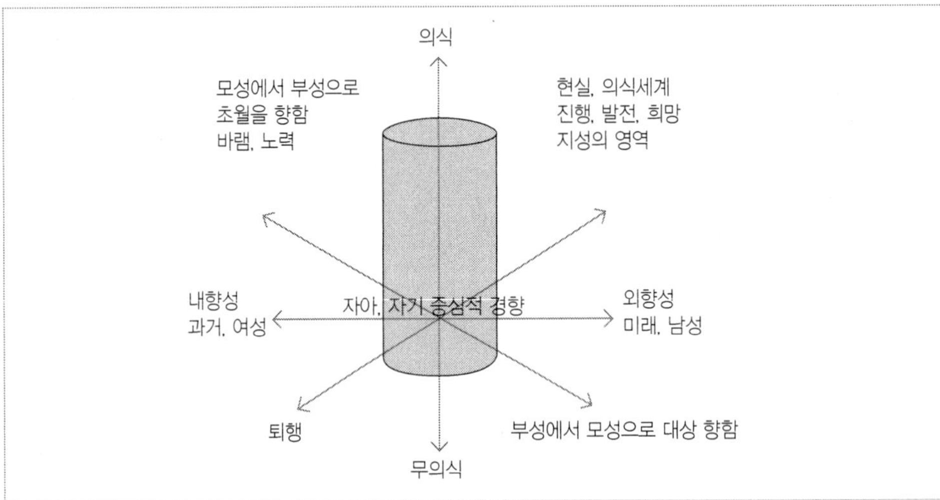

4) 바흐(Bach)의 공간 도식과 상징

30여년간의 중환자들의 그림 연구를 통한 그림을 읽고 해석하는 것이 환자에 대한 진단 및 치료 그리고 조기 예측에 기여할 수 있다는 것에 확신을 가졌다.

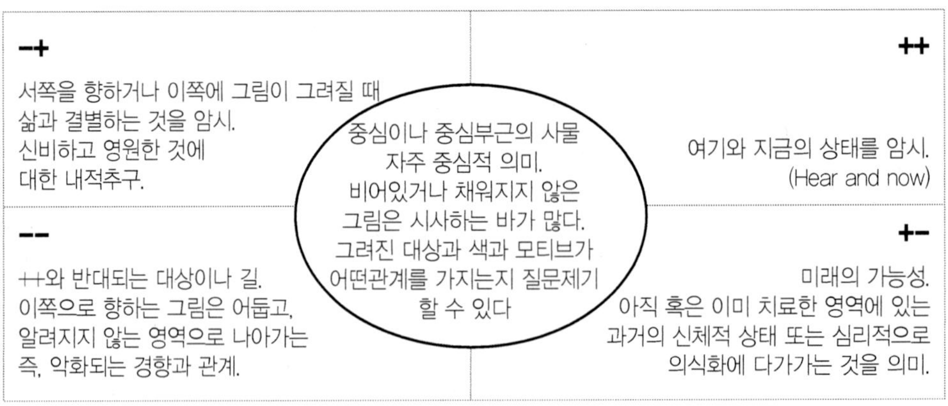

5) 미헬(Michel)의 공간 상징

융 학파 미헬은 과거의 다른 공간 상징들을 분석하고 보완하여 다양한 관점들을 종합적 제시한다.

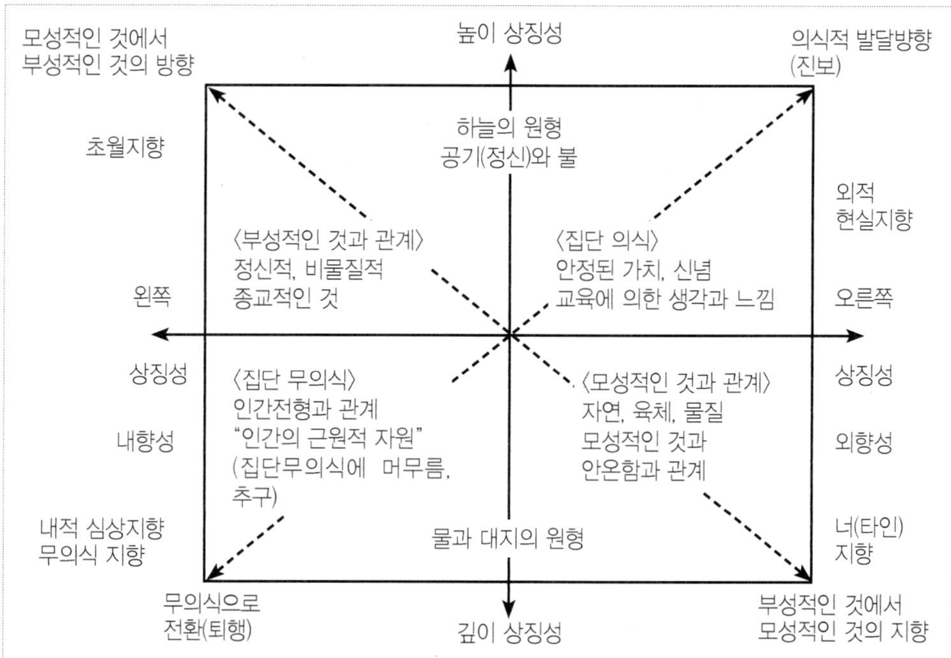

6) 그륀발트 (Grünwald)의 공간 도식과 상징

(1) 중앙(C)

가장 안정된 중요한 부분으로 그림의 비중이 중심에 있으면 그림을 그린 사람의 정신상태는 안정되고 통합되어 있다고 생각한다.

(2) 수평 방향에서 오른쪽(R 방향)

능동적인 정신에너지 방향을 나타내며 현재에서 미래로 향한 힘이 내재하고 권위와 적극성을 포함한 아버지의 이미지를 포함한다.

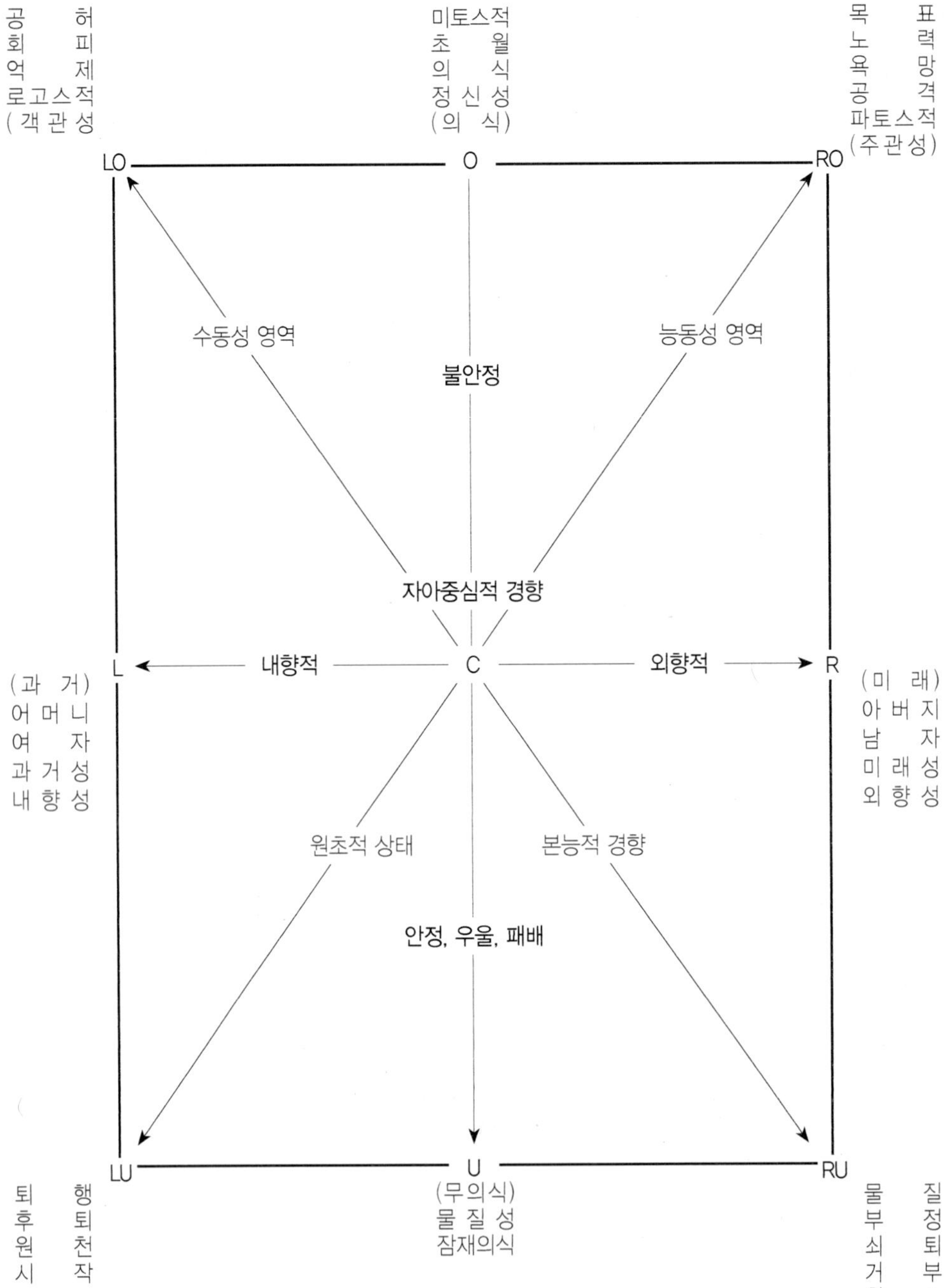

* 그륀발트(Grünwald)의 공간도식과 상징
* 화면은 크게 상하를 의식과 무의식, 좌우를 과거와 미래로 분류할 수 있다.

(3) 왼쪽 방향(L 방향)

수용 혹은 수동적인 정신에너지의 방향을 나타내며, 과거로 향한 힘과 어머니의 이미지를 나타내는 것으로 내성적인 심리를 나타낸다.

(4) 수직 방향에서 윗 방향(O 방향)

하늘을 향하는 방향이며 현실에서 초월한 방향을 향하며 정신성을 나타내고 의식을 나타낸다.

(5) 아래 방향(U 방향)

땅 밑을 향하는 방향으로 사물의 근원과 무의식을 나타낸다. 또한 인간의 육체를 나타내며 미분화된 상태를 뜻한다.

(6) 오른쪽 윗 방향(RO 방향)

정신을 향한 이상적인 방향으로 소망의 도달점, 인간의 최종 목표를 나타낸다. 또한 정신적 에너지가 목표를 향하는 동시에 부적인 에너지가 인간에게로 향한 때에는 공격적인 에너지를 나타낸다.

중심(C)에서 오른쪽 윗 방향(RO)으로 향하는 것은 인간 정신의 적극성을 말한다.

(7) 왼쪽 아랫 방향(LU 방향)

사물의 시작이나 원천의 방향을 나타내며 심리상태로는 후퇴를 나타낸다.

중심(C)에서 왼쪽 아래(LU)로 향하는 것은 사물의 원초적 상태이며 유아기의 퇴행 또는 유아기의 고착상태를 의미한다.

(8) 왼쪽 윗 방향(LO 방향)

공허상태 혹은 억제, 틀어박히는 상태를 말한다. 중심(C)에서 LO 방향으로 향하는 그림은 수동적인 심리상태, 인생에 대한 방관자적 태도 혹은 욕구불만 경향을 나타낸다.

(9) 오른쪽 아랫 방향(RU 방향)

사물의 근원 혹은 물질이며 심리적으로 쇠퇴와 부정 등을 의미한다. C에서 RU 방향으로 향하는 것은 인간의 본능적 경향을 나타내며 내면의 갈등상태를 의미한다.

※ 이와 같이 화면의 공간 구성은 그린 사람의 심리상태를 관찰하기 위한 자료를 제공해 주지만, 그림의 공간 위치만으로 인간의 심리상태를 결정 지울 수 없으므로 유의하여 사용하여야 한다.

6. 형태의 상징

형태는 미술의 기본적 요소이며 다른 구성요소와 긴밀한 상호관계를 맺고 있다. 또한 형태는 색채에도 영향을 미치며 색채와의 상호작용의 관계를 가진다.

칸딘스키(kandinsky, 1997)는 모든 형태는 자기의 내적 반향을 가지고 있으며, 그 형태와 같은성질의 정신적 실체, 내적인 내용을 가지고 있다고 본다. 또한 각 형태는 다른 형태들과의 상호작용을 통하여 다른 느낌을 주지만 근본에 있어서는 형태 자체의 주관적 특성을 지니고 있다.

아른하임(Arnheim, 1996) 그의 저서 「미술과 시 지각」(Art and Visual Perception)에서 모든 형태는 방향성을 가지고 있으며 한 형태의 이미지는 그 형태 하나에 달려 있는 것이 아니라 참조 틀과 관련하여 존재한다고 하였다. 단순히 각 형태가 가지는 자체의 상징성으로만 결정하기보다는, 미술작업의 구조 속에서 나타나는 다른 형태와의 상호관계에서도 상징적 의미를 읽을 수 있어야 한다.

第19장

대상관계와 미술치료

제19장

대상관계와 미술치료

1. 대상관계의 개념

대상관계는 개인을 양육해준 사람의 이미지가 내면의 세계에 함입되어 무의식 세계에 머물러있으면서 양육해준 그 사람이 양육과정을 통해 만들어준 피 양육자인 아이의 이미지, 곧 개인의 자아와 관계하는 것을 칭하는 말이다. 즉, 양육자인 어머니의 이미지와 어머니가 만들어준 아이의 이미지가 무의식의 세계에서 상호 작용하는 것을 칭하는 개념으로 아이가 갖는 다른 사람과의 관계를 결정하는 준거 틀로서의 기능을 한다. 유아기에 확립된 대상과의 관계는 한 인간이 성장 후 맺게 되는 다른 사람과의 관계에서도 그대로 재현되기 때문에 대상관계 유형이 어떠한가는 그 사람의 미래관계 유형을 예측할 수 있는 틀을 제공한다고 본다. 이것은 인간이 살아가는 동안 자신을 보는 틀이 되고 타인을 인식하는 관점이 되면서 다른 사람들과 관계를 형성하는 과정에서 일관적으로 지속되는 한 개인의 행동패턴이 된다(김창대, 1997).

대상관계 이론에서는 대인관계 때문에 고민하거나, 자신의 성격 때문에 힘들어하는 것, 사회적응이 원활하지 않은 것, 생생한 삶의 느낌이 없거나 자신에 대한 뚜렷한 정체감이 없는 것 등의 모든 심리적 문제는 근본적으로 대상관계에 그 원인이 있다고 본다.

2. 대상관계와 관계형성

인간은 유아기, 아동기, 청소년에서 성인기로 이어지는 성장 과정 속에서 필연적으로 겪게 되는 갈등을 가정과 사회환경 내 상호관계를 통해 얻게 되는 애정 어린 관심과 포용으로 극복하고 있다. 또한 가정환경 안에서 성장해 가는 동안 부모에게서 얻을 수 있는 지지자원은 역할 수행에 따라 인간의 삶은 다양한 길을 가게 되며 가족의 기능 및 부모와 자녀의 관계 속에서 많은 문제가 알게 모르게 파생되어 역기능적이 되기도 한다. 이것은 초기 애착을 형성하는 주 양육자와의 관계가 일관성이 있고 거칠지 않으며 애정이 풍부했을 경우, 유아 자신이 느끼는 대인과의 관계가 온전하고 바르게 느껴지지만 주 양육자와의 관계가 비일관적이고 거칠고 애정이 없었을 경우, 유아 자신이 느끼는 대인관계는 불안정하고 실제와는 다르게 인식되는 것을 의미한다. 유아는 생후 초기 때부터 그의 경험이 부정적인가 아니면 긍정적인가에 의해 그의 경험을 조직화하며 유아는 좋고 나쁜 두 개의 결과로서 테두리 안에 그 경험을 집단화한다. 어린 시절 양육과정에서 욕구들을 어떤 양식으로 해결했으며 그 당시 가족과의 관계가 어떠했는지에 따라 크게 차이가 나게 된다.

특히 아동의 최초의 사회학습은 자주 기본 욕구를 충족시켜주는 어머니와의 관계에 의해서 결정된다(Mussen, 1963). 이러한 어머니와의 상호관계에서 안정된 애착이 형성되지 못한 아동은 내면의 불안한 정서로 인해 타인과의 관계에 부적응하게 된다. 따라서 유아 초기 때에 부모와의 대상 관계 경험이 매우 중요하다. 대상관계 이론은 단순히 부모의 양육태도가 이후의 발달과정에 중요한 영향을 미친다는 기술적인 차원을 넘어서서 유아가 양육자와 형성하는 초기 대상 관계가 유아의 내적인 심리구조의 형성 발달에 어떤 영향을 미치고 있으며 이런 심리적 발달에 따라 성인기에 맺게 될 대인관계에는 어떤 영향을 미치는지에 대해 포괄적인 시각과 자료를 제공하게 된다. Lewin(1990)은 출생 후 2년간의 양육자와의 애착 관계의 질이 이후의 성장 과정에서 타인의 감정이나 욕구에 대한 공감적, 친사회적 반응을 하도록 매개하는 중요한 요소가 된다는 연구 결과를 보고하고 있다.

Sears(1961)는 수용과 애정의 분위기에서 자란 아동은 부모를 신뢰하게 되고 남을 사랑하고 수용할 수 있으며 행동과 감정을 자유롭게 표현하며 개방적이고 솔직하지만 거부적인 분위기에서 성장한 아동은 자기 방어적인 특성을 지니고 있음을 보고하였다

(변영주, 1994: 재인용).

3. 애착과 관계형성

인간이 하나의 독립된 개체로 자신의 능력을 원하는 대로 사용하며 살아갈 수 있도록 하기 위해서는 출생에서부터 인간을 지원하는 외부 세계와 영아와의 상호작용이 중요하다. 영 · 유아가 최초로 접하게 되는 외부 세계인 가정에서 제공하는 경험이 얼마나 지속적이고, 따뜻하고 민감한가에 따라 가정이 영아의 정서적 안정기지(secure base)로 작용하게 되고 이 정서적 안정 기지가 유아기와 아동기 그리고 평생에 걸쳐 인간의 사회화의 기초로 작용하게 된다. 그러므로 가정에서 주 양육자인 어머니가 제공하는 경험의 질과 양은 유아가 사회적으로 지도력과 유능성을 갖게 되는 것과 밀접한 관계가 있다(이숙희와 김숙령, 1996). 또한 일생에 있어 최초 최강의 애정 대상인 어머니와 유아와의 관계에 따라 유아의 대인관계의 원형이 형성된다 하여 어머니와 유아의 애착 관계를 강조하였다. 가정 내에서 정서적 안정 기지를 형성한 유아가 다음으로 속하게 되는 외부 세계는 유치원과 같은 교육기관이다. 이제 유아는 성장하는 동안 또래 집단과 접촉하게 되는데 가정에서와는 달리 또래 집단은 거의 동일한 연령 지위를 갖는 성원들로 구성되어 있으며 유아가 행동의 복합성 수준이 동일한 사회적 동격의 집단이다. 즉, 유아가 최초로 동등한 사회적 관계 집단 속에 놓이게 되는 것이다. 또래들과 집단을 형성하여 구체적이고 직접적인 경험을 하면서 유아는 자신을 집단에 적응시키는 방법을 터득하게 되고 집단 내에서의 사회적 접촉에 대해 배우게 된다. 어머니와 애착 관계가 형성되면 애착 관계의 질에 따라 유아에게는 내적 실행모델(internal working model)이 형성되는데 이 내적 실행모델의 작용으로 유아는 또래들과 관계를 형성하게 된다. 즉, 또래 집단에서 유아가 바람직한 구성원으로 인정받기 위해서는 사회적 기술 습득, 자기중심성 탈피 등의 사회적 성숙이 우선 되어야 하는데 그러한 사회적 성숙은 부모-자녀간의 확고한 애착 관계가 유아의 정서적 안정기지로서 유아의 사회적 활동에 밑바탕으로 작용하게 될 때 가능하다. 유아가 어머니에 대해 형성한 초기의 애착 관계는 어머니 이외의 다른 사람과의 상호작용에도 오랜 기간 영향을 미쳐 또래들과의 새로운 관계형성에 주요 요소로 작용하는 것이다.

1) 애착의 개념

애착이란 용어는 영국의 정신분석학자 존 보울비(John Bowlby, 1958)가 영아와 어머니간의 유대관계를 설명하면서 사용한 개념으로서 '인간이나 동물들이 어떤 특정한 대상에 대하여 형성하는 강하고도 지속적인 정서적 유대'라고 정의하였다.

보울비는 아이들의 배고픔, 목마름과 같은 본능적 욕구를 해결해주기 때문에 아이가 엄마에게 애착을 형성한다는 정신분석적인 이론에 의구심을 품고, 동물들이 자신의 생존과 보호를 위해 태어나는 순간 어미의 존재를 인식하고 각인한다는 동물행동학에 관심을 가졌다. 보울비는 엄마에게 애착을 형성하는 아이의 강력하고도 근본적인 경향은 종의 생존을 위한 진화의 산물이며, 심리적인 갈등이나 결핍과는 상관이 없다고 보았다. 갓 태어난 오리들은 태어나자마자 제일 먼저 보고 접촉한 어미를 계속 따라다니며 보호받고 먹이를 구한다. 동물행동학자 로렌츠는 이 현상을 각인이라고 하였다.

또 Papalia와 Olds(1979)는 애착이 다른 사람들과의 관계와는 달리 특정 두 개인 사이에만 형성되는 능동적, 애정적, 상호작용적 관계이며 두 사람 사이의 상호작용은 계속해서 서로의 결속을 강화하고 강력하게 한다고 정의하였다(손혜숙, 1998, 재인용). 이처럼 애착의 정의가 학자마다 조금씩 다르지만 대부분의 학자들은 애착이 특정인과 형성한 지속적인 관계로서 유아들은 애착을 형성한 특정인(애착 대상)의 곁에 머무르려 하는 성향을 갖는다는데 일치한다.

2) 애착과 사회성 발달

유아가 부모에 대해 형성한 애착에 따른 유아의 사회성 발달을 살펴보고자 한다. 보울비(Bowlby, 1973)는 유아의 안정된 애착 관계와 자주성 발달을 위하여 민주적 양육방식을 강조하고 있다. 어머니가 민주적 양육방식으로 애정적이고 유아의 감정표현을 격려할수록 유아는 안정된 애착을 형성하였고, 부모에 대한 신뢰, 세계에 대한 신뢰를 하게 되었다. 그리고 또래나 타인에 대해 긍정적으로 행동하고 적극적으로 접근하며, 타인 역시 긍정적으로 반응할 것을 기대하며 자신의 행동을 취하는 것 을 알 수 있었다. 애착이 형성된 유아가 사회적으로 인정받는 친사회적 행동을 많이 하고 불안정하게 애착이 형성된 유아가 사회적으로 인정받는 친사회적 행동을 많이 하고 불안정하게 애착이 형성된 유아가 또래들에게 거부되는 반사회적 행동을 많이 하는 것으로 보고하고 있다.

Lieberman(1977)은 안정 애착아는 놀이도구를 다른 유아와 나누어 갖거나 공유하는 등의 효혜적인 행동과 다른 유아와 사회적 상호작용을 시작하는 행동과 같은 양방적인 상호작용(reciprocal interaction)을 많이 모이는 반면 불안정 애착아는 울거나 신체적 공격, 언어적 위협 같은 부정적인 행동을 더 많이 하는 것으로 보고하였다. 또한 안정된 애착아는 불안정된 애착아에 비해 또래 경험 정도에 있어서도 또래가 시작하는 상호작용에 대해 더 많이 반응하고 함께 상호작용하는 또래 수 역시 더 많았다고 보고하였다.

유아들은 안정된 애착을 바탕으로 사회적, 물리적 환경에 대해 호기심을 갖고 보다 더 열의있게 탐구하며 또래와의 애정적인 관계를 맺는데 있어서도 보다 성숙한 양상을 보였다. 또한 안정된 애착아는 또래 수용도가 높아 집단 내에서 거부되거나 고립되기보다는 인기가 있어 집단 활동에 많이 참여하였으며, 또래에 대해 협력적이고 친사회적인 행동 특성을 나타냈으며 집단 내에서 유능성을 보임과 동시에 지도력을 가졌다.

3) 할로우(Harlow) 박사의 애착 실험

동물행동학자 할로우(Harlow) 박사는 새끼원숭이에게 두 개의 어미 환경 실험을 하였는데, 먹이를 주는 어미와 포근함을 주는 어미를 제공하여 주었을 때 새끼원숭이는 먹이를 주는 어미에게서는 먹이만 먹었고, 대부분의 시간은 포근함과 따뜻한 접촉을 할 수 있는 어미와 함께 지냈다. 이 결과를 통해 아이들이 엄마에게 매달리는 것이 단순하게 배고픔을 해소하기 위한 것이 아니고 친밀감과 안정감을 느끼기 위한 것이라고 하였다.

이러한 연구를 종합하여 보울비는 정서적 애착이란 삶에서 특별한 사람에게 느끼는 강력하고도 선택적, 지속적인 정서적 결속을 의미하며, 안전하게 애착 된 사람들은 서로의 관계에서 즐거움을 느끼고, 고통이나 괴로움이 있을 때 함께 있으면 편안함을 느낀다고 결론지었다. 예를 들어 어린 유아들이 낯선 상황에 놓이거나 낯선 사람들과 만났을 때 엄마에게 더 매달리고 접촉하고자 하는 것은 엄마와의 애착 관계를 통해 편안한 느낌을 회복하기 위해서이다.

> "내가 애착 이론이라고 이름을 붙인 이 이론은 특정한 어떤 사람에게 강한 애착을 느끼는 인간의 경향성을 개념화한 것이다. 애착 이론은 애착 대상과 분리되거나 애착 대상을 상실했을 때 생기는 불안과 분노, 우울과 같은 다양한 정서적 고통과 성격장애를 설명하는 이론이다."
>
> - by John Bowlby -

4) 애착의 형성

아이와 부모 간의 애착은 아기가 태어난 초기 몇 달 동안에 경험하는 양육자와 아기와의 동시적 일과에서부터 시작된다. 즉 양육자가 아기의 상태에 세심하게 주의를 기울이고, 아기가 배고파하면 배고픔을 해소해주고, 깨어있을 때 함께 놀아주고, 피곤해하면 편하게 재워주는 것이다. 즉, 아기는 특별한 한 명의 양육자와 지속적으로 상호작용하면서 이 사람이 어떤 사람인지, 이 사람의 주의를 끌려면 어떻게 해야 하는지를 점차 배우고, 양육자는 아기의 신호를 느끼고 해석하고, 여기에 대해 어떻게 반응해야 하는지를 배우면서 점차 관계가 돈독해진다. 아기의 젖 먹기, 매달리기, 따라다니기, 울기, 미소 짓기는 엄마와 아기의 상호작용을 촉진하는 애착 반응이다.

궁극적으로 애착의 목적은 아기의 생존에 필요한 '안전한 상태'를 유지하는 것이며, 이처럼 안전한 상태를 유지하기 위해 아기가 엄마에게 가까이 가려는 모든 행동과 노력을 '애착 행동'이라고 부른다.

5) 애착의 단계

애착을 연구한 학자들은 아기가 양육자와 분리되었을 때 어떻게 반응하는지, 아기의 분리 반응이 누구에게 향하는지를 관찰하여 애착의 단계를 제안하였다.

(1) 비사회적 단계(0-6주)

생후 6주까지 애착은 비사회적 단계로 이 시기의 아기들은 주변 사람들이 자신에게 보이는 행동에 대해 별다른 반응을 보이지 않는다.

(2) 비변별적 단계(6주-6, 7개월)

이 시기의 아기들은 다른 존재보다 사람을 좋아하기는 하지만 사람을 구별하여 좋아하지는 않는다. 즉, 익숙한 사람을 더 좋아하는 것처럼 보이기는 하지만 낯선 사람에 대한 거부감이나 불안은 보이지 않는다.

(3) 특수 애착 단계(약 7-9개월)

이때부터 아기들은 애착이 형성된 사람과 분리되었을 때 저항을 보이기 시작하며, 그 대상은 대체로 엄마가 된다. 기어 다니기 시작한 아기들은 엄마 뒤를 졸졸 따라다니려 하고, 엄마 가까이에 있으려 하고 엄마가 다가오면 환영의 표현을 한다. 엄마와 강한 애착을 형성한 아기는 이 안정감을 바탕으로 세상에 대한 탐색 활동을 하며, 이때 엄마의 존재는 탐험하기 위해 자유로이 떠났다가 언제라도 돌아올 수 있는 안전 기지가 된다.

(4) 다수에 대한 애착

엄마와의 애착이 안정되면 아기들은 오래지 않아 다른 사람들과도 애착을 형성한다. 18개월이 된 아기라면 대부분이 엄마 외에 다른 사람들과도 애착을 형성한다.

6) 애착의 유형

애착의 유형은 크게 네 가지로 구분된다. 실험을 통해 나타난 애착유형을 살펴보고, 자신의 자녀는 어느 유형에 가까운지 가볍게 점검하는 시간을 갖는다.

(1) 애착의 안정성에 대한 실험

만 1-2세 된 아기가 엄마나 다른 사람과 얼마나 애착을 잘 형성했는지 알아보기 위해서는 낯선 상황에서 어떻게 행동하는지를 보면 된다. 다음 실험은 낯선 상황에서 아기의 반응을 관찰하는 실험이다. 아래와 같은 상황에서 아기가 얼마나 적극적으로 탐색 활동을 했는지, 낯선 사람에 대해 어떻게 반응하는지, 엄마가 돌아왔을 때 어떻게 행동했는지를 기준으로 애착의 유형을 알아볼 수 있다(상황, 사건, 잠재적 애착 행동).

① 낯선 이가 부모와 아기에게 놀이방을 소개하고 방에서 나감.

② 아기가 노는 동안 엄마는 의자에 앉아있음.
안전 기지로서 엄마

③ 낯선 사람이 들어와서 엄마와 이야기함.
낯선이 불안

④ 엄마가 나가고 아기가 불안해하면 낯선 사람이 달래줌.
분리불안

⑤ 엄마가 돌아오고 아이가 불안해하면 달래줌. 낯선 사람이 방에서 나감.
재결합 행동

⑥ 엄마가 방에서 나감. 분리불안

⑦ 낯선 사람이 들어와 아기를 달램.
낯선 사람에 의해 달라지는 능력

⑧ 부모가 돌아와 아기를 달래주고, 장난감을 갖고 놀도록 함.
재결합 행동

7) 애착의 종류

(1) 안정 애착

엄마와 안정적으로 애착 된 아기는 엄마와 함께 있는 동안 적극적으로 주변 환경을 탐색하고, 엄마와 분리되면 눈에 띄게 불안정해지지만 엄마가 돌아오면 엄마를 따뜻하게 맞이하고 접촉하려는 모습을 보인다. 또한 안정적으로 애착 된 아기는 엄마가 있는 상황에서 낯선 사람과도 잘 지낸다.

(2) 저항 애착

저항애착을 보이는 아기들은 엄마가 옆에 있어도 주변을 탐색하지 않고 엄마 가까이에만 있으려고 하며, 엄마가 떠나면 상당한 스트레스를 받는다. 엄마가 돌아왔을 때 이 아기들은 화가 난 듯한 모습을 보이기도 하고 엄마가 안아주려고 하면 저항하는 모습을 보이기도 한다. 이 아기들은 엄마가 옆에 있어도 낯선 사람에 대해 경계하는 모습을 보인다.

(3) 회피 애착

이 아기들은 엄마와 분리되어도 크게 스트레스를 받지 않으며, 엄마가 다가올 때 엄마를 무시하고 돌아서는 모습을 보인다. 낯선 사람에 대해 크게 거부하거나 피하지 않으나 때로 뚜렷한 이유 없이 사람들을 피하거나 무시하는 모습을 보일 수도 있다.

(4) 혼란스러운 애착

이 형태의 애착을 보이는 아기는 낯선 상황에서 가장 스트레스를 많이 받고 불안정한 모습을 보인다. 엄마가 나갔다가 다시 돌아왔을 때 아기들은 멍해지고 얼어붙은 듯 행동하며, 엄마 가까이로 움직이다 엄마가 다가오면 갑자기 멀리 피하기도 한다.

8) 애착의 중요성

(1) 애착의 중요성

애착은 어린 시절의 한때에 그치고 마는 것이 아닌, 한 사람이 일생을 살아가는 데 기본이 되는 것이다. 아기가 안정적인 애착으로부터 느끼는 따뜻함과 신뢰감, 안전감은 이후의 삶에서 건강한 심리적 발달을 위한 토대가 된다. 그 이유는 아기가 태어나 일차 양육자와 계속적으로 상호작용하는 가운데 주변 환경을 이해하는 틀과 사람들과의 관계에 대한 기대를 만들게 되는데 이때 만들어진 틀은 '내부 작동 모델'을 형성해 평생 지속되기 때문이다. 즉, 양육자가 아기의 표현에 민감하고 따뜻하게 반응해주면 아기는 이 세상이 안전하고 수용적이며, 다른 사람들은 나에게 긍정적이고 호의적이라는 틀을 갖게 되어 세상을 살아가면서 만나는 사람이나 상황에 대해 좀 더 적극적이고 긍정적으로 받아들이게 된다. 반면 양육자가 냉정하고 무심하거나 강압적이면 아기는 양육자가 냉담하다고 받아들이는 게 아니라 이 세상과 다른 사람들 모두가 자신에게 적대적이거나 무심하다고 받아들여 이런 틀이 어른이 되었을 때의 대인관계에까지 영향을 미치게 된다.

따라서 부모가 아이에게 보여준 모습과 아이에게 했던 말, 행동을 담고 있는 내적 작동 모델은 부모와의 상호작용에서 경험했던 자신에 대한 반응과 함께 오랜 시간이 지나면 확고한 성격 구조로 자리 잡는다. 이처럼 부모의 민감한 반응성은 아이가 자라서 일생 동안 사랑하고 협력하며 상호작용하는 능력뿐 아니라 자신감과 자기 가치감 발달에도 중요한 역할을 한다.

(2) 애착에서 비롯된 문제

애착은 아기의 생존에 필요한 '안전한 상태'를 유지하기 위한 것이기 때문에 애착이 견고하게 형성되지 않을 때 아이들은 여러 가지 문제를 겪을 수 있다.

① "이름 모를 공포"는 불안정한 애착 관계에서 비롯된 극단적인 불안을 의미하며, 아이들로 하여금 본능적 긴장을 유발시키고 무기력하게 만든다. 아이들 애착에 위협을 느끼면서 매달릴 때 이런 공포를 느끼게 된다. 즉, 갑작스러운 분리나 거절, 지속적인 방치를 경험할 때 아이들이 느끼는 불안과 공포는 상상을 초월한다. 또한 아이들은 이런 불안이 어디에서 비롯되었고, 왜 불안한지 알지 못하므로 이해하기 어렵고, 이렇게 그냥 지나쳐 버린 불안을 혼자서 끌어안고 살아가야 한다.

② 부모가 어렸을 때 겪었던 애착에 대한 경험은 내적 작동 모델로 마음속에 저장된다. 부모의 내부 작동 모델은 부모가 아이를 어떻게 대해야 하는지를 판단하는데 영향을 준다. 따라서 자신이 부모와 맺었던 애착 관계와 유사한 방식으로 자녀와 관계를 맺게 된다. 따라서 한 사람이 갖고 있는 내부 작동 모델은 대를 이어 내려갈 수 있다.

③ 애착 관계에 있는 사람이 자신을 지지하거나 이해해주지 않는다는 것은 단지 힘든 사람을 도와주지 않는 것이 아니라 힘든 사람을 더 힘들게 하는 그 무엇이다.

친밀한 사람이 보여주는 냉담한 반응은 힘든 사람으로 하여금 난관을 극복할 수 있다는 자신감과 자기 존중감에 상처를 줄 수 있다.

(3) 성인의 애착유형

① **안전형** : 부모와 안정적인 애착을 형성한 사람으로 대인관계에서 수용적이고 융통성이 있으며, 자아존중감이 높다.

② **거부형** : 다른 사람과의 관계에서 무관심과 정서적 거리감, 거절을 느꼈을 때 상당한 심리적 고통을 느끼며, 이런 경험을 피하기 위해 과도하게 자기를 보호하려고 한다. 어린 시절 부모와 접촉이 없었거나 지나치게 간섭이 심한 부모로 인해 생길 수 있는 유형이다.

③ **집착형** : 이 유형의 사람들은 다른 사람들과 너무 쉽게 관계를 맺고 한번 맺은 관계에 대해 안정감을 느끼지 못하고 갈등하며, 그러면서 매달리는 경향을 보인다. 부모가 허약해서 부모로서의 역할을 제대로 못했거나 심한 잔소리를 한 경우, 혹은 죄책감을 느끼게 하는 말이나 지속적인 비판을 한 경우 이런 유형이 될 수 있다.

④ **미해결형** : 이 유형은 가장 힘들게 성장한 경우에 해당하며 대부분 학대나 상실을 경험했거나 부모가 알코올중독인 경우가 많다. 이런 사람들은 대인관계에서 혼란감을 자주 느끼고, 가까운 관계에서 안정감을 느끼지 못한다.

9) 애착에 영향을 주는 요인

(1) 양육의 질

아기와 안정적으로 애착 관계를 형성하는데 가장 중요한 엄마의 특징은 '민감하고 반응적'이라는 점이다. 민감하고 반응적이라는 것은 아기에게 주의와 관심을 기울이고 있으면서 아기가 필요로 하는 것을 민감하게 알아차리고 적절하게 해소시켜주는 것을 의미한다.

안정적인 애착을 형성하는데 중요한 요소를 정리해보면 다음과 같다.

아기에게 따뜻하고 수용적인 태도를 취하고, 무엇을 필요로 하는지 무엇을 불편해 하는지 정서적으로 민감하게 반응하고, 아기와 함께 하는 놀이와 체험 활동 및 다양한 자극을 제공한다면 아기는 엄마로부터 편안함을 느끼며 정서적으로 안전하게 애착이 형성된다.

반면, 아기가 보내는 신호에 둔감하고, 아기에게 부정적인 정서를 느끼게 할 경우 불안정 애착을 형성할 가능성이 높아진다. 또한 아기를방임, 방치하거나 학대하는 경우 아기는 정서적으로 혼란스러운 애착이 형성 될 가능성이 높다.

(2) 양육자

아기와 불안정한 애착을 형성하는 엄마들에게는 몇 가지 공통적인 특징이 있다.

첫째, 엄마가 출산 후에 우울증에 걸렸을 경우 대부분 애착 형성에 실패한다.

우울한 엄마는 아이의 신호에 주의를 기울이거나 돈독한 관계를 맺기에 활력이 부족하다.

또한 양육자가 아이였을 때 자신의 부모에게 사랑받지 못하거나 학대당한 부모 역시 아이와 안정적인 애착 관계를 형성하기 어렵다. 이러한 상황의 부모들은 자기와 같은 경험을 자신의 아이들에게 되물림하지 않겠다고 결심하지만, 막상 아기가 자신에게 떼를 쓰거나 말을 듣지 않으면 예전 부모로부터 거부당했을 때와 같이 좌절감을 느낄 수 있다.

또한, 계획되지 않은 임신이나 아기를 원하지 않았던 부모들은 심각한 임신우울증을 겪으면서 아기를 키우는데 서툴고 둔감한 모습을 보인다. 이러한 부모들 역시 부모가 되기 위한 정서적 안정과 건강한 심리적 상태가 아니여서 아기를 돌보는데 민감한 양육에 어려움을 겪게된다.

(3) 아기

엄마의 특징이 애착 형성에 영향을 주는 것처럼 아기의 특징 역시 애착에 영향을 미친다. 예를 들어 출생했을 때 건강 상태가 좋지 않거나 기질이 까다로운 아기는 활기가 없고 자주 떼를 써서 엄마를 힘들게 하고 애착 형성에도 영향을 미칠 수 있다.

까다롭게 예민한 아기일수록 불안정한 애착을 형성할 가능성이 높기는 하지만 애착의 질을 결정하는 것은 아기의 요인보다는 부모의 요인이 더욱 결정적인 영향을 미친다. 이처럼 민감한 양육이란 아기가 갖고 있는 기질적 특징이 어떠하든 간에 정서적인 안정과 아기의 욕구를 민감하게 즉시 알아차리고 이를 해소해주는 것을 의미한다.

10) 애착을 잘 형성하는 방법

(1) 만 3세까지는 주 양육자를 바꾸지 않는다.

맞벌이 등의 이유로 엄마가 아이를 전적으로 돌볼 수 없다면 가급적 민감한 시기는 피하도록 한다. 생후 7-8개월부터 36개월까지는 아이에게 있어서 애착을 형성하는데 결정적인 시기이며 이 시기에 양육자가 바뀌면 아기는 낯선 사람에게 맡겨진다는 두려움과 충격을 크게 느낀다. 불가피하게 양육자를 바꾼다면 아이가 이 일로 얼마나 힘들었는지를 충분히 이해하고 특별한 보호와 관심을 주도록 한다.

(2) 아이와의 놀이를 통해 친밀감을 키운다.

아이를 키우는데 있어서 가장 중요한 점은 아이에게 다정하고 친밀하게 대하는 것이다. 부모가 아이에게 있어서 친밀감을 느끼지 못하면 아이가 하는 말이나 행동에 대해 편하게 느끼지 못하며, 사소한 말썽에도 심한 좌절과 분노를 느낄 수 있다.

아이에게 친밀감을 표현하고 교류하는 가장 좋은 방법은 놀이를 통해서이다. 아이와 노는 것을 힘들게 느끼는 부모도 있지만 아이와 잘 놀아주기 위해서는 적극적인 노력이 필요하다. 우선 하루 중 일정한 시간을 내어 놀이를 할 수 있도록 계획을 짜고, 시간표를 만드는 게 좋고, 아이가 평소 좋아하는 놀이가 무엇인지 관심을 갖고 지켜보는 게 좋다.

아이와 놀아줄 때는 놀이에 집중해서 놀이 자체를 즐기도록 노력해야 하며 놀이를 통해 아이에게 전하고 싶은 감정과 교육적인 메시지를 전달하는 것도 효과적이다.

(3) 아이의 감정과 생각을 존중한다.

평소 아이의 감정과 생각을 있는 그대로 인정하고 무시하지 않는다. 아이들은 가정

내에서 부모로부터 보호와 보살핌을 받지만 약하고 어린 존재로 그 의견이나 감정은 존중받지 못한다. 아무리 어린아이라 하더라도 아이의 감정과 생각은 고유한 것이고 일방적으로 무시될 경우 나중에 반항적인 행동을 보이거나 위축된 채 자라나기 쉽다.

(4) 아이에게 상처가 되는 말이나 행동을 하지 않는다.

아이가 힘들어할 때 애착 관계에 있는 부모가 보이는 행동 중 가장 나쁜 것은 “네가 잘못해서 그렇다”라는 것이고, 또 한 가지는 “별일 아닌 것 갖고 그런다”라는 것이다. 애착 관계는 특별한 사람에게 느끼는 강력한 결속력이기 때문에 힘들 때일수록 더욱 의지가 되고 보호막이 되어야 한다. 위로를 구하는 아이에게 상처가 되는 행동은 다음과 같다.

도움과 위로를 원할 때 비난한다.
아이가 본 사실을 부정하고 왜곡한다.
죄책감을 유도한다.
아이의 개인적 경험이나 감정을 쓸데없는 것으로 취급한다.
위협하고 협박한다.
비판하고 부족한 점을 지적한다.
아이의 좋은 의도까지도 비하한다.

11) 애착 손상의 회복

영아기에 친밀한 애착 관계를 형성하지 못한 아기들은 자라면서 지속적인 결핍과 반응성 애착 장애를 보이게 된다. 그렇지만 양육자의 지속적인 노력에 의해 이런 결핍은 어느 정도 회복될 수 있다.

(1) 자신이 어떤 유형의 부모인지 파악한다.

현재 부모로서 자신의 모습은 과거의 축적된 경험으로부터 비롯된 것이며, 특히 어린 시절 부모와의 경험이 결정적인 영향을 미친다. 아이를 대할 때 생기는 감정, 특히 격한 감정은 과거에 해결되지 않는 애착 문제, 나쁜 경험에서부터 비롯된 것이며, 따라서 어린 시절의 경험을 탐색해서 현재의 성격에 영향을 미친 경험들을 통찰하는 것이 필요하다.

자신의 모습을 알아보기 위해 필수적인 것은 부모와의 관계를 돌이켜보는 것이다. 부모가 나를 키울 때 허용적이었는가, 강압적이었는가? 나에 대해 갖고 있던 기대는 무엇이었는가? 자라면서 부모에게 주로 느낀 감정은 무엇이었는가? 내가 성공했을 때, 실패했을 때 나의 부모가 나에게 어떻게 대해주었는가?

부모와의 관계에서 비롯된 문제점은 짧은 시간 내에 고치기 어렵지만 늘 염두에 두고 지속적으로 노력하면 점차 아이들과 친밀해지고 즐거운 시간을 보낼 수 있게 될 것이다.

(2) 다른 일을 줄여서라도 아이와 보내는 시간을 늘린다.

애착 관계를 형성하지 못한 아이들은 부모와의 상호작용을 피하려 하거나 과도하게 집착하는 모습을 보일 수 있고, 혹은 공격적이거나 적대적인 태도를 취할 수 있다.

이런 아이와 시간을 보내는 것은 쉽지 않지만 아이의 어떤 태도에도 불구하고 부모가 항상 옆에 있어 주고, 필요할 때 도와주고 위로해주는 모습을 보인다면 아이는 부모에 대해 갖고 있던 부정적인 감정이나 불신감들을 점차 극복할 수 있게 된다.

애착이 안정적으로 형성된 경우 함께 보내는 시간이 적어도 질적으로 풍부한 상호작용을 통해 애착이 잘 유지될 수 있지만 애착이 손상된 아이의 경우 시간적으로도 충분한 상호작용을 경험해야 잘못 형성된 애착을 되돌릴 수 있다.

(3) 부부간의 관계와 다른 대인관계를 긍정적으로 유지한다.

애착을 형성하는 시기의 아이들은 부모의 감정에 상당히 민감하다. 부모가 정서적으로 안정되어 있고, 주변 사람들과 좋은 관계를 맺고 있는 경우 아이에게도 이런 감정이 전달되어 아이는 세상에 대해 편안함을 느낀다. 반면 부모의 대인관계가 불안정하고, 특히 부부간의 갈등이 있을 경우 아이의 애착에 상당히 부정적인 영향을 미친다. 부모는 서로에게 있어서 또 다른 애착 관계이기 때문에 부부관계가 원만하지 않을 경우 아이와 안정된 애착 관계를 형성하기는 상당히 힘들다. 따라서 아이와의 애착 관계를 회복하려는 부모는 정서적인 안정, 민감성과 함께 원만한 부부관계를 유지하도록 노력해야 한다.

(4) 애착이 안정적으로 형성된 아동의 특징

① 친구들과 잘 어울린다.
② 예의가 바르다.
③ 독립적이며 따뜻한 마음을 갖는다.
④ 역경을 극복하는 힘이 있다.
⑤ 이성 관계도 원만하다
⑥ 애착 관계를 맺는 성인이 된다.

4. 대상관계와 미술치료

아이는 엄마의 반응을 통해 전능감을 갖고 만족감을 통해 자기 형성에 큰 영향을 미친다. 이 관계 경험은 내재화되어 정신구조를 형성하는 재료가 되어 타인과의 관계에 적용시킨다. 엄마와의 관계 경험으로 좋은 내적 대상은 좋은 자기로 나쁜 내적 대상은 나쁜 자기로 내재화되어 표상화되며 그림 속에 상호관계하며 표현된다.

미술치료는 내적 대상 관계와 그에 연합된 방어기제와 발달상의 문제를 비춰주는 거울, 혹은 담고 있는 그릇, 혹은 조직책이다. 미술치료는 심리적 공간을 표현할 수 있는 가능성을 제공하거나 아니면 치료자와 내담자 두 사람의 상호작용을 통하여 심리적 공간이 창조되거나 혹은 미술 활동인 거울반영(mirroring)에서 발견된다. 그것은 낙서 따라 그리기라는 미술 활동을 통해 배우고 모방할 수 있는 가능성을 제공한다.

대상관계의 초석이 놓이는 아동기 초기에 아이의 언어 구사 능력이 지극히 제한되어 있음에 비하여, 경험의 양과 질이 엄청나기 때문에 그 비언어적 소재를 역시 비언어적 표현으로 재창조할 수 있는 미술 형태가 대상관계를 조직하고, 그것을 다시 내담자에게 영상화하여 비추어 줄 수 있다(한국미술치료학회, 2000).

대상관계 미술치료는 자기표현과 자아성장을 촉진시키며 갈등과 불안을 해소시켜 바람직한 행동으로 변화를 가져올 수 있도록 도와주고 있다. 치료관계는 치료의 핵심 요인으로 새로운 내적 대상의 표상으로 내재화된다. 새로운 외부관계가 형성되어 새로운 내적 대상관계가 될 때 내담자는 근본적으로 변화하게 되는데, 대상관계 미술치료는 치료자와 내담자와의 치료관계 경험을 중시하여 치료자 자신을 환자의 외부대상으로 허용하는 미술 활동을 하는 치료환경을 조성한다. 치료자는 아동에게 엄마로서의 안정된 애착 관계를 재 경험하도록 하며 신뢰감과 잠재된 창조성을 신장시킨다. 내사와 투사를 통하여 그림 안에 표현된 내적 대상 관계의 변화를 치료자는 시각을 통해 읽고 해석하게 된다. 무의식 세계에 있는 외부 대상 관계에서 억압과 분노를 미술을 통해 표출해냄으로써 치유가 되고 심상에 표현된 내적 대상의 변화는 아동의 심리를 반영한다.

1) 난화와 대상관계 발달

난화(cribble)는 착화, 긁적거리기 등의 용어로 사용되며, 미분화된 심리 또는 유아의 경우에서 볼 수 있는 그림이다. 보통 2~4세를 인간발달단계에서는 난화기로 본다. 목적 없이 마구 그린 선은 그 자체가 즐거운 것으로 해석한다. 유아 또는 아동기의 난화는 기능적 쾌락이며 정신분석학자들이 지적하듯이 난화 표출의 심층에는 무의식적으로 부모의 관심을 끌려는 욕구가 작용한다. 난화에 제목을 붙임으로 어떤 의미를 부여하게 되는데, 이는 언어와 복합된 이미지가 실마리가 되어 표현활동의 세계로 전개해 나간다. 이와 같은 유희 본능은 성장해가면서 창조적 표현을 자극한다.

난화 상호 이야기 만들기법은 치료자와 내담자가 서로 역할을 교환함으로서 "관계형성"에 도움이 된다. 또한 내담자가 자신의 무의식을 난화 속에 투영시켜 형상화하여 이야기함으로써 보다 쉽게 무의식을 의식화시켜주고 내담자 스스로가 자신의 문제를 인식하게 해주는 이점을 가지고 있다.

치료자는 작품을 통해서 내담자의 문제를 진단하고 대처방안을 수립할 수 있다. 또 치료의 경과도 알 수 있다. 난화기법은 내담자와 치료자와의 상호관계가 중요하며 그 속에서 내담자는 이미지를 통해 자신의 문제를 알게 된다. 중증 정신질환이나 심한 정서장애에는 사용이 어려우나 언어치료에 응용될 수도 있다.

2) 소조 활동과 대상관계 발달

소조란 붙이면서 이루어지는 과정으로 조형의 기본적인 방법 중의 하나이다. 어떠한 형태든지 조형할 수 있으며 부착과 제거가 용이하여 실험적 자세로 수정을 거듭하면서 진지하게 추구할 수 있다. 다양한 재료로 교체할 수 있어 표현 양식이 광범위하고 작품 형태의 제한을 받지 않으며 개성적인 처리가 가능하고 특별한 시설이나 기술이 필요 없으며 점토 재료를 반복하여 사용할 수 있는 장점이 있다.

이러한 소조의 재료로서 주로 점토가 사용되는데 점토는 입체적인 표현을 하기 쉽고 유연하므로 자유자재로 각자의 생각을 표현할 수 있으며 사물의 형체를 손쉽게 만들 수 있다. 만들기 쉽고 마음대로 되는 점토의 성질은 생명과 몸체를 소유하는 매개체를 낳게 하는데, 점토를 힘껏 쥐고, 굴리고, 형태를 만들려는 충동에 의해 점토는 인간의 의식의 깊이를 끌어내게 된다. 여기서는 수동적 촉지각과 능동적 촉지각의 이론이 대상관계 발달에 기본이 된다. 즉, 대상 관계에서 이미 무엇이 일어났는지가 표현 양식에서 나타나는데, 대상 관계가 손상된 개인은 특히 왜곡하거나 미분화된 소조 작품을 제작하게 된다.

생애 초기 동안의 피부접촉의 중요성과 관련하여 학자들은 점토의 모형 만들기는 자기자각, 자기인상, 자아개념을 발달시키며 자아와 타인과의 관계를 강화하는 수단으로 설명하였다. 즉, 점토를 통한 촉각 활동으로써 심리적 의미 창조를 위한 주요 매체와 경험적 자아가 발달되어 기본적 감각체계가 발달하게 된다. 이로써 공간개념이 발달하게 되고 이어 현실검증이 가능하게 된다.

또한 대상관계 이론의 핵심이 되는 초기의 내면화된 관계를 새롭게 내다보게 하며 미술 활동에서 안전한 틀을 제공하여 그 안에서 대상의 세계를 연구하고 경험하게 한다. 또한 작품을 통한 구체적인 이미지와 감정 묘사에 의해 내적 세계를 더 쉽게 인식하여 깊은 이해와 감정이입, 해석을 통해 타인과의 중요하고 건전한 관계 형성 뿐만 아니라 확고한 자아상을 창조하도록 도울 수 있다.

아울러 자아 긍정감이 증진되며 창조적 지각에서 자신을 발견하여 세계 속에서 자신의 의미를 발견하게 된다. 내담자는 내면 관계를 새롭게 보게 되며 이 때 치료자는 초기 상실과 문제를 보상하는데 도움을 준다. 이로써 내담자는 미술 형태를 통해 대상과의 관계를 조직하게 되는 것이다.

5. 대상관계와 미술치료 사례

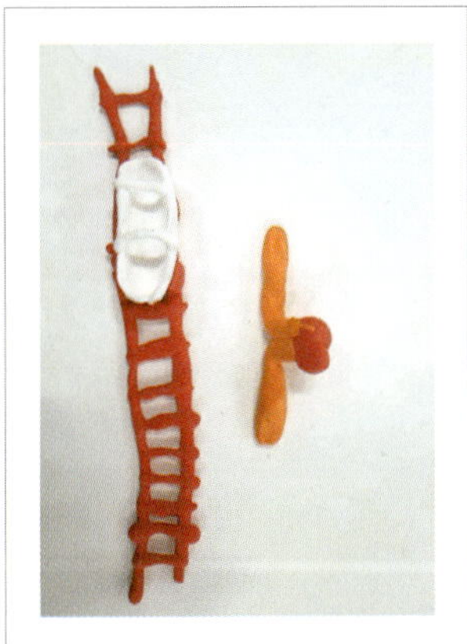

제20장

새둥지화(BND)

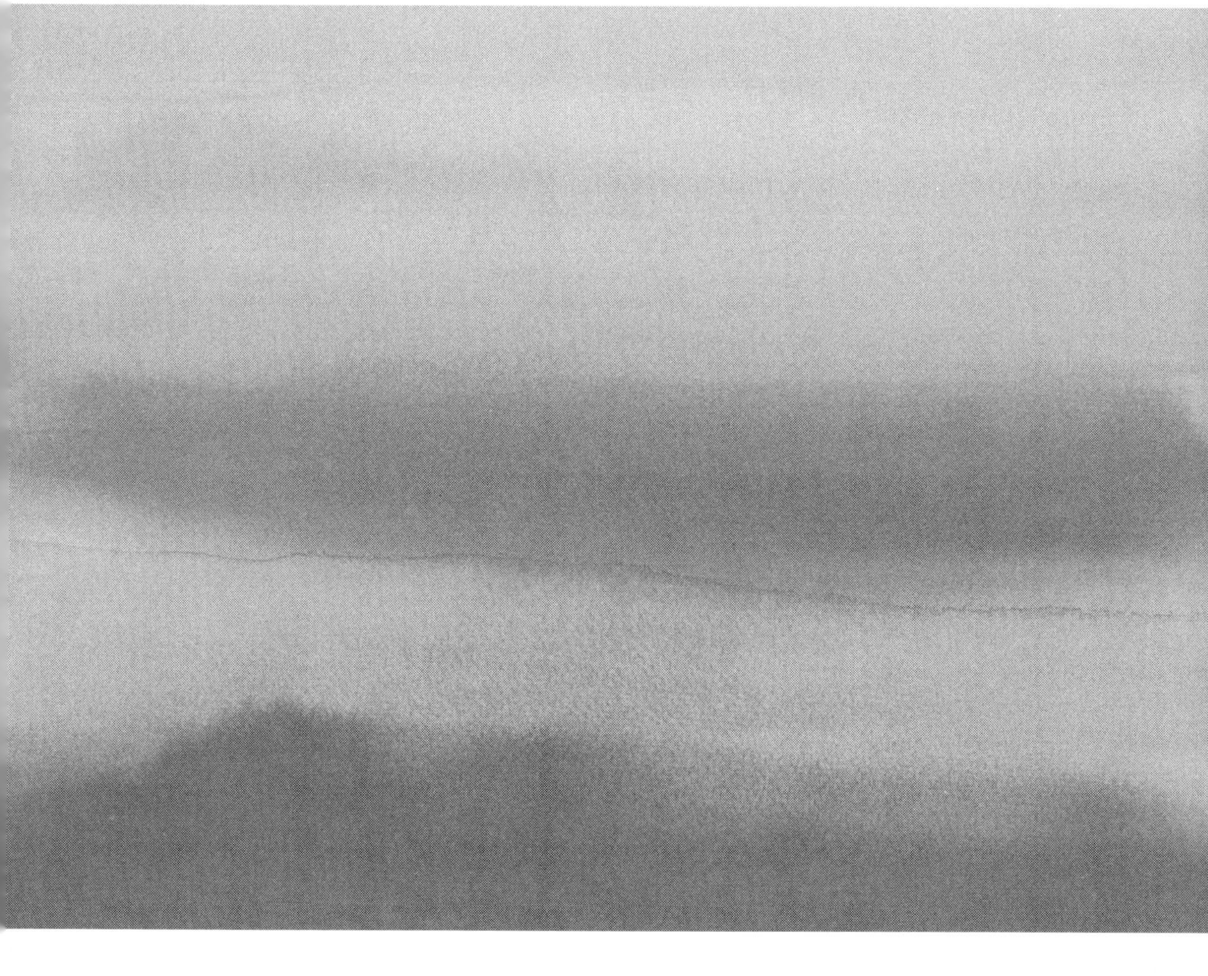

제20장

새둥지화(BND)

1. BND 그림검사

새둥지화(BND: Birds Nest Drawing)는 애착 안정성에 관한 정보를 제공하기 위해 카이저(Kaiser, 1996)의 연구로 개발되었다. 미술치료사인 카이저는 BND가 개개인의 가족화와 유사하게 표현되었고 안정 애착이나 불안정 애착의 분명한 특성을 알기 위한 평가척도로 개발하였고 애착 관계와 관련이 있다고 생각되는 그림에서 일괄되게 나타나는 확실한 특성이나 요소를 분석했다. 따라서 임상적 진단 도구로서 잠재적 가치가 있음을 검증하였다. 애착 이론의 창시자인 존 보울비(J. Bowlby)에 의하면 다른 사람과의 친밀한 애착은 개인의 전 인생에 걸쳐 중추적인 역할을 하고 유아기, 아동기뿐만 아니라 청소년기, 성인기, 노년기까지도 이러한 친밀한 애착에 의거하여 자신의 장점과 생의 기쁨을 끌어내고 자신의 공헌을 통해 다른 사람에게 자신의 좋은 점과 즐거움을 준다고 하였다. 이러한 친밀한 애착은 유아 초기의 주 양육자와의 애착 형성과 밀접한 관련이 있으며 주 양육자와의 애착 형성은 아동 발달에 매우 중요한 관점이다. 이 안정 애착을 통해 아동들은 감정을 조절하고, 스스로 위로하는 것을 학습하게 되며, 그리고 이러한 애착 관계를 통해서 다른 사람과 관계하는 것을 학습한다(James, 1994).

2. BND 그림검사 실시방법

– 준비물 : A4 용지, 4B연필, 지우개, 색연필.
– 지시어 : "새 둥지에 부모 새와 아기새가 있어요.
새 둥지에서 무엇을 하고 있을까요?
새 둥지화를 그리세요."
– 시간 : 충분한 시간

3. BND 그림검사 분석기준

카이져(Kaiesr)의 애착지표

구분	애착지표	채점준거
둥지의 담는 기능	1. 내용(contents) 2. 나무(tree) 3. 바닥(bottom) 4. 담을 가능성(able to contain)	• 둥지에는 내용물이 있는가? • 둥지는 나무에 의해 지지 받고있는가? • 둥지에는 바닥이 있는가? • 어떤내용물이 들어있든 떨어지지 않도록 둥지는 기울지 않는가?
정신건강/ 병리학 관련 요소	5. 공간(space) 사용 6. 배치(placement) 7. 색상(colors) 8. 선의 질(line quality) 9. 둥지(nest)의 크기	• 종이를 1/3 이상 사용하였는가? • 둥지를 중심에 두었는가? • 3 – 4개의 색상을 사용하였는가? • 선은 적절한가? • 여백(대상물)이 1/3 이하인가?
개정판에 들어있는 새 요소	10. 아기 새들(baby birds) 11. 부모 새들(parent birds) 12. 아기또는 부모 새들 (either baby or parent birds) 13. 두 부모 새들 (two parent birds) 14. 알들(eggs)	• 아기 새들이 들어있는가? • 부모 새들이 들어있는가? • 아기 또는 부모 새들이 들어있는가? • 두 부모 새들이 들어있는가? • (새는 없고) 단지알들만 들어있는가?

4. BND 애착지표 및 해석

1. 아기새만 있음	낮은 하위안정애착 수준	부모새가 아기새를 두고 가버린 그림은 중요한 타인들에 의한 지지의 결여를 느낀 것을 무의식적으로 표현
2. 부모새만 있음	하위안전 애착수준	부모 혹은 중요한 타인들로부터 엄격한 통제의 경험에 의해서 지지적 환경의 결여를 무의식적으로 표현
3. 부모새 아기새가 함께 있음	상위 안정애착수준	부모 혹은 중요한 타인들로부터 적절한 양육환경 속에서 자라 안정애착을 보임
4. 알들만 있음	매우 낮은 하위애착 수준	알을 따뜻하게 부화할 부모새가 없는 것은 정서적인 지지가 없는 양육자와 초기생활을 한 경험을 무의식적으로 나타냄
5. 둥지가 비워져 있음	매우 낮은 하위애착 수준	둥지가 비어있는 이미지는 고립(분리)되고 주변이나 지지하는 환경이 없음을 무의식적 으로 표현함
6. 둥지가 나무에 의해 지지 받고 있음	낮은 지지 : 낮은 애착 / 높은 지지 : 상위애착	나뭇가지 위 둥지그림은 지지적 환경의 경험을 무의식적으로 나타낸 것임. 곧 둥지 안 내용물이 쏟아질 것 같은 이미지, 가지가 너무 약해 가지가 부서질 것 같은 이미지는 낮은 안정애착수준이다.
7. 공간사용	공간 활용이 1/3 이상 안정애착 그렇지 못했을 때 불안정애착	공간활용은 현재 삶의 에너지를 측정할 수 있으며 우울과 위축되고 희망 없고 사랑 받지 못한다고 느끼는 아동은 낮은 안정애착수준이다. 이러한 아동은 여백이 많거나 내용이 단순하다.
8. 선의 질	강한선(공격성 나타냄/ 진한선 : 불안을 나타냄 약한선 : 자신감 없음, 폐쇄적임)	선의 질은 과거의 애착경험에 따른 현재 행동 상태를 나타냄. 정서적 지지환경 박탈 경험이 많았던 아동의 선은 매우 강하게 혹은 극도로 약하게 나타남. * 매우약한 선 : 부적응적임, 우유부단하고 청하고 두려움이 많음. * 불연속적인 스케치 풍 : 소심함
9. 둥지의 크기	작은 둥지 및 과대 둥지(낮은 안정 애착수준 / 적절한 둥지 : 높은 안정애착수준	엄격한 양육의 경험을 한 아동은 작은 둥지를 표현하여 환경의 압력을 무의식적으로 표현함. 너무 큰 둥지의 그림은 방임 혹은 위협적인 환경의 경험에 의해 힘을 가지고 싶어 하는 무의식적 표현임

(우리나라 아동의 그림에서 흔히 나타나는 애착지표)

5. BND 그림검사의 사례

제21장

가면(Mask)

제21장

가면(Mask)

1. 가면(Mask)의 역사

세계 공통어로는 마스크(mask)란 말이 쓰이며, 대개의 경우는 좁은 뜻의 변장 · 화신을 목적으로 하는 토속적 또는 연극 가면을 말한다.

원시시대부터 오늘날까지 지구상의 각 지역에서는 수많은 가면이 다양한 모습으로 존재하고 있다. 다만 이슬람교의 코란(koran)은 인간이나 동물의 형상을 꾸며서 상연하는 것을 금지하기 때문에 아라비아, 북동아프리카, 발칸을 포함하는 근동(近東)지역과 이슬람교의 영향을 받은 북아프리카에서는 가면을 사용할 수 없었다. 만듦새도 헝겊 조각으로 소박하게 만든 단순한 가면에서부터 눈, 코, 귀 등의 각 부분이 자연스럽게 움직이는 복잡하고 정교한 것까지 다종다양하다. 또 가면이 표현하는 내용도 신(神), 사자(死者), 요괴(妖怪) 등 초자연적인 존재의 가면에서부터 인간과 각종 동물 등의 가면이 있으며, 이것을 만드는 재료도 나무 · 금속 · 돌 · 종이 · 진흙 · 동물의 가죽 · 뼈 · 모피 · 섬유로 짠 것, 식물의 잎 · 줄기, 조류(鳥類)의 털, 조개 · 상아 · 산호 등 여러 가지가 사용된다.

가면의 역사는 원시시대부터 있었던 것으로 추정되며 처음에는 수렵생활을 하던 원시인이 수렵 대상인 동물에게 가까이 다가가기 위한 변장용으로, 후에는 살상한 동물의 영혼을 위로하기 위하여, 또는 그 주력(呪力)을 몸에 지니기 위한 주술적 목적에서 비롯하여 차차 종교적 의식과 민족 신앙의 의식용으로 쓰이게 되었다. 최초의 가면은 프랑스 남부에 가면 춤을 추는 사람의 모습을 그린 선사시대의 벽화가 여러 곳에 남아 있다. 그 중 가장 유명한 것은 트르와 프레르(Trois-Freres) 암벽화인데 약 8,000~15,000년 전의 것으로 추정되고 있다. 이곳에는 사람, 들소, 야생염소, 사슴, 말 등이 그려져 있는데 그중에서도 수염과 사슴뿔 그리고 꼬리가 달려 있는 사람의 모습이 주목받고 있다. '가면을 쓴 사람의 모습'은 사냥과 풍작을 관장하는 신에게 바치는 샤머니즘 의식에서 비롯된 것이라고 하는데 아무튼 가면을 사냥감에게 몰래 접근하기 위한 목적뿐 아니라 가면이 신비한 힘을 갖고 있다고 믿었기 때문일 것이다. 이렇듯 주술적 의미를 갖고 있기 때문에 사람들에게 가면은 꺼리는 물건이었다. 우리나라에서도 탈놀이가 끝나면 가면을 태워 없애 버렸다고 한다. 그러나 20세기 초에 들어서면서 세잔이나 마티스, 특히 피카소와 같은 화가들이 동양과 아프리카의 미술에 눈을 돌리면서 가면은 미술품으로서 인정받기 시작했다.

가면(假面)이란 한자어는 문자 그대로 '가짜 얼굴'이다. 인공적으로 만든 얼굴의 형상이라는 뜻이다. 마스크라는 단어는 라틴어 이전의 토속어인 maskaro(검댕이로 검게 칠한 것)에서 기원하며 라틴어의 masca는 '마술사, 마귀'라는 의미로 사용되고 이태리의 일부 지역에서는 오늘날까지 '마술사'로 사용되고 있다. 또한 불어에서는 1511년 '가짜 얼굴'이라는 의미로 사용되었다. 라틴어에서는 '가면'이라는 단어는 페르소나(persona)인데 이것은 성격이라는 뜻도 가지며 후일 사람이라는 뜻의 person으로 발전하였다. 서구인들은 얼굴을 그 사람의 상징물로, 나아가서는 사람 자체로 보았던 것 같다.

2. 가면(Mask)의 발생과 기능

가면의 형태는 5가지로 나눌 수 있다. 우리나라 탈과 같은 얼굴 가면(Face Mask)부터 헬멧 가면(Helmet Mask), 투구형 가면(Helmet Crest Mask), 이마장식형 가면(Forehead Mask), 머리장식형 가면(Headdress Mask)까지 다양하다. 또한 가면의 재료도 무궁무진하다. 특히 자신이 사는 지역의 자연의 재료로 만들어졌다. 이것으로 당시 공예 기술과 사회 상황을 추측할 수도 있는 것이다.

옛 사람들은 자연에 영혼이 깃들어 있다고 생각했다. 그 영혼을 기쁘게 해야만 재앙을 피할 수 있다고 믿었다. 따라서 성인식이나 그 외 중요 행사에서는 우리의 제사와 마찬가지로 조상께 인사를 드려야 했으며 이 때 등장한 것이 조상신 가면이다. 그 외 집단 사회의 질서를 잡기 위해서, 풍년을 기원하기 위해서도 조상신 가면이 등장하였다.

가면을 사용하는 축제는 세계 곳곳에 있다. 중국에서는 새해가 되면 종이와 옥수수대를 이용하여 여러 명이 용춤을 추었고 티벳의 라마교 사원에서는 악령을 추방한다는 '챰'의식이 거행되었다. 또한 카니발과 할로윈은 가장 유명한 가면 축제이다. B.C 6세기경 연극이 행해졌다. 이후 연극에 가면이 사용되면서 대사 전달을 위해 입 부분을 도려내었고 시야를 확보하기 위해 눈 주위도 크게 파냈다. 행동을 자유롭고 편하게 하기 위해 얼굴만 부분적으로 가리는 가면이 생기기도 하였다. 이집트의 황금가면처럼 가면은 권력의 상징이 되기도 하였고 가면의 다양한 표정과 모습은 그 시대 사회를 대변하기도 한다.

우리말의 '탈'은 그 어원이 정확하지 않지만 같은 발음의 단어가 '사고', '병'이라는 뜻으로 사용되는 것으로 보아 무언가 꺼림직한 느낌이 들기도 한다. 우리의 가면도 외국과 마찬가지로 풍년을 기원하거나, 병을 고치거나, 조상을 섬기는 등의 행사에 주로 이용되었다. 외국 가면들이 대개 무서운 얼굴을 하고 있는데 비해 우리의 가면은 인간적이며 소박한 모습을 하고 있다. 비록 탈이 왜곡과 과장을 통해 비정상적인 얼굴을 하고 있지만, 항상 해학적인 표현이 흐르고 있는 것은 우리만이 가지고 있는 독특한 민족정서라 하겠다. 신석기 시대 '조개탈'과 신라시대의 '목심칠면'부터 시작하는 한국의 탈은 하회탈에서 가장 절정을 이룬다. 우리의 서민들은 탈놀이를 즐겼다. 양반의 잘못을 들춰내고 골탕을 먹이는 말뚝이와 함께 양반들을 마음껏 조롱하며 억눌렸던 감정을 품어냈던 서민들의 놀이였던 것이다.

3. 융의 페르소나(Persona)

융(Jung)은 인격의 구조를 설명하면서 '페르소나'라는 개념을 설명했다. 사회의 인습과 전통의 요청과 그 자신의 내적 원형의 요구에 부응해서 채택한 페르소나는 사회와 만나서 관계를 맺으며 형성되는 복합적인 자아의 상(像)이다. 이것은 사회가 그에게 부과되는 역할이며 사회가 인간에게 생활에서 담당하기를 기대하는 배역이다. 가면의 목적은 남에게 뚜렷한 인상을 주려는 것이며 쉽게 말해서 이것은 연극배우가 쓰는 가면을 말하는데, 보통 우리 외면의 모습이고 사회의 질서 속에 인정받을 수 있는 모습이며 사회에 적응하는 모습이라고 할 수 있다.

연기자가 역할의 가면을 쓰고 자기도 모르게 그 속으로 빠져 들어가 자신이 그 사람인 양 착각하여 그 사람의 삶을 똑같이, 자아도 페르소나에 일치됨을 느낀다. 따라서 페르소나는 사회와 그를 이어주는 얼굴이며, 사회 속에서 그의 한 자리를 보장하고 생존적으로 유리한 이득을 가져다주는 꼭 필요한 측면이다. 하지만 가면 뒤에는 또 다른 얼굴이 있는데 그것은 특정한 페르소나를 보완적으로 써야만 했던 그 반대되는 특성을 지닌 이면이다. 주로 무의식 속에 자아의 숨겨진 부분으로 외적인 성격을 페르소나라 한다면, 이는 그의 내적인 성격이다. 페르소나는 외부의 압력과 요청을 다루고, 이 내적인 성격은 무의식의 압력과 요청을 다룬다. 자아는 그 모든 것을 전체로 유지해야 한다. 그러기 위해서는 각각의 요소들을 원래의 필요대로 분화시키고, 인식하며 모든 부분을 균형이 있게 발달시켜야 한다.

4. 가면의 임상적 의미

고대 희랍에서는 손잡이가 있는 가면을 역할에 따라 쓰고 연기를 하였는데 이는 우리나라 탈춤에서와 같이 세상을 풍자하면서 정치적으로는 자신의 신분을 숨길 필요에서였다. 성격이란 사회적 구성원으로서 현실의 원칙과 요구에 맞게 자신의 본능을 통제하면서 그를 효과적으로 실현시키기 위해 그 사람이 취한 여러 가지 책략으로서의 모습들인데 얼굴을 숨기고 정해진 극중 역할을 멋지게 연기하도록 돕는 가면과 그 뜻이 통한다. 오늘날의 연극에서도 짙은 분장이나 과장된 연기로 본래의 자기가 아닌 제3의 존재로 등장하는 것은 일종의 가면의 연장이다. 배우는 자기 이름으로 등장하는 것이 아니고 극의 인물로 등장하는 것이다. 결국 배우는 가면을 쓰고 그 역할을 하는 것이다. 우리도 인생이라는 무대에서 가면을 쓰고 연기를 하고 있다고 볼 수 있다. 가정이라는 무대에서는 가족이라는 역할이 있고, 사회라는 무대에서는 각 국면에 맞는 역할이 있다. 물론 거기에는 주연급의 역할이 있고 조연급의 역할도 있다. 주어진 역할을 얼마나 잘 소화해 내느냐가 사회생활의 능력을 재는 척도가 된다.

페르소나의 지배를 받게 되면 그의 인간적 본성은 상실되고 만다. 그래서 사회적으로 성공을 거둔 경우에도 어느 순간에 인생의 공허와 허무를 느끼게 되는 것은 그 성공이 페르소나에 기인하고 있기 때문이다. 페르소나와 내적 이면간의 부조화와 갈등을 겪는 사람들에게는 '가면 만들기'의 작업이 효과적일 수 있다. 물론 '상자로 나 자신

만들기'와 비슷한 효과를 줄 수 있는데 실제의 자기라고 생각되는 믿음, 비판, 바람이 이미지로 옮겨지는 반면, 가면은 환상이나 왜곡에 근거한 거짓된 상까지도 포괄할 수 있어 자신의 복잡한 콤플렉스를 조금 더 깊게 살펴볼 수 있다. 가면은 역할적인 차원에서 바라보는 자기 이미지이므로 자신이 가지고 있는 콤플렉스의 '문맥'을 좀 더 살펴볼 기회가 되며 우리의 억제되고 감추어진 모습과 우리의 다양한 면들을 볼 수 있게 해주는 강력한 수단이다.

5. 가면을 이용한 미술치료 프로그램 및 사례

1) 남이 보는 나의 모습과 내가 보는 나의 모습을 표현해 보기
2) 남이 보는 나의 모습 중 가장 마음에 드는 모습을 표현해 보기
3) 내가 보는 나의 모습 중 가장 마음에 드는 모습을 표현해 보기
4) 내가 써야 하는 모습과 쓰고 싶은 모습을 표현해 보기
5) 나의 모습(외적, 내적) 중 타인에게 보이고 싶지 않은 모습을 표현해 보기
6) 가장 기쁠 때의 모습과 가장 슬플 때의 모습을 표현해 보기
7) 위의 것 중 한 가면에 반쪽씩 표현하기

1) 가면 만들기 실시방법

(1) 석고붕대를 이용한 가면 만들기 제작과정

준비물

석고붕대(폭 넓이 7.5㎝, 길이 270㎝ 2봉지)와 따뜻한 물, 물을 담을 수 있는 그릇, 가위, 머리에 씌우는 캡, 수건 등

① 석고붕대는 3cm ~ 4cm로 하여 직사각형 모양으로 준비한다. 눈이나 코, 입, 언저리를 붙일 때 편안하게끔 조금 더 길고 좁은 직사각형 모양으로 따로 준비하는 것이 좋고 물의 온도는 체온 정도가 적당하다.

② 잘라 놓은 석고붕대를 물에 담가 젖은 붕대를 차곡차곡 얼굴에 얹어 가면의 틀을

만든다. 석고붕대의 두께는 0.5~1㎝ 정도의 두께로 만드는 것이 좋고 균일한 두께가 되도록 신경을 써야 한다.

③ 틀이 마른 것 같으면 살짝 떼어본다. 끝이 휘는 것 같으면 조금 더 건조시켜서 완전히 마르도록 한다.

④ 가면이 건조되는 사이 장식을 할 재료들을 준비한다. 갖가지 폐품들과 잡동사니들, 천 조각, 색종이, 색 도화지, 잡지와 물감, 드로잉 재료 등 선택의 폭이 넓을수록 좋다.

⑤ 완성되면 가면을 써본다. 거울을 보고 자기 자신과 이야기를 해 본다.

⑥ 한동안 가면을 잘 보이는 벽 위에 걸어 놓고 수시로 바라보면서 때론 직접 써보기도 한다. 그때마다 그 안의 그늘진 얼굴에도 주목하자. 일주일 동안의 관찰과 느낌들을 글로 써본다.

2) 가면의 사례

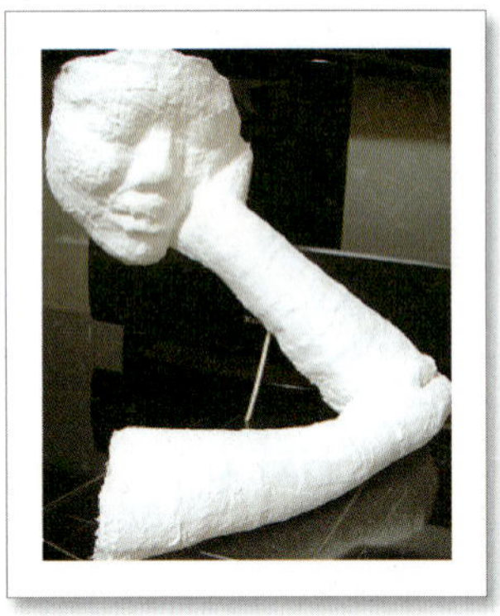

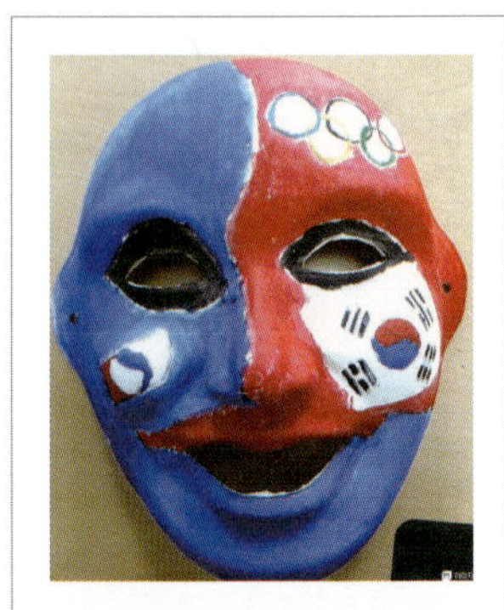

第22장

분석심리학적 미술치료

제22장

분석심리학적 미술치료

1. 융(Jung)의 분석심리학

칼 구스타프 융(Carl Gustav Jung, 1875-1961)은 스위스의 정신과 의사이자 분석심리학의 창시자이다.

융은 프로이트와 함께 심리학, 정신분석학의 큰 줄기를 만든 학자로서 1913년 대학 강연에서 융이 자신의 이론을 분석심리학(Analytical Psychology)이라고 명명한 데서 비롯되었다. 이는 프로이트의 정신분석학(Pshchoanalysis)과 대비되는 개념이었는데, 프로이트는 '개인 무의식'의 규명에 열중했다면 융은 보편적이고 원초적인 차원의 '집단 무의식'이 있다고 보았다.

융은 개인적 경험을 통해 치유적 체험, 내면적 심상인 상징과 꿈을 통해 의식의 세계가 아닌 곳에 성장의 의지가 존재한다는 것을 증명하려 하였다. 융은 내면의 심상인 그림을 그리는 행위를 통해서 자기 자신을 형상화할 수 있다고 주장하였다. 원형적 형상을 재구성하는 것 즉, 원형과 근원적 상징을 재구성하는 것이 중요하다. 그림을 심층심리학에 적용하는 것은 그림 언어는 선험적(개인이 태어날 때부터 지니고 태어난 것)으로 주어진 가능성이며 이 가능성은 물론 내용상 일정한 방식으로 표현되기 때문이다. 즉흥적인 판타지, 능동적 상상, 꿈의 시리즈를 그림으로 그리는 과정이 중요하다. 상상과 꿈은 개인의 무의식을 투사할 뿐만 아니라 인류의 경험이 내재된 집단 무의식도 그림에 상징적으로 표현되기 때문에 능동적 상상을 많이 사용하였다. 또한 만다라의 상징의미를 심리분석에 적용하였다. 만다라는 인간의 무의식에 있는 원형을 일깨워 주며, 인간에게 내적 기쁨과 내적 질서와 생명의 의미를 찾아주는 자아 치료적 작업이다. 퇴행적 상징은 창의적 어린이가 재활동하는 것이며 이런 상태는 치료과정에서 성장상징으로 변하여 자신의 정체성을 찾고 나아가 개성화 단계에 이르게 한다. 융은 색채, 형태, 공간이 주는 상징을 분석하였다.

2. 융(Jung)의 생애

융은 1875년 스위스 북동부의 작은마을에서 목사의 아들로 태어났으며 스위스 바젤 대학의 학부를 졸업한 후 브로일러 교수의 문하생으로 들어가 정신의학을 공부하였다.

융의 친, 외할아버지는 모두 독특한 성격의 소유자로서 친할아버지 구스타프는 정신병원의 설립을 주장하는 등 매우 진취적이며 강직한 사람이었다고 한다. 자신의 시집을 낸 구스타프는 괴테의 사생아라는 소문도 있었는데 괴테의 파우스트에 깊은 공감을 느꼈기에 그리 불쾌해 하지는 않았다고 한다.

융의 외할아버지 사뮤엘 프라이스 베르크 목사는 목사 일을 수행하면서 히브리어의 교수자격을 얻은 매우 관대한 성품의 사람으로 여러 가지 일화를 남기고 있다. 융 자신이 들은 이야기에 따르면 그는 높은 학식과 탁월한 시적 감각을 지니고 있는데 자기가 항상 귀신들로 둘러싸여 있다고 믿고 융의 어머니를 자기 등 뒤에 앉아 있게하였다고 한다. 융의 어린시절 갈등은 신의 본체의 물음. 꿈을 통해 무의식의 첫발을 내딛는 경험을 한다. 융은 돌에 그림을 그리거나 나무를 깍아서 작은 상자 안에 넣어서 보관하였는데 괴로울 때나 우울할 때 그 인형들을 생각하며 위로를 받았다고 한다. 태어나서 배우지도 않은 인간 마음속에는 시간을 초월한 인간의 원초적인 행동이 있다는 것을 후에 알게 된다. 융의 청년기는 자신의 경험으로 노이로제 증상을 체험하고 자신의 노력으로 치유의 경험도 하였다. 융은 자아의 주체성을 처음으로 의식하는데 자신의 마음속의 두 개의 인격이 존재한다는 것을 느낀다. 하나는 수학을 이해하지 못하여 자기 자신에게조차 확신이 없는 학생. 두 번째는 중요하고 위대한 권위자인 한 남자로서 아무도 감히 농담을 허용치 않으며, 제조업자보다도 강하고 영향력 있는 남자이다. 이러한 융의 정신적 대극은 후에 융의 분석심리학에서 다루어진다. 융은 사고에서 신에 의지하여 모든 것을 치유하며 모든 것을 이해시키는 은혜의 기적을 체험할 수 없었다.

즉 의문과 믿음이 해결해주지 못하는 신의 문제는 결국 자신의 요구를 충족시켜주지 않음을 깨닫고 자신의 세계에 점점 몰두하고 철학 서적을 많이 읽었다. 대학시절의 융은 1896년 21살이 되던 해 아버지가 작고하고 의과를 공부했지만, 진로에 대해서 많은 고민을 한다. 아버지가 부목사여서 여러 신학생들과 교류하고 공부도 많이 하였지만, 그리스도와 성령에 관해 동의할 수 없는 것이 있었다. 자연과학에는 무한한 지식은 제공하였으나 어떤 통찰을 주기에는 어려웠고 융은 오히려 심리적인 측면이 깔려있는 철학 심령술에 관심을 가졌다. 융은 인기 없던 정신과에는 관심이 없었는데 국가고시를 공부하기 위하여 정신과 책을 뒤지던 중 "정신병을 인격의 병"이라는 한 대목에 이끌려 미래가 약속된 내과를 서슴없이 버리고 정신과를 택하게 된다.

그 후 1900년 부르크 휠츠리의 취리히대학 정신과병원의 주임교수인 오이겐 블로일러(Eugen Bleuler, 1857-1939)의 차석 조수로 들어가서 당시에 관심을 가지지 않은 분야 "인간의 정신이 그 스스로의 파괴에 직면하여 어떻게 반응하는지를 알고 싶었다" 즉 그에게는 정신병에는 무엇이 일어나고 있는가 하는 화급한 의문이 있었다. 정신병에서 심리학이란 전혀 아무런 역할도 하지 않았다. 융은 1900년 "소위 심령 현상과 관한 심리학과 정신병리와 심리에 대하여" 논문 발표를 하였고, 인간의 정신병리학을 연구하면서 1903년 엠마 라우쉔 바하와 결혼을 하였다.

취리히 의과대학의 교수로 재직하던 중 프로이트의 정신분석학을 접하고 깊은 감명을 받게 된 32세의 젊은 청년이었던 융은 단어연상에 관한 실험적 연구를 통하여 무의식적인 "콤플렉스의 존재"를 발견하여 1906년 프로이트에게 단어 연구에 대한 그의 연구 논문을 보내면서 1907년 프로이트와의 감격적인 만남을 갖게되는 계시가 되었고, 당시 50세의 프로이트를 직접 만나기 위해 오스트리아 빈으로 찾아가 13시간이라는 긴시간동안 열띤 토론을 하였다. 융은 프로이트의 성욕 중심설에 대해서 프로이트를 옹호하였다. 이후 프로이트와 융은 함께 연구를 시작하게 되었고, 당시 프로이트는 융을 자신의 후계자로 생각하고 있었다.

프로이트의 이론에는 1905년 〈성욕의 이론에 관한 세 개의 에세이〉 갓난아기가 본능적으로 성욕을 느낀다는 이론의 유아 성욕론과 남자아이가 아버지를 적대시하고 어머니를 독차지하고 싶어 한다는 외디푸스 콤플렉스가 있었는데, 당시 유아와 성을 연관 짓는 것 자체를 불쾌해하는 시대적 분위기로 인해 당시에도 많은 비판을 받았다. 융 또한 프로이트가 과도하게 성욕에 치우쳐 무의식을 해석하고 있다고 판단하고 프로이트의 사상에 전적으로 동의하지 않았다. 그리하여 융은 프로이트에게 성욕을 벗어나 좀 더 넓은 영역에서 연구를 이어나갈 것을 제안하였으나 프로이트는 이를 거부하였고, 그 계기로 두 사람의 관계는 틀어지기 시작하였다. 융은 무의식에는 억압된 성적인 욕구나 충동뿐 아니라 종교적 원천과 같은 전혀 다른 창조적 가능성이 있다고 판단하고 6년만에 프로이트와 결별을 선언하고 정신분석학회를 탈퇴한 후 분석심리학회를 설립하였다. 융은 점점 무의식에 대한 욕구가 커지기 시작하였고, 병적이고 나약한 자는 무의식의 세력에 휩쓸려 붕괴될 수도 있어 정신적인 와해로 유도될 수도 있다고 하였다. 그러나 무의식에서 올라오는 환상들을 차단하면 그 또한 신경증적 해리, 혹은 정신병적 와해를 자초할 수 있다는 것을잘 알고 있었지만 호랑이 굴 속에 들어가야 호랑이를 잡는다는 속담도 있듯이 융은 무의식에 직면하는 모험을 하나의 학문적인 실험으로서 감행하였다 그는 감정을 상(像)으로 번역하는것, 감정 속에 숨어 있는 상들을 성공적으로 발견함으로써 내적인 안정을 얻는다는 것을 알았다. 1913-1919년까지 그의 유일한 관심사는 자신의 무의식의 현상으로 "원형이론"의 틀을 잡기 시작하였다. 융은 1922-1912년 리비도, 꿈 이론, 신경증 이론의 협소성과 일방성을 비판하였다. 융이 말년에 지은 저서 〈RED BOOK〉의 원래 제목은 새로운 책이라는 뜻의 Liver Novus였으나 붉은 표지를 염두해둔 카를 융이 별칭으로 레드 북이라고 부르던 것이 공식 명칭이 되었다. 해당 책에 포함된 삽화도 모두 카를 융 본인이 그렸다. 다만 미완성으로 남았으며 원고는 공개되지 않았다. 그러다 2001년에 심리학자들에 한해서 공개되었으며 2009년에 들어서는 일반 대중들에게도 공개되었다.

프로이트 (Freud)의 가족

융 (Jung)의 가족

	프로이트 (Freud) 정신분석학	융 (Jung) 분석심리학
리비도	성적에너지	창의적 에너지
분석대상	정신질환자(과거지향적)	보통사람(미래지향적)
무의식	억압적 의식, 꿈으로 위장	가능성, 꿈으로 드러남
정신	의식 → 전의식 → 무의식	의식 → 개인무의식 → 집단무의식

3. 융 학설의 기본 개념

융의 적극적 상상(Active Imagination)은 예술심리치료를 위한 융의 사상과 치료의 실제를 위한 방법을 요약 설명해 줄 수 있는 융의 핵심 개념이다. 융은 자신이 어려움을 겪을 때마다 자신의 마음속에 있는 상황과 자신이 경험한 바를 그림이나 조각이란 미술 활동으로 표현하였다. 그러므로 융은 무의식에 따라 그림을 그리는 활동을 하는 것이 심리상태에 큰 영향을 미친다는 사실을 본인이 직접 경험하였다. 이에 따라 융은 자신에게 찾아오는 클라이언트에게 클라이언트가 가진 꿈과 상상을 그림으로 표현하도록 권장하였다. 클라이언트가 자신이 가진 감정과 자신이 바라는 꿈을 그림으로 표현하려고 노력하게 될 경우, 이 클라이언트는 '적극적 상상'을 통해서 얻어지는 그림을 매개로 하여 자신을 더 깊게 이해할수 있다고 융은 보고 있다. 한편 클라이언트가 보는 대로 자신의 세계를 표현하거나 또는 클라이언트가 소망하는 방향으로 자신의 세계를 표현할 경우, 클라이언트는 자신이 가진 감정을 정돈할 수 있게 된다. 클라이언트가 바라는 방향으로 사물을 그리게 되면, 그가 세상을 보는 방법을 통제하는데 유리하기 때문이다(전영신, 2003).

융은 적극적 상상에 대하여 '내적인 이미지의 흐름을 관찰하는 내성법(內省法; method of intospection)' C. G. Jung(1949)이라고 간단하게 정의하였다. 융은 일찍이 신체와 영혼을 이어주는 가교 역할을 하는 인간 정서에 대해 관심을 갖고서 무의식적으로 일어나는 신체적 운동 현상을 주의 깊게 관찰하였다. 심각한 퇴행성 환자를 연구하면서 그는 문제를 제기해 왔으며, 결국 그들에게서 공통적으로 보이는 겉으로 드러난 행동들의 의미를 발견하기에 이르렀다. 1916년 융은 표현적인 신체 동작은 무의식의 형태를 부여하는 수많은 수단 중 하나라는 내용의 논문을 썼다. 스스로 적극적 상상이라고 명명한 기법을 서술하면서, 그는 춤 · 동작, 그림 그리기, 찰흙 작업 또는 다른 모든 예술매체를 사용하여 어떤 방법으로든 이 적극적 상상을 할 수 있음을 밝혔다. 예를 들면 꿈을 기억할 때 "우리는 움직임을 감지하거나, 노랫소리 또는 말소리를 듣거나 행동을 경험하고 아름다운 시각적 이미지를 보거나 음악의 리듬 및 소리를 경청하기도 한다. 상상은 상호 통합 양식적이기 때문이다(Knill, Barba and Fuchs, 1995).

심리치료 과정의 일부분으로 예술매체를 사용한다는 융의 생각은 1916년 당시에는 놀랄 만한 아이디어였던 것이다. 그러나 그의 최초 논문은 몇몇 학생들 사이에서만 비공개적으로 회람되고 있었으며 1957년까지 미간행 상태로 남아 있었다(Jung, 1916). 그러다 좀 더 시간이 지난 후 창조적 예술 치료기법들이 대두되고 나서야 비로소 정신건강 분야에서 그의 기법이 인정받을 수 있었다. 융의 적극적 상상은 분석심리 심리치료가 이며 무용 · 동작 치료사 조안 초도로우(Joan Chodorow)에 의해 편집되고 설명 요약되었다. 융은 전체적 성격을 정신으로 보았으며 인간이 일생을 통해 이룩해야 하는 과업은 자신의 타고난 '전체성'을 최대한 일관성을 갖고 분화시키며 조화를 이루는 것이라고 하였다. 그것은 인간의 정신 구조가 인격형성의 요소와 다를 바 없다는 것을 말한다. 융은 인간 정신의 전체성을 크게 의식 및 무의식인 두 영역으로 구분하였다. 더 나아가 무의식을 개인 무의식과 집단무의식으로 세분화한 후 집단무의식을 중심으로 분석심리학을 확립하였다. 융의 정신분석에서의 궁극적 목표는 의식과 무의식의 합일인 '정신통합'으로 전체 인간의 완전한 실현을 말하는 것이다. 이러한 정신통합을 알기 위해서는 먼저 융의 인간 정신의 구조를 자아와 의식, 무의식, 그림자, 페르소나, 아니마와 아니무스, 원형, 자기에 대한 부분으로 알아보고자 한다.

1) 의식(意識, the consciousness)과 무의식(無意識, the unconsciousness)

(1) 의식

의식이란 자각하고 있는 상태를 말하며, 이 중심에는 '나(ego)'가 자리하고 있다(스타인 M., 2016). 의식은 깨어있을 때 인식하는 나를 둘러싸고 있는 것으로 자아의식이라고도 한다(이부영, 2004). 다시 말하면 개인이 깨어있을 때 알 수 있는 마음의 부분이며 나의 정신이다. 이것은 내가 알고 있는 세계를 통해 떠오르는 자신의 생각, 느낌, 기억 등을 포함하며 의식의 주체인 자아와 관계를 유지한다. 자아는 우리의 직접적인 경험에 부여되어 성찰된 것, 즉 의식되고 인식된 상태이며 의식의 중심에서 의식된 마음을 통솔하고 또한 무의식의 마음과도 관계를 맺을 수 있는 의식의 특수한 콤플렉스인 자아 콤플렉스이다(C. G. 융, 2002).

즉, 자아는 인간 정신의 주체로서 의식의 중심에 위치하며 한 사람이 세상에서 '나'라는 존재로 살아갈 수 있게 하는 정신의 가장 중요한 구성요소이다. 의식의 중심인 자아는 정신세계 전체 중 극히 일부에 지나지 않지만 의식에 대한 문지기 역할을 하고 있다. 그 역할을 살펴보면 다음과 같다.

첫째, 자아는 자신에게 주어진 환경에 적응해 가는 과정으로서 사회의 일원으로 중요한 역할을 한다. 자신이 처한 환경에 적응하며 끊임없이 변화해 가는 과정이다.

둘째, 자아는 정신 내용이 표상되는 주체로서 정신이 스스로를 보고 인식할 수 있게 한다. 세상을 살아가면서 일어나는 모든 일은 자아를 통해서 이루어지는데 만약 그렇지 않을 경우, 정신 병리적인 문제를 일으킬 수도 있다.

셋째, 자아는 인격의 성숙, 즉 정신의 전체성의 실현에 매우 중요한 역할을 한다. 자아는 인격발달의 주체로서 정신 요소들을 통합시켜 자신에게 주어진 삶을 완수하고 사회 구성원으로서 살아갈 수 있게 한다.

넷째, 자아는 단순하거나 기본적인 요소가 아니라 복잡한 요소이며 이미 정신적인 성격을 갖고 있고 의식적이다(C. G. 융, 2016).

(2) 무의식

내 자신이 인지하고 있는 세계가 의식이라면 내가 아직 모르는 정신세계를 무의식이라 부른다. 내가 알고 있지만 지금 생각하고 있지 않은 모든 것, 의식했지만 망각된 모든 것, 무의식적으로 느끼고, 생각하고, 기억하고, 행하는 모든 것, 내 안에 준비되어 있어 나중에야 비로소 의식에 나타나게 될 모든 미래의 것, 이 모든 것이 무의식의 내용이다(융 C. G., 2002).

의식과 무의식은 흔히 '빙산의 일각', 즉 물 위로 드러난 부분을 의식, 물속에 잠긴 부분을 무의식이라 표현하는데 이처럼 의식은 정신의 극히 일부에 불과하며 무의식은 아직 의식되지 않은 세계로서 무한한 바다와 같다. 즉 무의식은 자아의 통제 밖에 있으며 아직 의식되지 않은 정신세계를 말한다(이부영, 2005).

융은 무의식을 개인적 무의식(personal unconscious)과 집단적 무의식(collective unconscious)으로 구분하였고 개인적인 성질의 것들로 이루어진 무의식에 하나의 층을구분해야 한다고 하며 이를 '개인적 무의식'이라고 지칭하였다(융 C. G., 2004). 개인 무의식은 모든 심리적 활동과 내용 중에서 일단은 의식적으로 경험되더라도 여러 가지 이유로 억압되거나 무시된 환상, 소망, 욕구 등으로 채워져 있다. 융이 말하는 개인 무의식은 프로이트가 말하는 무의식과 유사한 것으로 볼 수 있다. 즉, 콤플렉스(complex)로 구성되어 있다.

(3) 콤플렉스(complex)

콤플렉스란 전체에서 떨어져 나간 부분의 정신들로 흔히 외상, 정서적 충격 등과 같은 것들로 인해 한 조각의 정신이 떨어져 나간 것을 말한다(C. G.융, 2001). 이와 같이 실제로 활동 중인 콤플렉스는 일시적으로 우리를 부자유의 상태, 강박적 사고 및 행동 상태에 처하게 하며, 자아의식이 알든 모르든 직접적인 정신의 분리를 전제로 하기 때문에 매우 중요한 역할을 한다(C. G.융, 2001). 융은 더 나아가 이미 태어날 때부터 무의식의 층을 이루는 마음의 토대가 있다는 사실을 발견했다. 무의식은 개인적인 것뿐 아니라 비 개인적인 것, 유전된 범주나 원형이 형태로 집단적인 것을 내포하는, 보다 깊은 층에 상대적으로 생동하는 집단적 내용을 갖고 있다는 가설을 제창하고 이를 '집단적 무의식'이라고 하였다(융 C. G., 2004). 융에 의하면 개인적 무의식은 한때 의식이었던 것이 잊어버리거나 억압되어 의식에서 사라진 내용인 반면 집단 무의식은 멀리 떨어져 있는 민족이나 종족의 무의식이 실로 놀라울 정도로 일치한다는 사실과 원주민들의 신화의 형태나 주제가 놀랄 만치 일치한다는 사실에서 볼 수 있듯이 집단적이고 보편적이며 유전으로 상속된다(융 C. G., 2004). 개인적 무의식의 내용은 주로 콤플렉스로 이루어진 반면 집단적 무의식의 내용은 소위 원형들(archetypen)이다(융 C. G., 2002). 원형은 인간이 태어날 때부터 이미 부여되어 있는 선험적 조건, 즉 시간과 공간, 지리적 조건과 인종의 차이를 넘어서는 보편적인 인간성의 조건이다. 이는 신화와 민담에서 발견할 수 있는데, 신화적 주제의 보편적인 유사성으로 그들이 지닌 원초적 이미지로서의 성질에 의거하여 이를 원형이라고 불렀다(융 C. G., 2002). 다시 말해 원형은 어느 시대, 어느 종족이든 사랑과 미움, 삶과 죽음, 현자의 지혜 등 신화적 주제가 보편적으로 유사했으며, 원초적이고 보편적 인상으로 존재해왔다. 이처럼 원형은 시대, 종족, 공간, 지리적 조건 등의 차이를 뛰어넘어 인간이 가지고 태어나는 보편적이고 선험적인 조건인 것이다. 원형은 인류가 오랫동안 경험해 왔던 행동양식이나 정신적인 요소가 하나의 이미지로 저장되었다가 어떠한 상황에서 떠오르게 된다. 예를 들면 '어머니'라는 존재를 생각할 때, 어머니와 함께했던 희로애락(喜怒哀樂)에 대한 각 개인의 감정과 함께 어머니의 이미지가 떠오르는 것을 말한다. 이처럼 원형은 감정이 동반된 하나의 이미지로 나타나기 때문에 이미지와 감정이 동시에 존재한다고 할 수 있다. 이렇듯 원형은 고대로부터 존재하지만 언제 어떻게 생겼는지 모르는 이미 형성된 것으로 저절로 형성되고 재생되는 집단무의식의 내용이다. 이와 같은 인간 정신은 사람의 신체기관이 이미 그렇게 형성되도록 조건 지어져 있듯이 그 자체의 구조를 갖추고 있는데, 이러한 인간 정신의 구조는 그때그때 발견된다(융 C. G, 2002).

원형은 어떤 형태가 있는 것이 아니기 때문에 주로 상(image)으로 나타난다. 즉 우리가 인식할 수 있는 것은 원형 그 자체가 아니라 원형이 작용하여 나타나는 현상인 원형상(archetypische bilder)인 것이다(이부영, 2005). 그래서 원형 자체와 직접적으로 만날 수는 없으며 그것이 하나의 원형적 상징으로서 나타날 때 간접적으로 만나게 된다(이부영, 2005). 그래서 원형은 자신의 모습을 오직 상징을 통해 드러내기 때문에 상징이 원형과 일치된다고 생각할 수 있지만 그렇지는 않다. 결과적으로 원형은 잠재 되어 있는 하나의 상징으로서 의식적 상황이 일어날 때 마다 자신의 모습을 드러내면서 만나게 되는 것이다.

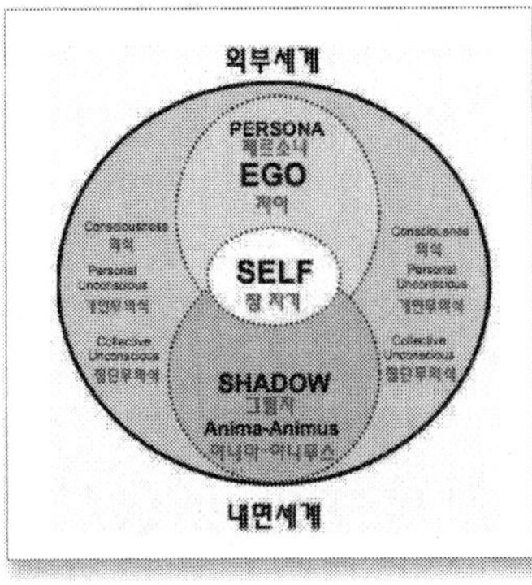

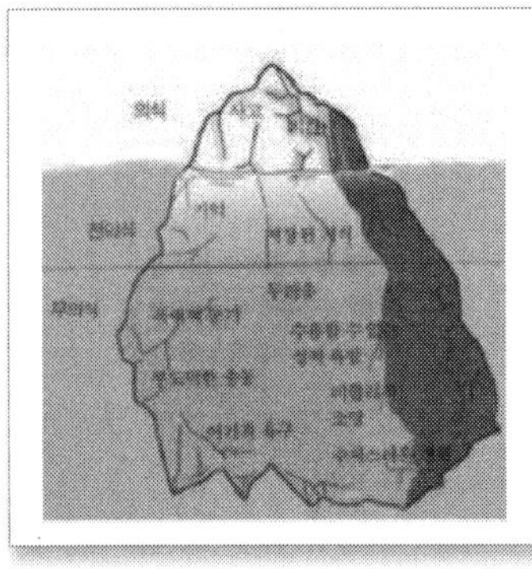

융은 단어연상검사를 통해 콤플렉스에 대한 증거를 발견하게 되었는데, 단어연상검사에서 검사자가 200개의 단어목록을 각 피검자에게 읽어주고, 피검자가 최대한 빨리 단어를 듣고 떠오르는 반응에 대해 말하면, 피검자의 반응시간을 검사자가 측정한다. 이때 피검자의 반응들 중에 말을 더듬거나 혀를 내미는 등 평범하지 않은 반응에 주목한다. 융은 피검자의 반응에서 피검자의 무의식적 감정과 믿음에 대한 힌트를 얻었다. 즉, 콤플렉스는 의식적이거나, 부분적으로 의식적이거나, 무의식적이다. 콤플렉스는 긍정적 또는 부정적일 수 있고, 긍정적인 결과를 가져오거나 부정적인 결과를 가져올 수 있다. 콤플렉스의 핵심은 경험의 보편적인 패턴이나 원형이였음을 연구결과를 통해 알게 되었다.

2) 원형의 구조적 이론

(1) 페르소나(persona)

페르소나(persona)는 본래 연극배우가 쓰고 어떤 역할을 나타내는 가면(maske)을 말한다(융 C. G., 2004). 이러한 페르소나는 인간이 '무엇으로 보이느냐'하는 것에 관한 사회와의 타협의 한 소산이며(융C. G., 2004). 자아가 외부 세계와 관계를 맺게 하는 기능을 가진 매개체로서 외적 인격(external personality)에 해당된다(이부영, 2005).

우리는 흔히 페르소나를 개인의 개성이라고 말하지만, 페르소나는 하나의 가상(假相)이며, 2차원적인 현실이다(융 C. G., 2004). 다시 말하면 페르소나는 마치 개성인 것처럼 보이게 하는 가면이며 집단정신이 그 속에서 발언하는 연기된 역할일 뿐이다

(융 C. G., 2004). 하지만 다른 사람들과 건전한 인간관계를 맺으면서 살기 위해서는 페르소나의 원활한 기능이 필요하며, 그것이 가능할 때 우리의 정신도 건강하게 유지될 수 있다. 그러나 자신도 모르는 사이에 페르소나와 자아를 절대적으로 동일시하게 되면 문제가 발생하는데 이를 정신적 팽창(psychische inflation)이라고 한다(융 C. G., 2004). 자아가 페르소나라는 가면 뒤에 숨어서 자신의 내적 정신세계와 멀어지게 되면서 각종 신경증적 장애가 발생하게 되는 것이다. 페르소나는 자아가 외부 세계와 관계를 맺는 중요한 요소로서 사회와 상호작용하면서 형성된다. 하지만 페르소나가 진정한 자아를 나타내는 것이 아니라 자신의 사회적 역할 수행을 위한 것이기 때문에 무조건 동일시하거나 거부하는 것은 올바른 태도가 아니다. 사회적 역할과의 동일시는 풍부한 신경증의 원천이지만 자기 자신을 무시하고 사회적 역할과 동일시하려는 시도가 일어나는 즉시 무의식은 반응하게 되는데 그것이 바로 변덕스러운 기분, 흥분된 정감, 불안, 강박관념, 무기력, 부당 등이다(융 C. G., 2004). 예를 들어 사회적 역할과 규범에 자신을 동일시하며 그것이 삶의 목표라 여기고 살다가 갑자기 심한 우울증이나 불안 등에 빠지게 되는 경우는 페르소나라는 가면 뒤에서 진정한 삶을 찾지 못하고 점점 자신의 모습과 멀어지게 된 결과라 할 수 있다. 물론 사회는 사람들에게 주어진 책무를 다하며 사회생활에 적응할 것을 기대하고 요청한다. 그렇기 때문에 사회생활에 적응하며 살아가기 위해 페르소나의 올바른 인식이 필요하다.

융이 말하는 자아실현을 위해서 자신의 본 모습을 찾는 작업이 필요하다고 볼 수 있는데, 미술치료에서의 적용은 '공적으로 보여지는 나의 모습' '내가 보는 실제적인 나의 모습', 페르소나 가면 만들기 등의 기법을 활용하면 좋다.

(2) 그림자(shadow)

융은 그림자를 무의식적 인격의 한 측면으로서 자아 콤플렉스에 보태질 수 있으나 여러 가지 이유로 그렇게 되지 못한 부분으로 열등한 인격 부분이라고 정의한다(융 C. G, 2002). 다시 말해 그림자는 한 사람의 정신을 이루고 있지만 자아에 포함되지 못한 열등하고 부정적인 요소이다. 사람들의 자아는 주로 긍정적 요소로 이루어져 있어서 자신의 열등하고 부정적인 요소는 자아에서 몰아내려고 한다. 따라서 자아에 포함되지 못한 내용들이 그림자라는 또 다른 무의식의 그늘을 만들게 되는 것이다. 하지만 융에게 있어서 그림자는 단지 무의식 속에 버려졌을 뿐, 열등하고 부정적인 것만은 아니다. 겉보기에는 열등하고 부정적인 성격을 지녔지만 창조적이고 긍정적인 역할을 하기도 한다. 그림자는 먼저 개인적 무의식을 통해 의식화되지만 때때로 집단적 무의식의 내용인 원형상으로 나타나기도 한다. 그림자에는 개인적인 측면과 집단적인 측면의 두 가지가 있다고 주장하였다(융 C. G, 2016). 개인적인 측면의 그림자가 다른 사람에게 투사될 때는 나와 비슷한 부류의 나와 같은 성(性)에 투사되며 거기서 자기가 싫어하는 사람들을 보게 된다(이부영, 1999). 개인적 측면의 그림자는 거부되거나 억압된 정신적 요소가 개인의 삶에 받아들여지지 않게 되면서 개인적인 어둠을 만들어 낸다. 예를 들면 고부간의 갈등, 상사와의 갈등 등에서 나타나는데, 이때 참을 만한 불쾌감에 머무르는 것으로 개인적 그림자의 투사는 무서운 파괴적 감정반응을 일으키지 않는다.

그림자는 자아(ego)나 자기상(self-image)과 반대되는 개념으로, 우리 자신이 용납하기 어려운 특질과 감정으로 구성되어 있다. 억압된 약점, 부족한 점, 본능으로 구성된 무의식적 마음의 한 부분인 그림자는 아니마와 아니무스, 페르소나와 함께 원형이 포함된다. 모든 사람은 그림자 때문에 움직인다고 할 만큼 그림자는 개인의 의식적 삶에서 쉽게 나타나지 않고 병적이다. 그림자는 본능적이고 비합리적이며 투사적 경향이 있는데 이러한 투사는 자아와 현실 세계 사이에 두터운 환각을 형성하여 개인을 고립시키고 손상시킨다. 그림자는 꿈, 비전, 다양한 양식으로 나타날 수 있고, 동성의 인간으로 나타나기도 한다. 그림자는 인생의 어두운 특징으로 나타날 가능성이 있으며 마음이 무계획적이고 원시적인 측면이다. 그림자의 외형과 역할은 개인의 살아온 경험에 따라 다르다. 왜냐하면 그림자의 대부분은 간단히 유전된 집단무의식보다 개인무의식에서 발전되기 때문이다. 꿈에서 그림자와의 상호작용은 인간의 마음 상태를 발견하도록 한다. 그림자와의 대화는 그 사람이 갈등하는 욕구나 긴장과 관련 있다. 경멸하는 인물과의 동일시는 자신이 인정하지 못한 다른 점을 가지 있는 것을 의미한다. 그림자(shadow)는 가장 강력하고 잠재적인 내면적 본성으로, 인간의 어둡거나 사악한 측면을 나타내는 원형이다. 그림자는 인류의 역사를 통해 의식에서 억압된 사회가 나쁘다고 규정하는 측면을 드러내는 동시에 생명력과 자발성, 창조성과 깊은 통찰의 원천이기도 하다. 동물적 본성의 근원을 표현하며 인간의 양면성을 반영하는 원형이다.

한편 집단적 측면의 그림자는 어떤 지역, 국가, 사회, 이념, 시대정신 등 다양한 집단이나 집단의식에 의해 그림자 원형의 간여로 진행되는 집단행동의 성격을 띠고 있기 때문에 강렬한 감정으로 투사된다(이부영, 1999). 집단적 측면의 그림자는 인류에게 공통적으로 존재하는 열등하고 어두운 요소로 태어날 때부터 선천적으로 가지게 되는 원형의 상을 띠게 된다.

자신의 그림자를 의식하고 분화하는 것 또한 융이 말하는 자아실현의 첫 단계이다. 그러한 자신의 그림자를 의식하려면 자신의 꿈속에 자주 등장하는 대상(동성)의 반복적인 행동을 관찰해보면 자신의 그림자를 알 수가 있다. 미술치료에서의 활용 방법으로는 자신이 평소에 타인의 어떠한 행동에 크게 분노하고 비난하는지를 작품으로 표현하여 보고, 타인의 그러한 행동이 자신의 그림자일 수 있다는 인식해 본다.

(3) 아니마(anima)와 아니무스(animus)

페르소나가 자아와 외부세계를 중재하는 요소라면 자아와 내면세계의 접촉을 중재해 주는 것은 아니마(anima)와 아니무스(animus)이다(이부영, 1999). 융은 남성의 무의식 속에 여성이라는 유전된 집단적 상이 존재하는 것을 아니마, 여성에 있어서 남성적 인격을 아니무스라 규정하였다(융 C. G, 2004). 생물학적으로 구분되는 남성과 여성은 심리적 특성이나 사회적 역할에서 다른 특성과 역할이 요구된다. 이때 남성과 여성의 무의식에는 외적 인격인 페르소나에 대응하는 내적 인격이 이루어지는데 그것이 바로 아니마와 아니무스이다. 즉 남성의 무의식 속에 있는 여성성은 아니마, 여성의 무의식 속에 있는 남성성은 아니무스를 말한다.

아니마는 배려, 치유, 용서, 공유하는 것이 본질이고, 아니무스는 지배, 독점, 승리, 소유하는 것이 그 본질이다.

아니마와 아니무스는 자아가 내면세계와 관계를 맺는 징검다리와 같은 것으로서, '나'와 무의식의 더 깊은 층을 이어주는 매개자이다(이부영, 1999). 아니마와 아니무스는 자아를 무의식의 이미지와 연결시켜 주는 정신요소이다. 그것은 인류가 이성과 관계를 맺은 흔적 위에서 형성되는데 흔히 사람들이 이성에게 '첫눈에 반한다' 는 것은 아니마와 아니무스가 투사된 것이다. 다시 말해 자신과 다른 이성에게 강하게 끌린다는 것은 자신의 마음속에 있는 아니마와 아니무스가 투사된 것이라 할 수 있다. 투사된 아니마와 아니무스는 무의식의 측면에서 드러나 남성과 여성의 차이를 결정하는데 아니마는 대체로 분위기와 기분(mood)의 성격을 띠며, 아니무스는 논리적 사고와 의견(opinion)의 성격을 띈다(융, 2001).

다시 말해 남성은 감상에 젖고 유혹에 사로잡히는 기분을 나타내며, 여성은 감정보다는 의견을 나타낸다는 것이다. 이러한 아니마와 아니무스는 각각 네 단계의 발전 단계를 가지고 있는데 아니마의 발달단계는 단지 생물학적인 여자인 하와(Chawwa, Eva), 미적 · 낭만적 수준의 헬레나(Helene), 기독교적 · 종교적 영적 모성인 마리아(Maria), 가장 거룩하고 가장 순수한 지혜인 소피아(Sophia) 등으로 형상화된다(융 C. G, 2004). 아니무스도 네 단계의 발전과정이 있는데 폰 프란츠(M. L. von Franz)에 따르면 단순한 신체적인 힘을 나타내는 타잔, 낭만적 · 행동적 남성인 헤밍웨이, 말씀의 사자로서 교수 · 목사의 상으로 나타나는 정치 웅변가 로이드 조지, 지혜로운 안내자인 간디 등으로 형상화된다(융 C. G, 2004). 이와 같이 남성의 아니마는 육체적, 낭만적 수준에서 종교적으로 승화되어 지혜의 경지에 이르게 되고, 여성의 아니무스는 신체적 본능에서 행동과 말의 힘을 통해 지혜의 경지에 도달하게 되는 것이다. 그것은 아니마와 아니무스의 분화와 통합을 통해 자신의 내면을 살펴 무의식의 어둠을 현실적인 판단과 통찰로 인식하게 되는 것을 말한다. 그렇기 때문에 아니마와 아니무스의 의식화는 매우 중요하다.

하지만 아니마와 아니무스가 제대로 발달하지 못하면 부정적인 아니마와 아니무스로 작용한다. 부정적 아니마는 남성의 내면에서 여성화된 유약함을 진전시키는데 그것은 기분, 변덕, 소심함, 심지어 성 불능 등이 점차로 우세해지며(융 C. G, 2004), 결국 내면의 고집과 다툼을 불러일으켜 자기 자신뿐만 아니라 다른 사람에게도 부정적 영향을 미치게 된다. 부정적 아니무스 또한 부정적 아니마처럼 비관적으로 자아를 몰고 가며 터무니없는 논쟁을 불러일으키는데 이 논쟁은 핵심에서 벗어난 전혀 다른 것을 끌어들임으로써 돌이킬 수 없는 혼란을 야기한다(융 C. G, 2004).

아니마와 아니무스를 이해하고 인식하는 것은 어려운 일이다. 우리의 의식에서 멀리 떨어져 있기 때문에 그것을 의식하고 분별하는 것은 어렵지만 아니마와 아니무스를 올바르게 인식하는 것은 자아에게 긍정적인 영향을 미치게 된다(이부영, 1999). 그 영향으로 남성은 여성적 요소를 살리고, 여성은 남성적 요소를 살려 의식에 통합함으로써 각자의 성에 맞는 전체를 실현하는 자기실현이 가능하게 되는 것이다. 이를 위해 자신의 내적 인격과 그것을 관찰하고자 하는 '나'를 구별하는 것이 먼저 선행되어야 할 것이다. 즉 자신의 꿈속에 등장하는 환상이나 감흥 등을 밖으로 내놓아 아니마와 아니무스를 의식과 연결하는 것이야말로 진정한 내적인격과 만나는 것이다(루스 베리, 2003).

(4) 자기(self)와 자기원형(archetype)

자기(Self)는 의식뿐만 아니라 무의식의 정신을 포괄하고 있으므로 이른바 우리의 있는 그대로의 인격이다(융 C. G., 2004). 융은 인간의 인격을 구성하는 대극적인 요소인의식과 무의식, 자아와 자기, 페르소와 아니마와 아니무스를 통합하고 조절하는 근거를 자기라고 보았다(윤영돈, 2007). 한마디로 자기는 그 사람 본래의 자신을말한다. 이러한 자기 원형의 기능은그 사람이 있는 그대로의 전부이며, 그 사람의 본성이기 때문에 모든 사람으로 하여금 그 사람 자신이 되게끔 하는 것이다(이부영, 2005).

자기의 특성을 살펴볼 때, 자기는 세 가지 특성을 지니고 있다. 첫째, 자기는 인격의 중심이다. 인격의 중심으로서 자기는 무의식 뒤에서 활동하고 있다. 자기가 결정하는 것들은 모두 자아와 관계되고 있으며 자아를 지배한다고 하였다. 둘째, 인간 정신의 중심인 자기는 정신의 전체성을 나타낸다. 의식과 무의식을 합한 전체, 다시 말해서 의식적 내용과 무의식적 내용을 포함한 인간 정신의 전일성을 나타내는 것이다. 인간 정신의 중심인 자기는 꿈이나 비전에서 나타나고 적극적 상상이 만들어내는 것에서도 나타난다. 또한 자기는 남성적인 것과 여성적인 것을 포괄한다. 셋째, 자기는 인간 정신의 초월성을 가리킨다. 즉, 자기는 그 안에 의식적 내용과 무의식적 내용을 모두 나타내기 때문에 초월적인 개념이라 하였다. 자기를 나타내는 상징으로 융은 신화적 상징과 종교적 상징 가운데서 누미노제적인 힘을 체험하게 하는 자기의 상징적 이미지를 많이 찾아낼 수 있으며 인간의 의식이 만들어 낸 수많은 상징 가운데서 만다라 상징이나 그리스도 상징은 원형적인 자기의 모습을 나타내는 가장 좋은 상징이라 하였다. 만다라 상징은 인류가 가진 종교 상징 가운데서 가장 오래된 상징 중 하나다. 만다라는 역사적으로 신의 본성을 나타내는 상징으로 인식되었으며 통합의 상징으로서의 힘을 지녀왔다. 즉, 만다라는 자기나 신, 따라서 전체성을 가리켜 왔다. 만다라는 개성화를 나타내는 상징이기도 하며, 만다라는 자기, 즉 인간 정신의 전체성을 나타낸다고 하였다.

자기원형(archetype)은 무의식에 존재하는 근원적 가능성으로서 의식의 삶과 무의식의 삶을 인식하고 실현하여 통합된 전체 인격이 되도록 하는 선험적 조건이다(이부영, 1999). 이것은 사람들이 무의식의 단절상태를 견디지 못하는 정신적인 위기에 처했을 때 원형으로 출현해서 분열을 지양하고 단절된 마음을 이어 전체가 되려는 원동력을 움직이게 한다. 다시 말해서 자기 원형은 인간이 정신적 위기를 겪고 있을 때 대극요소를 통합하고 조절하면서 대극 간의 갈등을 해소하고 대극을 뛰어넘는 하나의 경지에 이르게 한다(이부영, 1999). 자기는 내부와 외부 사이의 갈등에 대한 일종의 보상이며 삶의 목표이다(융 C. G, 2004). 그렇기 때문에 융은 무의식과 의식의 통합을 이루어 완전한 자기, 즉 최종적인 자기실현으로서의 단계에 이를 수 있다고 하였으며 자기실현의 달성보다는 자기 인식의 중요성을 강조했다.

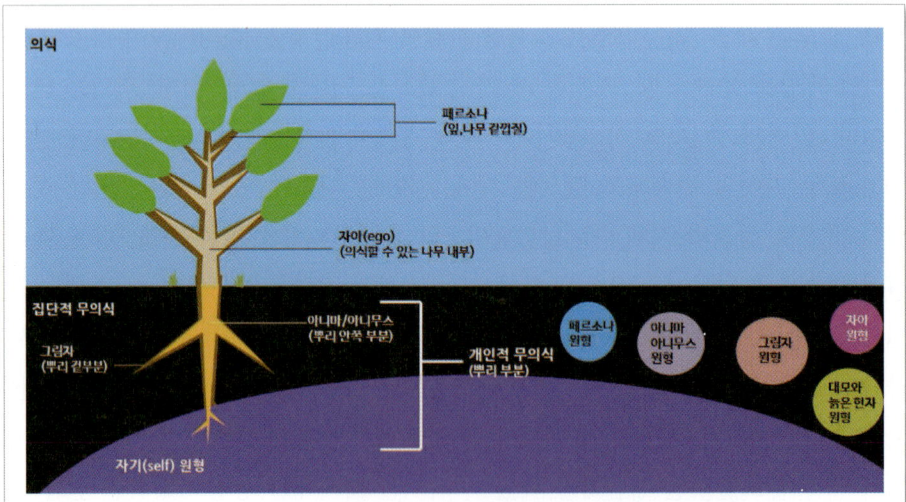

3) 개성화(Individuation)

개성화라는 용어는 1921년에 발간된 〈심리학적 유형론〉에서 처음 등장한다. 그러나 그의 삶 전체를 통하여 가장 중요하게 작용했던 개성화에 대한 사상은 그의 마지막 저서 〈통합의 신비〉에 절정에 달한다. 융은 개성화를 인생을 통해 이루어야 할 최고의 목적으로 보았다.

인간은 누구나 다른 사람과 차별화되는 그 사람만의 고유한 특성을 가지고 있다. 이는 그 사람의 본성, 즉 그 사람 본래의 자신이며 있는 그대로인 인격으로 융이 말하는 '자기'이다. 이것은 다른 누구도 아닌 '그 사람의 전체'를 말한다는 뜻에서 진정한 의미의 개성과 같은 말이다(이부영, 2005). 여기서 말하는 개성은 흔히 우리가 알고 있는 남과 다른 나를 돋보이게 하는 개성이 아닌 타인에게 구애받지 않고 있는 그대로의 내 모습이다. 다시 말해 다른 사람과 구분되는 자신만의 고유한 특성이며 본질적인 자기 자신이다.

인간에게 주어지는 고유한 개인적 성향인 자신의 개성을 알고자 하는 것은 인간의 기본적 욕구로서 자신이 어떠한 모습을 가지고 어떻게 살아가야 할지 알고 싶어하는 것과 같다. 이처럼 자신의 개성을 알고 싶어 하는 것은 자신에게 다른 사람과 구분되고 차별화 되는 고유한 본성이 있기 때문이며 자신의 참모습을 찾아가는 것이다. 이것이 바로 융이 말하는 '자기실현(self-realization)'이고 '개성화과정(Individuation sprozess)'이다.

융의 심리구조와 개성화

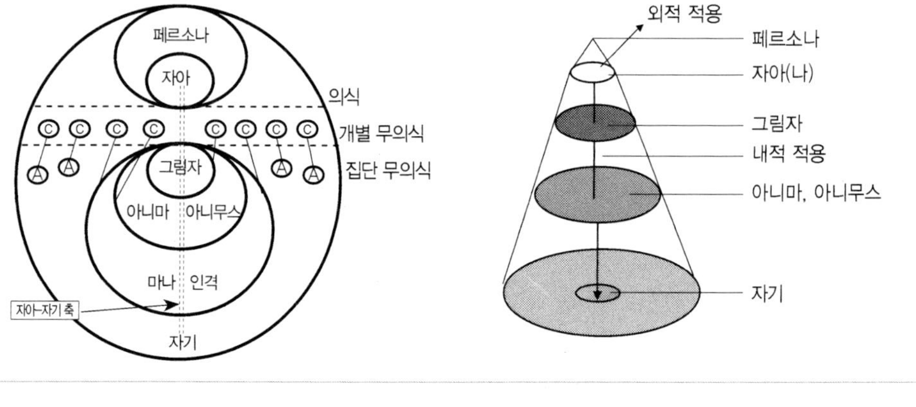

(1) 개성화

융의 개성화는 자기실현, 즉 고유하면서도 독특한 자기 자신 그대로가 되는 것이며 자신의 고유한 개성을 살려 진정한 자신의 인생을 살아가야 하는 것을 의미한다. 다시 말해 개성화는 다른 사람과 차별화되는 고유한 존재로서 인격이 성숙되는 것이다. 이러한 개성화는 다음과 같은 특징이 있다.

첫째, 개성화는 인격이 전체화, 통합화되는 것으로 융은 개성화를 인격의 중심점에 도달하려는 전체 인격의 새로운 중심 잡기라고 정의했다(융 C. G, 2004). 즉, 개성화는 하나의 인격을 이루는 것이며 그것의 전체가 되는 것을 말한다.

둘째, 개성화는 개별성을 가진다(융 C. G, 2004). 개성화는 각 개인의 고유한 영역을 실현하는 성숙화의 길이다. 다시 말해 자신의 개성대로 사는 것이기 때문에 자신의 개성을 개별적으로 실현시키는 것이라 할 수 있다.

셋째, 개성화는 인간의 전 생애에 걸쳐서 발달하는 것이다(스타인 M., 2016). 융에 의하면 인간은 갓난아기로 태어나 아동기와 청소년기를 거쳐 성인기에 들어간다. 청소년 말기나 초기 성인기에 육체적 발달이 절정을 이루며 30대 중반이 지나면 점차 기능이 쇠퇴하고 퇴화된다. 중년기에 접어들면 육체적인 변화가 나날이 닥치게 되고 불가피하게 노년기를 맞이하는데 보통 노년기는 70대때 시작된다. 이처럼 물리적 몸은 온 생애에 걸쳐 성장하며 또한 쇠약해진다. 이렇듯 물리적 발달단계 뿐만 아니라 융은 인간의 인생을 전반기와 후반기로 나누고 전반기에는 의식이 성장하는 시기로 유아기와 청소년기를 들었다. 유아의 자아는 몸의 성장 및 발달과 일치하며 건강한 아동과 청소년의 자아는 활발한 학습을 통해 자립적이고 자활적인 능력을 갖추게 된다(스타인 M, 2016). 이처럼 삶의 전반부에서 일어날 수 있는 주요한 정신적 성장은 개인의 자아와 페르조나의 발달, 문화 적응, 그리고 자녀를 키울 수 있는 성인의 책임 능력을 갖는 것이다(스타인 M., 2016). 반면 후반기는 자신의 내적 시간을 갖는 시기를 말하는데 이때 비로소 자신의 삶에 대해 이해하기 시작하며 본래의 자신답게 되는 것이다. 이처럼 인간의 인격은전 생애에 걸쳐 형성되고 발달하며 그것을 통해 자기실현을 이룰 수 있다.

넷째, 개성화는 대극의 과정을 거쳐 통합되는 것이다(융 C. G, 2004). 대극이란 서로 반대되는 성질을 말하는데 인간의 정신구조는 대극의 쌍으로 이루어져 있기 때문에 그것을 통합하고 의식화하는 과정이 개성화인 것이다. 즉 의식과 무의식의 통합,

자아와 그림자의 통합, 외적 인격인 페르소나와 내적 인격인 아니마 또는 아니무스의 통합을 말한다. 이러한 대극의 통합을 통해 개성화가 이루어지는 것이다.

다섯째, 개성화는 능동적인 실천을 통해 이룰 수 있다(융 C. G, 2004). 이는 자기라는 무의식 원형이 의식에 통합되기 위해 능동적으로 실천함으로써 그것을 통해 의식화되면서 자기실현 즉 개성화를 이룰 수 있다는 것이다.

융이 말하는 개성화는 한마디로 인간의 전 생애에 걸쳐 이루어지는 무의식의 의식화이다. 다시 말해 개성화는 무의식을 의식화함으로써 실현가능하다. 무의식의 내용들을 의식화하는 작업은 자기실현을 위해 대단히 중요한 작업으로 그것은 자아를 감싸고 있는 페르소나를 벗기고 그림자와 아니마와 아니무스를 의식화하는 것이다. 하지만 무의식의 의식화 작업은 결코 쉽지 않다. 그저 무의식에 대한 인식에 그치는 것이 아니라 그 내용들을 흡수하고 자신의 내면과 직접 대면하면서 그것을 나 자신의 일부로 인정하는 자세까지도 포함하는 태도가 이루어져야 가능하다.

이러한 의미에서 개성화는 하나의 치유과정이며, 건강한 사람을 만들어 가는 자기인식의 과정이다. 따라서 개성화를 자기화(selfhood), 혹은 자기실현(self-realization)이라고 말할 수도 있다. 인간이 개성화될 때 한 차원 높은 성숙된 관계를 형성할 수 있을 것이다.

개성화된 인간의 특성은 다음과 같다.

첫째, 의식과 무의식 수준에서 모두 자기 자신을 잘 이해하고 있다(자각).

둘째, 자기 탐색의 시기에 자신에게 드러나는 것을 받아들인다(자기 수용).

셋째, 성격의 모든 측면이 통합되고 조화를 이루어 모든 것이 표출한다(자기통합).

넷째, 자기 자신을 있는 그대로 나타내고 솔직한 생각과 기분을 표현한다(자기표현).

다섯째, 모든 인류 경험의 저장소인 집단무의식에 대해 대단히 개방적이고, 상황을 보다 잘 인식하며 관대함을 가지고 있다. 또한 다른 사람들의 행동을 보다 깊이 통찰할 수 있으며, 인류에 대하여 많은 연민의 정을 느낀다(인간 본성의 수용과 관용).

여섯째, 의식 속에 무의식적 · 비이성적 요소들을 끌어들일 수 있다. 꿈과 환상에 주목하며, 이성과 논리를 사용하면서 무의식의 힘으로 의식의 과정을 조정한다. 초자연적이며 영혼적인 현상에 관심을 가지고 수용한다(미지와 신비의 수용).

일곱째, 태도나 기능 혹은 원형의 특정 측면에 지배를 받지 않는다(보편적 성격).

분석심리학적 미술치료는 인간의 심상을 임상적 자료로 사용하기보다는 내담자의 개인적 요소와 원형적 요소를 종합하는 방식으로 내담자와 치료사 간의 상호통찰과 이해의 자료로서 사용되어야 한다. 따라서 미술치료의 목표는 미술을 증진시키는 데 있는 것이 아니라 미술이라는 매체를 통해서 숨겨진 자원(근원)을 찾고 이해 및 성장과 변형을 증진하고자 하는 데 있다.

(2) 자기실현의 여정으로서 개성화 과정

융의 개성화 과정은 여러 가지 여정으로 설명되는 몇 가지 만남들의 과정을 통하여 진정한 개성을 실현한다. 일반적인 과정으로 페르소나와 그림자와의 만남, 아니마와 아니무스와의 만남, 자기 원형과의 만남이 있다. 이러한 관계를 통해서 우리의 모든 부분적인 모습들과 무의식을 통합해 나가는 것이 개성화 과정의 목표이다. 앞서 말한 자아와 자기는 이번 장에서 설명할 자기실현(개성화) 과정 전체를 이해하고자 함이었다. 자기실현을 하기 위해서는 자기 안에 내재하는 원초적인 조건(무의식)을 자아가 인식해야 한다. 칼 융의 학문적 계승에 힘쓴 마리루이제 폰 프란츠(M.L. von Franz, 1915~1998)는 인간의 무의식에 관하여 다음과 같이 말하고 있다.

"무의식이란 인류가 옛날부터 알고 있던 내면의 체험을 가리키는 현대적, 사실적 표현이다. 그것은 우리의 내면에서 알 수 없는 일 또는 이질적인 일이 일어나고 있으며, 내면의 어떤 힘으로 인해서 우리가 갑자기 변할수도 있다는 내적인 경험을 말한다. 또 우리가 만든다기보다 이질적이고 강력한 어떤 것이 우리 안에서 떠오른다는 느낌이 드는 꿈과 착상을 체험하는 것을 말한다." (게르하르트 베어, 1998).

폰 프란츠가 이 글에서 표현하고 있는 무의식이란 한 인간 내면의 어떤 강력한 힘의 체험이다. 그러나 이 체험은 우리가 느낄 때 '이질적'이라 말한다. 아마 이 '이질적'이라는 표현이 왜 쓰이게 되었는지는 바로 다음에 나오게 될 무의식의 의식화 과정에서 나타나는 특징들을 살펴보면 도움이 될 것이다. 우리 정신 활동의 무한한 가능성인 무의식에 대하여 아니엘라 야훼가 엮은 융의 회상록에서 융은 이런 말을 했다.

"나의 생애는 무의식이 그 자신을 실현한 역사이다. 무의식에 있는 모든 것은 사건이 되고 밖의 현상으로 나타나며, 인격 또한 그 무의식적인 여러 조건에 근거하여 발전하며 스스로를 전체로서 체험하게 된다." (아니엘라 야훼, 1989).

말하자면 무의식은 자기실현의 원초적 조건이다. 위의 글에서 융은 무의식을 통해 자신을 실현하였다고 설명한다. 그리고 그 결과로 스스로를 전체로서 체험하였다고 말한다. 결국 다시 말해 융이 무의식의 경험을 통해 이야기하고자 하는 바는 인간이 태어날 때부터 누구에게나 자기실현, 즉 전체정신을 실현할 수 있는 원동력이 무의식에 존재한다는 것 그리고 자기가 전체성인 동시에 인간 고유의 원형(原型)이라는 사실을(이부영. 2002) 말하고자 함이다. 인간 고유의 원형이라 하면 한 개인이 갖고 있는 그만의 특수성, 즉 '있는 그대로의 그 사람'이라고 볼 수 있다. 이런 원형이 제대로 발현되었을 때 그 사람의 개성이 온전히 나타나는 것으로 이것이 곧 자기실현이라 부를 수 있는 것이다. 융에 의하면 개성화는 개별적인 존재가 되는 것이라고 한다. 여기서 개성이라는 말은 우리의 가장 내적이며 궁극적이고 다른 것과 비길 수 없는 고유성(유일무이성)이며 그것은 본래의 자기가 되는 것으로 개성화는 자기화 또는 자기실현이라고 규정될 수 있을 것이다(이부영. 2002). 그럼 자기실현을 위해 우리 안의 이미 내재 되어 있는 원형은 어떻게 우리의 무의식의 세계를 지배하며 나타나는가? "원형은 여러 가지 상징 속에 그 모습을 드러내며 각자정신의 전체를 실현하도록 영향을 준다. 혹은 무의식을 의식화하고자 하는 자아의 적극적인 자세로 인해 무의식의 조절자인 자기 원형이 활성화 된다."(이부영. 2002). 하지만 이런 잠재력을 일깨우는 적극성은 오로지 개인에게 달려있다.

(3) 자기실현의 과정으로서의 예술 활동

끝을 알 수 없는 광대한 우주 속에서 한 인간으로 살다 다시 우주로 돌아가는 우리에게 내 안의 자기를 찾는 여정은 결국 존재의 의미를 찾는 것이나 다름없다. 하지만 이러한 의미는 논리적이고 합리적인 이해에서 발견할 수 있는 것이 아닌 개인의 주관적 체험을 통해 비로소 찾을 수 있다. 예술 활동은 자기실현 과정을 드러내기에 좋은 도구이자 매개이다. 왜냐하면 예술 활동을 직업으로 하는 예술가 또한 한 인간으로 자신의 삶을 통해 자기실현 과정을 겪기 때문이다. 그리고 일부 예술가들은 자신의 내면으로부터 발생하는 어떠한 힘인 바로 무의식의 요소를 작품을 구상하는 창작 소재로 혹은 작품 과정을 이끌어나가는 원동력으로 사용한다. 이런 예술가의 창작품은 그의 무의식의 의식화 과정이 함축되어 있기 때문에 결국 그 내용적인 측면에서 융이 말하는 자기실현의 과정이 내포된다고 볼 수 있다.

4. 미술치료의 적용

1) 심상 경험의 형성과 치료과정

심상의 형성과정은 심상이 정신의 깊은 곳에서 나오며, 진실은 무의식에 존재하며, 집단 무의식으로부터 떠오르는 원형상으로부터 그 진실이 명료해진다는 것을 전제로 한다. 무의식의 요소와 적극적인 대화를 통해서 의식으로 통합되어야 원형의 긍정적인 측면이 되살아난다. 언어보다 심상이 먼저 떠오르기 때문에 심상을 통해 잘 알지 못하는 정신세계를 깨울 수 있고 의식으로 가져올 수 있다.

2) 무의식을 이해하는 그림분석

그림을 그림으로써 감정 기능을 살리고 무의식의 창조적 기능을 자극하여 이를 발휘하게 함으로써 구체적 대상을 그리는 작업 위주가 아닌 환상이나 꿈같은 무의식의 내용을 그리게 하거나, 붓이 가는대로 무의식에 내맡기는 태도가 중요하다. 그림의 해석은 단정 지을 수 없는, 어디까지나 하나의 해석 시도이며 그림해석은 그 그림을 통한 내담자와 치료자간의 대화이다. 그림의 무의식적 의미를 이해하는 두 가지 측면에는 형식적 측면과 내용적 측면이 있다. 적극적 명상을 시도한다.

5. 융의 분석적 미술치료

미술치료와 같은 예술치료는 대부분 이론적 밑바탕에 상담과 심리치료의 모형들을 깔고 있다. 따라서 그 모형의 구분에 있어서도 크게 묶어 분류하여 예술치료 영역도 있을 수 있고 세분화하여 논의할 수도 있다.

융은 미술에 관심이 많아서 평생을 자신의 꿈을 그리고 조각을 계속했다. 융은 자신과 환자들의 그림뿐 아니라 만다라나 '마술적인 원' 같은 미술표현의 유용성과 심리학적 의미에 관심을 가졌다. 융은 창작과정이 환영적, 심리적인 두 가지 양식에서 발생한다고 생각했다. 그는 창조성이 우리의 깊은 내면 또는 융이 집단무의식이라고 부르는 원형이 존재하는 곳에서 나온다고 믿었다. 20세기 초, 정신분석학은 이미지와 인간의 감정, 무의식과의 관련성에 관심을 보이기 시작했다. 이것은 결과적으로 미술이 개인의 내면세계에 명백한 증거를 제공한다는 믿음을 초래하게 되었다. 융(1964)의 분석적 미술치료는, 프로이트와는 달리 인간의 심상을 임상적 자료로 사용하기 보다는 클라이언트의 개인적 요소와 원형적 요소를 종합하는 방식으로 클라이언트와 치료자 간의 상호통찰과 이해의 자료로서 사용하였다. 때문에 프로이트의 정신분석학적 미술치료보다는 접근의 어려운 점이 있어 활용의 정도가 낮았다고 할 수있다(한국미술치료학회편, 2000)

융의 학설에 의하면 어떤 환자가 그린 그림은 그 사람의 현재적 정신상태를 드러내는 자화상과 같은 것이다. 그림을 그린 사람은 그리는 행위를 통해서 그 자신의 내면을 형상화 한 것이라고 말 할 수 있다.

융은 그림이 주는 효과에 대해 〈임상심리치료〉 논문에서 다음과 같이 자세히 보고하고 있다. "사실 치료 효과는 스스로 완성한 그림들로부터 유래한다. 물론 효과를 서술하는 것은 어렵다. 예를 들어 클라이언트는 자신의 상태가 나빠지면, 상징적 그림을 그림으로써 그가 어떻게 비참한 정신적 상황에서 구제되는가를 몇 번만이라도 보는 것이 필요하다. 그로 인하여 귀중한 어떤 것, 즉 독립의 시작, 심리적 성인으로 통과하게 된다. 클라이언트는 이러한 방법으로 창의적 독립을 이룰 수 있다."

또한 그는 이러한 창의적 형상방법과 해석은 결코 심리치료의 좁은 틀 안에만 속하지 않는다는 것도 언급한다(Ingrid Riedel, 1992). 20세기 초 정신의학과 심리학은 많은 화가들의 작품에 영향을 끼쳤다. 특히 프로이트와 융의 무의식 개념은 초현실주의자들에게 직접적인 영향을 주었다. 사실 모든 대가들의 작품은 그 화가가 우리 외부의 자연현상을 그렸다고 하더라도 그 속에는 화가의 내면적 정신세계가 강하게 반녕되어 있기 마련이다. 즉, 한 화가의 정신적 시각에 의해 투영된 자연 풍경인 것이다. 영국의 낭만주의 화가 터너의 그림을 보면 폭우나 안개 거대한 파도 등의 그림에서 실제보다 과장되고 변형된 표현을 볼 수가 있는데, 이것은 바로 터너의 정신세계가 포착한 자연현상의 반영으로서의 이미지인 것이다. 또한, 독일의 낭만주의 화가 카스파 다비트 프리드리히는 우수에 가득찬 황혼 풍경이나 밤 풍경을 즐겨 그렸는데, 이것 또한 프리드리히 정신세계가 포착한 그의 내적 정서에 의해 반영된 풍경인 것이다.

융의 치료 구상은 모든 생명체가 가지는 자연스러운 성장 경향, 즉 완성으로 나아가고자 하는 경향에 근거를 두고 있다. 그는 성장 과정과 자기 발전의 능력, 더욱 분화된 특별한 형상의 계발을 통하여 문제점들을 초월하는 능력 즉 우리 누구에게나 잠재된 이러한 능력에 치료 구상의 초점을 맞추었다. 융은 이런 과정을 나타내는 중요한 상징으로 나무를 예로 들었다. 한 그루의 나무가 폭풍우로 인하여 가지가 꺾이거나 잘려진 상처를 안고도 무성하게 자라듯이, 인간 정신도 속에 깃든 언제나 저항하려는 형상을 최상으로 구체화하려는 시도를 한다고 했다(Ingrid Riedel, 1992). 또한 융은 다양한 방법적인 도구가 있음에도 불구하고 그림이 클라이언트의 심리를 분석하고 치료를 돕는데 있어서 다른 무엇보다 중요한 가치를 지닌다고 보았다. 왜냐하면 그림은 클라이언트의 내부에서 활발하게 움직이는 능동적 심상이고, 또한 그의 내부에서 적극적으로 움직이는 것은 바로 그 자신이기 때문이다. 무의식의 깊은 곳에서 심상을 끌어내어 그것이 의식에 고정되도록 형상을 만들어내는 것, 즉 상징을 이처럼 확실하게 그림 등으로 고정시키는 일은 무의식의 체계에 대한 일종의 객관화라고 한다. 융은 그림과 같은 미술 행위를 통해서 막연하고 표출할 수 없는 것, 즉 무의식의 그림자에 형태를 만들어서 어느 정도까지는 우리들이 그 참된 의미를 이해할 수 있고, 나아가 우리의 의식이 이것을 받아들이게 할 수도 보고 있다.

융 학파는 미술이 추구하는 낭만적 작업이 임상적 정보자료원도 아니며, 그리고 원형적 형상화를 알고자 하는 흥미 위주의 지적탐구도 아닌 내적 및 외적 실체에 대한 잠재적 통찰을 불러일으키는 합성물 또는 그 상징으로서 심상을 다루고 있다. 융 학파의 치료사들은 클라이언트들에게 꿈이나 환상을 시각적으로 표상하도록 하였다. 분석심리학적 정신치료에 있어서 그림을 그리게 하는 의의는 그림을 통해 무의식의 내용을 나타나게 할 수 있고, 그림을 그림으로써 감정 기능을 살리고, 무의식의 창조적 기능을 자극하여 이를 발휘하게 할 수 있게 하는 데 있다. 그러므로 그림을 그리게 할 때의 원칙은 무의식을 가능한 자유롭게 표현할 수 있도록 해 주는 것에 있다. 구체적인 대상을 그리게 하는 작업 위주가 아니라 환상이나 꿈같은 무의식의 내용을 그리게 하거나 마치 연상처럼 붓이 가는 대로 무의식에 내맡기는 태도가 중요하다. 말하자면 그림을 그리게 하는 의의는 클라이언트로 하여금 자신의 무의식을 체험하게 하는데 있다. 체험이란 무의식을 이해하고 그 내용을 의식에 동화함을 가리킨다. 미술 활동의 과정을 통해서 결국에는 나타낸 것에 대한 의미를 알게 되고 무의식적 형태, 감각이 더욱 명료해진다고 보는 것이다. 따라서 미술치료의 목표를 미술을 증진시키는데 있는 것이 아니라 미술이라는 매체를 통해서 숨겨진 자원과 근원을 찾고, 이해와 성장과 변형을 증진하고자 하였다(황인정, 2003).

융 학파의 미술치료 이론은 무의식으로부터 자발적으로 나온 심상(image)들의 실체(reality)에 그 가치를 두고 있고, 그림 자체를 고유한 권한을 가진 전체로서 바라보고 무의식적 심상(unconscious image)과 관련시키고자 하였다. 융은 이러한 과정을 통하여 심리적인 것뿐만 아니라 문화적인 것에 이르는 다양한 관점에서 심상을 검토하였다. 물론 프로이트도 꿈과 심상에 대한 인식과 그 중요성을 다루었지만, 그는 그림자 자체를 무의식적 심상의 실체로서 다루기보다는 정신분석이론의 관점에서 설명 가능한 범위 내에서 그림에 나타나 있는 꿈, 환상, 그리고 무의식적 요소를 다루었다는 점에서 융과의 차이점이라 할 수 있다. 오늘날 융의 분석심리학을 위한 교육기관에서는 그림을 통한 치료적 작업과 무의식에서 나온 그림들의 해석이 교육의 중심을 차지하고 있다. 그것들은 무의식에서 나온 재료를 조형적으로 작업하는 중요한 사례들에 해당된다(Ingrid Riedel, 1992).

미술가이자 비평가인 존 그램험은 자신의 책 〈미술세계와 방법론〉에서 "의식적인 마음에 무의식의 강렬한 사건을 제공하기 위해... 원초적인 과거와 접촉하고(적극적으로 미술 작품을 제작함으로써, 그리고 소극적으로는 미술 작품을 사색함으로써) 무의식과의 잃어버린 관계를 회복하라."고 피력하였다. 그래함은 원초적인 과거와 집단무의식을 강조하면서 융의 개념과 회화 사이의 연관성을 암시하였다(김양희, 2003). 융은 그림 그리기를 바람직한 인격을 이루기 위한 다양한 방법 중의 하나로 중요하게 여겨서 지속적으로 연구해온 학자였다. 그는 죽을 때까지 자신의 내면을 응시하는 회화작업과 조각 작업을 즐겨 행해온 사람이었다.

제23장

액션페인팅 (Action Paining)

제23장

액션페인팅(Action Paining)

1. 액션페인팅(Action Paining)

미국의 추상표현주의(抽象表現主義 : Abstract Expressionism)는 1930년대에 경제 대공황이 휩쓸고 지나간 뒤 1940년대 중반에서 1950년대 초반까지 뉴욕 10번가를 중심으로 가장 활발하게 생성된 미술 운동이다. 추상표현주의 작가들은 작품 속에 2차 세계대전 후의 참혹한 현실, 현대사회의 정신적 · 물질적 황폐함과 불안감, 실존에 대한 물음, 전통적 권위와 질서에 대한 저항 의식 등을 담고 있었다(정은미, 2000). 추상표현주의자들은 개별성, 신비스러운 모든 것, 무가치하다고 버려졌던 비정신적인 실제 이면에 있는 의식 등을 발견하기 위해 자유롭고 직접적인 개성을 표현하였고, 이러한 시대의 조류 속에서 원시미술과 그 개념적 양식적 특성은 처음부터 추상표현주의 미술의 중요한 이슈 중 하나였다. 추상표현주의는 초현실주의의 오토마티즘(Automatism)의 영향에서 비롯하여 내면세계의 탐구에 관심을 나타내고 있었다. 여기서 오토마티즘은 액션페인팅이라는 새로운 회화를 창출해냈다.

액션페인팅의 액션(action)은 액트(act)라는 말보다 동적인 의미를 지니는데, 후자는 이미 성취된 일, 성과(成果)로 본다면 전자는 '일이 성취되는 과정(process)에 중점'이 있다. 즉, 액션페인팅의 액션은 그리는 행위 자체가 예술가의 창조성 그리고 재료의 물질성이 상호작용하는 순간이다. 액션페인팅이라는 명칭은 1952년 미술비평가 헤롤드 로젠버그(Harold rosenberg 1906~1978)에 의해 명명되어져 왔다. 여기에 로젠버그의 행위에 대한 최근의 고찰에서 액션페인터라고 불리게 된 화가들의 말, 의도, 태도가 가미되어 구축된 것이다. 이것은 미국식 회화를 재정의하면서 단순한 이미지로의 결과인 작품이 대상이 되는 것을 넘어서 온몸으로 거대한 화폭을 자기 자신에게 몰입하여 그리는 과정을 말하고 있다.

따라서 액션페인팅은 신체를 통해 마음을 직접적으로 보여주는 것이다. 분출되는 감정과 본능적 직관을 신체 행위를 통해 화면 위에 표현한다. 이것은 완전한 자발성과 완전한 통제를 요구하며, 즉흥적, 표현성, 신체성, 놀이성, 우연성에 의존하는 작업이다. 만약, 자유롭게 자신을 표현하지 못하고 도식적 혹은 구조적으로 한 가지에 몰입되어 있거나, 그리기에 대한 부담이나 저항이 있는 내담자, 위축되고 억압된 내담자에게 액션페인팅의 표현 방법은 새로운 시작에 촉매제의 역할을 제공해 줄 수 있다. 여러 가지 다양한 화지에 스스로 선택한 자유로운 색으로 물감을 뿌리고, 떨어뜨리고, 근육 운동적인 낙서나 휘갈겨 그리기 등 신체로 표현하는 과정은 내담자가 그 작업행위에 집중하면서 내면에 잠재되어 있는 힘을 끌어올려 발산하도록 도와줄 수 있다. 이러한 표현활동에서 방향성과 같이 의식되는 것은 없고, 감정의 흐름대로 표현하는 주관적인 측면으로 성공이나 실패라는 의미는 부여되지 않으며, 즉흥성과 우연을 더한 붓의 운동이 화면을 덮어 버리 과정이다. 이러한 액션페인팅 작업의 특성은 창조행위의 즐거움과 보편적인 승화의 힘이 있으며 인간 내면의 탐구에서 내적분석(정신분석)으로 연결되어 치유적인 힘을 경험하게 된다.

액션페인팅의 선구자인 잭슨 폴록(Jackson pollock, 1912-1956)은 2차대전 이후 유럽에서 미국으로 미술계 중심이 옮겨지던 시기에 대표적인 추상표현주의 화가로서 그는 붓으로 그리는 회화의 기존방식을 탈피해 '액션페인팅'이라는 새로운 영역을 개척해 냈다. 그는 캔버스를 벽에 새우는 대신 바닥에 눕혔다. 페인트통과 붓을 들고 마음껏 캔버스 안으로 들어갔다. 그 안에서 느끼는 내면의 움직임에 따라 폴록은 기쁨, 슬픔, 분노, 놀람, 등을 표현했다. 잭슨 폴록은 1947년에서 1950년 사이 작품의 절정기를 맞이하게 되는데, 기존 유화물감을 버리고 공업용 왁스인 듀코 에나멜 물감 등의 유동적 물질들을 캔버스 위에 떨어뜨리거나 부어 버리는 드리핑(dripping) 기법을 통하여 주제의 중심에 서서 계획되고 정리된 작품이 아니라 거미줄같이 얽혀버린 심리적 미로를 표현했으며 물감이 들어있는 가느다란 단장으로 그가 공중에서 선을 그어가면 그 신비적인 몸짓의 흔적을 남기는 것처럼 색채의 반점을 캔버스에 떨어뜨리며 작품 활동을 하였다. 즉 이렇게 뿌리고 흘리는 자유로운 몸짓에서 무의식의 정신세계가 존재하였으며 융의 창조적인 과정, 즉 원형이라는 명명된 무의식의 약동에 의해 전개되며 이러한 창조적인 과정에서 생기는 '창조적인 형성'(藤枝晃雄, 1985)인 것이다. 융은 창조적인 과정을 중심으로 하여 예술의 존재 형식을 '심리적인 양태와 환상적인 양태' 둘로 나누고 있다. 심리적인 양태에 속하는 작품은 가정이나 환경 등 사회생활 속에서의 의식적인 감정 기쁨이나 슬픔을 대상으로 삼는 것이며 그것은 심리적인 이해의 영역을 벗어나지 않는다. 이와 같은 작품에 있어서는 의도나 효과라는 것이 존중되고 있으며 예술가는 '능동적인 행위자'로서 몫을 하게 된다. 폴록이 드리핑 기법을 시작한 것은 자신의 감정과 정서 그리고 기분에 따르는 행동을 어떤 제약도 없이 자동기술적으로 캔버스에 기록하고자 했기 때문이다.

잭슨 폴록은 새로운 회화개념을 제시하였다고 볼수 있는데, 종래의 회화는 일정한 캠바스 틀내에서 작가가 미리 의도한 정해진 구상에 의해 이루어지는데 비해 폴록의 회화는 정해진 틀을 깨고 끊임없이 회화작업이 화면의 틀을 벗어나 무한히 확장될 수 있는 성격을 지닌 올 오버 페인팅을 창안해 내었다.

2. 잭슨 폴록의 생애와 심리요인

잭슨 폴록(Paul Jackson Pollock, 1912-1956)은 와이오밍(Wyoming)주의 코디(Cody)에서 아버지 레로이 폴록(Leroy Pollock)과 어머니 스텔라 메이 미클루이(Stella May Mcclure)사이에서 5형제의 막내로 태어났다. 그의 출생 증명서에는 부친의 직업은 '석공, 시멘트공'으로 기재되어 있었으나, 부친이 직업을 여러번 바꾸었으므로 그때마다 이사를 해야 했다. 폴록은 생후 1년도 안되서 코디를 떠나서 캘리포니아주와 아리조나주의 여러 곳을 전전하며 유년, 소년시절을 보냈다. 형제 중 가장 수려한 외모였던 어린 폴록은 아버지를 도와 그랜드 캐년의 가장자리를 측량하는 일을 하게 된다. 이 일은 공간에 대한 그의 느낌에 엄청난 영향을 준 것으로 보이며, 미국적 공간, 규모, 크기에 대한 감각은 폴록의 작품에 그대로 나오게 된다.

폴록의 아버지는 과격한 성미의 소유자로 항상 폭음하였다. 알콜 중독은 알콜 중독을 일으키는 유전자가 따로 있어서 그의 2세가 알콜 중독자가 될 확률이 일반인들보다 네 배나 높다고 하는 연구보고가 있듯 폴록이 알콜 중독자가 되기까지는 아버지의 영향이 컸다고 볼 수 있다(정남운, 박현주, 2000). 이렇듯 알콜 중독자였던 폴록의 아버지는 수차례 가족을 버리고 가출하였고, 1933년 레로이 폴록이 타계하기 얼마 전에도 가출했다 돌아와 있었다. 하지만 뉴욕에 있던 폴록 삼 형제는 비보를 듣고도 차비가 없어서 아버지 장례식에 참석할 수가 없었다. 이 시기에 폴록은 처음으로 자화상을 그렸는데 마치 자학하고 있는 듯한 이미지였다. 그는 스물두 살의 자신의 모습을 마치 아홉 살이나 열 살쯤 되어 보이는 소년의 모습으로 묘사했다. 그것은 아버지가 가족들을 버리고 가출했을 때의 모습으로 그는 두려움에 사로잡혀 있는 듯한 표정으로 자신을 표현하였다. 폴록의 예술형성에 작용했던 시공감각(時空感覺) 형성에 기여한 화가로 생을 살게 된 것은 모친의 어린 시절 가슴에 간직했던 예술적 열망이 지대한 영향을 끼쳤음을 볼 수 있다. 이는 폴록뿐만 아니라, 큰형인 찰스(Chareles Cecil Pollock)와 바로 위인 형인 샌 포드(Sanford Leroy Pollock)도 화가가 될 수 있었던 것은 폴록 일가의 '지배적인 힘'은 모친이 아니었나 싶다. 이러한 가정환경은 폴록의 예술에 대한 열정을 심어주는 계기가 되었던 것이다(최영대, 2001).

폴록의 가정은 이렇듯, 아버지의 부재로 인하여 다섯 아들을 거느리고 가난한 살림을 꾸려간 어머니와 의사소통이 없었고 규율은 커녕 완전히 무절제했으며, 멋대로 자식들을 내버려 두었다. 무책임하고 버릇없이 자란 폴록은 18세 때 미술 지망생이던 두 형을 따라 대책 없이 뉴욕으로 갔으나 세계 경제 공황 속에서 극심한 가난에 허덕이며 오랫동안 화가로서 이렇다 할 진전도 못 한 채 알콜에 빠졌다. 제대로 의사소통할 능력이 없는 폴록의 좌절감, 우울증과 자격지심 등의 콤플렉스와 끓어오르는 반항감은 알콜로 더욱 악화되었다. 그에게 술은 그가 죽을 때까지 그의 정신세계에서 피할 수 없는 요소였고 때론 자학의 수단과 우울증에 대한 스스로의 처방이기도 했다. 정신병리학자는 알콜중독에 걸린 사람들에게 공통되는 특징으로서 응석부리기, 자기중심적 성격, 버르장머리 없음, 허전함, 나약함, 특히 모친에 대한 그나름대로의 성향을 들고 있는데 폴록의 경우도 이와 똑같다. 이런 점은 폴록이 어릴 때부터 여러 곳을 돌아다녔고 남자빰치는 성품의 모친에 의해 자랐다는 가정환경, 그 뒤 경제공황아래서 뉴욕이라는 비정한 대도시에서의 생활과도 무관하지 않았다. 폴록의 생활사, 그 속에서 형성된 성격은 의타심과 고립을 심화시켰고, 그를 알콜중독으로 몰고가 '자아(自我)의 확립을 가로막고 있었다(藤枝晃雄, 1985).

폴록이 소속되어 있던 화랑의 주인인 페티 파슨즈(Betty Parsons)는 후에 그에 대한 인상을 다음과 같이 회고했다.

"그는 항상 깊은 슬픔에 잠겨 있었고, 상대방마저 슬프게 만들곤 했다. 간혹, 즐거운 순간이 있긴 했어도 그런 때마저 상대방을 오히려 울고싶게 만드는 그런면이 있었다. 그에게는 늘 알 수 없는 절박감이 감돌았다. 술을 마시지 않을 때는 매우 소심하여 거의 말이 없었지만 일단 술을 마시면 누구든지 싸우려 덤벼들었고 모든 욕지거리를 동원했다."

뒷장에서 다루게 되지만, 그를 심리치료의 한 방법으로 미술치료를 사용한 미국의 대표적인 융 주의자이며 정신분석학자인 조셉 헨더슨(헨더슨은 1964년 〈인간과 상징〉을 융과 함께 공저)은 할례나 초경의 의식으로 비롯되는 이니시에이션에 관한 저작에서 폴록에 대하여 다음과 같이 쓰고 있다.

"이 클라이언트는 유아기의 정서적인 결함 때문에 어느 정도 고립에 괴로워했으나 이런 결함이 충분하게 보상되지 못하였다. 클라이언트는 자기보다 연상의 동정적인 여성 친구와(할렌 마로트)의 밀접한 관계에 의해 이를 보상하려고 시도하였다.... 클라이언트는 직업에 성공을 거두고 결혼도 하며 자기 생활의 개인적인 감정의 레벨에서 제법 적응하고 있는 것처럼 생각되었다. 그 후 15년쯤 경과 후, 그 사이에 알콜 중독에 걸려 정신적 혼란기를 거쳤으며, 다시 새로운 퇴행 상태에 빠져 일할 능력도 상실하게 되었고, 이어 부정적인 성격으로 변하여 죽음을 맞게 되었다."

폴록이 심리치료를 받으며 그린 정신분석용 드로잉에서 나타나는 그의 정신상태를 헨더슨은 다음과 같이 크게 셋으로 나누어서, '정신분열'임을 암시하고 있다. 난폭한 흥분상태, 마비적 혹은 자폐적(自閉的)인 상태, 내향성의 정신병리적인 상태.

폴록의 정신분열설은 핸더슨보다도 그의 해석을 지나치게 확대한 미술사가 C. L. 화이셔프(C. L. Wysuph)의 책임이다. 와이셔프는 "헨더슨은 폴록의 병을 정신분열병으로 진단했다"라고 단언하고 있으나, 헨더슨은 다음과 같이 쓰고 있다.

"치료 중에 폴록이 제작한 드로잉에는 고민에 가득 찬, 신체의 일부를 잘린 불구처럼 된 인물이나 동물을 나타내는 시기가 오래 계속된 뒤에 새로운 진전이 나타나고 있다. 이와 유사한 경우가 없었던 것은 아니지만, 이는 단순한 정신분열병의 분열은 아니다. 나에게는 그것이 의식상(儀式上), 부족사회나 샤먼의 혼수상태에서 일어나는 것과 똑같은 정신상태에 비견될 수 있는 것으로 여겨졌다."(藤枝晃雄, 1985).

1936년 폴록은 벡키 타워터(Becky Tarwater)라는 4살 연상의 재능 있는 음악가에게 청혼이 거절당하자 이때 처음으로 정신분열 증세가 나타났다. 유난히 그는 연상의 여인을 좋아했고 그의 부인인 리 크래스너(Lee Krasner 1908~1984)도 폴록 보다 4살 연상이다. 그에게 연상의 여인은 어머니와 같은 존재였으며, 그의 정신분석용 드로잉에도 어머니를 갈망하는 '어머니에의 회귀'를 표현한 이미지가 나타나고 있다. 추상표현주의 여류 화가인 리 크래스너는 자신의 작업을 중단하면서까지 폴록을 유명한 화가로만들기 위해 내조했고, 그 결과 1942년부터 그는 우수한 그림들을 그리기 시작했다. 하지만 알콜중독인 그의 모습에 화가 난 부인은 일부러 폴록을 소외감을 느끼도록 무관심하여 그가 더욱심한 우울증에 빠지게 하였다.

이때 그를 정신 치료한 드라즐로(Violet Staub de Laszlo)는 리는 소유욕이 아주 강해서 폴록이 어느 누구에게라도 의존하게 되면 자신이 협박당하고 있다는 생각을 하게 된다고 생각하였다고 한다. 또한 폴록의 다른 심리치료사인 루스 폭스(Ruth Fox)는 리가 폴록과 같이치료 받길 원했지만 그녀는 폴록마저 치료를 중단시키고 자신의 단골 의사에게 데려갔다. 이 시기에 폴록에게 성(性)에 대한 혼돈이 생겨서 여러 사내들과 동성애 감정을 맺었다. 폴록의 동성애 감정은 1944년 늦가을과 이듬해 봄에 자학의 증세로 나타났다(김광우, 1997). 폴록은 정신분열 증세가 심해질 때는 크고 작은 일로 경찰서 출입이 잦았으며, 때론 알몸으로 돌아다니기도 하였고, 사람들 있는 공공장소에서도 거리낌 없이 소변을 보는 등 보통사람이 상상할 수 없는 행동을 하곤 하였다. 그는 술을 마시지 않을 때는 부끄럼을 타고 거의 말이 없었지만 술만 마시면 항상 누군가와 싸우려고 했다. 우울증이 심해질때면 유난히 술을 더 많이 마셨는데, 술에 취하면 자주 난동을 부렸기 때문에 나중에는 거의 모든 술집에서 그를 받아 주지 않았다. 폴록은 유명했던 명성과는 달리 빈곤한 생활이 이어졌고, 수입이 일정치 않아 고난의 연속이었다. 폴록은 아이를 갖기를 원했지만 그녀는 불안정한 삶 속에 아이를 낳기 부담스러워하여 그의 생애에 아이는 없었다. 폴록은 고등학교를 중퇴했던 충분한 교육을 받지 못했던 예술가였고 말주변이 없었다. 다만 그는 헨더슨 박사가 지적했던 대로 직관이 발달해 있었기 때문에 예술가가 천직인 인물이었다.

그는 자살에 관해 몇 차례 말한 적이 있었고 그때마다 술을 마셔 인사불성이 되었다. 그가 세상을 떠나기 얼마 전부터는 모두 그를 만나기 꺼려하였고, 폴록은 매일 동네를 배회하며 만날 사람을 찾고 있었다고 한다. 당시 폴록은 극심한 우울증을 앓고 있었고, 밤마다 울었으며 떠난 그의 부인을 무척 그리워하고 있었다. 또한 자살에 대해 여러 번 생각했고, 그림을 거의 그리지 않았다. 폴록은 천성이 예술가였고 눈으로 볼 수 있는 시를 쓴 시인이었다. 그가 죽기 얼마 전에도 폴록은 달리는 자동차에서 밖으로 뛰어내렸는데 그는 부인 했지만 리는 그가 자살을 기도한 것이라고 주장했다. 그 시기에 또 폴록이 미친 듯 운전을 했으므로 리는 폴록이 자살할 무기로 자동차를 선택할지도 모른다는 불길한 예감을 했었다고 한다. 결국 폴록은 음주 · 과속운전 사고로 사망하였지만, 본 연구자는 여러 문헌조사 통하여 사망 시기 전의 그의 생활을 유추해 본 결과, 단순한 자동차 사고가 아닌 우울증에 의한 자살의 가능성도 있다고 본다.

3. 융의 이론과 잭슨 폴록

두 번의 세계대전과 이로 인한 서구 사회의 붕괴를 경험하면서 당시 미국에서는 인류학, 심리학, 사회학 등 전반적인 지식 분야에서 정신적 위기에 대한 대안으로 원시적 가치들에 대한 연구가 활발히 진행되었다. 새로운 미술에 대한 원천으로 원시 문화의 이미지와 신화의 내용이 주목을 받게 되었다. 또한 1930년대 후반에 칼 융(Carl G. Jung)의 분석 심리학은 미국의 진보적인 예술가들에게 다른 세계관과 미학을 제시했다.

융은 예술에 대한 분석심리학의 탐구대상은 예술 그 자체의 가치라기보다 예술의 창조 과정의 심리학, 예술 작품 속에 나타난 상징성에 국한된다고 하였다. 그는 예술가를 집단적 무의식을 표현하며 이를 예감할 수 있는 매개자로 보았다. 그러므로 융에게는 원형적 상징이 분출하는 예술작품이 관심의 대상이었다(이부영, 2003). 폴록은 스스로를 융주의자라고 할 만큼 융의 분석심리학을 충분히 수용하고 받아들였다. 그가 융에게 매료되었던 것은 1930년대에 대두되었던 개체에 대해 집단을 강조하는 민족주의적인 경향에 바탕을 둔 것과 크리슈나무르티의 가르침과 신지학(神智學), 인디언문화에 경도하고 있었던 요소가 융의 학설에서 보는 신비적, 동양적인 요소와 결부되어 버린 것이다(藤枝晃雄, 1985).

융과 폴록의 도상적인 관계에 대해서는 액션을 둘러싸고 논의되고 있는 '창조적인 과정'도 융에서 유래된 것으로, 이것이 그런 관심의 제삼의 원천이 되는 것이다. 그래함이 차용하고 있는 것처럼 융에 있어서의 창조적인 과정은 원초적, 무의식적인 것이다. 그것은 '원형'이라고 명명된 무의식의 약동에 의해 전개되며, 예술작품이란 이러한 창조적인 과정에서 생기는 '창조적인 형성'이다. 이 융의 생각은 예술작품을 개인적인 것과 창조자의 배후관계—가령 예술가와 어머니와의 관계라고 하는 전제조건에서만이 파악하려는 프로이트의 인과론적인 심리학적 해석과는 다르다. 예술작품에 있어서, 그 전제적 조건은 '모태'이기는 하지만 작품 그 자체는 아니며, 그것을 '창조적으로 새롭게 만들어 놓은 것'이라고 할 수 있겠다.

예술은 단순히 개인으로서의 예술가에 관련되어 있는 것이 아니라, 융의 영향을 받은 그래함이 말한 것처럼 '모든 전제조건을 내 몸 안에 섭취하는 창조적인 과정' 그리고 예술가를 움직이는 그것과 관련되어 있다. 그래함은 예술을 선사시대, 큐비즘, 몽타쥬 식으로 극히 자의적으로 분류했을 때, 루오나 청색시대의 피카소 등의 이름을 들어 신비나 심리, 정서적인 상극의 드라마를 필요로 하는 작품을, '심리적인 예술'이라고 부르고 있지만 그것도 융의 개념에 의한 것이라고 생각된다.

예술이 창조적인 과정의 소산이라 하지만 그 표현 방법은 일률적인 것은 아니며, 예술의 종류에 따라서 다른 작용을 한다. 그러므로 융은 창조적인 과정을 중심으로 하여, 예술의 존재 형식을 '심리적인 양태'와 '환상적인 양태'인 둘로 나누고 있다. 이 구분에 있어서 전자에 속하는 작품은, 가정이나 환경 등 사회생활 일반 속에서 의식적인 감정, 기쁨이나 슬픔 등을 대상으로 삼는 것이며, 그것은 심리적인 이해의 영역을 벗어나지는 않는다.

폴록의 초기 작품에서 나타나는 시각적 암호와 같은 기호들은 대개 신화나 원시미술과 깊은 관련을 가지고 있다. 초현실주의자들과 달랐던 것은 이러한 신화나 무의식의 상징을 통해 개인의 내면세계보다는 인간의 역사와 문화의 원류를 탐구하려고 한 점이다. 프로이트와 달리 융은 인간의 무의식적인 작용의 신화, 상징 등의 중요성을 강조한다. 이후 신화를 주제로 한 폴록의 작품에는 상당한 상징성과 신비성을 나타내고 있다.

폴록의 그림에는 기묘한 동물이나 인물, 인간과 동물을 결합한 수수께끼 같은 상징들이 나타나는데 치료 후에는 무의식의 움직임, 성적 에너지, 마(摩)적 이미지 등을 자기 자신의 의식에 주입해 건강한 정신력을 기르게 되는데, 이때부터 회화작품에는 내적이고 환상적이며 신화적인 부분이 나타나는 것을 볼 수 있다.

1) 융의 분석적 미술치료를 받은 잭슨 폴록

폴록은 알콜중독, 정신분열 증상, 우울증, 동성애 등의 정신적 어려움을 지닌 사람이었고, 그러한 문제들로 인하여 그는 5명의 정신분석가에게 심리치료를 받게 되었다. 그중에서 폴록은 자신의 융의 관심으로 인하여 융의 제자였던 조셉 헨더슨(Dr. Joseph Henderson)과 드 라즐로(Dr. Violet Staub de Laszlo)에게 그의 이론에 의한 심리치료를 받게 된다.

알콜중독이었던 폴록은 치료 시간에도 자주 취해있어 그의 실제세계와 무의식 세계를 비교하며 의사소통을 할 수 없었다. 그리하여 핸더슨은 그가 화가인 점을 착안하여 시각 표현에서 병의 상태를 관찰한다는, 이른바 미술치료를 실시한 것이다. 핸더슨은 폴록의 그림들을 분석함으로써 그의 무의식 세계에서 표출하는 이미지들에 그가 어떻게 의식적으로 가치등급을 정하는가를 살펴보려했다.

그는 〈잭슨폴록 심리학적 해석〉이라는 글에서 클라이언트의 문제는 '말에 의한 표현력'을 결하고 있고, 또 의지의 소통이 되지 않아서 치료가 될지 어떨지 의문이라고 쓰여 있다(藤枝晃雄, 1985).

입원기간 중 연필, 색연필, 잉크, 크래용, 과슈 등에 의한 드로잉이 제출되었는데, 헨더슨은 이 자료를 근거로 병상의 경과를 판단했다. 예술가이기도 했던 융은 미술을 상징학(symbology)과 연계시켜 그의 미학 이론을 전개했다.

융은 예술가들이 그들이 상상하는 정신세계로부터 이미지들을 창조해낸다고 인식했다. 그는 또 사람들은 직관, 느낌, 감각, 사고의 네 가지 개성 또는 기능들이 하나로 통합되어 균형을 이룬 후전체를 이룬다고 했다. 헨더슨의 견해에 따르면 폴록은 네 가지 개성인 직관, 느낌, 감각, 사고의 기능이 통합적 균형을 이루지 못한 상태이며, 따라서 폴록이 가지고 있는 본능적 경향들이 집합적 무의식 안에서 어떤 경향으로 나타나는지를 발견할 수 있다면 그의 개성들의 재통합이 가능하다는 것이다. 헨더슨은 폴록의 창작과정을 거꾸로 연역하여 그의 그림들을 분석함으로써 그의 무의식 세계에서 분출하는 이미지들에 그가 어떻게 의식적으로 가치등급을 정하는가를 살펴보려 했다(김광우, 1997). 헨더슨은 독특한 정신을 가지고 있는 폴록을 대상으로 학문적 업적을 기대했던 만큼 폴록이 그에게 전적으로 협조하지는 않았지만, 헨더슨은 폴록의 그림들에 나타난 상징주의를 분석하면서 그의 무의식 세계에 대한 탐험을 시작했다. 그는 폴록의 단순한 관념들과 기본적인 정의들로부터 시작해서 좀더 구체적이고 복잡한 내용들로 분석해 들어갔으며, 폴록의 한드로잉에 나타난 두 가지 이미지를 그의 상반성의 충돌로 이해하기도 했다. 폴록이 심리치료를 받으며 그린 정신분석용 드로잉은 1939년에서 1940년 사이에 그려졌다는 것 외에, 자세한 연대는 물론 정확한 제작순서도 알 수 없으며 그어떤 타이틀도 붙어 있지 않다. 그림을 그리는 데 있어서 헨더슨은 폴록에게 어떠한 제약을 가하지 않았고, 그가 지녀왔던 모든 체험을 자유롭게 표현하도록 했으며, 병의 상태가 악화되었을 때에도 어김없이 그리게 했다. 폴록은 클라이언트로서 헨더슨에게 전부를 의지했고, 또한 고뇌와 안도감 속에서 자발적으로 그림을 그렸다.

이때 폴록의 체험은 거의 무의식 가운데 직절적(直截的)으로 표현되었다. 이처럼 그려진 드로잉은 지극히 변화가 많으며 병상에 따라 동일 인물이 그렸다고 생각할 수 없는 정도의 것도 있다. 공격적이라고 생각되는가 하면, 또 갑자기 톤이 바뀌어 느슨해지며, 유기적이라고 생각되는가 하면 달리 무기적인 성격을 띠기도 한다. 그렇더라도 그 어떤 공통점에 의해 그려진 인간, 동물, 새, 뱀, 조개껍질, 토템은 물론 원(만다라), 네모꼴이나 세모꼴 등의 기하학적 모양마저 살아 있는 것으로 여겨져 어떤 것이건 상징적 표현이 되어 있었다. 폴록의 정신분석용 드로잉에서 보여지는 원형으로서의 만다라 모양의 형체야말로 폴록의 '재생의 징조'가 되기도 한다. 만다라는 그전까지 육체 속에서 잠재상태에 있었지만 이제는 밖으로 끌려나와 생명을 불어넣는 신비한 존재를 상징하게 되거나, 어쩌면 인간이 '신비한' 존재로 변화되는 그런 그릇이나 장소를 상징하고 있다(Carl G. Jung, 1940). 만다라의 환각을 본 뒤에 폴록의 정신상태가 이전에 비해 현저하게 개선되었다는 것은 사실이다. 이 환각에 의해 해결된 그의 문제가 무엇이었는가를 이해하는 것 또한 무엇 때문에 그가 그처럼 '조화의 극치'를 느꼈는가를 이해할 수 있게 될 것이다(藤枝晃雄, 1985).

융은 1937년 예일 대학의 델리강의 중 〈어떤자연적 상징의 역사와 그 심리적 구조〉 속에서 이렇게 쓰고 있다. 이 '조화의 극치'라는 징조는 우리들의 해석을 쓸모없게 만드는 것이며, 그와 같은 환각이 나타나고 그것이 형체로 그려졌다는 사실, 또 클라이언트의 정신상태가 개선되었다는 사실, 그것만이 중요하다고 했다. 따라서 헨더슨이 만다라 모양의 형체출현을 재생의 징조로 보았던 것은 융주의자인 그로서는 신비할 것도 없으며, 실제로 그때 폴록의 병상은 호전되고 있었던 것이 분명했다.

그러나 융에 흥미를 가진 폴록은 곧 무의식적으로 그린 드로잉에 보인 그 상징적 의미에 스스로 심취하게 되었다. 이에 반면 헨더슨은 의사와 클라이언트라는 관계보다는 폴록이 보여주는 이미지를 통하여 환자의 체험을 뜯어 맞추고, 그 이미지가 주는 개인적이라기보다는 '원형적인 상징성'에 대하여 주석을 붙이는데 그쳐야 했다. 그리하여 헨더슨은 폴록이 만들어낸 상징적 제재(題材)에의 역전이에 강하게 빨려 들어가 처음 1년간 그의 작품에 대하여 개인적인 문제를 발견하거나 분석하는 등의 일에 소홀할 수밖에 없었다고 한다.

폴록은 18개월 동안 그린 그림들 82여점의 드로잉과 과슈로 그린 작품을 제출하였으며 헨더슨은 그 드로잉들에 나타난 상징주의를 분석하면서 그의 무의식 세계에 대한 연구를 시작하였다. 그러나 이 그림들은 나중에 '정신분석적 드로잉들'이라고 불리면서 학자들 사이에 대단한 논쟁을 불러일으켰다.

폴록이 알콜 중독에 시달리다가 치료를 받은 것은 그에게 있어서는 이니시에이션이었다고 말할 수 있을지도 모른다. 그는 그 과정을 거침으로써 '성숙한 자아'를 소유하려고 했던 것이며, 그것이 얼마간의 드로잉에 상징적으로 나타났었다. 죽음의 의미가 재생을 위한 시련으로 풀이된다면, 십자가 고난상을 '성숙한 자아'의 전환의 표시라고 할 수 있다. 이 그림은 예술이라고 평가되는 작품으로 인정받게 되며, 실제로 이것은 정신분석용의 드로잉 속에서 가장 뛰어난 작품의 하나이다.

정신분석용 드로잉의 경과가 양호해짐에 따라 폴록의 작품화의 의지를 읽을 수가 있게 된다. 이 시기의 폴록의 그림은 성질을 달리하게 되며, 더 이상 '무의식의 초상'이라고 할 수 없게 된다. 따라서 헨더슨은 그것을 예술로서의 '실험 작품'으로 분류하고 있다. 거기에는 〈게르니카〉 시대의 피카소와 오로즈코의 영향이 확인되고 있으며, 융의 저작(著作)이 그림자를 드리우고 있다. 이로 인하여 헨더슨 밑에서 치료를 받은 체험은 그에게 있어서 대단히 의미 있는 일이었으며 그것은 병세만이 아니라 예술에 있어서도 변화를 가져 온것이다. 헨더슨은 그 후 미국에서 제일 큰 융의 이론을 연구하는 기관을 설립했고, 헨더슨과 함께 수학한 적이 있었던 융의 또 다른 제자 드 라즐로가 그를 대신해서 어머니 같은 역할을 하며 폴록의 정신에 관해 연구하도록 그녀를 추천했다. 폴록은 정신분석용 드로잉 덕분으로 무의식의 역할에 눈뜨게 되었으며, 그에 따라 초현실주의에 쉽게 접근할 수있게 되었고 그 후 폴록은 오토마티즘에 의한 작품들을 그리게 된다.

폴록은 1950년에 다음과 같은 언급을 통해 융 심리학에 대한 그의 관심을 인정했다. “내가 생각하기에 우리 모두는 프로이트에게 영향을 받았다. 나는 오랫동안 융의 신봉자(Jungian)였다.” 폴록의 정신분석학 그림을 보면 폴록이 융의 보편주의에 의해 상징에 관심을 가지게 된 것을 알 수 있다.

2) 잭슨 폴록 액션페인팅 작품의 미술치료 요인 분석

추상표현주의는 무의식 세계 속에서의 작가의 내면세계를 주관적으로 표출한 예술관을 지니고 있다. 이는 풍요로운 본능적 감정이 만들어내는 불확실한 형태 체계를 신체의 폭발적 행위에 의해 분출되는 표현적 추상의 조형적 언어로 표현된다.

폴록은 1947년부터 시작한 액션페인팅 기법으로 인하여 2년 후엔 알콜중독이었던 그가 술을 끊었으며, 정서적으로도 안정적인 생활을 하게 된다. 폴록은 자신의 액션페인팅 작업 속에서 치유적 과정을 직접 경험했을 뿐만 아니라, 그는 이미 헨더슨에 의하여 1939년에 미술치료를 경험하기도 하였다. 융의 이론에 빠져 있던 그는 융의 분석적 미술치료 방법을 더욱 신뢰하였고, 후에 자신의 미술작업 안에서 치유 효과를 증명하듯 그의 불안한 생활은 안정을 되찾게 되었다. 이 시기에 그려진 액션페인팅 작품은 그의 작품세계에 있어서 절정을 이루는 시기이며 미국미술에 지대한 역할을 하게 되는 시기이다.

또한 폴록의 심리치료를 맡았던 헨더슨도 폴록의 알콜중독은 그가 액션페인팅과 미술치료에 빠져 있었던 기간에는 많이 좋아졌고, 그 기간을 제외하면 도리어 악화되었다고 하였다. 이렇듯 액션페인팅 기법의 과정 속에는 미술치료적 작용이 있었음을 시사해 주고 있다. 그러나 폴록은 1951년 이후 다른 방식으로 그림 제작 방법을 바꾸면서(블랙 페인팅) 그는 또다시 예전의 불안정한 상태로 되돌아갔고, 그림에 대한 열정보다는 예전보다 더 깊은 우울증과 알콜중독에 빠져들었다.

(1) 적극적 상상 이론 관점에 본 동작(Action)표현의 미술치료 요인

미술에 있어서의 동작은 삶의 행동을 모방하기는 하지만 일상의 행동을 그대로 모방하기보다는 인간의 행동을 하나의 예술적 형식으로 만들어 놓은 것이다. 때문에 외적 행동 이면의 심리, 감정, 동기, 목적 등을 외적 행동과 유기적으로 잘 연결하여 그려내야만 인간의 경험을 심원하게 전달하는 것이 되어 관객의 공감을 얻게 된다. 세계대전 이전까지는 예술창작의 수단으로서 동작은 그리 중요한 쟁점이 되지 못한 것이 사실이다. 그러나 미술행위가 우리의 감각이나 인식작용에 관계된 신호이며 그 기호의 특성을 파악하는 것이 현대미술에 있어서 중요 쟁점으로 부각되기에 이르렀다. 그것이 주관주의 시대를 거치게 되면서 그림에서는 형태의 왜곡과 변형이 이루어지고 내적모방의 감정 표출시대가 도래되면서 작업과정에 대한 관심이 급증하기에 이르렀다. 이것은 결국 추상표현주의 시대에 들어오면서 표면화 되었다.

추상표현주의에서는 완결된 이미지보다도 그려지는 동작자체와 동작과정에 창조적 가치를 두었다. 여기서 의미하는 동작은 물질과 정신의 매개체로 순수함을 추구하려는 의지를 담은 표현방식이다. 결국 인간 본연의 순수성을 찾기 위한 동작성은 미술개념에 있어 그 자체로 등장하여 미적 범주의 확장을 가져오는 계기를 마련하게 된다. 동작은 신체를 통하여 물질과 정신을 연결시키는 계기가 되며, 동작 자체가 목적이 아니라 물질이나 정신 등의 존재하는 것들에 나아가는 경험의 계기가 된다. 여기에서 동작으로 인하여 신체의 일부 또는 전부가 사물, 물질 더 자세히는 안료나 캔버스에 접촉하자마자 세계의 근원에 접촉하는 것이며 그 접촉을 통하여 세계와 우리, 객체와 주체, 물질과 정신, 그리고 존재와 인식이 하나가 되는 것을 이해하게 되는 것이다.

폴록은 능동적이고 민첩한 액션으로 이미지를 추출하고 액션은 그 자체가 완성하는 일이 없으며 완성을 향한 개인적인 것으로부터 멀어져 간다. 또한 액션으로서의 예술가의 사고는 예술가가 현재 창조하고 있는 과정에 있는 것이다. 그리고 캔버스가 곧 하나의 세계가 됨을 의미하며 '대상으로부터의 해방은 기성의 사회와 예술로부터의 해방'이라고 볼 수 있다. 신체 동작에 대한 연구 과정에서 불가피하게 신체와 정신 사이가 신비스럽게도 교차되는 지점에 대한 끊임없는 의문에 사로잡히게 된다. 융은 이것을 정신적 원본능(Psycho-ID)차원이라고 부른다. 그는 이것을 신체와 정신, 본능, 이미지의 영역들 사이들 매개하는 심층 무의식 속에 작용하는 변형적 기능으로 묘사한다. 정서는 이 교차점을 이루는 요소임이 분명하다. 정서란 즉각적으로 일어나는 신체적 · 정신적인 반응으로 정의된다. 정서의 신체적 측면은 신체적 신경 감각들과 표현적 신체 행동으로 구성되어 있으며, 정서의 정신적 측면은 이미지와 관념으로 구성되어 있다.

전통 심리학과 심리치료의 분야에서는 이 두 가지 영역을 이원화하여 분리시켜 왔다. 이와는 대조적으로 자연적으로 느껴지는 정서는 신체와 정신의 통합이라는 변증법적인 상호작용을 내포하고 있다. 기본적인 정서인 기쁨, 흥분, 슬픔, 공포, 화, 경멸, 수치, 깜짝 놀람 등은 표현적인 행동의 내적 양식들이다. 사람의 행동(동작)은 이 모든 기본 정서들과 관련되어 있다. 정서의 표현 양식들은 개인적인 동시에 보편적이다.

때때로 내면 깊이 자신 쪽으로 향하고 있었던 동작의 과정들로부터 강한 정서가 자발적으로 일어나기도 한다. 어떤 때에는 정서가 상징적으로 작용하기도 한다. 춤 · 동작치료 연구와 그 실제 경험들을 통해 모든 정서는 내면적 측면에서 뿐만 아니라, 실제 살아 숨쉬는 가치가 있음을 직시할 수 있다. 그러나 그 정서가 억압되고 부인될 때 그것이 신체를 제약하고 왜곡시킬 수 있는데, 정신분열증을 가진 사람에게서 본 얼굴과 신체 속에서 굳어져 버린 듯한 정서들의 충동적 표현들을 볼 수있다.

어떤 순간에서건 신체 동작이 정신의 다양한 단계 중 한 가지 단계에서만 도출되는 것은 아니다. 모든 표현행동은 여러 가지 계기로부터 생기는 수많은 충동과 이미지들을 역동적으로 대처하기 위해 개인이 시도하는 노력을 반영한다. 그렇기 때문에 동작 중에 나타나는 적극적 상상의 과정은 매우 복잡하지만, 아주 주의 깊게 살펴본다면 점차적으로 그 패턴을 알 수 있게 된다. 개인 무의식으로부터 나오는 동작은 개인을 자신의 과거와 구체적으로 연결시키는데 기여하며, 문화 무의식으로부터 비롯된 동작은 신화적 이미지와 문화 형태의 발달을 연결하는 교량이 된다. 짧은 순간에 원시 무의식으로부터 나온 동작은, 완전히 변형되지 않은 원시적 정서와 접촉하게 한다. 주체의 자아-자기(ego-self) 축에서 비롯된 동작은 우리에게 정신의 질서와 집중의 과정에 의해 움직여지는 경험을 하도록 인도한다(Joan Chodorow, 1991).

드리핑 기법은 액션페인터(Action Painter)들이 하는 표현기법으로 우연의 개입을 가져오는 방법으로 사용되었다. 항상 중요한 것은 행위 속에 내포되어 있는 새로운 의미로 최종적으로는 행위와 캔버스 사이의 긴장 관계라 할 수 있다. 그것은 곧 캔버스가 하나의 세계임을 뜻하는 것이며 캔버스가 그림이 아니라 사건이 일어나는 투기장으로 안료를 붓의 터치에 의존하지 않고 그대로 붓거나 뿌리고 흘리는 작업으로 채워나가는 것을 뜻한다. 즉, 표현효과는 상상적인 무의식적 잠재의 가능성을 보여주며, 생각하는 속도가 말하는 속도보다 빠른 것처럼 그리는 속도도 생각하는 구상보다 빠르다는 사실에서 의도성의 개입보다 우연의 개입이 비례적으로 높아진다고 본다.

폴록은 자신의 감정을 그림으로 그리는 것뿐만 아니라 직접적으로 표현하길 원했고, 동시에 신체 행위로 뿌려진 물감은 조형적 리듬을 보여주었다. 신체의 동작 사용은 폴록으로 하여금 숨쉬는 것을 잊어버리게 할 만큼 회화에 몰두하게 만들며 화가가 창조의 순간에 몰입한다는 것은 결국 화가와 회화가 하나로 일치된다는 합일(合一)의 의미일 것이다. 결국 화가의 호흡과 생명이 회화에 직접적으로 이입되어 회화는 독자적인 고유의 생명을 갖게 된다(김영신, 2002). 예기치 않은 자발성의 직접적인 결과는 미술가의 동작이 자유로워졌다는 것을 의미한다. 폴록의 작업의 요체는 그의 동작이 단지 손이나 손목에만 국한되는 것이 아니라, 몸 전체를 포함시킨다는 것이다. 캔버스와의 직접적인 물리적 접촉을 피하고 중력에 의존함으로써, 폴록은 그의 손목의 아주 사소한 움직임조차도 선의 성질을 변화시킬 수 있는 가능성을 기꺼이 받아들이게 되었다.

폴록의 액션페인팅 작품 제작 모습은 한스 나무스(Hans Namuth)가 촬영하고 폴록 자신이 나레이션을 붙인 영화(11분짜리 컬러영화, 1951년)와 제작사진을 통해서도 알 수 있다(Ingrid Riedel, 1992). 한스 나무스는 그의 작업과정에 대해 아래와 같이 그 당시 상황을 묘사하였다.

> "그때 폴록은 갑자기 붓을 집어 들고 캔버스 주위로 움직이기 시작했다.
> 그의 움직임은 처음에는 느렸지만 점점 빨라지더니 검은색, 흰색, 적갈색의 물감을 화면에 던지고 뿌리는 동작을 취할 때는 차츰 춤을 추는 것과 비슷하게 변해갔다..."
> (Barbara Rose, 1979).

그것은 무의식 속에 숨어 있던 본능적인 충동이 춤이라는 형태로 표출된 것이다.

이러한 나무스의 회화와 사진 및 영화를 통해서 볼 때 드리핑 기법을 사용했던 폴록의 작품 제작에서는 예술가의 신체적 개입이 필요하다고 보았다. "어느 때인가 일련의 화가들에게 있어서 캔버스가 실제의 또는 상상의 대상을 재생하고 분석하고 또는 '표현하는' 공간이라기보다 차라리 행위하는 공간으로서의 투기장으로 변하기 시작하였다. 이제 캔버스 위에 있어야 할 것은 그림이 아니라 사건(이벤트)이었다. 화가는 벌써 마음속에 어떤 이미지를 품고 캔버스 앞에 서기를 그만 두었다. 이제 든 것이 물감 튜브와 화가의 근육과 이들이 뛰어드는 우유빛 바다. 즉 캔버스 위에 나타날 것이다." 이와 같은 로젠버그의 말은 액션페인팅의 행위를 적절히 표현하고 있다. 로젠버그는 여기서 의식적인 조작을 배제하고 그리는 행위 자체에 중요성을 부여하고, 자기

표현을 통해 질서와 조화의 세계를 초월하려고 하는 경향이라고 했다. 이러한 운동은 1950년대에 미국형 근대회화의 절정을 실현했던 추상표현주의 작가들의 작품을 총칭하기도 하지만 사실상 드리핑의 기법을 채용했던 1947년 이후의 잭슨 폴록을 염두에 두었던 명칭이다.

우리가 상상을 표현하기 위해 신체를 사용할 때, 우리의 생생한 감각운동 경험은 환상 속에서 초기 아동기 속에 응집되어 있던 콤플렉스 정서로 우리를 인도해 준다. 상상의 특성에 대해 기억해야 할 또 한 가지는, 상상의 상징적 과정이다. 우리로 하여금 콤플렉스를 느끼게 하는 정서의 '중심으로' 데려다주는 것처럼, 상상은 바로 그 정서의 핵심을 '거쳐' 우리를 인도한다. 이때 우리는 상상하고 있는 것들에 대해 경계를 늦추지 말고 주의 집중하고 관심을 가져야 한다. 이는 우리가 콤플렉스에 직면하였을 때 일어나는 정서를 참아내는 능력을 길러야 한다는 것을 뜻한다. 또한 동시에 그 이미지들을 상상하고 상징적으로 탐구해야 한다는 것을 뜻한다. 폴록은 작업을 시작하기 전 화실에 앉아 직관이 잘 작용하도록 눈을 감은 채 감지하기 어려운 무의식 세계에 있는 이미지들을 조심스럽게 인식 안으로 운반했다가 재빨리 캔버스에 담으려 했다. 그는 무의식 세계에 오래 남아 있으려고 그는 비이성적인 생각들을 일깨웠으며 원시인처럼 회화에 대한 지식과 기교들을 전혀 모른다는 듯이 그저 감성으로 붓을 움직이면서 보이지 않는 세계의 이미지들을 재현하려고 노력했다. 이러한 폴록의 제작 방식은 융의 적극적 상상 이론에 의한 치유 과정이었다고 볼 수 있다.

폴록의 그림을 자세히 관찰하면 그의 솔직한 성격이 무의식 세계에 있는 이미지들을 정직하게 운반한 흔적을 발견하게 된다. 폴록은 다른 화가들처럼 어떤 메시지를 주는 그림을 그리기를 바라지 않았고 그저 그림을 그리려고 했을 뿐이었다. 모든 형태의 적극적 상상은 호기심과 상상 사이에서 일어나는 중요한 대화로부터 시작된다. 이런 대화는 의식과 무의식의 상호작용으로 창조력의 근본적인 원천이 된다. 아동과 아동발달에 내재되어 있는 창조적 과정은 심리치료 과정에서 성인의 개성화(individuation)를 촉진하는 창조적 과정과 동일하다. 이에 대해 융은 이미 오래전에 상상 놀이와 개성화 과정의 밀접한 관계를 발견한 바 있다. 그는 그 자신의 경험과 클라이언트들과의 경험을 통해서, 무의식적 환상을 적극적으로 수용하는 놀이와 상상에 집중함으로써 내적 창조 과정의 대응물로 간주되는 과정들이 행동으로 촉발된다는 점을 발견하였다. 이런 과정들을 통해 심리치료에서 동작자는 인격이 성장하게 되고 문화적으로 매우가치 있는 원천을 성취하게 되면서, 현실 세계에 적응할 수 있는 전인적 인격을 재창조하게 된다(Joan Chodorow, 1991).

액션페인팅에 있어서 액션은 예술가와 일체화한 '창조에 이르는 과정'(로젠버그)이며, 그것만이 작품이라고 한다면, 창조적인 과정은 융이 말하는 것처럼, 그 제작자가 그 '도구가 되어 흠뻑 빠지게 되고 그 결과 창조가 이루어지는' 것처럼 예술가와 '동인물'이 되는 것이다. 동작의 자발성은 그리는 것에의 부단한 집중을 뜻한다. 묘사의 수단이 아닌 실재적 수단으로서의 행위에 의미가 부여된다. 폴록의 말은 창조하는 것 자체가 주제가 되고 있는 것이다(권선정, 2004). 정신과 물질은 '하나의 두 가지 다른 측면이며 동일한 것'이다(Jung, 1947).

정신적인 것과 신체적인 것은 두 개의 독립된 평행적 과정들이 아니라 상호 호혜적 행동을 통해 필수적으로 연결되어 있을 가능성이 높다(Jung, 1912~1928). 우리가 정신이라고 부르는 것에는 신체적 측면과 정신적 측면이 포함되어 있다(Jung, 1929). 동작은 예술적 은유로서의 표현 수단일 뿐아니라 직면과 창조적 변화의 도구이다. 예술적 표현은 치료와 관련하여 인간의 고통 표현의 패러다임으로서의 예술인 동시에 변화과정을 중시하는 과정 중심적이다. 또한 치료의 목적인 자각(Awareness), 통찰(Insight) 및 긍정적 변화를 촉진시킨다는 점에서 예술을 위한 예술, 청중에게 작품을 전달하려는 작품 중심의 예술과는 다르다고 할 수 있다. 궁극적으로 예술과 삶의 연결이 강화됨으로써 예술은 변형적이고 치유적으로 된다. 표현예술치료에서의 변화와 치유의 가능성은 은유적 상징이 창조적으로 변화될 때 상징에 수반되었던 감정, 이미지 연상들이 변화함으로써 이루어진다(임용자, 2004). 액션페인팅은 자기창조, 자기규정, 자기초월에는 관계가 있으나 자기표현과는 무관하다. 또 액션으로서의 예술이란 사고는 예술가가 현재 창조하고 있는 과정에 있는 것이다. 그리고 캔버스가 곧 하나의 세계 됨을 의미하며 '대상으로부터의 해방은 자연으로부터의 해방, 즉 기성의 사회와 예술로부터의 해방'을 의미한다. 동작의 표현으로 생성되는 시간성과 공간성은 작가 자신의 내면세계를 펼쳐 작품상의 시간과 내면심리의 움직임을 서로 일치된 상태로 만들어 준다. 또 이에 따른 우연적 효과는 작가가 예견하지 못한 상상력의 세계로 이끌어주기도 한다. 화가의 행위는 색채를 칠한다는 의미, 행위를 그린다는 의미로 환원되고 만다. 이 부단한 움직임 속에서 행위는 모든 외적인 의미를 벗어나서 다른 어떤 것을 위해서가 아닌 그대로 행위자체만의 행위인 순간이 폴록이 인식하는 인식의 순간이다. 이 순수한 행위의 순간, 혹은 순수한 인식의 순간에 도달할 때 행위, 인식들은 존재 그 자체가 되는 것이다. 폴록은 신체 동작을 그림에 옮겨 놓기 위하여 대작의 작품들을 많이 그렸다. 큰 사이즈는 행위의 자발성과 속도, 그리고 반복적인 올 오버의 화면을 낳게 하는 주요 계기가 되었다. 물론 대작이 폴록에만 국한되는 일은 아니다.

(2) 집단 무의식 이론 관점에서 본 원시적 미술 표현(주술적)의 미술치료 요인

추상표현주의 화가들이 주장한 원시적인 주제와 형태로의 의도적인 회기는 추상표현주의 화가들뿐만 아니라 20세기 미술가들의 과제로 나타난 부분이다. 원시적인 주제와 형태가 주는 의미는 바로 집단무의식의 표현과 연결되어지는 부분이다. 이것은 원형이 지니고 있는 감정, 공포, 강렬한 정동의 에너지의 창조적 욕구의 표출이다. 정신분석학은 정신의학, 예술, 교육 등 다양한 분야로 전파되어 인간의 심리를 새롭게 조명하는 초석이 되었다.

미국 서부에서 성장한 폴록과 아메리카 고유 미술과의 상호작용은 일찍부터 시작되었다. 우연성이 개입되는 폴록의 작업 과정의 특성으로 아메리카 원주민인 인디언의 주술적인 모래회화 기법의 영향을 다루었다. 폴록은 드리핑이라는 행위를 매개로 화폭과 물감 사이에 자신이 자연이 되어 전체가 하나 됨을 느끼며 작업 과정이 하나의 예술작품이라는 개념을 만들었다. 드리핑이라는 기법적 특성과 행위로 인한 자아의 해방감에 따르는 자유가 매체의 유동적인 특성으로 인해 형성되는 유연적인 효과로 작가의 감성과 에너지를 더욱 느끼게 해준다(권선정, 2004).

원시미술과 문화에 대한 시대적인 재평가는 폴록과 추상표현주의 미술가들의 작품에 수용된 원시적 요소의 의미를 기존의 어떠한 현대 미술사조에서의 범례와도 다른 것으로 만드는데 기여하였다. 폴록의 작품에서 원시미술, 특히 아메리카 토착 미술로부터의 차용은 단순히 시각적인 특성의 전유를 넘어서서, 특정한 원시 문화와 그 문화 내에서 미술의 기능에 대한 이해를 포괄하는 것이었다.

> "예술은 인간을 사로잡는 일종의 선천적인 충동이며, 환영적인 예술가는 인류의 무의식, 정신적 삶을 전달하고 형성하는 '집단적인' 인간이다." (Carl Jung, 1933).

인류학은 원시 문화들의 분석에 근거하여 새로운 세계관을 제시했고, 프로이트와 융의 심리학은 고대의 신화에서 동시대적인 심리 현상과의 연속성을 발견하게 하였다. 이러한 시대의 지적인 조류 속에서, 원시미술과 그 개념적, 양식적 특성은 처음부터 추상표현주의 미술의 중요한 이슈 중 하나였다. 이들은 인디언 문화의 활력과 정신성이 미래의 미국에 긍정적인 기여를 할 수 있으며, 원시미술의 심리적 힘이 모더니즘의 개인주의에 보편성을 회복시킬 수 있으리라 믿었다.

폴록 초기의 구상적 작품들에서는 원시적 이미지와 신화의 내용에 대한 직접적 참조가 두드러지지만, 점차 예술 창조의 과정에 관심을 기울이면서 추상 회화에서는 원시적 정신 자체를 탐구하게 된다.

미술가들은 그들의 세계에서의 삶의 근본적인 성격에 대한 탐구와 심리학, 제의(ritual) 그리고 신화에 기록된 인간의 기원과 동기만이 그들의 세계를 도울 수 있는 새로운 세계를 제공할 수 있다고 생각했다. 따라서 추상표현주의 미술가들은 그들의 미술과 사상의 근본으로서 신화적, 제의적, 자연적, 그리고 심리적 원시성을 추구하였다. 이와 같은 추상표현주의의 미학에 중요한 영향을 끼친 융의 심리학은 원시적인 정신성에 대한 이해를 공유하면서, 새로운 미술의 원천으로서 무의식과 신화의 중요성을 부각시키는데 공헌하였다.

'잭슨 폴록의 유산(The Legacy of Jackson Pollock)'이라는 기사에서, 알란 카프로(Allan Kaprow)는 폴록의 회화 행위를 원시 제의와 연관 지었다. 캐프로우는 르네상스 시대 이후 회화의 전통 규범을 구성이라고 간주하면서, 폴록은 바닥에서 작업을 했기 때문에 부분과 전체의 관계에 근거하는 전통적인 구성으로부터 자유로워질 수 있었다고 강조했다. "이러한 폴록의 전통 파괴는 예술이 지금보다 제의, 마법 그리고 삶과 더욱 능동적으로 관여했던 시점으로의 회귀이다(Allan Kaprow, 1958).

1939~1943년 초까지 폴록은 융의 분석적 치료를 경험하게 되면서 원형과 집단무의식 사상에 대한 인식을 강화하게 되었는데, 융 심리학의 패러다임은 폴록이 원시미술, 특히 아메리카 원시미술의 이미지를 탐구하는데 있어서 틀을 제공해주었다. 폴록이 미술심리치료를 받았던 헨더슨은 집단무의식의 원형들을 탐구하기 위해 아메리카 인디언 문화들을 학문적으로 연구했으며, 폴록이 그의 회화에서 아메리카 인디언의 이미지를 사용하는 것을 격려하기도 했다. 미술치료에서 클라이언트에게 맞는 매체를 선택하는 것이 중요하듯 그 나라 사람의 집단무의식의 정서와 정신세계가 깃들어 있는 미술매체와 기법을 사용하는 것은 클라이언트에게 매체 · 기법에 대한 저항을 최소화한다. 이러한 매체, 기법의 특성은 자신의 내적 상황 표현에 긍정적인 영향을 주게 된다.

이상에서 살펴본 것처럼, 미국사회에서 원시미술과 문화에 대한 관심의 증대와 폴록 자신의 개인적인 경험은 그로 하여금 원시미술의 가치를 깨닫게 하였으며, 원시적인 사고에 접근하는 방법으로서 무의식의 중요성을 인식하도록 했다. 뿐만 아니라 액션페인팅에서의 원시적 미술표현(주술적)은 그에게 정신적인 치유 효과를 볼 수 있게 해주었다.

(3) 개성화 이론의 관점에서 본 즉흥적 · 무의식 표현(Automatism)의 미술치료 요인

폴록은 캔버스 위에 자신이 내면 생각과 아이디어를 표현하기 위해 '정신적 자동기술법(psychic automatism)'이라고 불리는 표현기법을 사용했다. 이런 방법은 억제받지 않은 상태에서 무의식으로부터 이미지들을 산출하고 그림을 그리는 것을 의미한다. 당시 추상표현주의자들이 생각했던 것처럼, 폴록은 무의식이 자신의 작품에서 주된 역할을 한다고 확신했다. 은밀한 무의식의 또 다른 모습을 발견할 수 있게 하는 폴록 작품은 당대의 젊은 예술가들에게 놀라운 영향을 미친 바 있다. 〈나의 그림(My Painting)〉이라는 글에서 그는, 일종의 몽환상태에서 그림을 그렸다고 고백하고 있다.

> "나는 그림을 그릴 때, 나 자신이 무엇을 하고 있는지 자각하지 못한다. 나는 이미지를 변화시키거나 파괴하지만 그것을 느끼지는 못한다. 내게 그림 그리는 일은 그 자체로 하나의 생명을 지니는 작업이기 때문이다. 나는 그 생명이 향하는 그대로 나아가게 한다. 그러나 혼란에 빠지면 나는 그림과의 관계를 상실한 것으로 여긴다. 그렇지 않을 경우에는 그림에 순수한 하모니가 생겨난다. 이런 상태가 되면 나는 그림과 기분 좋게 말을 주고 받는데, 내 작품은 바로 이렇게 말을 주고 받을 때 완성되는 것이다."(Jackson Pollock, 1947-48).

폴록의 그림은 이렇듯 무의식중에 그려지지만 거기서는 끝없는 격정이 넘쳐 나온다. 여기서 폴록의 창작활동은 인식과 정신이 자유롭게 작용할 수 있는 무심(無心)의 영역이 전제가 된다. 이성적이라기 보다는 비합리적인 의식에 의하여 창작은 지휘되고 그것은 직관, 자발성, 우연성의 기능들에 가치를 부여한다. 폴록의 창작 태도는 드리핑의 특이한 방법의식과 무의식적 작업을 반영하고 있는데 그는 그림에 빠져 있을 때 자신이 무엇을 하고 있는지 의식하지 못하며 그것을 의식하는 것은 행위가 끝난 후라고 했다.

4. 미술의 치유적 힘

창작을 통한 개인이나 집단의 안녕을 기원하는 활동은 인간 역사의 태동과 더불어 행해져 왔고, 구석기 시대의 동굴벽화, 고대 샤머니즘 의식의 암각화, 무속화, 부적 등도 가장 오래된 치유를 도모한 형태로서 종교적 · 정신적 상징화를 통한 치유의 의미를 지닌다. 이러한 측면은 예술이 단지 모방하려는 의지에서뿐만 아니라, 욕망된 대상이나 욕망된 행위를 재현함으로써, 강렬하게 느껴진 정서들을 표출하는 하나의 방편이 될 수 있음을 말해주고 있다. 그중에서도 특히 인간존재의 불완전함과 그로 인한 불안과 공포를 극복하고자 하는 욕구가 예술의 창조적 동기로서 작용한 경우는 현대의 미술 경향에 있어서도 그 예를 찾아볼 수 있다.

추상표현주의자들은 미술이란 무엇인가 하는 의문을 제기하였고, 그들에게 있어 미술이란 창조의 결과가 아니라 그것을 창조하는 과정 자체를 의미했다. 이제까지 미술에 대한 개념에서 최소한의 것만을 채택하면서 자신들의 미술을 새로운 출발점으로 삼고자 하였다. 알아볼 수 있는 형상을 창조해야 한다는 압박감과 기하학적인 추상에서 그들을 해방시켜 주었다. 우연과 충동을 억제해야 한다는 전제에서 자유로워진 그들은 열정적인 행위로 작품을 창조함으로써 그림을 그린다는 행위 자체에 절대적 가치와 실존적 의미를 부여했다.

이처럼 예술가들은 그들의 내면세계의 욕망과 정서를 각자의 개성과 추구하는 바에 따라 적절한 조형기법을 사용하여 작품으로 승화시킴으로써, 자신이 처한 암울한 개인적, 시대적 상황에 대처하고자 하였고, 그 과정에서 치유의 효과를 경험한다. 또한 예술가가 얼마나 잘 표현하고 좀 더보편적인 의미를 지니는 경험으로 전환시킬 수 있느냐에 따라 관객들에게도 유사한 경험을 유도해내고 인간 경험의 영역을 확장시킬 수 있는 계기가 되도록 도와준다.

예술작품 속에 어떤 감정을 투사시키는 행위는 그것을 표현하게끔 이끈 욕망으로부터 우리를 해방시켜 불쾌감으로부터의 출구를 마련하는데 기여하고 있다. 많은 예술가들에게 글을 쓰거나 그림을 그리거나 노래를 작곡하는 일은 정신적 혼란과 우울증에서 빠져나가는 수단이 되어왔고, 예술가들 자신도 작품이 그들의 우울증을 치유해주고 있다는 것을 강조해왔다. 따라서 시대의 흐름에 따라 다양한 양상으로 변화되어 온 예술 작품들 대부분은 그 기저에 예술작품을 통하여 회구하는 바를 기원하거나, 현실에서는 불가능한 것, 얻을 수 없는 것을 표현하고 그 속에서 카타르시스(Catharsis)를 느끼려는 바램을 깔고 있는 것이라고 할 수 있겠다. 이처럼 예술가들은 그들의 억눌린 욕망이나 정서를 작품으로 승화시킴으로써 시대적인 암울함 속에서 삶을 유지하고 궁극적으로는 삶의 문제를 극복하는 길을 모색하고자 하였다. 이 과정은 예술가 자신을 치유한다(김애희, 2004). 치료 미술은 그 대상이 아름다움이나 미적대상이 아닌 내담자 자신의 내적표현이 주된 요소이다. 자신의 무의식을 표출시켜 그 안의 원시적 원형적인 이미지를 표출해서 자신의 내면을 탐구한다. 이러한 자기표현은 아동들의 유희 본능적 표현이나 원시미술의 특성을 내포하고 있으며 치료미술에서 많이 활용되고 있다.

1) 액션페인팅(Action Painting)을 통한 자아 찾기

자신의 과거와 관련된 색들과 현재에 많이 사용하고 좋아하는 색들을 이용하여 다양한 방법으로 작업을 한다. 색채 앨범과 자가문답(Self dialogue question)에 연관시켜서 생각해보며 관련된 색채와 감정을 더듬어보며 자신과의 대화를 이끌어낸다.

액션페인팅은 나의 가슴을 언어로 표현하기는 부족한 감정을 미술 매체를 통해 표출하여 대화해 나가는 것이다. 색채 감정 중 힘들었던 색이나 즐거웠던 색 중 어느 쪽에 무게를 둘 것인가를 스스로 정해서 결정되면 그 색을 선두로 하여 워크샵에 들어간다. 액션페인팅을 충분히 경험한 후에 느낌을 정리하여 나누기를 한다. 마무리 작업으로 이미지를 찾아서 제목을 붙여보고 제목에 맞게 화면을 재정리 한다. 제목과 이미지를 연결해서 이야기를 만들어 내담자의 내면의 심상을 진단하고 정리하며 치료과정을 경험하게 된다. 그 과정을 정리해 보면 다음과 같다.

(1) **무의식적 표출**

고착된 사고방식, 상동적 표현, 융통성 부족, 경험 부족의 변화 , 자신의 이해와 치료의 가치가 높다.

(2) **신체의 움직임을 통해서 창조적 표현을 경험해 본다.**

창조적 성장 과정의 경험, 감정의 작업 경험, 창조적 치유 행위의 경험.

(3) 무의미한 부분에서 자기만의 세계, 마음의 표현, 정서적 표현을 창조와 연결시

키며 기능적 쾌락 속에서 의미 있는 대상을 품어낸다.

(4) 그어진 선속, 움직임 속, 허공에 그리는 그림 속에서 주제를 발견.

잠재적 공상의 투사를 의식적 노력으로 재창조의 길로 유도하며, 개인만의 특별한 의미를 지닌 주제를 발견한다.

(5) 여러 그림 중에서 주제의 강조를 통해 그 속에서 자신을 발견하고, 문제를 탐색하며 해결, 투사된 심상을 분석적으로 고찰해본다.

(6) 비구조화 된 자극에 자신의 심상을 투사해 나가며 image와 storytelling을 통해 은유적 의사소통을 한다.

(7) 상징들이 창조물과 어떠한 조화를 이루는지 파악하며 다양한 방법 매체를 활용.

5. 액션페인팅(Action Painting)의 사례

1) 먹물화 실시 순서

- A4용지 1인당 (10~15장), 먹물, 신문지.
- 붓 또는 신문지를 붓으로 대체가능 (신문지를 구기거나 말아서 붓으로 사용 가능)
- 먹물이나 채색이 마른 후에 색채을 이용하여 색을 칠함.
- 채색이 끝난 후, 자신의 그림을 모아 한 장씩 떠오르는 제목을 기재한다.
- 먹물 난화 이야기 그림의 순서를 정한다. 먹물 난화 이야기를 작성해보고 발표한다.

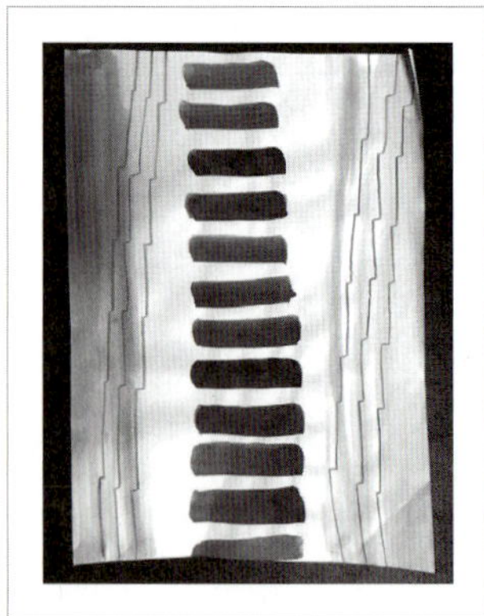

약속

먹물 난화 작업	
그림	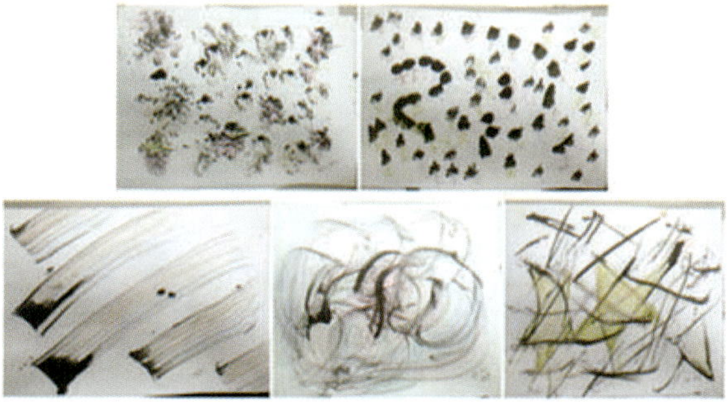
과정	A4용지 20장 내외(10장 사용). 먹물(+종이컵), 신문지를 준비한다. 2. 신문지를 가지고 나만의 뭇을 만든다. 3. 제작된 붓에 먹물을 묻혀 A4 용지에 자유롭게 그린다. 4. 완성된 난화 중 마음에 드는 5개를 고르고, 생각나는 그림으로 색채작업을 한 후 제목을 붙인다. 5. 제목을 딴 그림들로 이야기를 만든다. 6. 제일 마음에 드는 그림을 1개 고른다.
Feed back	꽃과 여인, 꼬맹이들, 달리자, 구름을 닮은 목화꽃, 별의 탄생 학교에 많은 에너지를 쓰고 있는 듯 보인다. 가끔 수업을 들으며 작업을 할때, 아이들과 관련된 내용들이 많이 나온다. 이번 작업에서도 수많은 꼬맹이들이 등장했고 결론까지 이어졌다. 짧은 이야기인즉슨 꽃을 품은 여인과 꼬맹이들이 만났다. 그리고 이야기한다. "함께 달리자 꼬맹이들아, 가끔은 구름을 닮은 꽃을 타고, 그리고 달려 어딘가에 필요한 별이 되렴."이라는 이야기. ^^;; 꼬맹이들 그림은 달리는 그림에서는 역동성이 느껴진다. 구름꽃에서는 두둥실 떠가는 여유로움과 즐거움이, 별의 탄생은 무언가 가치있는 것으로 상징되는 별이 꿈틀대는 모습이 시원함과 뿌듯함을 준다. 역시 가장 마음에 드는 작품은 별의 탄생, 교사로서의 교육철학(?), 바램(?)이 드러난다.
느낌	오른손 왼손 난화작업처럼 이 작업 역시 너무나 자유롭고 부담이 없어 즐거웠다. 또 먹물과 신문지 붓의 특성상 몇 번의 손놀림에서 그럴싸한 느낌이 나오는 점도 매우 즐거웠다. 교수님께서 말씀하신 아이처럼 더 큰 종이에 몇 번이고 더 하고 싶은 느낌이었다. 의식적이진 않지만 매우 자유롭고 뭔가 표출하는 느낌을 주었기 때문이다. 역시 본론으로 들어가서 그림에 대한, 작업에 대한 느낌을 이야기해보면, 잘 믿기진 않지만 아 내가 교사긴 교사인가라는 느낌이 첫 번째, 생각해보면 벌써 6년차이다. 어리버리하고 게으른 내가 교사라는 타이틀로 6년째라니. 특별한 자긍심으로 교대에 들어온 것도, 교사에 대한 열망으로 첫해를 시작한 것도 전혀 아닌 내가. 그런데 점점 꿈이 생긴다. 나를 선생님이라고 부르는 아이들 앞에서 나는 어떤 일년을 보내고 싶은지 자꾸만 생각하게 되고 기대하게 된다. 아이들도 1년을 열심히 달리겠지만 선생님이란 사람도 옆에서 호루라기 불며 출발을 알리고 감독하는게 아니라 함께 달리는 것이다. 올해도 벌써 달리기를 함께 시작한지 2개월이 다 되어간다. 가끔은 그래서 나도 아프고 힘들고 주저앉고 싶다. 아직 10개월이나 남았다, 그 사이에 여러 번 넘어지거나 울고 싶어지겠지만 그 몇몇 순간을 빼고는 힘차고 즐거웠으면 한다. 6학년 아이들을 맡으며 매일 뒤죽박죽 정신없는 하루지만 올 한해 알콩달콩 알콩달콩 마음을 나누어 모두 별처럼 반짝이는 그런 마음을 지닌 사람이 되었으면 좋겠다. 나도 함께. ^^

제24장

사과나무에서 사과 따는 사람 그림검사(PPAT)

제24장

사과나무에서 사과 따는 사람 그림검사 (PPAT)

1. PPAT 그림검사

PPAT 그림검사(PPAT : Person Picking an Apple from the Tree)는 로웬펠드(Lowenfeld)가 최초로 사용하였고 이후 트립(Tripp) 등이 사용하면서 갠트(Grantt)와 태본(Tabone)이 1998년 [The Formal Elements Art Therapy Scale : 미술치료 척도의 형식 요소들] 책에서 소개하였다.

PPAT는 나무와 사람으로 표현되는 사과나무에서 사과 따는 사람 그림 검사는 자기상과 문제 해결, 목적의 성취 방법을 볼 수 있는 그림 검사이다. 그림에서 보여지는 특정한 유형만으로 다른 정보가 없이 진단적 범주를 구분 할 수 있을 것을 가정하고 미술치료 임상가와 연구자들에게 표준화된 그림과 그것을 연구할 과학적 평가도구를 제공하고자 하는 목적으로 개발되었다.

1986년부터 정신병원에서 정신분열증 환자, 양극성 장애, 주요 우울증 환자, 정신지체 환자 등 5,000여명 대상으로 그림을 모아서 자료를 분석하여 1987년에 재료와 지시어를 표준화하였다.

2. PPAT 실시방법

1) 준비물

① 8절지
② 12색 마커(빨강, 주황, 노랑, 초록, 파랑, 연두, 녹색, 갈색, 고동, 분홍, 보라, 검정)
 마커를 사용하면 지울 수 없고, 색을 사용함으로써 그 적절성의 여부를 보고 내담자들의 다양한 정서와 특징을 이해할 수 있다.

2) 지시어

"사과나무에서 사과를 따는 사람의 그림을 그리시오."

〈Lowenfeld의 아동을 위한 지시어〉
"너는 사과나무 아래에 있다. 낮은 가지들 중의 하나에서 너는 네가 특별히 가지고 싶어서 바라보는 사과를 본다. 너는 사과를 따기 위해 너의 손을 뻗으나 도달하기에는 조금 떨어져있다. 그래서 너는 많은 노력을 들여서 그 사과를 얻는다. 이제 너는 그것을 가지고 있고, 즐겁게 먹고 있다. 너는 사과나무에서 사과를 따는 너의 모습을 그려라."

3. PPAT 장점 및 특성

다양한 그룹 간 차이 조사하는데 적합하여 미술치료 평가보고서로서 환자의 임상적 상태와 치료에 대한 반응을 진단하는데 유용하고 사과나무는 비교적 범문화적으로 친숙한 주제로서 다양한 연령 사람들에게 적용이 가능하다는 장점이 있다.

HTP처럼 나무와 사람이 나타나지만 집을 그리지는 않고, 한 장의 종이에 동작성이 있는 그림을 그려서 내담자에 관하여 풍부한 진단적 정보를 제공해 준다. 그리고 그린 사람의 문제해결방식을 볼 수 있다. KFD, KHTP의 경우는 동작성이 있긴 하지만 문제해결력을 측정할 수 없다.

4. PPAT 평가척도 및 형식척도

1) 형식척도 : FEATS (The Formal Elements Art Therapy Scale)

번호	항목	번호	항목
1	색칠 정도	8	문제 해결력
2	색의 적절성	9	발달 단계
3	내적 에너지	10	세부묘사와 주변환경
4	공간	11	선의 질
5	통합	12	사람
6	논리성	13	기울기
7	사실성	14	반복성

– 총 14문항, 0~5점으로 이루어진 5점 척도

① 색칠 정도 (Prominence of Color)

전체 그림에서 얼마나 많은 색을 사용했는가를 측정하고 형태의 윤곽에만 색을 사용했는지, 형태 안이나 배경에도 색칠 했는지 측정한다.

- 0점. 그림을 전혀 그리지 않음
- 1점. 형태의 테두리 선에만 색 사용
- 2점. 한 가지에 색칠이 되어 있음
- 3점. 두개 이상의 항목에 색칠되어 있음
- 4점. 모든 대상에 색칠되어 있음
- 5점. 공간까지도 색칠되어 있음

② 색의 적절성 (Color Fit)

그림에 사용된 색이 대상을 묘사하는데 적절한지 여부를 평가한다.

- 0점. 그림을 전혀 그리지 않음
- 1점. 한 가지 색 사용 – 밝은 파랑, 보라, 주황, 노랑, 분홍색
- 2점. 한 가지 색 사용 – 빨강, 연두, 초록, 갈색, 고동, 검정색

- 3점. 몇 가지 색이 적합하게 사용됨
- 4점. 대부분 색이 적합하게 사용됨
- 5점. 모든 색이 적합하게 사용됨

③ 내적 에너지 (Implied Energy)

그림을 그리는데 사용된 에너지의 양과 색칠의 정도, 선의 질, 공간의 사용 등을 통합적으로 분석하는 눈이 필요하다.

- 0점. 그림을 전혀 그리지 않음
- 1점. 최소한의 에너지
- 2점. 적은 에너지
- 3점. 보통 에너지
- 4점. 상당한 에너지
- 5점. 과도한 에너지

④ 공간 (Space)

그림 그릴 때 사용한 공간의 양을 측정한다.

- 0점. 그림을 전혀 그리지 않음
- 1점. 25% 미만의 공간을 사용함
- 2점. 25% ~ 50%의 공간을 사용함
- 3점. 50% 이상의 공간을 사용함
- 4점. 75% 이상의 공간을 사용함
- 5점. 100% 사용함

⑤ 통합 (Intergration)

구성이 통합되어 있는지 평가하고 각 항목들이 전체적으로 관련성이 있고, 조화를 이루는 정도를 측정한다.

- 0점. 그림을 전혀 그리지 않음
- 1점. 전혀 통합되지 않음
- 2점. 최소 2개 요소가 가깝지만 관련성이 없음
- 3점. 2가지 요소간의 관계가 있음
- 4점. 3가지 이상 관련이 있음
- 5점. 전체적으로 균형을 이루며 잘 통합됨

⑥ 논리성 (Logic)

제시된 과제에 알맞은 구성의 논리적인 그림인지 비논리적인 그림인지 평가하고 추상적인 사고력 손상의 정도 평가한다. 그러나 기괴하고 비논리적인 반응과 구별되게 의도적으로 해학적이고 유머러스하게 표현한 경우 채점에 포함시키지 않는다.

- 0점. 그림을 전혀 그리지 않음
- 1점. 적당하지 않은 요소 4개 이상
- 2점. 적당하지 않은 요소 3개
- 3점. 적당하지 않은 요소 2개
- 4점. 적당하지 않은 요소 1개
- 5점. 완전히 논리적임

⑦ 사실성 (Realism)

각 항목이 사실적으로 그려진 정도를 평가한다.

- 0점. 그림을 전혀 그리지 않음
- 1점. 사람이나 사과, 나무를 확인할 수 없음
- 2점. 그림의 항목은 구분이 가능하나 매우 단순한 단일 선으로 형태만 그림
- 3점. 항목이 어느 정도 구체적임(예: 줄기, 가지, 잎을 가진 나무)
- 4점. 비교적 사실적임(예: 나무가 뚜렷한 줄기, 가지, 잔가지, 잎과 줄기에 나뭇결 표시가 있음)
- 5점. 3차원적으로 잘 그려짐(예: 3차원 줄기를 나타내는 양감의 표현이 있음)

⑧ 문제해결력 (Problem Solving)

그림 속의 사람이 나무에서 사과를 따기 위해 어떤 노력을 하고 있는가를 평가한다. 이는 삶에서 자신에게 주어진 과제를 해결하는 개인의 방법과 능력을 나타낸다.

- 0점. 그림을 전혀 그리지 않음
- 1점. 사과가 손에도 바구니에도 없음
- 2점. 사람이 사과를 손이나 바구니에 가지고 있으나 어떻게 가졌는지 알 수 없으며 사람이 사과나무를 향하고 있지 않음
- 3점. 사과를 가지고 있거나 땄으나 비현실적인 해결책을 사용함
- 4점. 사람은 땅에 있거나 다른 현실적인 받침(사다리, 바위)이 있고, 사과를 향함
- 5점. 사과를 손에 가지고 있음

⑨ 발달단계 (Developmental Level)

Lowenfeld의 발달 단계에 따라 그림의 발달 수준을 평가한다.

- 0점. 그림을 전혀 그리지 않음
- 1점. 난화 형태
- 2점. 4~6세: 기저선 없고, 사람의 팔이 머리에서 나오고, 기하학적인 사람 표현
- 3점. 7세 이후 아동기: 기저선이나 하늘 선이 보이고 대상은 기저선 위에 있음
- 4점. 청소년 수준의 그림: 대상은 실제 크기이고, 다른 상과 관계가 있으며 겹침.
- 5점. 성인 수준의 그림이며 예술적인 세련됨이 보임.

⑩ 대상물의 세부묘사와 주변 환경 (Details of Objects & Environment)

대상물의 세부묘사와 주변 환경이 얼마나 다양하게 묘사되었는지의 여부를 평가한다.

- 0점. 그림을 전혀 그리지 않음
- 1점. 단순하게 그려진 사람, 나무, 사과 외에 기타 묘사가 없음
- 2점. 사람, 나무, 사과 이외에 기저선이나 풀이 있음

- 3점. 사람, 나무, 사과가 있고 지평선이나 한 두 개의 부가적 첨가물이 있음. (예: 꽃, 해, 나비, 새 등)
- 4점. 주요 항목에 부가물이있고, 많은 주변 환경물이 있음(예: 구름, 새, 다른 나무, 장식물, 머리띠, 허리 벨트 등)
- 5점. 모든 주요 항목에 부가물이 있고, 독창적이고 풍부한 주변 환경을 묘사

⑪ 선의 질 (Line Quality)

선이 얼마나 잘 통제되었는지의 여부를 평가한다.

- 0점. 그림을 전혀 그리지 않음
- 1점. 산만하고 조절되지 않은 선
- 2점. 손의 떨림이 느껴지는 선
- 3점. 부분적으로는 잘 연결되어 있지만 일부분은 끊어지고 점으로 그려진 선
- 4점. 잘 조절된 선
- 5점. 지나치게 강하고 흐르는 듯한 선

⑫ 사람 (Person)

신체상의 왜곡이 있는지 여부를 평가한다. 이때 왜곡되거나 생략된 부분이 없는 삼차원의 신체상을 그린 그림이 건강하다고 본다.

- 0점. 그림을 전혀 그리지 않음
- 1점. 사람의 형태로 인식하기 어려운 경우
- 2점. 신체의 일부만 있거나 단순화된 상태
- 3점. 최소한 동그라미 머리 형태를 가진막대기 형태의 사람이 있다.
- 4점. 일부 손상된 신체상을 그렸다.
- 5점. 생략된 부분이 없는 3차원적인 신체상을 그렸다.

⑬ 기울기 (Rotation)

나무나 사람의 표현에 있어서 어느 정도 기울어져 있는지를 평가한다.

- 0점. 그림을 전혀 그리지 않음
- 1점. 많이 기울어짐(15도)
- 2점. 30도로 기울어짐
- 3점. 45도로 기울어짐
- 4점. 60도로 기울어짐
- 5점. 90도로 똑바로섬

⑭ 반복성 (Perseveration)

하나의 요소를 여러 번 반복적으로 묘사한 경우를 평가하며 점이나 원 등을 계속적으로 그리거나 상동적인 행동을 반복하는 정도를 평가한다.

- 0점. 그림을 전혀 그리지 않음
- 1점. 그림의 반복성이 심함(예: 종이에 구멍이 생길 때까지 반복하여 선을 그림)
- 2점. 상당한 정도의 반복성이 있음
- 3점. 어느 정도 반복성이 있음(예: 하나의 사과에, 혹은 하나의 영역에 반복성)
- 4점. 반복성이 약간 있음
- 5점. 반복성이 없음

2) 내용척도 (The Content Scale)

내용척도는 그림 속의 내용을 질적으로 해석하는 척도이고 어떤 색을 사용했는지 어떤 세부묘사가 있었는지 구체적으로 평가한다.

번호	항목	번호	항목
1	그림의 방향	8	나이
2	전체 그림에 사용된 색	9	옷
3	사람의 유무	10	사과나무
4	인물에 사용된 색	11	사과나무의 색
5	사람의 성별	12	주변 환경의 묘사
6	사람의 실제적인 에너지	13	기타 다른 형태들
7	사람의 얼굴 방향		

① 용지의 방향 (Orientation of Picture)

- 가로
- 세로

② 전체 그림에 사용된 색의 수 (Color Used in the Whole Picture)

빨강	노랑	주황	밝은 파랑	파랑	연두
녹색	갈색	고동	분홍	보라	검정

③ 사람 (Person)

- 사람 없음
- 사람 있음

④ 사람에 사용된 색 (Color Used for Person)

빨강	노랑	주황	밝은 파랑	파랑	연두
녹색	갈색	고동	분홍	보라	검정

⑤ 사람의 성 (Gender)

- 평가할 수 없다
- 분명한 남성
- 모호한 남성
- 분명한 여성
- 모호한 여성

⑥ 사람의 실제적인 에너지 (Actual Energy of Person)

- 엎드려 있다
- 앉아 있다
- 땅에 서 있다
- 사다리(받침대)에 서 있다
- 방향 없음

• 사과나무향함
• 둥둥 떠 있다
• 매달려 있다
• 뛰어 오른다
• 뛰어 내린다
• 기어 오른다
• 날고 있다
• 기타

⑦ 사람의 얼굴방향 (Orientation of Person's Face)
• 평가할 수 없다
• 정면-생김새 없다
• 정면-생김새 있다
• 옆얼굴
• 얼굴의 3/4 보임
• 뒷모습

⑧ 나이 (Approximate Age of Person)
• 평가할 수 없다
• 아기, 어린이
• 청소년, 성인

⑨ 옷 (Clothing)
• 모자
• 옷이 없다(막대형사람)
• 나체
• 옷으로 추측된다.
• 잘 그려진 옷(사람과 다른 색으로 표현된 옷)
• 전통의상

⑩ 사과나무 (Apple Tree)

- 사과나무나 가지, 줄기가 분명하지 않다
- 오로지 한 개의 사과만 있다
- 나무줄기는 없고 한 가지에 사과 한 개 달림
- 나무줄기, 수관이 있으면서 사과가 한 개 달림
- 2~10개의 사과
- 10개가 넘는 사과
- 사과가 수관의 가장자리에 위치

⑪ 사과나무의 색 (Color of Apple Tree)

- 나무줄기

1	갈색(황토색)
2	고동
3	검정
4	기타

- 수관

1	연두(진초록)
2	기타

- 사과

1	빨강
2	노랑
3	주황
4	연두(진초록)
5	두 가지 색 이상
6	기타

⑫ 주변 환경의 묘사 (Environmental Details)

- 없다
- 자연물

1	해, 일출, 일몰
2	잔디와 지평선
3	꽃
4	다른 나무
5	구름, 비, 바람
6	산과 언덕
7	호수와 연못
8	시냇물, 강, 작은 내
9	하늘
10	무지개

- 동물

1	개
2	고양이
3	소, 양, 농장동물들
4	나비
5	기타
6	상상의 동물

- 무생물

1	울타리
2	집
3	길, 도로
4	자동차, 트럭, 마차 기타

5	사다리
6	바구니, 상자, 컨테이너
7	사과 따는 기구, 막대기
8	사인
9	기타

⑬ 다른 형태들 (Other Features)

- 글쓰기 (사인 이외의 것)
- 숫자 (날짜 이외의 것)
- 기하학적인 형태
- 표면상의 무질서한 기호들
- 기타

3) PPAT 형식척도

척도	항목	0점	1점	2점	3점	4점	5점
1	색칠 정도						
2	색의 적절성						
3	내적 에너지						
4	공간						
5	통합						
6	논리성						
7	사실성						
8	문제 해결력						
9	발달 단계						
10	세부묘사와 주변환경						
11	선의 질						
12	사람						
13	기울기						
14	반복성						

5. PPAT 사례

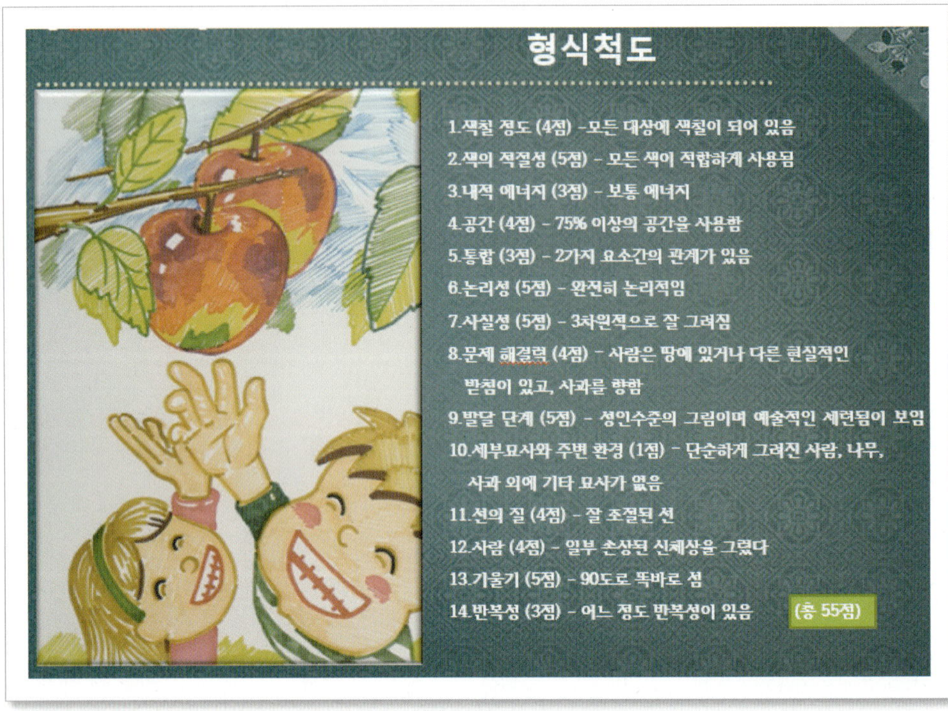
형식척도
1.색칠 정도 (4점) -모든 대상에 색칠이 되어 있음
2.색의 적절성 (5점) - 모든 색이 적합하게 사용됨
3.내적 에너지 (3점) - 보통 에너지
4.공간 (4점) - 75% 이상의 공간을 사용함
5.통합 (3점) - 2가지 요소간의 관계가 있음
6.논리성 (5점) - 완전히 논리적임
7.사실성 (5점) - 3차원적으로 잘 그려짐
8.문제 해결력 (4점) - 사람은 땅에 있거나 다른 현실적인
받침이 있고, 사과를 향함
9.발달 단계 (5점) - 성인수준의 그림이며 예술적인 세련됨이 보임
10.세부묘사와 주변 환경 (1점) - 단순하게 그려진 사람, 나무,
사과 외에 기타 묘사가 없음
11.선의 질 (4점) - 잘 조절된 선
12.사람 (4점) - 일부 손상된 신체상을 그렸다
13.기울기 (5점) - 90도로 똑바로 섬
14.반복성 (3점) - 어느 정도 반복성이 있음
(총 55점)

형식척도
1.색칠 정도 (4점) -모든 대상에 색칠이 되어 있음
2.색의 적절성 (5점) - 모든 색이 적합하게 사용됨
3.내적 에너지 (4점) - 상당한 에너지
4.공간 (5점) - 100% 사용함
5.통합 (4점) - 3가지 이상 관련이 있음
6.논리성 (5점) - 완전히 논리적임
7.사실성 (5점) - 3차원적으로 잘 그려짐
8.문제 해결력 (5점) - 사과를 손에 가지고 있음
9.발달 단계 (5점) - 성인 수준의 그림이며 예술적인
세련됨이 보임
10.세부묘사와 주변 환경 (3점) - 사람, 나무, 사과가 있고 지평
선이나 한 두 개의 부가적 첨가물이 있음(바구니,사다리)
11.선의 질 (5점) - 지나치게 강하고 흐르는 듯한 선
12.사람 (5점) - 생략된 부분이 없는 3차원적인 신체상을 그림
13.기울기 (5점) - 90도로 똑바로 섬
14.반복성 (3점) - 어느 정도 반복성이 있음
(총 63점)

제25장

가족미술치료

제25장

가족미술치료

1. 가족치료

가족관계는 우리가 만나는 최초의 사회적관계를 학습하는 장으로서 인간관계, 문제해결, 기술훈련, 태도 형성, 가치관 형성의 기초가 된다.

1) 정상 가족과 역기능 가족

	기능적 가족	역기능적 가족
1.	하위체계의 경계선이 명확하지만, 이것은 가족의 요구에 따라 변할 수 있다.	하위체계의 경계선이 경직되거나 혼란되어 있으며, 가족의 요구에도 변화하지 않는다.
2.	가족규칙은 명확하며 공평하게 이루어진다. 또한 규칙은 가족상황에 따라 변할 수 있다.	가족규칙이 명확하지 않으며 경직되어 있다. 또한 가족의 행동이나 방법에 규칙을 가지고 있지 않다.
3.	가족성원은 자신들의 역할을 명확히 이해한다.	역할은 경직되거나 명확하지 않아서 가족성원은 자신에게 요구되는 기대가 무엇인지 잘 알지 못한다.
4.	각 개인의 자율성이 존중되면서도 전체로서의 가족이 유지된다.	개인의 자율성은 가족 전체를 위해 희생되거나, 반대로 가족이 통합되지 못해 지나친 자율성이 요구된다.
5.	의사소통은 자유롭고 명확하며 직접적이다.	의사소통은 애매하고 간접적이고 권위적이다.

우리가 치료대상을 만날 때 직접적인 대상이 가족은 아니더라도 모든 치료에서 가

족 개입은 중요한 핵심 체계이다. 가족에 대한 이해가 선행되어야 하고 내담자가 가져온 문제가 가족과 무관할 수 없음을 인지해야 한다. 가족치료는 병리적 초점을 가족체계에 두며 가족 내 상호작용에 초점을 둔다. 문제의 원인을 개인에게만 찾는 것이 아니라 그 개인을 중심으로 가족에 대한 접근을 한다. 필요에 따라 개인, 부부, 부모와 개인 등의 상호 접근을 한다. 가족치료에서는 가족 개인을 둘러싼 가족관계 속에서의 역동 문제를 다루며 결국 한 개인을 돕는다는 것은 가족을 떠나서 개인을 도울 수 없음을 의미한다. 가족은 각각 고유한 방식으로 기능하는 일단의 관계들로 구성된 체계이다. 이러한 고유한 방식들은 가족의 삶의 발달단계를 거치는 동안 가족 구성원의 발달을 촉진시키기도 하고 방해하기도 한다. 가족체계는 가족이라는 일정한 경계 내에서 가족 구성원들에게 서로 밀접하게 영향을 주어 상호작용을 하는 독특한 성격을 유지하는 단위를 지칭한다. 그런 점에서 가족체계에 관심을 기울이고 주된 해석은 가족체계에 기초를 두고 있어야 한다. 가족체계란 가족이 외부의 환경과 경계선에 의해 구분되는 체제이고 가족체계는 하나의 전체를 이룬다. 즉, 가족을 하나의 전체적인 체계로 간주하는 것이다. 이는 가족을 체계로 보는 것으로서, 가족이 겪는 문제의 근원이 개인에게 있는 것이 아니라 가족 상호관계에 있으므로 단위로서의 가족이 치료대상이 되는 것이다. 문제 증상을 가진 개인에게만 초점을 맞추는 전통적인 의료모델의 접근을 벗어나, 그 개인 속한 가족체계와 그 체계 속에 움직이는 상호 역동적인 힘과 관계성, 역할에 초점을 맞추어 접근하려는 이론이다.

2) 가족치료 용어

(1) 체계

가족체계의 구조는 아이들끼리 만들어 내는 자녀하위체계, 아버지와 어머니에 의해 만들어지는 부모하위체계. 남편과 부인에 의해 만들어 지는 부부하위체계로 이루어져 있다. 하위체계구성원 간의 관계는 연합의 개념이며 경계선 안에서의 상호작용이다. 하위체계간의 연합과 명확한 경계선은 가족의 안정과 복지수준을 높인다.

(2) 위계질서

위계질서는 하위체계간의 규칙이며 우선순위를 말한다. 예를 들어 부모체계는 자녀

체계보다 위에 있다. 상위체계는 전체 가족에 대한 의사결정권을 갖고 전체 가족 구성원들의 행동을 통제하고 지배하는 규칙을 만들고 이를 시행한다.

(3) 경계선

미누친에 의하면 경계선이란 규칙과 하위체계 간에 선호되는 관계이다. 각 하위체계는 독자성과 기능, 관계의 형태를 지닌다. 하위체계 간의 상호 역동은 이 경계선이 명확한지(명확한 경계선), 밀착되어 있는지(혼돈된 경계선), 분리되어 있는지(경직된 경계선)에 따라서 다르다.

(4) 가계도

가족치료에서 사용되는 가계도는 보웬의 가족체계이론에서 발전되었다. 생태도가 가족체계와 환경체계 간의 관계를 보여주는 것이라면, 가계도는 일정 기간에 걸친 가족의 역사와 관계를 묘사한 것으로서, 가족치료에서 사용되는 평가도구이다. 가계도는 가족계보를 중심으로 3세대에 포함되는 가족을 종단적 관점에서 볼 수 있게 한다.

(5) 삼각관계

세 사람의 정서적 배열이라 할 수 있는 이 개념은 정서적 체계의 기본구조, 가장 작고 안정된 관계라 할 수 있다. 두 사람 간에 긴장이 발생될 때 주의 또는 가족 내의 가장 취약한 제3자를 끌어들이는 방법으로 가족 융합 정도가 강할수록 삼각관계의 가능성이 높다. 변화수준이 낮을수록 삼각관계 형성이 자주 일어나게 되고, 이것이 고정되어 가족관계 유형을 발전시킨다. 부모 사이에 자녀가 위치한 삼각관계와 시어머니-아들-며느리의 삼각관계 등 다양한 유형이 존재한다.

(6) 분화

가족구성원이 자기 주변의 연대에 대한 압력으로부터 분리되어 자신이 인생목표와 가치를 정의를 내릴 수 있는 능력을 의미한다. 상대적 개념인 미분화는 정신이 미성숙한 상태이며, 정서적으로 융합되었거나 일체된 상태로 존재한다. 개인의 지성과 감정의 분화도가 낮으면 기존의 체계에 지배되며 이에 따라 다른 사람과의 관계가 감정적이 되어 불안이 심한 삼각관계를 형성할 수도 있다.

(7) 가족조각

가족상담 기법 중하나로 가족의 상호작용을 평가할 수 있는 도구다. 가족구성원이 다른 가족구성원을 이용하여 자기 가족에 대한 이미지를 조각으로 표현하게 하는 것이다. 가족 조각을 하면서 각 가족구성원은 차례대로 다른 구성원들이 가족생할 공간에 있는 위치를 표시하는데, 한 번에 한 사람씩 그 사람의 특정한 거리와 자세를 나타냄으로써 행동이나 감정을 알 수 있다. 조각을 만든 가족도 조각의 일부분이 되어 잠시 동안 행동을 정지하며, 각각의 가족구성원에게 조각되어질 때와 정지하였을 때에 어떻게 느꼈고, 지금의 느낌은 어떠한지 묻는다.

3) 가족치료의 목적

감정과 생각을 자유롭게 표현하도록 하며 원하는 변화를 설명하도록 하는데 있다 또한 의사소통 능력을 향상시켜 다른 가족구성원들의 문제행동에 대한 이해를 돕는다. 궁극적으로 가족치료의 직접적인 목표는 증상을 해결하는 데 있지 않고 각 구성원들의 필요와 요구를 이해하고 채워주는 능력을 증진시킴으로써 가족의 현 발달단계의 장애요소를 성공적으로 통과해 나가는 것이다.

2. 미술치료

미술치료에서 치료라는 것은 다른 모든 치료의 경우와 마찬가지로 증상의 경감이 선행되어야만 한다. 미술에서 치료의 의미는 단순한 증상경감에 있지 않고 다음과 같은 개념을 포함한다. 증상을 제거하거나 경감시키는 것, 편파적인 개인을 전인격적인 개인이 되도록 하는 것, 지체된 정신발달 과정이 촉진되도록 도와주는 것, 남을 이해할 수 있는 보다 원만한 성격이 되도록 도와주는 것, 각자가 가지고 있는 고유한 창조성을 개발함으로써 인간정신의 전체성을 회복하고 삶에 의미를 가지게 하는 것이다.

미술치료는 미술작업을 통하여 정서적 갈등과 심리적인 증상을 완화시킴으로써 한 개인이 원만하고 창조적인 삶을 살아갈 수 있도록 도와주는 심리치료이다.

미술작업을 통한 심리치료가 가능한 것은 미술을 통한 창작이 우리의 내면이라고 할 수 있는 정신세계를 우리의 외면이라고 할 수 있는 현실 속에 작품이라는 구체적인 모습으로 표현하게 한다는 점이다. 미술치료는 창작활동을 통한 내면세계의 외면화 과정 속에서 개인의 갈등적인 심리상태나 정서 상태를 파악하고 거기에서 비롯된 갈등관계에 있는 심리 정서적인 요소를 창작을 통하여 조화롭게 해결하도록 도와준다. 미술치료의 궁극적인 목적은 심신의 어려움을 겪고 있는 사람들을 대상으로 그림이나 조소 디자인기법 등 같은 미술 활동을 통해 심리를 진단하고 치료하는데 있다. 미술치료는 심리치료의 이론을 바탕으로 하여인간의 조형 활동을 통해 개인의 갈등을 조정하고 자기표현과 승화작용을 통해서 자아성장을 촉진시킬 수 있다. 자발적인 미술활동을 통해서 개인의 내적 세계와 외적 세계간의 조화를 잘 이룰 수 있게 도와주기도 한다.

3. 가족미술치료

1) 가족치료에 미술을 접목하는 이유

가족치료에 미술을 접목하려는 이유는 첫째, 가족의 문제는 강력하면서도 눈에 보이지 않는 구조에 뿌리를 두고 있기 때문에 저항적인 경우가 많다. 미술치료는 가족구성원 상호에 대한 이해의 장애물로 작용하는 견고한 방어기제를 잘 피해갈 수 있다. 미술작업은 시각적 표현으로 감정과 생각을 설명하도록 가능성을 열어 줄 수 있으며 언어를 사용하는 대화와 달리 미술표현 전반에 걸쳐 개인적인 자기표현이 지속적으로 나타날 수 있게 해준다. 둘째, 미술작업이 언어치료와 치료적으로 결합되었을 때 가족의 구조, 하위체계, 경계 등에 대한 시각적 기록을 제공함으로써 가족치료사가 가족의 의사소통방식을 분석할 수 있게 된다. 이처럼 가족치료에 표현되는 그림의 이미지들은 가족의 현실과 내적 환상 뿐 아니라 가족 전체와 개인의 경험을 반영하므로 치료과정과 미술은 개인과 가족, 가족과 사회 문화, 사회 문화와 인간의 집단의식과 집단무의식을 연결하며 가족 개인의 성장과 함께 상징적이고 창의적인 언어에 대한 통찰력을 가져다준다. 셋째, 미술작업이 가족들의 분노와 절망 속에 억압되었던 에너지를 활성화시킬 수 있는 가능성이 있다. 치료를 원하는 가족은 종종 실패와 무기력 속에 빠져 있는 경우가 많다. 미술작업은 가족에게 필요한 에너지를 자극할 뿐 아니라 성취감 자유로움을 느끼게 하며 투사적이다. 미술활동 결과물은 가족역동성의 증거가 될 수 있으며 결과물의 검증을 통해서 변화의 지속성을 확인할 수 있다. 넷째, 미술작업은 가족구성원을 위한 관계 구축을 향상시킨다. 미술작업과정의 비언어적 특성은 가족의 역기능적인 의사소통으로 인한 좌절감으로부터 자유롭게하는 수단이 되어준다. 미술작업은 방어를 감소시켜 줄 수 있고 치료 중인 개인과 가족을 위한 깊은 차원의 경험적 이해를 드러내 줄 수 있다. 가족미술치료는 가족관계의 문제해결을 돕는 전문적인 접근으로 가족을 하나의 체계로 보고 그 체계 속에 상호작용 양상에 변화를 줌으로써 가족구성원의 대인관계 기술과 적응 능력을 향상시키며 건강하고 기능적인 개인과 가족이 되도록 도와준다. 가족미술치료에서 미술작업이 가지는 가치를 살펴보면 첫째, 미술과정이 가족문제의 진단을 돕고 상호작용을 증진시키며 그 자체가 의사소통의 도구가 된다. 둘째, 미술작업이 무의식적 의식적인 의사소통을 표출해내는 수단이 된다. 셋째, 가족역동성의 증거가 될 수 있는 미술작품이 있다.

2) 가족미술치료의 발달과정

가족미술치료는 1950년대에 프랑스의 Porot와 미국의 Hulse가 환자의 가족에 관한 정보를 파악하기 위해 '가족화' 검사를 실시한 것이 그 출발점이다.

Hulse(1951)는 환자의 가족들을 치료에 오게 하여 '가족'을 그리게 함으로써 환자에 대한 유익한 정보를 얻을 수 있음을 발견하고, 환자의 치료를 위하여 가족들에게 '가족' 그림을 그려보게 하는 가족화검사(Family Drawing Test: FDT)를 실시하였다. 가족화 검사의 목적은 가족이 가족구성원 개개인을 그린 순서, 그림 속에 생략되거나 과장되어 있는 가족구성원, 화지에서의 그림 크기, 그림의 위치와 분포상태 등에 나타난 그림의 특성을 통해 가족구성원 간의 관계를 파악하는 것이다.

1960년대에 접어들면서 정신의학 분야에서 가족관계의 중요성이 부각되며, 가족 전체를 대상으로 하는 역동적 상담기법이 고안되었다. Naumburg는 Jung의 보편적 상징 개념(집단무의식)과 Sullivan의 대상관계 개념을 자신의 작업으로 통합하고, 환자의 그림을 '상징적 대화'의 한 형태로 보면서 언어적 의사소통의 틀을 중요시하는 기법을 사용하였다.

Kwiatkowska(2001)는 Naumberg, Sternn, Meares, Kramer 등에 의해 확립된 정신분석적 미술치료의 연장으로 가족미술치료(Family Art Therapy)를 창시하였다. Kwiatkowska는 가족 상호작용을 평가하고 가족구성원간의 공통된 주제들을 인식하기 위하여 일련의 미술활동들을 사용하였으며, 가족구성원 전원이 동시에 참가하여 언어를 개입시키지 않는 표현 행동으로 미술과제를 시행케 하였다. 이와 같이, 그림을 가족구성원 간의 의사소통의 매개로 활용하는 가족미술치료는 특히, Grold는 환자에게 부모의 상과 자기상을 묘사하도록 하여, 부모와 자신과의 삼각관계를 표현하는 기법을 연구하였고, Shearn 등은 심리검사의 하나로 '가족화'를 발전시켜 나아갔다.

1970년대를 전후하여 Burns(1970)의 동적 가족화(Kinetic Family Drawing:KFD), Bing(1970)의 합동미술치료(CFD), Wadeson(1971)의 부부미술치료 등의 새로운 기법들이 등장하였다. 동적 가족화(KFD)는 가족이 각기 무엇인가를 하고 있는 모습을 그리게 하여, 가족구성원 간의 역동적 관계를 파악하는데 응용되었다. 합동미술치료(CFD)는 가족 전원이 둥근 테이블에 앉아 누가 어떤 그림을 그렸는가를 분석하기 위한 기법으로, 각자 다른 색의 재료를 사용하여 한 장의 '가족화'를 그리게 하는 방법이다. 최근에는 Burns(1991)가 개발한 동그라미 중심가족화(Family Centered Circle Drawing: FCCD)가 소개되어 가족미술치료 분야에서 사용되고 있다.

우리나라에서는 1990년대 초에 심리학과 특수교육 분야에서 미술치료에 대한 연구가 시작되었으며, 1992년에 한국미술치료학회(Korean Art Therapy Association: KATA)의 발족을 기점으로 대학과 연구소에서 본격적인 연구와 함께 전문 미술치료사를 배출하고 있다. 그리고 2000년대에 진입하면서 가족들에 대한 중요성이 부각되며, 가족미술치료에 관한 서적들이 출간되고, 학술지 논문과 학위 논문들이 발표되기 시작하였다.

3) 가족미술치료의 특성과 접근법

(1) 특성

가족미술치료(Family Art Therapy)는 내담자의 문제가 내담자 자신의 문제이기보다는 전 가족의 문제라는 전제하에 가족 전체를 치료에 오게 하여, 온 가족을 대상으로 실시한다. 가족미술치료는 미술을 매개로한 가족들의 상호작용을 통해 가족에 대한 이해와 수용을 증진시키고, 건강한 가족관계로 성장시키기에 유용한 가족치료의 한 방법이다.

가족미술치료의 핵심 목적은 가족에게 가족 개인의 정서와 감정을 함께 나눌 수 있는 시간을 제공하고 미술매체와 함께 안전한 환경을 제공하는 것이다. 그 속에서 가족들은 표현언어를 통해 심리적으로 안정을 찾고 상처 입은 경험을 돌아볼 수 있다. 현재 드러난 행동의 의미를 이해한다. 또한, 수용, 용서, 미래의 희망에 장애가 되는 것에 대한 변화를 통해 회복으로 향하게 된다. 가족미술치료는 참가자로 하여금 언어에 의한 표현이 강력하게 나타나지 않도록 함으로써 가족들이 양가적 감정으로 인한 혼란한 상태에 서서히 직면하도록 한다. 가족의 미술작업은 집단의 초자아 방어나 통제를 줄이고 상호작용을 촉진하여 상징적인 이미지에 의해서 무의식적 감정을 표현시킨다는 것이다. 때문에 언어가 충분히 발달하지 않은 아동도 참가할 수 있고 치료자도 함께 참가하여 직접 가족 내의 갈등을 관찰할 수 있다. 가족미술치료는 전 가족이 치료의 대상이 되므로 개인치료보다 단기간에 걸쳐 실시되는 특징이 있다. 전체 가족이 변화되는 결과를 가져오며 변화가 지속된다. 즉, 개인과 모든 가족원이 변화하면서 역동적인 변화가 계속 상승작용을 하므로 관계개선이 오래 지속될 수 있다. 가족미술치료는 다른 언어적 상담보다 결과물에 대한 가족의 이해와 수용이 빠르다. 이는 각 가족구성원에 대한 이해와 자신에 대한 탐색이 깊게 이루어지기 때문이다.

(2) 접근법

가족미술치료는 가족체계이론과 미술치료를 결합시킨 하나의 응용 심리치료 기법이다. 그러므로 미술 과제가 진단과 치료의 수단으로 사용된다.

Landgarten(1987)은 가족미술치료가 정신분석학파, 경험주의학파의 의사소통이론, Bowen학파, 구조주의학파, 전략주의학파, 행동주의학파 이론 등 심리학의 모든 개념들을 포함한 종합적인 가족치료 기법에 기초를 둔다고 말한다.

정신분석학자(Ackerman, 1966)는 창조적인 과정이나 그림의 내용과 관련된 것을 관찰할 때, 중립적인 입장에서 개인 및 가족 행동을 해석할 수 있다고 하였다.

Bowen학파(Bowen, 1978)는 단위별 미술작업을 통해서 삼각관계를 강조한다. 경험주의학자(Satir, 1971; Whitaker, 1976; Whitaker, Keith, 1981)들은 내담자의 성장을 돕는 치료에서 적극적인 역할을 취함으로써 감정, 탄력성, 순수성, 인지 이해를 다루는 혁신적인 미술경험들을 가족에게 제공할 것이다. 의사소통학자(Jackson, 1964; Watzlawick, 1966; Satir, 1967)는 합동 미술작업을 하는 동안 순환적인 반응효과 모델을 사용하여, 가족의 의사소통 양식과 의사결정 방식을 관찰한다. 구조주의

자(Minuchin, 1974)들은 가족의 일상적인 거래 행동을 의도적으로 해석하고, 가족구성원들에게 그들의 역할을 재배열할 것을 요구하거나 경계를 변화시키는 미술과제에 참여하도록 계획한다. 전략이론가들(Haley, 1976; Madanes, 1981)은 체계적 입장에서 문제해결을 할 목적으로 미술 과제를 규정적이고 역설적인 수단으로 사용한다. 그리고 행동주의자(Friedman, 1972)들은 교육적 목적, 수정, 긍정적인 강화를 위해 미술과제를 제공한다. 가족미술치료는 다양한 심리치료 기법과 가족치료를 총괄하여 접근하는 방법이므로, 가족체계 내에서 발생한 가족 문제를 진단하고 치료하기에 효과적인 기법이다. 가족미술치료는 전체 가족을 대상으로 '공동 미술체험'을 통해 가족문제를 진단하고 치료하며 의사소통 양상과 결정을 내리도록 돕는다 가족미술치료는 서로에 대한 인식과 역할을 명료화시켜주는 치료적 역할을 할 뿐만 아니라 유용한 의사소통의 방법이다. 가족미술치료는 미술활동의 이미지 표출과정을 통해 일상생활에서 억제되어있던 상황이나 상실, 억제, 방어 등이 명확하게 표출될 수 있으며 자기자신의 세계관을 재발견하고 자기 동일화, 자기실현을 달성하게 된다. 미술활동은 자기표현과 의사소통의 한 방법으로 과거와 현재의 생활사를 조사하여, 원가족과의 관계 경험에서 비롯된 역기능적인 행동의 원인을 탐색하고, 초기경험들을 해결할 수 있다. 또한, 부모됨과 문제해결 능력향상, 새로운 역할과 의사소통양식으로 갈등 해결 방식의 예행연습을 위한 가족치료의 도구가 된다. 미술경험은 상호작용, 개방적 태도, 통찰력, 그리고 새로운 기술에 대한 적응을 촉진시킨다. 가족의 경험을 객관화시키는 가족미술치료는 미술활동을 통해 자녀의 문제가 부모의 문제로부터 기인된 것이라는 것을 가족들로 하여금 깨닫도록 하기도 한다. 그결과, 가족문제에 대한 새로운 시각을 갖게 함으로써, 가족들로 하여금 문제 증상에 초점을 맞추는 대신, 구조적이고 개념적인 가족 문제에 관심을 쏟을 수 있도록 돕는다. 가려졌던 가족 문제를 구체적으로 드러내주고, 그 문제에 대해 재정의 해주며, 더 나아가 가족구조를 재구성하여 건강한 가족관계로 성장시키도록 만든다. 가족미술치료는 가족을 하나의 체계로 보고 가족체계에 초점을 맞추어 전체 가족을 변화시키려는 것이 그목적이다. 그러므로 가족미술치료는 가족체계 속에서 가족구성원들이 상호작용하며 새롭게 의사소통과 상호존중 하는 태도를 연습해 봄으로써 건강한 가족관계를 이룰 수 있도록 돕는다.

가족미술치료에 있어서 미술작업이 가지는 장점을 다음과 같이 세 가지로 정리한다. 첫째, 미술과정은 가족문제의 진단을 돕고 상호작용을 증진시키며 의사소통의 도구가 된다. 둘째, 미술작업이 무의식적 의사소통과 의식적인 의사소통을 표출해내는 수단이 된다. 셋째, 가족역동성의 증거가 될 수 있는 미술작품이 있으며, 미술 결과물에 대한 지속적인 검증을 통해 변화의 지속성을 확인할 수 있다는 장점이 있다. 체계이론에 입각하여 가족의 관계 문제에 관심을 둔 가족미술치료가 개인치료나 개인미술치료와 다른 장점으로는, 개인치료보다 단기간으로 실시되고, 언어적 상담보다 가족 전체가 미술활동을 함으로써 상호작용을 통해 창조성과 에너지 상승에 더욱 큰영향을 미칠 수 있다. 또한, 개인미술치료보다 자신과 가족구성원에 대한 빠른 이해와 탐색이 깊게 이루어짐으로써 전체 가족이 변화되는 결과를 가져오고, 그 변화가 오래 지속될 수 있다는 점이다.

4) 가족치료 학파의 치료목표 요약

학 파	주요관점
정신분석적	무의식적 이미지보다 현실에 기초하여 서로 상호작용을 할 수 있도록 성숙한 개인과 가족으로 기능하는 것
경험적	내면의 경험 확대를 목적으로 가족을 성장시킴
보웬	불안을 감소, 자아 분화를 향상시킴
구조적	가족구조의 재구조화를 통한 문제의 해결로서 가족으로서의 행동과 경험을 변화시킴
상호소통 중심치료	역기능적 상호작용을 바꾸는 일, 안정이 아니라 성장을 지향함
전략적	의사소통에 나타나는 증상을 해결하고, 되돌림 주기를 변화시켜 역기능 가족 형태를 변화시킴
해결 중심적	현재 가족이 안고 있는 문제를 해결하고자 함

4. 가족미술치료 실제

1) Landgarten(1987)의 가족체계 진단절차

집단(가족)체계이론은 개인의 역동이나 행동보다 가족간의 관계에 주안점을 두고 있기 때문에 가족구성원 각각의 특성을 단독으로 연구하기보다는 오히려 가족구성원의 상호작용면을 연구한다. 가족체계의 진단을 위한 효과적인 방법으로 이용되는 가족미술과제는 치료자와 내담자에게 필수적인 탐색 도구로 제공된다. 미술과제는 평가단계 동안 가족에게 상호작용을 경험하게 해준다. 이 기법은 의사소통의 형태를 묘사하는 것으로 일차적으로 과정을 통해, 이차적으로는 내용을 통해 고찰된다. 이 과제를 수행하는 동안 치료자는 가족체계를 형성하는 일련의 사건을 관찰하게 되는데 가족이 하나의 작품을 창조하는 일에 개입하는 그 순간부터 각 가족구성원들의 행동을 구체적으로 기록한다. 그리하여 치료자는 가족 구성원 개개인을 평가할 수 있는 것이다 (Landgarten, 1987).

미술치료에 있어서 가족체계를 진단하는 절차는 다음과 같다. 첫 번째 면접에서 치료자는 가족전원이 하나의 미술작업에 참여하게 될 것이라는 것을 알려준다. 내담자들이 미술활동에 대해 저항하게 되면, 미술활동이 가족집단을 검사하기 위한 표준화된 방법이라는 걸 알려주어 가족의 저항을 감소시킨다. 그리고 미술작업을 통해 각 가족은 독특한 자기표현의 고유한 방식을 발견할 수 있다는 말을 함으로써 내담자에게 미술작업에 대한 확신을 주고 더욱 더 촉진시킨다.

(1) 첫째 과정 : 비언어적 합동화

두 집단으로 나누기 → 양 집단이 서로 다른 색의 용구선택 → 작업 → 의사소통 금지 → 제목 쓰기의 순서로 진행한다.

(2) 둘째 과정 : 비언어적 가족 합동화

두 번째 진단적 기법은 전 가족이 한 장의 종이에 함께 작업할 것을 요구한다. 첫 째 과정과 마찬가지로 그들은 서로 서로 언어적 혹은 비언어적으로 의사소통하는 것이 금지되며, 완성된 작품에 제목을 붙이는 동안만 이야기할 수 있다.

(3) 셋째 과정 : 언어적 가족 합동화

세 번째 진단적 기법은 활동을 하는 동안은 언어적 혹은 비언어적 의사소통이 허용된 상태에서 한 장의 종이 위에 함께 그림을 그리도록 요구받는다.

2) Rubin & Magnussen(1974)의 가족체계 진단

단시간에 가족 역동을 파악하는 평가 방법으로, 모든 가족들이 충분히 작업할 만한 공간이 필요하다. 그리고 준비물은 연필, 크레용, 펠트펜, A4용지 및 전지이며 소요 시간은 2시간 정도이다.

(1) 첫째 과정 : 난화 그리기

가족원들에게 각자 난화를 그리도록 지시한다.

(2) 둘째 과정 : 가족화

가족원들에게 각자 추상적 또는 사실적 가족화를 2~3장 그리도록 지시한다.

(3) 셋째 과정 : 가족합동벽화 과정

가족원들은 펠트펜이나 크레용을 이용하여 합동 벽화를 그리도록 지시한다.

(4) 넷째 과정 : 자유화 그리기

마음에 떠 오른 것은 무엇이든 그리도록 한다.

3) 관찰 사항

위의 진단 절차를 통하여 치료자는 관찰자인 동시에 기록자가 되어 각 구성원의 기여 정도를 기록한다.

모든 몸짓과 표시가 가족체계에 대한 하나의 단서가 된다. 아래의 17가지 항목에 유의하며 관찰한다.

(1) 누가 그림을 처음 시작했으며, 그 사람으로 하여금 처음 시작하도록 이끈 과정은 무엇이었는가?
(2) 구성원들 중의 나머지 사람들은 어떤 순서로 참가했는가?
(3) 어느 구성원의 제안이 채택되었으며, 어느 구성원의 제안은 무시되었는가?

(4) 각자의 개입정도는 어떠했는가?
(5) 반대편 사람들과 자기편 사람들 중에서 전혀 미술과업에 참여하지 않은 사람은 누구였는가?
(6) 누군가의 그림 위에 다시 첨가함으로써 처음 사람이 한 것을 "지워버린" 사람은 누구였는가?
(7) 어떤 형태의 상징적인 접촉이 이루어졌으며, 누가 이것을 시도했는가?
(8) 구성원들은 교대로 했는가, 집단으로 했는가, 혹은 두 가지를 동시에 했는가?
(9) 각자의 위치는 어떠했는가? (중앙, 끝, 구석)
(10) 만일 방법에 있어서 변화가 있었다면 무엇이 변화를 촉진했는가?
(11) 각자는 얼마나 많은 공간을 차지했는가?
(12) 각자의 분담이 상징적으로 의미하는 것은 무엇인가?
(13) 어느 구성원이 독자적으로 행동했는가?
(14) 누가 시초 자로 행동했는가?
(15) 누가 추종자 혹은 반응자였는가?
(16) 정서적 반응들이 있었는가?
(17) 가족의 작업형태는 협동적, 개별적, 혹은 비협조적이었는가?

위 항목들은 언어적, 비언어적 상호작용과 더불어 가족체계에 대한 정보를 치료자에게 제공한다. 이것은 자아의 강약, 할당한 역할, 행동형태, 의사소통 유형, 그리고 가족의 상호작용 형태를 포함한다.

그림이 완성됨에 따라 가족 미술치료자는 가족이 여기-지금의 경험에 초점을 맞추도록 도와주어야 하며, 참가자의 역할에 대해 토론하도록 함으로써 가족은 자기반성을 하게 된다. 또한 면접이 끝나기 전에 치료자는 가족과정의 유지를 위해 그가 관찰한 것을 언급해야만 한다.

5. 미술치료 가족 체계진단표

성 명		일 시	
관 찰 항 목		기 록 란	
		과 정 ①	과 정 ②
1. 미술 과제를 누가처음 시작했으며, 그 사람이 처음 시작하게 된 과정은? 2. 나머지 구성원들은 어떤 순서로 과제에 참여했는가? 3. 누구의 제안이 채택되었으며, 누구의 제안은 무시되었는가? 4. 각 구성원들의 개입의 정도는? 5. 각 구성원들 가운데 미술 과제에 전혀 참여하지 않은 사람은? 6. 다른 사람의 그림 위에 다시 그려 그 사람이 한 것을 "지워버린" 사람은? 7. 어떤 형태의 상징적인 접촉이 이루어졌으며, 누가 이 상징적인 접촉을 시도했는가? 8. 집단구성원들은 교대로 과제에 참여했는가, 혹은 서로 서로 협력하여 과제에 참여했는가, 또는 각 구성원들이 교대로 과제에 참여하면서 한 편으로 서로 협력하여 과제를 수행했는가? 9. 각 구성원들의 그린 그림의 위치는? 10. 과제수행 방법에서 변화가 있었다면 변화를 촉진시키는 일은 무엇인가? 11. 구성원 각자는 얼마나 많은 공간을 차지했는가? 12. 각자의 분담이 상징적으로 의미하는 것은 무엇인가? 13. 누가 독자적으로 행동했는가? 14. 누가 처음으로 행동했는가? 15. 누가 추종자 혹은 반응자인가? 16. 눈짓이나 웃음 등의 정서적 반응이 있었는가? 17. 가족의 작업 형태는 협동적, 개별적(독자적) 혹은 비협조적이었는가?			

[내담자1]
가족 소망 찾기
가족 관계 기억해보기

[내담자2]
가족 소망 찾기
가족 관계 기억해보기

제26장

물고기 가족화

제26장

물고기 가족화

1. 물고기 가족화

물고기 가족화(Kinetic Fishes Family Drawing Test)는 가족 간의 관계와 역동성을 진단하기 위한 그림검사로 피검사자의 현재 심리상태를 파악하고, 그림 그리기에 불편한 사람들도 별다른 거부감 없이 사용할 수 있어 유용하다(유미, 정선화, 2011). 물고기 가족화는 박현희(2003)의 내담자의 가족관계를 "어항그림"으로 학위 논문에 처음 게재한 이후, 2011년 현재 실시 방법과 해석 기준이 가족 미술치료와 함께 책으로 출판되었고, 내담자의 가족 이해를 위한 그림검사로 사용되어 왔다.

2. 물고기 가족화 실시방법

1) 준비물 : A4용지. 4B연필, 지우개, 색연필

(1) 성인의 경우는 직접 어항을 그리게 하고 어린이 경우에는 각기 다른 종류(3가지 타입 정도의 형태)의 어항을 미리 치료사 미리 복사하여 준비하며 선호하는 모양을 선택하여 그릴 수 있도록 하면 좋다.

(2) 가급적이면 연필과 12색 색연필을 사용하게 하며 필압과 색채를 보기 위함이므로 크레파스, 싸인펜 등은 피하는 것이 좋다.

2) 물고기 가족화 지시어

"바다에 사는 물고기나 어항 속에 사는 물고기 가족을 그려주세요. 다 그린 후 색칠도 해 보세요."라고 한다. 간혹 "다른 것을 그려도 괜찮아요?"라는 질문을 하면 "자기가 그리고 싶은 것이 있으면 마음대로 그리세요." 등으로 자유로운 분위기에서 그릴 수 있도록 여건을 만들어주고 그림의 뒷장에 자신의 가족 명수, 이름, 평상시 하는 언어 및 언행을 기재하게 한다. 가족의 범위를 설정하고 가족을 물고기로 의인화시켜 그리도록 지도한다(30분).

3. 관찰사항 및 주의사항

1) 그림을 그리기 시작하면 멀리서 방해가 되지 않도록 관찰을 하며 간혹 옆 사람과의 거리가 가까워 보고 베끼는 경우가 있으므로 올바른 진단을 위하여 간격을 적당히 떨어뜨리는 것이 필요하다.
2) 거의 완성될 즈음에 심경의 변화로 특정의 색채로 모두 덧칠해 버리는 경우가 종종 있으니 치료사는 적당한 시기에 그림을 회수해야 한다.
3) 주위에 실제 어항이나 수족관을 보고 그리지 않도록 주의해야 한다.

4. 물고기 가족화의 해석

1) 물의 양

물의 양은 기본으로 물고기의 행동반경을 나타내며, 물이 어항의 2/3 정도를 차게 그린 경우는 정서적으로 안정된 상태이며, 1/2 이하는 정서 결핍 상태로 볼 수 있다. 물이 어항에 가득한데도 밖으로부터 연결된 물 호스는 억압으로부터 분출하려는 욕구를 나타내며, 물이 밖으로 넘치는 것도 같은 의미로 해석된다. 경우에 따라서는 충동성, 회피, 장난스러움으로 해석되기도 한다.

2) 그리는 순서

먼저 그려진 순서에 따라서 나와의 친밀도, 관심도 혹은 가족 내의 중요도, 권위도로 해석될 수 있다. 이러한 해석은 동적 가족화(KFD) 검사와 같이 활용된다. 아버지나 어머니를 먼저 그리는 것은 보편적으로 나타나는 순서이지만, 만약 아동이 자신을먼저 그렸을 경우 가족 내의 심리적 서열을 생각해 보거나 지나치게 아동 중심주의 생활이 아닌지 혹은 자기애성향이 크거나 자기중심적 사고, 주목받고 싶은 마음의 표현일 수 있다. 가족 중 그리지 않은 사람이 있는 것은 피검사자와의 불편한 관계를 나타낸다.

3) 물고기의 위치

나(내담자)를 중심으로 그렸을 때 자신 위에 위치한 배열은 권위적이며, 지배적인 상징, 가족에서 비중이 높은 것으로 해석할 수 있다. 즉 가장 상위에 위치한 그림이 가족 내 리더 역할을 하는 사람으로 볼 수 있다. 자신을 중앙에 그리는 것은 자기중심적 혹은 관심 받고 싶은 마음을 의미한다. 수평이거나 아래에 위치한 배열은 내담자 자신과 친밀한 관계를 나타내지만, 극단적으로 하단에 위치하는 경우는 그려진 대상자가 힘이 없음을 상징한다.

마주보는 관계는 그려진 상황에 따라 대립 혹은 긍정적인 관계(사랑)로 해석되므로 해석 시 주의하도록 한다.

4) 물고기 간의 거리

물고기 간의 거리는 심리 거리와 비례하므로 가까이 그려진 물고기가 실제로도 가장 친숙하다고 해석하지만, 경우에 따라서는 자신의 소망을 표할 수도 있다. 가족 물고기들의 그려진 방향(대부분 헤엄치는 모습으로 표현)은 한 방향으로 그려지거나 시선을 한 곳에 둔 채 모여 있는 그림 등이 가장 이상인 그림으로 해석할 수 있다. 방향이 각기 달라 흩어져 있는 경우는 가족내 화목함이 상실되고 역동성이 부족함으로 해석할 수 있다.

5) 물고기의 크기

그림의 크기는 일반으로 피검사자의 자존심, 자기 확대의 욕구, 공상적인 자아의 단서를 제공한다, 물고기의 크기는 그리는 순서와 더불어 가족 내 서열을 알 수 있다. 크기가 클수록 가족 내에서 중요한 역할을 하는 것으로 해석되나, 물고기의 크기가 크면 자기중심적, 자신감 있음, 외향적으로 해석할 수 있으며, 지나치게 작은 경우 내향적, 위축, 소심함을 나타낸다. 아동이 자신의 물고기를 지나치게 작게 그리는 경우는 사랑받고 싶음, 퇴행(동생이 있는 경우), 의존인 경우에도 나타난다. 어항에 비해 물고기의 크기가 지나치게 큰 경우는 피험자가 충동적이거나 심리적으로 안정되어 있지 못함을 의미한다.

6) 물고기의 모양(표현)

물고기의 표현이 세심한 것은 그려진 상에 관심과 애정이 많음을 의미하거나 가족 내 권위의 상징으로 해석할 수 있다. 화려한 물고기 표현은 실제로 대상자가 화려함을 의미한다. 물고기 전체의 표현이 지나치게 화려한 경우는 실제로 그렇지 않은 것에 대한 보상심리일 수도 있다. 물고기 입이 그려지지 않은 것은 실제로 말수가 없거나 말하고 싶지 않은 상태를 의미하며 지느러미가 강조된 것은 활동이고 자발적인 사람에게 많이 등장한다. 꼼꼼한 비늘의 표현과 채색은 강박적 성향을 나타낸다.

7) 여러 가지 장식 표현

물고기 표현에서 치아를 드러낸 물고기는 부정적, 공격적, 억압에 대한 불편한 감정을 나타내므로 그려진 대상과 내담자와의 관계에 주목하도록 한다. 자신을 나타낼 경우는 자신의 분노 혹은 그로 인한 공격성을 의미하며, 타인의 경우는 자신에게 실제로 혹은 심리적으로 위협을 주는 인물일 경우가 많다.

지나친 물풀과 돌의 표현은 비사회화 혹은 열등감의 경향성 혹은 물고기 간의 분리, 포위를 위해 사용한다. 여기서 분리는 함께하고 싶지 않은 심리상태, 포위는 함께하고 싶은 심리 상태를 의미한다. 물 위에 떠 있는 연잎이나 수련 잎을 크게 그릴 때, 어항

밖으로 무성하게 뻗은 수를 그릴때는 나서고 싶지 않은 소극인 성격을 의미한다. 산소기는 의존인 상태에 있을 때 강조하여 그리지만, 답답함을 호소할 때 등장하기도 한다. 큰 물방울은 감정의 둔감함, 많은 기포는 대부분 스트레스로 해석된다. 작은 기포는 타인의 태도 여하에 따라 민감한 성격을 나타내지만, 경우에 따라서 내담자의 건강상태 혹은 그려진 대상의 건강 상태와 관련될 수 있다.

어항 속에 집이 등장하는 경우는 현재 지쳐서 휴식을 원하거나 보호받고 싶을 때 혹은 안정된 집에 대한 소원이 있을 때 자주 표현된다. 물고기 먹이의 표현은 애정, 보살핌에 대한 욕구로 해석된다.

5. 물고기 가족화의 사례

참고문헌

[국내]

갑천수 (2009). 음양오행의 개론. 서울: 명문당.

게르하르트 베어 (1998). 카를 융 – 생애와 학문. 한미희 옮김. 까치글방. 아니엘라 야훼. (C.G. Jung)의 回想, 꿈, 그리고 思想. 이부영 엮음. 집문당. p. 17.

곽금주 (2016). 발달심리학. 서울; 학지사.

곽동해 (2012). 단청과 불화에 전용된 전통안료의 문헌사적 연구. 서울: 학연문화사.

괴테, 장희창 역 (2013). 색채론. 서울: 민음사.

권기덕 외 편저 (1993). 가족미술치료. 대구: 동아문화사.

권석만 (2012), 현대 심리치료와 상담이론. 서울; 학지사.

권선정 (2004). 추상표현주의 액션페인팅의 우연성에 관한 연구–잭슨폴록의 액션페인팅을 중심으로. 한국교원대 석사학위논문, p. 62.

김갑숙, 정미숙 (1999). 학교 부적응 학생의 집단미술치료 사례연구. 미술치료연구, 6(2), 167–188.

김광우 (1997). 폴록과 친구들: 뉴욕 추상표현주의 예술가들의 삶과 예술. 도서출판 미술문화, p. 90.

김동연 (2000). 미술치료 비디오 활용 지침서. 마이코 미디어.

김동연 (2002). 아동미술치료. 중문출판사.

김동연, 공마리아, 최외선 (2006). HTP와 KHTP 심리진단법. 대구; 동아문화사.

김상식 역 (2001). 동적 집–나무–사람 그림검사. 서울; 하나의학사.

김선명 (1995). 막스 에른스트 작품의 정신적 배경과 양식구조연구. 석사학위논문, 건국대학교.

김선명 (2013). 집단미술치료가 대학 운동선수의 우울감 및 스트레스에 미치는 효과. 미술치료연구, 20(4), 811–834.

김선명 (2014). 집단미술치료가 대학 운동선수의 스트레스, 우울 및 자아존중감에 미치는 영향. 미술치료연구, 21(2), 215–238.

김선명 (2015). 집단미술치료가 대학 운동선수의 정서적 요인에 미치는 효과 –스트레스, 우울감, 자아존중감을 중심으로–. 박사학위논문, 한양대학교.

김선명 (2015). 회상요법을 적용한 집단미술치료가 치매노인의 인지기능, 우울 및 자기표현능력에 미치는 효과. 미술치료연구, 22(2), 593–624. 한국미술치료학회.

김선명 (2017). 대학 운동선수의 스트레스 및 우울 수준에 따른 '빗속의 사람(PITR)'그림 반응특성 연구. 미술치료연구, 24(1), 197–223.

김선명 외 (2021). 신비로운 마음의 연금술 미술치료, 무용치료. 서울: 계축문화사. (Alchemy of the Myistical mind Art therapy dance therapy)

김선명, 김준형 (2021). 예술치료의 이론과 실제. 개정판. 서울: 계축문화사. (The Theory and

Practice of Arts Therapy)Revison.

김선명, 김준형 (2021). 예술치료의 이론과 실제. 서울: 계축문화사. (The Theory and Practice of Arts Therapy)

김선명, 김준형 (2022). 창조적인 미술치료·사진 예술치료(계축문화사, 2022). (Creative Art Therapy·Photo Arts Therapy)

김선현 (2013). 색채심리학. 서울: 이담.

김선현 (2006). 통합의학에서의 미술치료의 역할에 관한 연구: 한·독·미·일 미술치료 프로그램 비교 연구를 중심으로. 한양대학교 대학원, 박사학위논문.

김선현, 전세일 옮김 (2006). 임상미술의 이해 이론과 실천. 서울: 학지사.

김성민 (1998). 융의 심리학과 종교. 동명사.

김성민 (2014). 분석심리학과 종교. 학지사.

김수경 외 (2019). 임상미술치료 이론과 실제. 공동체.

김애순 (2015). 청년기 갈등과 자기이해. 서울: 시그마프레스.

김애희 (2004). 창작을 통한 자기치유에 관한 연구 -본인의 미술작품에 나타난 자기치유적 특성. 중앙대 예술대학원 석사학위논문).

김양희 (2003). 현대미술사조에 나타난 미술치료적 요인 연구. 원광대 보건환경대학원 석사학위논문, p. 56-43.

김영신 (2002). 추상표현주의와 동양정신 관계 연구: 無의 개념 중심으로. 강릉대 교육대학원 석사학위논문, p. 34.

김윤경 (2012). 한눈에 보는 전통천연염색. 서울: 한국공예·디자인문화진흥원.

김은이 (2016). 융(C.G.Jung)의 인격론을 통한 도덕 교육 연구. 서울대학교 대학원 석사학위논문.

김인선 외 (2018). 임상 적용을 위한 미술치료기법. 서울: 학지사.

김인선 (2004). 미술치료를 위한 재료의 표현가능성과 활용방안. 원광대학교 보건환경대학원, 석사학위논문.

김정숙 외 (2009). 아동미술치료의 이론과 실제. 서울: 교문사.

김진숙 (1993). 미술 심리치료의 이론과 실제. 서울: 중앙적성출판사.

김창화 (1998). 동시대 연극의 새로운 이해. 상명대학교 출판부.

김창화 (2005). 예술교육 인지론. 공연문화연구 10호.

김태희 (2001). 제스츄어(Gesture)에 의한 내면세계 표현: 호염기법을 중심으로. 이화여대 석사학위논문, p. 18-19.

김혜정 (2007). C. G. 융의 분석심리학과 아니마/아니무스-꿈 해석 이론을 중심으로. 협성대학교 대학원 석사학위논문.

김효정 (2004). 행위의 흔적에 의한 무의식적 표현에 대한 연구: 본인 작품 중심으로. 한남대 대학원 석사학위논문, p. 9-104.

노안영 (2005). 상담이론과 실제. 서울; 학지사.
루돌프 슈타이너 (2000). 색채의 본질. 서울: 물병자리.
류분순 (2000). 무용·동작치료학. 학지사.
문은배 (2012). 한국의 전통색. 안그라픽스.
민중에센스 국어사전 (1992).
박경, 최순영 (2004). 심리검사의 이론과 활용. 서울; 학지사.
박경화 (2013). 통합집단예술치료가 초등학생의 자아개념 및 자아효능감과 교우관계에 미치는 영향. 원광대학교 박사학위논문.
박미옥 (2009). 꼴라쥬 중심 집단미술치료가 정신분열증 환자의 대인관계에 미치는 영향. 대구대학교 대학원, 박사학위논문.
박연서 (2007). 색채용어사전. 예림, p. 93.
박윤미 (2014). 만다라에 표현된 상징의 심리적 의미. 한양대학교 대학원, 박사학위논문.
박은미, 백경미, 이지현 (2011). 초등학생의 자기효능감과 '빗속의 사람'그림 반응 특성에 관한 연구. 미술치료연구, 18(6), 1225-1246).
박현주 (2011). 미술치료 진단기법의 이해. 서울; 양서원.
백외조 (2015). 콜라주 집단미술치료가 결혼이주여성의 스트레스와 자기효능감 효과에 관한 사례연구. 중앙신학대학원대학교, 박사학위논문.
서울교육대학교 미술교육연구회 옮김 (1998). 인간을 위한 미술교육. 서울; 미진사.
서울미술치료연구소 (2002). 미술치료에서의 매체, 70~77.
손무경 (2004). PITR을 통한 초등학생의 스트레스와 대처행동 측정에 관한 연구. 박사학위논문, 경성대학교.
손혜숙 (1998). 어머니와 교사의 복합애착 유형에 따른 유아의 자아개념 및 사회성에 관한 연구. 중앙대학교 대학원, 박사학위논문.
스타인 M. (2016). 융의 영혼의 지도. 김창환 옮김, 문예출판사.
신민섭 외 (2003). 그림을 통한 아동의 진단과 이해 - HTP와 KFD를 중심으로- 서울; 학지사.
신승녀 (2015). 미술치료핸드북. 서울; 창지사.
신재균 (2006). 동적가족화에 나타난 유아들의 가족지각 특성연구. 순천향대학교 대학원, 석사학위논문.
심우성 (1999). 빛깔이 있는 책들. 대원사.
양경희 (1997). 열린 아동미술교육. 서울; 학지사.
오승진, 류정미 (2016). 미술심리진단평가. 서울; 동문사.
오지훈 (2000). 잭슨 폴록의 작품에 관한 연구. 경기대 교육대학원 석사학위논문, p. 43.
옥금자 (2016). 이상심리 미술치료 지침서, 서울; 하나의학사.
왕금미 (2016). 중도입국 청소년의 콜라주 미술치료 사례 연구. 인하대학교 대학원, 박사학위논문.
유관호 (2007). 색의 정신세계. 태학원.

유재연 외 (2009). 특수교육의 이해. 서울; 시그마프레스.
융 C. G., (1996). 인간과 상징. 이윤기 옮김, 열린책들.
융 C. G., (2001). 정신요법의 기본문제. 한국융연구원 C. G. 융 저작 번역위원회 옮김, 솔출판사.
융 C. G., (2002). 꿈에 나타난 개성화 과정의 상징. 한국융연구원 C. G. 융 저작 번역위원회 옮김, 솔출판사.
융 C. G., (2002). 원형과 무의식. 한국융연구원 C. G. 융 저작 번역위원회 옮김, 솔출판사.
융 C. G., (2004). 인격과 전이. 한국융연구원 C. G. 융 저작 번역위원회 옮김, 솔출판사.
융 C. G., (2005). 상징과 리비도. 한국융연구원 C. G. 융 저작 번역위원회 옮김, 솔출판사.
융 C. G., (2015). 인격은 어떻게 발달하는가? 김세영·정명진 옮김, 부글북스.
융 C. G., (2016). 아이온. 김세영, 정명진 옮김, 부글북스.
이근매, 아오키 도모코 (2012). 콜라주 미술치료. 서울; 학지사.
이근매, 최외선 (2003). 유·아동의 발달을 돕는 미술치료의 실제. 서울; 교육과학사.
이미경 (2006). 초등학생의 스트레스 및 스트레스 대처행동과 빗속의 아이 그림 반응 특성 연구. 석사학위논문, 영남대학교 환경보건대학원.
이부영 (1999). 그림자. 한길사.
이부영 (2004). 자기와 자기실현. 한길사.
이부영 (2005). 분석심리학 – C. G. Jung의 인간심성론. 개정증보판, 일조각.
이부영 (2014). 분석심리학 이야기. 집문당.
이부영 (2011). 분석심리학. 서울; 일조각
이수진 (2013). 지크 라캉의 이론에 기초한 정신분석적 미술치료. 순천향대학교 대학원, 박사학위논문.
이숙희, 김숙령 (1996). 아동의 부모에 대한 애착과 사회적 능력과의 관계. 아동학회지, 17(1), 87–100.
이윤로 (2006). 인간행동과 사회환경. 서울; 학지사.
이은진 외 (2011). 예술심리치료의 이해. 서울; 창지사.
이재만 (2011). 한국의 전통색. 서울: 일진사
이재화 (2004). 미술치료가 청소년의 자기성장에 미치는 영향 : Kohut의 자기심리학을 중심으로. 원광대학교 보건환경대학원, 석사학위논문.
이지현 (2004). 잭슨폴록의 액션페인팅에 관한 연구. 단국대 교육대학원 석사학위논문, p. 26.
임두빈 (1996). 미술비평이란 무엇인가. 서울; 서문당.
임두빈 (2001). 원시미술의 세계. 서울; 가람기획.
임두빈 (2016). 한권으로 보는 서양미술사 101 장면. 서울; 미진사.
임용자 (2004). 표현예술치료의 이론과 실제, 문음사, p. 122.
잉그리트 리델 저/정여주 역 (2001). 융의 분석심리학에 기초한 미술치료. 서울; 학지사.
전세일 (2006). 통합의학 속의 미술치료의 역할. 임상미술치료학연구, 1(1), 40–49.
전순영 (2011). 미술치료의 치유요인과 매체. 서울; 하나의학사.

전영신 (2003). 그림 속에 있는 미술치료. 21세기사, p. 25.
정남운, 박현주 (2000). 알코올 중독. 학지사, p. 79.
정문자 (2016). 아동상담의 이해. 서울; 학지사.
정여주 (2001). 만다라와 미술치료. 서울: 학지사.
정여주 (2003). 미술치료의 이해. 서울; 학지사.
정여주 (2019). 미술치료의 이해. 서울: 학지사.
정은미 (2000). 몬드리안이 조선의 보자기를 본다면. 열림원, p. 157.
조정옥 (2019). 예술철학·예술치료 이야기. 서울; 성균관대학교 출판부.
조현춘, 조현재, 문지혜 (2003). 성격심리학. 서울; 시그마플러스.
주리애 (2002). 미술치료는 마술치료. 서울; 학지사.
주리애 (2010). 미술치료학. 서울; 학지사.
주리애, 김태은 (2011). 빗속의 사람 그림검사(PITR)에 나타난 여고생의 비행 및 분노에 관한 연구. 미술교육논총, 25(3), 217-240.
지향은 (2000). 잭슨 폴록의 작업에 나타난 아메리칸 인디언 문화. 이화여대 석사학위논문, p. 62.
차현희 (2013). 뇌기능분석을 통한 만다라 집단미술치료의 효과성 연구, 서울불교대학원대학교, 박사학위논문.
최외선 외 (2006). 마음을 나누는 미술치료. 서울; 학지사.
최외선 외 (2012). 미술치료기법. 서울; 학지사.
최은실 외 (2016). 발달정신병리 사례집 제3판. 서울; 시그마프레스.
최재영, 김진연 (2004). 미술치료. 서울; 조형교육사.
하룡득 (2010). 한국의 전통색과 색채심리. 서울: 명지출판사.
하마카와요시에 浜川祥枝譯 (1970). 어떤 자연적 상징의 역사와 그 심리적 구조. 교문사, p. 216.
한국미술치료학회 (1995). 미술치료의 이론과 실제. 대구: 동아문화사.
한국미술치료학회 편 (2011). 미술치료의 이론과 실제. 대구; 동아문화사.
한국미술치료학회 (1998). 김동연. 공마리아 편역.
한국미술치료학회편 (2000). 미술치료의 이론과 실제. 동아문화사, p. 50.
한국예술치료학회 (2010). 예술치료 용어사전. 경기; 양서원.
한국장애인개발원 (2015). 장애인백서. 서울; 행복한 나무.
한국청소년예술치료연구소 (2016). 특수 아동·청소년 미술심리치료 사례분석. 서울; 컬처스토리.
헨더슨 (1964). 인간과 상징.
현대미술사전. 전계서. p. 554.
황인정 (2003). 정신지체아동의 심리분석과 미술치료 - 사례연구를 중심으로. 성신여대 교육대학원 석사학위논문, p. 2.
후지에아키오 藤枝晃雄 (1985). 잭슨 폴록. 박용수 역 열화당, p. 192.

[국외]

Allan Kaprow (1958). The Legacy of Jackson Pollock, Artnews 57(October), p. 56.

Aspinwall, L. G., & Brunhart, S. M.(2000). What I do know won't hurt me: Optimism, attention to negative information, coping, and health. In J. E. Gillham (Ed.), The science of optimism and hope: Research essays in honor of Martin E.P. Seligman (pp. 162-200). Philadelphia: Templeton Foundation. Published, 2000.

Barbara Rose (1979). Hans Namuth's Photograph and Jackson Pollock Myth: Media Impact and the Failure of Criticism. Arts Mar, p. 112, p. 1191.

Barry Cohen, Mary-Michola Barnes, Anita B. Rankin(2003). 이윤희·주리애 역, 상처입은 마음의 성형. 서울: 도서출판 KATC.

Bowlby, J.(1958). The nature of the child's tie to mother. International Journal of Psychoanalysis, 41, 89-113.

Cahy A. Malchiodi.,(2001). 김동연 외(2003). 아동임상미술치료. 서울: 학지사.

Carl G. Jung (1940). Geschicht und Psychologic eines naturlichen Symbols, Psychologie und Religion, Rascher Verlag, Zurich. 융저작집 4, 인간심리와 종교.

Carl Jung (1933). Modern Man in Search of a Soul, W. S. Dell, trans. (New York: Harcourt and Brace, 1950), p. 169.

Chapin, J., & Coleman, G. (2009). Optimistic bias: What you think, what you know or who you know?. North American Journal of Psychology, 11(1), 121-132.

Charles F. Stuckey (1977). Another Side of Jackson Pollock. Art in America, Nov.-Dec., p. 81~911.

Elizabeth L. Langhorne (1989). Pollock, Picasso and the Primitive, Art History, Vol. 12, No.1. (March), p.79.

Erikson, Erik H. (1994). Identity and the Life Cycle, W. W. Norton & Company.

Farrell-kird, Raquel. American Journal of Art Therapy, Feb2001. Vol. 39 Issue 3, p88. 번역.

Fontana. D. (2001). 상징의 비밀(최승자 역) 서울: 문학동네.(원전은 1993년에 출판)

Gerald Corey 저/김충기, 김현옥 역(1997). 상담과 심리치료의 원리와 실제. 서울: 성원사.

Gouveia, S. O., & Clarke, V. (2001). Optimistic bias for negative and positive events. Health Education, 101(5), 228-234.

Harry C. Box (2003). Set Lighting Technician's Handbook, Focalpress.

Heidi, S. Lack. (1996). The person-in-the-rain projective drawing as a measure of children's coping capacity: a concurrent validity study using rorschach, psychiatric, and life history variables. Unpublished Doctoral Dissertation, The

California School of Psychology at Alameda.

Jackson Pollock (1947). My Painting Possibilities 1, (winter 1947–48): O'Conner&Thaw, Catalogue Raisonne', New York, p. 241.

Jaffè, A. (1962). Erinnerungen Trâume, Gedankenvon C.G.Jung, Zürich: Buchclub ExLibris.

Joan Chodorow (1991). 춤·동작치료와 심층심리학, 임용자·나혜숙 역. 물병자리. p. 17–18.

Jody Briggs (2003). Encyclopedia of Stage Lighting, McFarland.

John A. Sanford (2015). 융 심리학 악 그림자, 심상영 역, 한국심층심리연구소.

Jolande Jacobi (1992). C. C. 융 심리학 해설, 권오석 옮김, 홍신문화사.

Jung, C. G. (1963). Memories, dreams, and reflections. A. Tafe, Ed.; R.Winston & C.F. Baynes, Trans., NY: Harcourt Brace.

Jung, C. G. (1969). 꿈에 나타난 개성화 과정, 한국융연구원 C.G., 융 저작번역위원회 역 (2002), 서울: 솔 출판사.

Jung, C. G. (1973). Mandala Symbolism. Princeton, NJ: Princeton University Press, P. 77–100.

Jung, C. G. (1976). Psycholgical Commentary on Kundalini Yoga. Spring, An Annual of Archetypal.

Jung, C. G. (1984). 원형과 무의식. 한국융연구원 C.G. 융 저작번역위원회 역 (2002). 서울: 솔 출판사.

Jung, C. G. (2002). 꿈에 나타난 개성화 과정의 상징(융 기본 저작집 5) Men schenbild undgottesbild. (C.G.융 저작 번역위원회 역). 서울: 솔 출판사, (원저 1984년 출판).

Jung, C. G. (2004). 인간과 문화 (융 기본 저작집), GrundwerkC.G.Jung Bd.9 MenschundKultur (C.G.융 저작 번역위원회 역). 서울: 솔 출판사, (원저 1984년 출판).

Jung, C. G. (2008). 인간의 상과 신의 상 (융 기본 저작집 4), Men schenbildund gottesbild (C.G.융 저작 번역위원회 역). 서울: 솔 출판사, (원저 1984년 출판).

Jung, C. G. (2013). 인간과 상징 Man and his symbols. (이부영 외 역), 서울: 집문당, (원저 1964년 출판).James, W. (1890). Text of Psychology. London:Macmillanco.

Knill (1995). Barba and Fuchs, p. 25.

Lewis, M., Alessandri, S. M., & Sullivan, M. W. (1992). Differences in shame and pride as a function of children's gender and task diffi- culty. Child Development, 63, 630–638.

Malchiodi, 김동연 외 공역. 아동미술심리이해. 서울: 학지사.

Max, Keller (2010). Light Fantastic, Prestel.

Papalia, D. E., & Olds, S. W.(1979). A child's world. New York: McGraw–Hill.

Riedel, I. (1988). Bilder in therapie, kunst und Religion, Stuttgart: kreuz.

Riedel, I. (2000). 융의 분석심리학에 기초한 미술치료(Maltherapie)상상과 그림에 대한 대화(정여주 역). 서울: 학지사. (원저 1992년에 출판).

Rosal, M. L., (1996). Approaches to Art Therapy with Children. Burlingame. CA: Abbeygate.

Rubin, j. A., (1999). Art Therapy : An Introduction. Philadelphia, Brunner/Mazel.

Rubin, J. A., (2005). Child Art Therapy. Hobken, NJ: Wiley Rubin.

Scheier, M. F., & Carver, C. S. (1993). On the power of positive thinking: The benefits of being optimistic. Current Directions in Psychological Science, 2, 26-30.

Selden Rodman (1957). Conversations with Artists (New York: Devin-Adair), p. 82.

Stephan Polcari (1991). Abstract Expressionism and the Modern Experience, New York: Cambridge Press, p. 44.

Steven F. Walker (2012). 융의 분석심리학과 신화, 장미경, 이미애, 이상희, 채경선, 홍은주 옮김, 시그마프레스.

Stipek, D. J., Recchia, S., & McClintic, S. (1992). Self-evaluation in young children. Monographs of the Society for Research in Child Development, 57 (1, Serial No. 226).

Ulman, E., (1961). Art Therapy : Problems of Definition. Bulletin of Art Therapy. (1), 10-20.

Verinis, J. S., Lichtenberg, E. F. & Henrich, L.(1974). The Draw-a-Person in the rain technique: Its relationship to diagnostic category and other personality indicators. Journal of Clinical Psychology, 30(3), 407-414.

W. Oren Parker, R. Craig Wolf, Dick Block (2003). Scene Design and Stage Lighting, Wadworth, 2003.

Wadeson, H., (1980). Art Psychotherapy. New York: John Wiley & Son.

Yalom, I. D. and Molyn, L., (2005). The Theory and Practice of Group Psychotherapy (4th Ed.), New York: Basic Books.

Yalom, I. D., (1993). The Theory and Practice of Group Psychotherapy. 최해림, 장성숙 공역 (2008). 집단정신치료의 이론과 실제. 서울: 하나의학사.

찾아보기

신비로운 마음의 연금술
미술치료 값 30,000원

2022년 8월 26일 제1판1쇄 발행
2025년 4월 10일 제1판2쇄 발행

저 자 : 김 선 명
발행인 : 주 영 일
발행처 : **계 축 문 화 사**

서울특별시 종로구 통일로12길 16-17
우편번호 : 03029
TEL : 735-2257 · 738-9746
FAX : 723-9025
E-mail : gyechuk@hanmail.net
홈페이지 : http://gyechuk.co.kr
1973. 10. 31 등록번호 제300-1973-8호
ISBN 978-89-5629-692-0 03180